정보통신 입문

최 종 호 저

홍릉과학출판사

머리말

세상이 바뀌고 있습니다. 그것도 아주 빠른 속도로 바뀌고 있습니다. 기대하던 대망의 21세기가 시작됨에 따라 우리는 새로운 역사적 전환기에 서있습니다. 21세기의 삶은 지금과는 사뭇 다르게 변할 것으로 예상됩니다. 이 변화들은 특히 정보통신 분야의 발전이 사회 전반에 걸쳐 미치게 될 유·무형의 영향력과 불가분의 관계에 있습니다.

한국형 이동통신 「부호분할 다중접속(CDMA)」 방식이 세계시장을 향해 힘차게 발진을 시작했습니다. 통신시장의 세계적인 흐름이 CDMA로 굳어지면서 우리 경제의 새로운 견인차로 큰 기대를 모으고 있습니다. 이런 상승무드의 결정적 원인은 우리나라가 세계 최초로 CDMA의 상용화에 성공하고 독창적인 기술력을 확보하였기 때문입니다. 최근에는 CDMA에 이어 「와이브로(WiBro)」가 제2의 성공신화를 이어가고 있습니다. 달리는 차안에서도 초고속 인터넷을 즐길 수 있는 와이브로 기술이 국제기술표준으로 채택되었기 때문입니다. 한국이 국제기술표준을 제정하는 데 주도적으로 참여한 것은 이번이 처음입니다.

「황금알을 낳는 거위」라고까지 불리는 통신시장의 개방을 앞두고, 거대한 외국 기업들 간의 각축전이 될 것을 예상하면서 가슴 아파했던 짧지 않은 세월을 한순간에 뛰어 넘는 반가운 일이 아닐 수 없습니다. 마침내 우리가 우리 손, 우리 머리로 개발한 첨단 정보통신 기술이 세계적으로 인정받기에 이르렀습니다.

그러나 본격적인 정보통신의 발전을 위해서는 이제부터가 시작이라고 해도 옳을 만큼 아직도 수많은 난제들이 산재해 있습니다. 그 중에서도 정보통신 마인드의 확산은 그 중요성이 아무리 강조되어도 지나침이 없다고 할 수 있습니다. 아무리 우수한 정보통신 기술과 서비스를 보급하고 초고속정보통신망을 구축하더라도 사회 구성원들이 나와는 거리가 먼 세계의 기술로 생각하고 또 이를 제대로 활용하지 않는다면 정보통신의 발전은 더 이상 기대할 수 없을 것입니다.

이러한 맥락에서 정보통신 마인드를 확산시키고 시시각각으로 발전하고 있는 다양한 정보통신 기술을 사회 구성원들이 올바르게 이해하고 활용하는 데 조금이나마 도움이 되고자 이 책을 쓰게 되었습니다. 이 책은 이론적인 측면을 깊이 다루고 있는 대부분의 정보통신 관련 서적과는 달리 이해하기 어려운 수학적 측면은 될 수 있는

한 배제하고 정보통신을 처음 접하는 누구라도 쉽게 이해할 수 있도록 그 내용 및 수준을 설정하여 저술하였습니다. 이 책을 통해서 정보통신에 관련된 전체적인 흐름을 파악할 것을 기대하면서 정보통신을 교양으로 학습하는 경우와 전공기초로 학습하는 경우로 구분하여 각각의 학습내용을 다음과 같이 권장합니다.

□ 교양으로 학습하는 경우의 학습내용

제 1장 : 정보통신 기초
제 2장 : 전송 매체
제 3장 : 신호와 주파수
제 4장 : 변복조
제 5장 : 정보 전송
제 6장 : 근거리 통신 망 LAN
제 7장 : 프로토콜 TCP/IP
제 8장 : 인터넷
제10장 : 정보보안
제14장 : 새로운 통신 서비스(일부 선택)

□ 전공기초로 학습하는 경우의 학습내용

제 1장 : 정보통신 기초
제 2장 : 전송 매체
제 3장 : 신호와 주파수
제 4장 : 변복조
제 5장 : 정보 전송
제 6장 : 근거리 통신 망 LAN
제 7장 : 프로토콜 TCP/IP
제 8장 : 인터넷
제 9장 : 종합정보통신 망
제10장 : 정보보안
제14장 : 새로운 통신 서비스
제11장 : 광통신(선택)
제12장 : 위성통신(선택)
제13장 : 이동통신(선택)
부록 1 : 전기 신호 기초(선택)
부록 2 : 영상 정보통신(선택)
부록 3 : 홈페이지 HTML(선택)

2010.2.1 저자

차 례

제13장 이동통신 / 171

제14장 새로운 통신 서비스 / 187

부록 1 전기 신호 기초 / 217

정보통신 기초

제 1 장

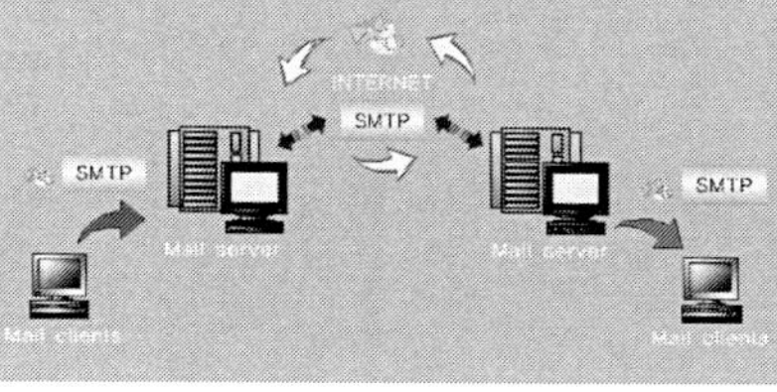

1.1 정보통신이란?

정보통신이란 지리적으로 멀리 떨어져 있는 지역으로의 정보 전달을 의미하는 것으로, 전달 대상이 되는 정보는 문자, 음성, 영상 등이다. 최근 들어 정보통신이라는 용어를 기술이 고도화된 통신 형태를 의미하는 것으로 주로 사용하고 있으나, 정보통신은 정보 전달을 통한 정보 교환을 목적으로 하고 있는 전신 및 전화로부터 데이터통신, 광통신, 이동통신, 위성통신, 유비쿼터스 센서 네트워크에 이르기까지 통신 전반을 일컫는 것이다.

1.2 전신 및 전화로부터 데이터통신, 광통신, 이동통신, 위성통신에서 유비쿼터스 센서 네트워크까지

1.2.1 정보통신의 개막을 알린 전신 및 전화

「What hath God wrought!(신은 무엇을 창조하였는가!)」 이것은 1844년 모로스가 개통식에서 보낸 최초의 전신 메시지이다. 전기통신의 시작이 열린 셈이다. 전신은 문자나 숫자를 전류가 흐르는 시간의 길고 짧음에 대응되는 모로스 부호로 변환해서 전송하는 방식으로 최초의 전신은 전선을 사용하는 유선통신이었으나, 오늘날에는 선박통신 등의 무선통신 분야에서만 일부 이용되고 있다.

전신은 통신 분야에서 인간의 생활에 큰 혜택을 주었으나, 인간의 욕구를 충족시키지는 못하였다. 상대방에게 전달하고자 하는 내용을 일일이 문장으로 쓰고, 그것을 다시 모로스 부호로 변환해서 보내야 했기 때문이다. 이러한 불편함을 계기로 자신의 음성을 그대로 상대방에게 전하고, 또 상대방의 음성도 그대로 들을 수 있는 유선 전화가 1876년 미국의 벨에 의해 발명되었다. 전화를 이용한 최초의 말은 「Mr. Waston, come here. I want you.(왓슨군 이리로 좀 와주겠소. 일이 좀 있어서......)」였다. 전화는 송신기에서 음성을 전기 신호로 변환해서 전화선을 통해 전송하고, 수신기에서는 전송된 전기 신호를 다시 음성으로 변환하는 장치이다.

1.2.2 통신기술과 컴퓨터기술의 만남에 의한 데이터통신

정보의 올바른 전달을 본질로 하는 정보통신은 컴퓨터와의 만남으로 그 방식이 급속하게 변화하고 있다. 제1통신과 제2통신으로 불리고 있는 전신 및 전화가 사람과 사람 간의 직접적인 정보 전송인 것에 반하여, 제3통신으로 언급되고 있는 현재의 정보통신에서는 기계와 기계 간의 정보 전송을 주 대상으로 하고 있다. 이의 대표적인 예가 데이터통신이다. 데이터통신은 한마디로 오랜 전통이 있는 명문가 청년 「통신기술」과 갑자기 새롭게 등장한 신흥재벌의 딸 「컴퓨터기술」이 결혼하여 낳은 우수한 아기라고 할 수 있다.

국제전기통신연합(ITU : International Telecommunications Union)의 전신인 국제전신전화자문위원회(CCITT : Consultative Committee on International Telegraphy and Telephony)에서는 데이터통신을 「데이터 처리 장치를 사용하여 처리된 혹은 처리될 데이터의 전송」으로 정의하고 있다. 대표적인 데이터 처리 장치는 컴퓨터이지만 컴퓨터용의 단말기와 디지털화된 음성, 영상 등을 저장하고 재생하는 장치까지를 모두 포함하는 것이다. 이러한 측면에서 데이터통신은 「멀리 떨어져 있는 단말기와 컴퓨터 혹은 컴퓨터와 컴퓨터 간을 통신회선으로 연결하여 데이터 전송과 데이터 처리를 종합적으로 실행하는 방식」으로 정의할 수 있다. 다시 말해서 컴퓨터기술과 통신기술의 종합적 결합체인 데이터통신은 통신 시스템에 의한 데이터 전송과 컴퓨터에 의한 데이터 처리 기능을 유기적으로 결합한 통신 방식이라고 할 수 있다.

1.2.3 정보의 바다를 창출하는 컴퓨터 네트워크로 발전

현재의 데이터통신은 컴퓨터 시스템 고유의 개념 위에서 컴퓨터와 컴퓨터 혹은 컴퓨터와 단말기를 연결하는 통신 망을 구축하는 이른바 컴퓨터 네트워크의 형태로 발전하고 있다. 컴퓨터 네트워크의 가장 일반적인 형태는 수 km 이내로 제한되는 한정된 지리적 조건에 있는 기업, 연구소, 대학, 병원, 공공기관 등에서 구축하는 근거리 통신 망(LAN : Local Area Network)이다.

전 세계에는 이러한 컴퓨터 네트워크들이 수없이 많이 구축되어 있다. 그런데 이러한 컴퓨터 네트워크들은 각 기관마다의 독특한 업무 특성에 따라 독립적으로 설계된 통신 망이므로, 여러 개의 네트워크를 통합하여 하나의 거대한 네트워크를 구축하는 데 큰 장애가 되어 왔다. 네트워크 간의 원활한 정보 교환을 위해서는 통신 절차를 계층화하고, 또 각 계층 간의 통신 절차에 관한 공통된 약속, 즉 프로토콜이 있어야 한다. 최근 들어 단순하면서도 유연성이 뛰어난 TCP/IP라는 프로토콜이 네트워크의 연결에 널리 적용되고, 데이터통신기술의 발달과 더불어 소형이면서도 기능이 고도화된 PC가 널리 보급되면서 데이터통신에서 단말기의 역할을 수행함에 따라 지구촌 통신 망인 세계 최대의 인터넷을 탄생시켰다.

1.2.4 광섬유를 이용한 멀티미디어 전송 및 종합정보통신 망

통신에서 멀티미디어 즉 문자, 음성, 영상 등을 복합적으로 사용하면 정보의 전달이 명확해지고, 보다 깊고 쉽게 이해할 수 있다. 또 복수의 미디어를 준비해두고, 정보의 내용에 맞는 미디어와 개개인이 사용하기 쉬운 미디어를 선택하여 이용하도록 하면 보다 효율적인 통신이 실현될 것이다. 그러나 대부분이 동선 케이블로 구축되어 있는 현재의 전화 망에서는 음성이나 문자 정보가 주가 될 수밖에 없으므로 멀티미디어 서비스를 제공하기 위해서는 광섬유에 의한 고속 광대역 정보통신 망의 구축이 전제되어야 한다. 우리나라에서도 1995년부터 2015년까지 수십조 원이라는 거액을 들여 초고속 정보통신 망을 구축하고 있다. 광섬유를 기반으로 하는 고속 광대역 통신 망에서 사용될 광통신은 광신호에 실린 정보를 광섬유를 통해 전송하는 방식이다.

최근 들어 초고속 광대역 통신 망의 구축이 진행되면서 전화 망을 포함하는 모든 통신 망을 컴퓨터 네트워크에 통합한다는 구상을 추진하고 있다. 종합정보통신 망(ISDN : Integrated Services Digital Network)이 그 한 예이다. 종합정보통신 망은 그 이름에서 의미하는 바와 같이 종합 서비스와 디지털통신 망이라는 두 가지 개념을 기반으로 한다. 종합 서비스는 문자, 음성, 영상 서비스를 종합적으로 제공한다는 개념이며, 디지털통신 망의 개념은 전 통신 구간을 디지털화한다는 개념이다. 이러한 개념에서 종합정보통신 망은 문자 및 음성, 그리고 영상 정보 서비스를 종합적으로 제공하는 고속·고품질의 디지털통신 망으로 정의할 수 있다.

1.2.5 소형화 · 개인화되는 이동통신

고정통신은 오랜 역사를 거치면서 기술적으로 완숙한 단계에 도달해 있으며, 최근에는 일보 전진하여 디지털통신 방식으로 발전하고 있다. 고정통신에 대비되는 또 하나의 통신 방식으로 이동통신이 있다. 이동통신 시스템은 오래전부터 선박, 항공기, 열차, 경찰 등에서 전파를 이용한 업무용 통신으로 널리 활용되어 왔다. 그러나 개인이 무선 장비를 소유하는 이동통신은 구미 각국에서 제2차 세계대전 이후에서야 비로소 서비스가 개시되었다.

최근의 휴대전화로 대표되는 이동통신의 급속한 발전양상은 전문가의 예상을 훨씬 상회하고 있다. 그 이유는 뭐니 뭐니 해도 사회활동이 활발해지면서 소형화된 휴대형 단말기로 언제 어디서나 누구와도 자유롭게 통신할 수 있기 때문이다. 현재는 이동통신의 종류가 다양해지고 통신 방식도 아날로그 방식에서 디지털 방식으로 바뀜에 따라 질 높은 통신 서비스를 제공받게 되었다.

이동통신은 반드시 무선전파를 사용하여야 하는데, 수요가 증가하면 전파의 주파수가 부족하게 된다. 따라서 이동통신기술은 한정된 주파수를 어떻게 효율적으로 이용하며, 어떻게 다수의 사용자가 동시에 사용할 수 있도록 할 것인가에 대한 싸움의 연속이라고 할 수 있다. 이동통신은 언제 어디서나 누구와도 편안한 형태로 통신할 수 있어야 한다는 통신의 궁극적인 목표를 실현하기 위해 꼭 필요한 기술로 장래의 통신 망에서 중요한 부분을 차지할 것으로 예상되고 있다.

이동통신의 응용 분야는 해상, 항공, 우주 등 여러 분야가 있지만, 특히 사회생활에서 다양한 형태로의 응용이 예측되는 기술이다. 앞으로의 이동통신은 육상, 해상, 공중 어디에서나 사용이 가능하고, 국경에 관계없이 어느 나라에서나 통신이 가능하며, 문자, 음성, 영상 등 멀티미디어 서비스를 받을 수 있는 완벽한 통신으로 발전할 것이다.

1.2.6 새로운 응용 분야로 주목받고 있는 위성통신

현재 적도 상공 36,000km의 정지궤도상에는 세계 각국의 통신위성과 방송위성이 백 수십기 이상 돌고 있으며, 매년 새로운 위성이 발사되고 있다. 위성은 지구로부터의 거리가 멀수록 지구를 일주하는 시간이 길어지는데, 지구 중심에서의 거리가 36,000km가 되면 일주하는데 걸리는 시간은 꼭 24시간이다. 통신위성을 적도 상공의 36,000km 지점에 쏘아 올려 지구의 자전 방향으로 회전하게 하면 위성은 지상에서 볼 때 정지한 것 같이 보인다. 이것을 정지위성이라고 하는데, 현재의 위성통신이나 위성방송에서는 대부분이 정지위성을 사용하고 있다.

초기에는 위성의 제조 및 발사 비용이 높았기 때문에 주로 대륙 간의 국제통신에 사용되었다. 그러나 위성발사 기술이 급속하게 발전하고, 초기에는 1년 6개월 정도였던 위성 본체의 수명이 10년 이상으로 늘어남에 따라 위성의 비용이 대폭 내려가게 되었다. 위성통신에서는 위성에서 지상으로 발사되는 전파가 광범위한 서비스 영역을 포함할 수 있고, 이 전파를 여러 지구국이 동시에 수신할 수 있다는 뛰어난 특징이 있다. 이것은 바로 위성통신을 이용하면 세계 구석구석에까지 정보를 전달할 수 있다는 것을 의미한다.

이와 같은 기술 진보와 위성통신의 특징 때문에 가까운 이웃 국가들과의 통신이나 국내통신에도 널리 사용되고 있으며, 그 용도도 전화나 TV 중계, 데이터 전송, 팩시밀리 전송, 영상회의 등으로 다양해지고 있다. 그리고 최근에는 통신위성을 이용하여 TV 프로그램을 디지털 방식으로 전송하는 디지털 위성방송의 형태로 발전하고 있다.

새로운 응용 분야를 개척하려는 시도도 계속되고 있는데, 위성을 사용하는 이동통신이 그 대표적인 예이다. 정지위성이 도는 궤도보다 훨씬 낮은 궤도에 여러 개의 위성을 쏘아 올려 지구 상의 어디에서나 휴대용 단말기로 통신이 가능하도록 하자는 구상이다. 특정 높이의 궤도로 한정되지 않는 저궤도에서는 정지궤도에서와는 달리 위성 수에 제한이 없기 때문이다.

1.2.7 새로운 전자 공간 유비쿼터스 센서 네트워크

유비쿼터스(Ubiquitous)란 라틴어에서 유래된 것으로「언제 어디서나 동시에 존재한다.」,「도처에 널려 있다.」등의 의미로 사용되고 있다. 이러한 의미는 물이나 공기처럼 인지하지 않아도 도처에 네트워크 환경이 존재한다는 개념이다.

유비쿼터스 센서 네트워크(USN : Ubiquitous Sensor Network)는 다양한 종류의 센서가 사람, 사물, 환경 속으로 스며들고 서로 연결되어 언제 어디서나 통신이 가능한 네트워크를 의미하는 것으로, 그 궁극적인 모습은 수도나 전기와 같이 편리하고 자유롭게 네트워크를 활용할 수 있는 환경이다.

즉 어느 곳에나 부착된 센서로부터(ubiquitous), 시각 및 청각 정보는 물론 빛, 온도, 습도, 냄새 등 다양한 사물 및 환경 정보를 감지/저장/가공하여 전송함으로써(sensor), 사물과 사물, 사물과 인간을 무선으로 연결해 주는 환경(network)이다.

최근 들어 유비쿼터스 센서 네트워크 분야에서는 무선으로 정보를 주고받을 수 있는 초소형 태그 RFID(Radio Frequency ID)가 바코드를 대체할 기술로 주목받고 있다.

1.2.8 내 사무실 내 몸에 장착된 기기를 무선으로 연결하는 PAN과 BAN

PAN(Personal Area Network)은 10m 정도의 개인 영역 내에 위치한 정보기기 간의 통신을 위해 구축된 통신 망을 의미하는 것이다. 노트북 컴퓨터와 디지털카메라 및 휴대용 프린터를 가지고 여행하는 사람은 무선통신기술을 이용하여 플러그를 꽂지 않고서도 여러 기기들을 상호 연결할 수 있게 되는 것이다. PAN은 인터넷이나 기타 다른 네트워크에도 회선 없이 연결할 수 있는 통신 망이다.

무선이라는 의미의 Wireless라는 단어를 앞에 붙여 만든 WPAN이라는 용어도 PAN과 같은 의미로 사용되고 있다. 어떤 종류의 PAN이라 하더라도 무선 기능을 갖추는 것은 기본이기 때문이다. 개념적으로 PAN과 무선 LAN과의 차이는 PAN이 개인을 지원하는 것에 초점을 맞춘 것에 비해, 무선 LAN은 다수의 사용자를 지원하는 것이다.

PAN의 개념은 MIT 미디어 연구소의 토마스 짐머만이 제안한 것으로, 그 개념 정립 과정에서 명함 크기의 송수신 장치를 착용하고 있는 두 사람이 악수를 하는 동안 정보를 교환하는 것을 상상하였다. 인체의 자연 염도는 몸을 양호한 전기도체로 만들어 주므로, 악수라는 신체적 접촉을 통해 전기장을 상대방에게 전달할 수 있다는 것이다. 악수라는 전기회로 구성을 통해 전자우편주소, 전화번호 등과 같은 자신의 데이터를 상대방의 노트북 컴퓨터에 전송할 수 있다면 얼마나 편리할까?.

BAN(Body Area Network)은 사람의 몸과 아주 가까운 곳에 장착된 정보기기 간의 통신을 위해 구축된 통신 망을 의미하는 것이다. 좀 더 구체적으로 말하면 몸 속(In-Body), 몸(On-Body), 몸 주위(Off-Body)에 있는 정보기기 간의 통신이 가능한 통신 망이다. PAN이 10미터 정도의 영역 내에 있는 정보기기들 간의 통신인데 반해, BAN은 우리 몸 자체가 통신 영역이라는 것이 서로 차별화되는 부분이다. 초소형의 정보기기가 우리 몸 다양한 곳에 장착되고 이들이 서로 데이터를 주고받을 수 있다니 놀라지 않을 수 없다. BAN은 의료, 게임 등 다양한 응용 분야를 창출할 수 있는 분야로서 IT 기반 융복합 기술에서 널리 활용될 것으로 예견되고 있다.

1.3 통신 모형

1.3.1 통신 시스템의 일반형

특정 지점에서 다른 지점으로 공통의 기호를 사용하여 정보를 전달하는 것을 목적으로 하고 있는 통신 시스템의 일반형을 그림 1.1에 나타냈다. 사람 간의 대화를 가정하면, 말하고자 하는 내용을 갖고 있는 뇌가 정보원인 셈이다. 뇌에서 발생된 정보는 송신기인 입으로 전달되어 사람 간의 대화에 적합한 음성으로 변환되는데, 이처럼 정보가 대화에 적합한 형태로 변환된 것을 신호라고 한다. 공기라는 전송 매체를 통해 전파된 음성 신호는 수신기에 해당하는 귀로 전달되고, 귀는 다시 수신된 음성 신호를 정보의 형태로 변환해서 수신자의 뇌에 전달한다.

전화의 경우를 또 다른 예로 가정해보자. 전화에서는 송신자가 정보원이다. 송신자에 의해 발생되는 음성정보는 송신기에 해당하는 송화기에서 전기통신에 적합한 전기 신호로 변환되어 전화선을 통해 전송된다. 전화선을 통해 전송된 전기 신호는 수신기에 해당하는 수화기에서 다시 음성정보로 변환되어 수신자에게 전달된다. 이상에서 살펴본 내용에 따르면 정보는 전송하고자 하는 내용이고, 신호는 통신의 형태에 적합한 형식이라고 할 수 있다.

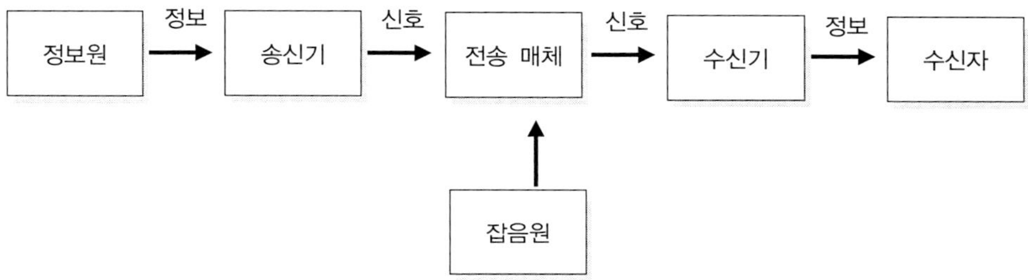

┃그림 1.1┃ 통신 시스템의 일반형

1.3.2 데이터통신 시스템의 일반형

그림 1.1에 나타낸 통신 모형을 약간 변형하면 데이터통신 시스템의 일반형이 된다. 데이터통신 시스템은 컴퓨터와 단말 장치 또는 컴퓨터와 컴퓨터를 통신회선으로 연결하여 데이터 전송과 데이터 처리를 종합적으로 실행하는 통신 시스템이다.

따라서 그 기본적인 구성은 그림 1.2에 나타낸 바와 같이 이용자와 통신 시스템의 접점에서 정보의 입출력을 담당하는 데이터 단말 장치(DTE : Data Terminal Equipment), 통신회선의 양단에 위치해서 전송 매체의 특성에 적합한 전송 신호로 변환하거나 이와 반대로 전송된 신호를 수신 측 단말기에 적합한 신호로 변환하는 데이터 회선 종단 장치(DCE : Data Circuit Terminating Equipment), DCE 간을 연결하는 전송 매체로 구성된다. 여기서 데이터통신 시스템의 일부를 구성하는 데이터 전송 시스템의 주된 역할은 거리극복이며, 데이터 단말 장치의 주된 역할은 데이터의 입출력 기능을 수행하는 것이다.

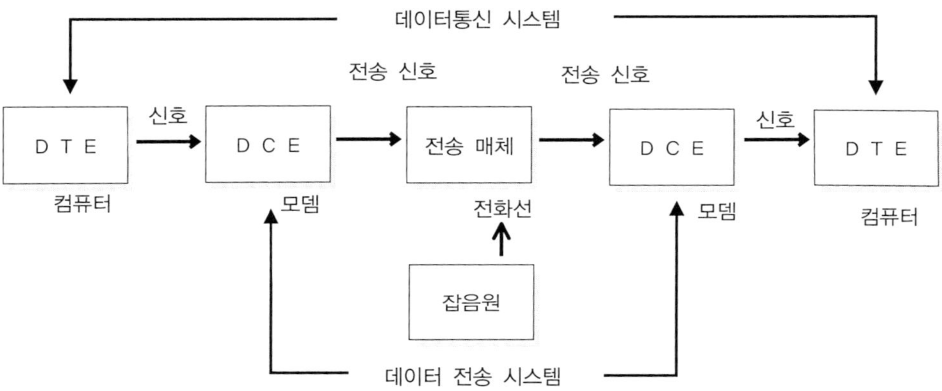

그림 1.2 데이터통신 시스템의 일반형

전화선을 사용하는 초고속 통신을 한 예로 가정해보자. 초고속 통신에서의 DTE와 DCE는 각각 컴퓨터와 초고속 모뎀에 해당한다. 송신 측의 컴퓨터에서 발생되는 신호는 0과 1로 구성되는 디지털 신호이다. 디지털 신호를 그대로 아날로그 전송 매체인 전화선을 이용하여 전송하여도 수신 측에 도달하나, 전송 과정에서 왜곡되어 원래의 파형과는 다른 신호가 된다. 따라서 송신 측에서는 디지털 신호를 아날로그 신호로 변환하는 장치가 필요한데, 이러한 역할을 담당하는 것이 송신 측의 DCE에 해당하는 모뎀이다.

이처럼 DTE에서 발생되는 신호를 전화선이라는 전송 매체의 특성에 적합하도록 DCE에서 재변환한 신호를 일반적으로 전송 신호라고 한다. 이와는 반대로 전화선을 통해 전송된 아날로그 신호는 디지털 신호를 대상으로 하는 컴퓨터에서는 처리가 불가능하므로, 수신 측에는 디지털 신호를 아날로그 신호로 변환하는 장치가 필요하다. 이러한 역할을 담당하는 것이 수신 측의 DCE에 해당하는 모뎀이다.

일반적으로 데이터통신 시스템은 1) 통신의 대상이 되는 메시지 즉 데이터(문자, 음성, 영상, 멀미미디어 등)와, 2) 데이터를 송신하는 송신기(컴퓨터, 전화기, PDA, 비디오 카메라 등의 단말기 등), 3) 메시지를 수신하는 수신기(컴퓨터, 전화기, PDA, 비디오 카메라 등의 단말기 등), 4) 송신기와 수신기를 연결하는 전송 매체(전화선, 동축 케이블, 광 케이블, 전자기파 등), 5) 통신 절차를 규정한 통신 규약에 해당하는 프로토콜 등으로 구성된다. 그림 1.3에 데이터통신 시스템의 구성요소를 나타냈다.

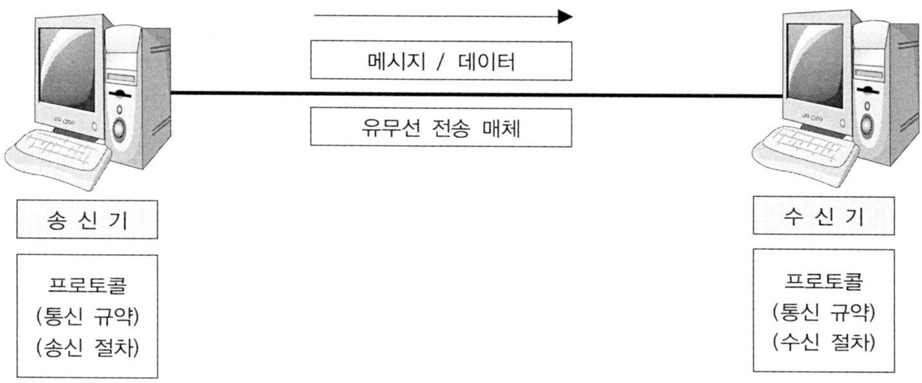

그림 1.3 데이터통신 시스템의 구성요소

제 2 장

전송 매체

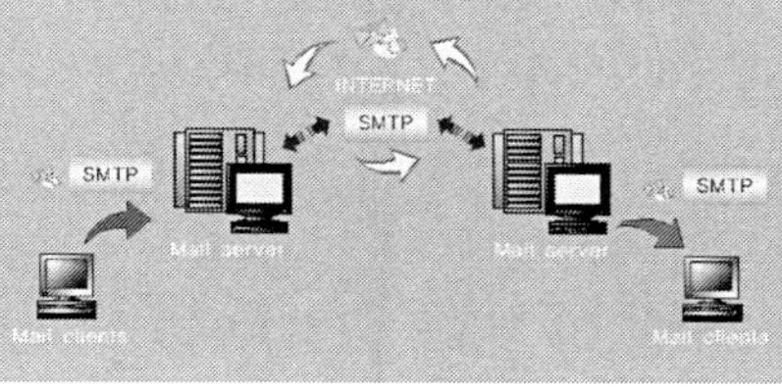

전송 매체는 송신 측과 수신 측을 연결하는 물리적 경로로서 전선 사용 여부에 따라 크게 유선 전송 매체와 무선 전송 매체로 구분된다. 전송 매체와 전송 신호의 특성에 따라 통신의 특성과 질이 결정되는데, 특히 유선 전송 매체인 경우에는 전송 매체 그 자체가 전송 한계를 결정하는 중요한 요소로 작용한다.

2.1 유선 전송 매체

유선 전송 매체를 사용하는 유선 전송 기술은 전송 용량의 증대와 전송 거리의 확대를 목표로 지속적으로 발전해 왔다. 현재 널리 사용되고 있는 유선 전송 매체는 트위스티드페어 케이블(TP : Twisted Pair Cable), 동축 케이블(Coaxial Cable), 광섬유 케이블(Fiber Optic Cable) 등이다. 전송 매체의 구조 및 전송 매체별 특성을 표 2.1에 나타냈다.

| 표 2.1 | 유선 전송 매체의 특성

전송 매체	무중계 전송 거리	전송 용량	전송 가능 주파수	주 용도
트위스티드페어 케이블	수 Km 이하	100 Mbps 이하	100 Hz~5 MHz	전화의 가입자 선로, LAN
동축 케이블	수 Km 이하	수백 Mbps 이하	100 KHz~500 MHz	CATV, LAN
광섬유 케이블	수십 Km 이하	수 Gbps 이상	105 GHz~106 GHz	대용량 기간 선로, LAN

2.1.1 트위스티드페어 케이블

0.3~0.9mm 정도의 동선을 폴리에틸렌이나 종이 등으로 절연하고 두 개의 동선을 서로 꼬아서 만든 한쌍의 선을 트위스티드페어라고 하며, 여러 개의 쌍을 다시 꼬아 절연보호막으로 재피복한 것을 트위스티드페어 케이블이라고 한다. 트위스티드페어 케이블의 구조를 그림 2.1에 나타냈다.

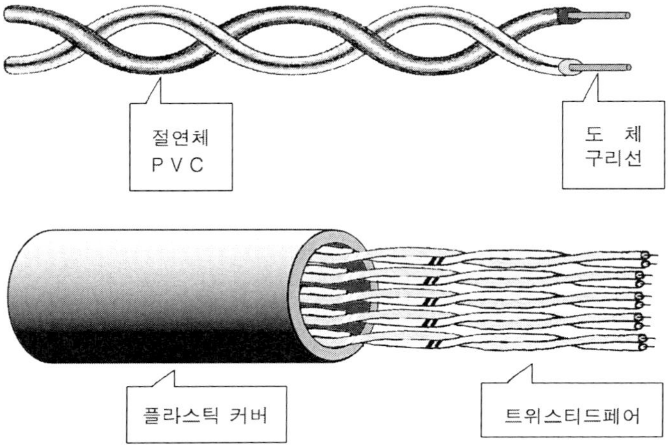

┃그림 2.1┃ 트위스티드페어 케이블의 구조

트위스티드라는 것은 두개의 전선을 서로 꼬았다는 의미이다. 만일 두 전선이 규칙적인 간격으로 꼬여 있다면 각 전선은 잡음에 의해 영향받는 시간의 절반 동안은 잡음의 근원에 더 가까워지고(잡음의 영향 : 4), 나머지 반은 더 멀어지게 된다(잡음의 영향 : 3). 따라서 두개의 도선을 서로 꼬면 수신기에 미치는 잡음의 효과는 14－14＝0이므로 그림 2.2에 나타낸 바와 같이 잡음의 영향을 최소화할 수 있다.

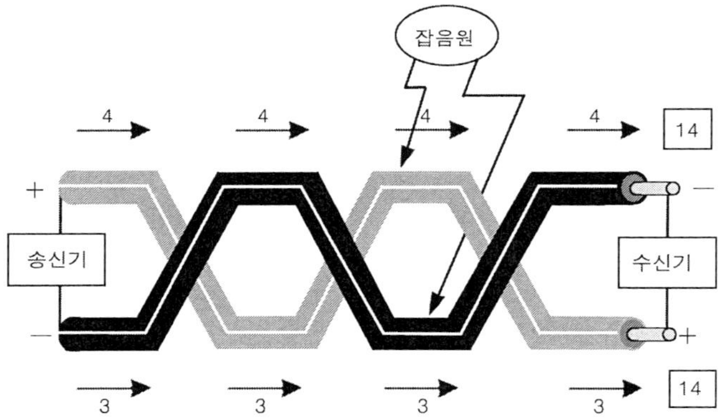

┃그림 2.2┃ 트위스티드페어 케이블에서의 잡음의 영향

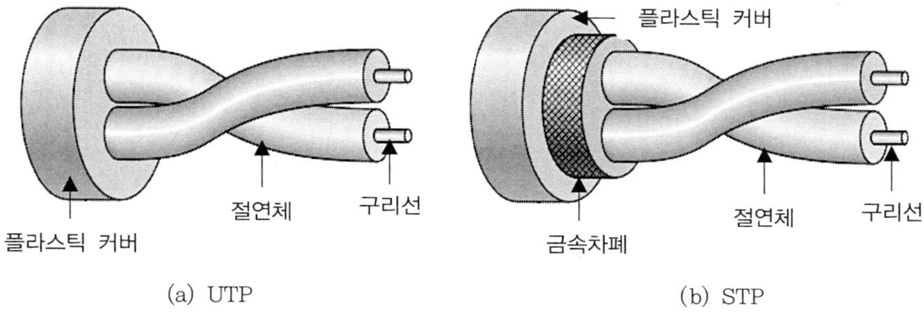

▌그림 2.3▐ UTP와 STP의 구조

트위스티드페어 케이블은 비차폐 트위스티드페어 케이블(UTP : Unshielded Twisted Pair Cable)과 차폐 트위스티드페어 케이블(STP : Shielded Twisted Pair Cable)로 구분된다. 차폐 트위스티드페어 케이블에는 비차폐 트위스티드페어 케이블과는 달리 전화통화 시 이웃한 회선과의 혼선(cross talk)으로 자신의 대화 내용과는 전혀 관계없는 말소리가 들리는 것을 방지하기 위하여 그림 2.3에 나타낸 바와 같이 도선을 감싸기 위한 금속막이나 망사형의 금속이 사용된다.

차폐 트위스티드페어 케이블은 혼선을 방지할 수 있다는 장점이 있다. 그러나 일반적으로 값이 싸고 사용하기 편리하며 설치하기 쉬운 비차폐 트위스티드페어 케이블이 현재 LAN 구축용으로 널리 사용되고 있다. 한편, 현재 전화선으로도 널리 사용되고 있는 비차폐 트위스티드페어 케이블은 다른 전송 매체에 비해 설치가 간편하고 가격이 저렴한 반면에, 전송 거리와 전송 속도에 제한이 있다는 단점이 있다. 비차폐 트위스티드페어 케이블을 연결하는 장치로는 그림 2.4와 같은 「Registered Jack」을 의미하는 RJ45가 주로 사용되고 있다.

▌그림 2.4▐ UTP 연결 장치 RJ45

미국전자산업협회(EIA : Electronic Industries Association)에서는 비차폐 트위스티드페어 케이블의 등급에 관한 표준을 제정하여 품질에 따라 7개의 등급으로 구분하고 있다. 표 2.2에 비차폐 트위스트페어 케이블의 등급을 나타냈다.

| 표 2.2 | 비차폐 트위스트티드페어 케이블의 등급 기준

카테고리	대 역 폭	전송 속도	신호 형태	용 도
1	매우 좁음	100Kbps 이하	아날로그	전화
2	2MHz 이하	2Mbps	아날로그 및 디지털	저속 데이터통신 회선
3	16MHz	10Mbps	디지털	LAN
4	20MHz	20Mbps		LAN
5	100MHz	100Mbps		LAN
6	200MHz	200Mbps		LAN
7	600MHz	600Mbps		LAN

2.1.2 동축 케이블

동축 케이블은 그림 2.5에 나타낸 바와 같이 절연된 내부 동선을 금속막이나 망사형의 금속으로 감싼 다음 다시 절연한 형태의 전선으로 안테나선, 케이블 TV 망 등의 전송 매체로 사용되고 있다.

최근에는 광 케이블의 등장 및 가격 하락으로 동축 케이블을 신규의 통신회선으로 구축하는 경우는 매우 드물다. 동축 케이블은 그 구조적 특성 때문에 전기적 간섭 현상이 적고, 트위스티드페어 케이블보다 더 높은 주파수에서 더 빠른 속도로 데이터를 전송을 할 수 있다는 장점이 있다.

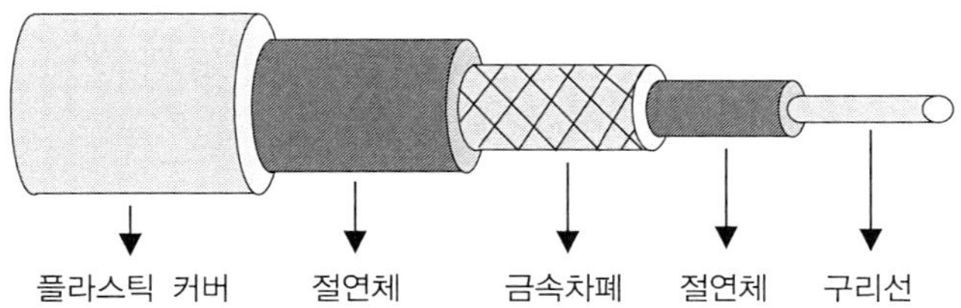

| 그림 2.5 | 동축 케이블의 구조

2.1.3 광섬유 케이블

광섬유는 석영이나 플라스틱을 이용하여 만든 머리카락 정도의 두께를 가진 투명도가 높은 유리섬유로 광신호의 전송에 사용되는 전송 매체이다. 광섬유 케이블은 그림 2.6에 나타낸 바와 같이 중심에 코어(core)가 있고, 그 주위는 클래드(clad)라고 하는 유리가 감싸고 있다. 일반적으로 빛이 코어에서 전반사를 일으킬 수 있도록 코어의 굴절률을 클래드의 굴절률보다 더 크게 한다. 클래드의 외부를 감싸고 있는 완충 층과 코팅은 습기나 마모로부터 광섬유를 보호하고, 다른 인접한 광섬유와의 혼선을 막는 역할을 한다.

광섬유는 유리를 소재로 하는 것이기 때문에 동선 케이블과는 다르게 절연성이 우수하므로 전자 유도에 의한 잡음의 장애를 받지 않고, 음성 신호와 영상 신호를 포함하는 광대역의 아날로그 신호와 디지털 신호를 수 Gbps 이상의 높은 전송 속도로 전송할 수 있다는 특징을 가지고 있다. 이러한 특성은 종래의 무선통신이나 동선 케이블을 이용한 유선통신에서는 실현할 수 없었던 것으로 공중통신 망을 비롯한 각종의 고속 광대역 통신 망에 응용되고 있다.

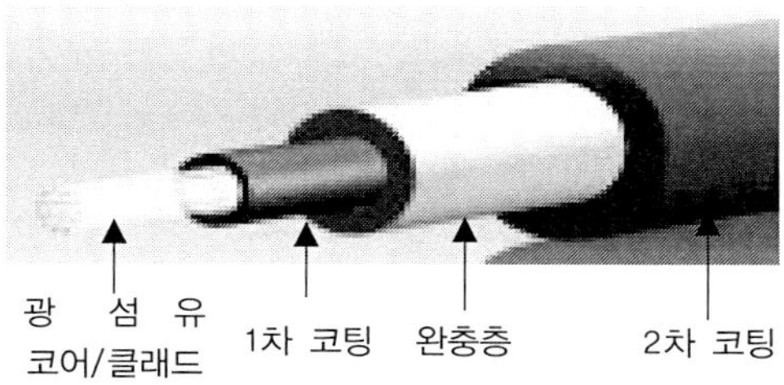

| 그림 2.6 | 광 케이블의 구조

2.1.4 전화선으로 멀티미디어 전송이 가능한 ADSL

기존의 전화선을 광 케이블 대신에 멀티미디어 통신에 활용할 수는 없을까? 얼마 전까지의 기술로는 불가능하였다. 전화선의 대역폭은 음성 신호에 적합한 4KHz 정도이므로 다양한 멀티미디어 서비스는 수용할 수 없기 때문이다. 그러나 최근 들어 기존의 전화선으로 멀티미디어 통신이 가능한 디지털 가입자 망(xDSL : x Digital Subscriber Line) 기술이 개발되어 천문학적 금액이 소요되는 초고속 정보통신 망 구축 비용을 크게 절감할 수 있게 되었다. xDSL이란 디지털 가입자 망을 지칭하는 것으로 ADSL(Asymmetric DSL), HDSL(High-Data Rate DSL), VDSL(Very-High Rate DSL) 등을 총칭하는 것이다.

ADSL은 비대칭 디지털 가입자회선으로 지칭되는 기술로서 가입자들에게 공급되는 광대역 멀티미디어 서비스의 비대칭성 즉 일반 사용자의 경우에는 인터넷 서버로 데이터를 전송하는(상향, 업로드) 경우보다는 인터넷 서버로부터 데이터를 전송받는(하향, 다운로드) 경우가 대부분이라는 것을 고려하여 고안된 디지털 가입자 기술이다. ADSL에서는 기존의 전화선에 실린 저주파 음성 신호와 고주파 데이터 신호를 스플리터(splitter)라고 하는 장치로 분리하여 음성 신호는 전화기 쪽으로, 그리고 데이터 신호는 컴퓨터로 전송한다.

ADSL은 고도의 변조 기술을 활용하는 디지털 신호 처리 기술과 고속 데이터를 압축하여 전송하는 기술이 결합된 것으로 다운로드 속도가 업로드 속도보다 빠른 비대칭 전 채널을 제공하기 때문에 고속 인터넷 접속을 통한 멀티미디어통신이 가능한 것이다.

2.2 무선 전송 매체 전자기파

무선 전송 매체는 물리적 전선을 사용하지 않는 전송 매체로 대기(음파인 경우 물을 전송 매체로 사용하는 것이 가능)가 그 대표적인 예이다. 이 경우 대기를 통해 신호를 운반하는 역할을 하는 것은 전자기파이다. 따라서 무선 전송 매체 부분에서는 전자기파에 관련된 종합적인 내용들을 살펴보는 것이 매우 중요하다.

정보 전송에 최초로 가장 폭넓게 공헌한 것은 전화이다. 예전에는 수천 킬로미터 떨어진 곳에 사는 친구와 전화선을 통해 이야기를 나눌 수는 있었으나, 해외에 사는 친구에게는 전화조차 걸 수가 없었다. 미리 바다 밑에 전화선을 묻어 놓아야 했기 때문이다. 기술이 진보한 현재에는 전화선을 바다에 묻는 것이 그리 큰 문제는 아니지만, 100여년 전에는 생각하기조차 힘든 일이었다. 이러한 필요성에 의해 등장한 것이 바로 전자기파이다.

전자기파, 그것은 도대체 무엇일까. 이 물음에 대해서는 나름대로의 해답이 있다. 그것은 빛과 같은 것이다. 우리는 빛을 볼 수 있다. 그러나 전자기파는 볼 수 없다. 다행인지도 모른다. 현재 다양한 분야에서 전자기파를 이용하고 있다. 전자기파가 눈에 보인다면 큰일이다. 전자기파의 홍수로 눈이 빙빙 돌아 머리가 돌고 말 것이다.

우리는 왜 전자기파를 볼 수 없는 것일까. 그 이유는 인류 진화 과정에 있는 것으로 유추해 볼 수 있다. 우리 인류의 조상들은 기나긴 세월에 걸쳐 바다 속에서 생활해 왔기 때문이라고 추측할 수 있다. 전자기파는 바닷물 속에서는 감쇠가 크기 때문에 멀리 전파할 수가 없다. 그러나 빛은 바닷물 속을 전파할 수 있다. 즉 우리가 빛을 느끼면서도 전자기파는 느끼지 못하는 것은 우리가 까마득한 그 옛날 바다 속에서 생활하였다는 증거가 되는 것이다.

2.2.1 전기장과 자기장

전자기파(Electromagnetic Wave)라는 용어는 전기장과 자기장의 파동을 의미하는 학문상의 호칭이다. 여기서 전기장과 자기장은 각각 전기력과 자기력이 미치는 공간을 의미하는 것으로 전기장과 자기장의 근원이 되는 것은 전기를 가진 입자이다.

아름다운 여학생이 빨간 장미 한 송이를 손에 들고 운동장 가운데 서 있었다고 가정하자. 중간고사 기간임에도 불구하고 많은 남학생들이 여학생 주변으로 몰려들 것이다. 여학생이 없었다면 이러한 일은 일어나지 않았을 것이다. 여학생 주변에는 남학생을 끌어당기는 힘이 작용하고 있었기 때문이라고 말할 수 있다.

이와 마찬가지로 양전기를 가진 입자 주변에는 음전기를 가진 입자를 끌어당기는 힘이, 그리고 음전기를 가진 입자 주변에는 양전기를 가진 입자를 끌어당기는 힘이 작용한다. 물론 입자에 가까우면 가까울수록 그 힘은 더 크게 작용할 것이다. 이처럼 전기를 가진 입자 주변에 형성되는 전기력이 미치는 공간을 전기장이라고 하는데, 이러한 보이지 않는 힘의 존재를 묘사하기 위하여 전기력선이 사용된다.

전기력선의 방향을 양전기를 가진 입자에 작용하는 힘의 방향으로 정의하면 전기력선의 방향은 양에서 음으로 향하는 방향이다. 양의 전기를 가진 입자는 음의 전기를 가진 입자 쪽으로 끌려가기 때문이다. 전기력선에서 힘의 방향은 화살표로, 그리고 전기력의 크기는 전기력선의 밀도로 묘사된다. 양전기와 음전기를 가진 2개의 작은 구 주변에 형성되는 전기장의 모양을 그림 2.7에 나타냈다.

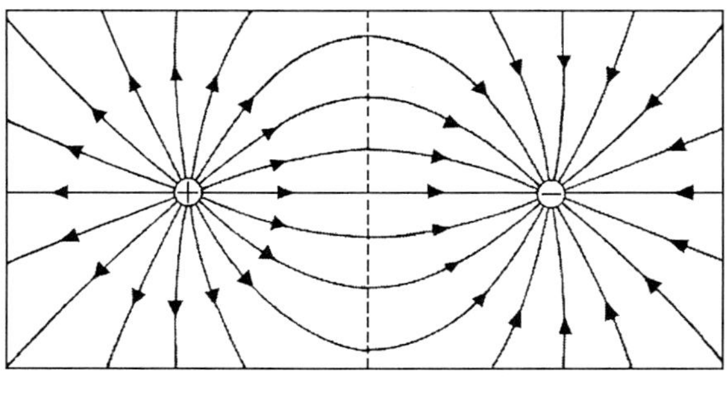

| 그림 2.7 | 전기력선

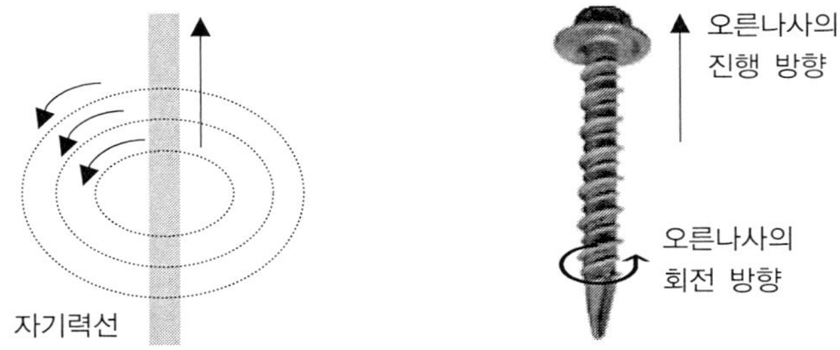

┃그림 2.8┃ 자기력선의 크기와 방향

전자석이 영구 자석과 같은 역할을 한다는 것은 누구나 잘 알고 있다. 우리는 도선을 여러 번 감아서 코일을 만든 다음, 양단에 건전지를 연결해서 전류를 흘리면 주변의 도체를 끌어당긴다는 사실을 어린 시절에 이미 경험했다. 이것이 바로 자기력이다. 이로부터 전류는 주위의 공간에 자기력이 미치는 공간 즉 자기장을 형성한다는 것을 알 수 있다. 전류가 만드는 자기장의 방향에 관해서는 「전류의 방향과 오른나사가 진행하는 방향을 일치시키면 오른나사를 돌리는 방향이 전류에 의해서 만들어진 자기장의 방향이다.」라고 하는 유명한 앙페르의 오른나사 법칙이 있다. 전기력에서와 마찬가지로 자기력을 자기력선으로 묘사하면 그림 2.8과 같다. 원의 반지름에 반비례하는 양이 그 지점의 자기력의 크기이며, 화살표 방향이 자기력의 방향이다.

2.2.2 맥스웰의 예언

영국 북부 스코틀랜드 영주의 아들로 태어나 중학교에 입학한 맥스웰은 처음에는 「바보녀석」이라는 별명이 붙여질 만큼 성적이 좋지 못한 학생이었다. 그러나 수학에 뛰어난 재능을 보여서 케임브리지 대학을 졸업할 때에는 수학 분야 최고의 영예인 스미스상을 수상하였으며, 이러한 수학적 능력을 바탕으로 전자기파의 존재를 예언하였다.

전자기파의 존재를 이론적으로 이끌어 내는 데에는 새로운 법칙이 필요하지 않았다. 맥스웰이 새로 첨가한 「전기장의 변화는 자기장을 형성한다」라는 법칙과 전자기 유도에서 밝혀진 「자기장의 변화는 전기장을 형성한다」라 는 법칙을 조합하기만 하면 된다. 이 두 법칙은 닭이 알을 낳고, 알이 닭으로 되는 닭→알→닭→알…… 과 같은 형태이다. 만약 최초에 어디에선가 전기장의 변화가 있었다면 그것은 자기장의 변화를 만들어 낸다. 따라서 그림 2.9에 나타낸 바와 같이 전기장→자기장→전기

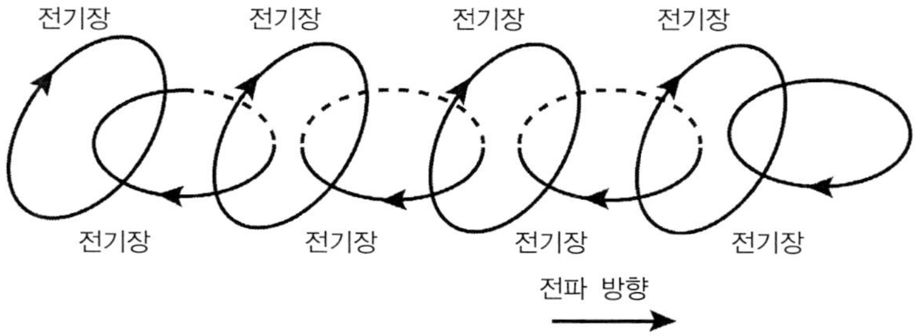

▌그림 2.9▐ 맥스웰의 전자기파 예언

장→자기장→전기장 ······ 과 같은 형태로 번갈아 상대를 만들면서 공간을 전파하는 것이 곧 전자기파이다.

맥스웰은 이상과 같은 추론에 의해서 전자기파를 예언하고, 속도를 이론적으로 계산하여 그것이 3×10^{8}m/sec라는 것을 제시했다. 이러한 전자기파의 속도는 빛의 속도와 같은 것이다. 이러한 속도의 일치로부터 맥스웰은 한 걸음 더 나아가서「빛도 전자기파의 일종이다.」라고 하는 가설을 제창했다. 이것이 그 유명한 맥스웰의 빛의 전자기파 설이다.

2.2.3 헤르쯔의 실험

「주파수 OOOKHz로 보내 드렸습니다.」방송에서 자주 듣는 말이다. 헤르쯔는 맥스웰이 예언한 전자기파의 존재를 실험으로 확인한 사람으로 그의 업적을 찬양해서 붙여진 주파수 단위가「헤르쯔(Herz)」이다. 헤르쯔는 초기 실험에서 그림 2.10과 같이 전자 유도 코일에서 발생한 고전압을 두 개의 금속구 사이에 인가하여 단속적인 불꽃 방전을 실험하던 중에 우연히 그 근방에 놓아두었던 절단 코일의 금속구 사이에서도 불꽃이 방전되는 것을 확인하였다. 그 무언가가 전달된 것이다. 전자기파의 실체를 확인한 순간이었다.

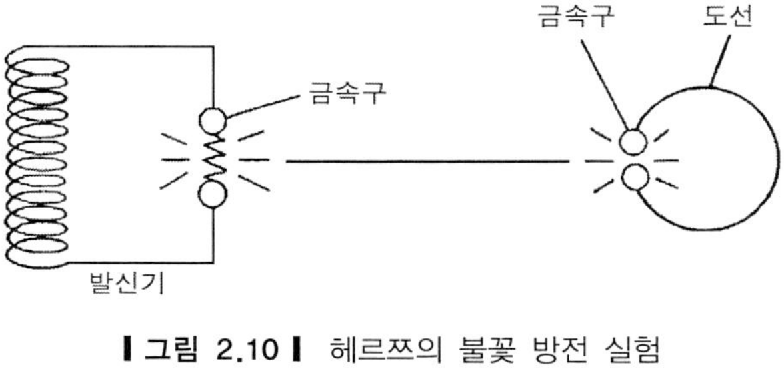

▌그림 2.10▐ 헤르쯔의 불꽃 방전 실험

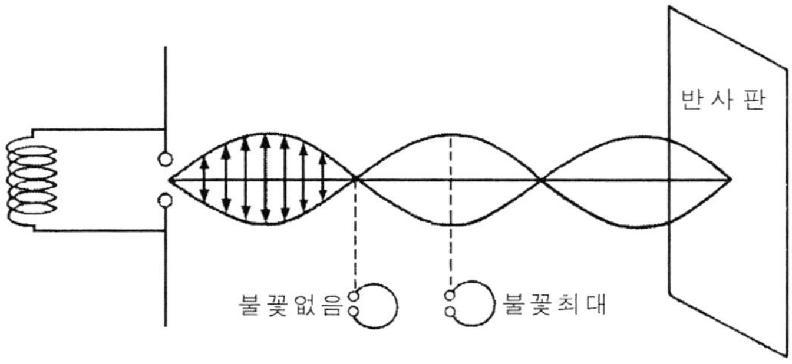

❙ 그림 2.11 ❙ 헤르쯔의 전자기파 반사 실험

헤르쯔는 전자기파를 반사시키기 위하여 그림 2.11에서와 같이 발신기와 마주 보는 위치에 금속판을 설치하였다. 그리고 수신기를 발신기와 반사판 사이의 여러 위치에 설치하고 불꽃이 방전되는 상태를 관찰하였다. 그리고 수신기에 전파된 전자기파의 마디와 마디 사이의 거리를 측정함으로써 전자기파의 속도가 맥스웰이 예언한대로 3×10^8 m/sec라는 것을 확인하였다. 헤르쯔는 공간에 전자기장의 강약이 존재하고, 또 유한한 속도로 전파한다는 것을 실증한 것이었다. 헤르쯔의 전자기파 발견에 관한 뉴스는 전 세계로 퍼져 나갔고, 이로 인해서 전자기파를 이용한 무선통신 시대가 개막되기에 이르렀다.

2.2.4 전자기파의 전파 원리

교류 전원에서 만들어진 전기에너지를 공간으로 효율적으로 복사하는 것이 안테나이다. 공간을 전파하는 전자기파의 에너지를 효율적으로 끌어들이는 것도 또한 안테나의 역할이다. 그림 2.12는 안테나를 통해 전파되는 전자기파의 전파 원리를 나타낸 것이다. 전기력선과 자기력선이 서로 수직 방향으로 상호 작용하면서 전파해 가는 것을 볼 수 있다.

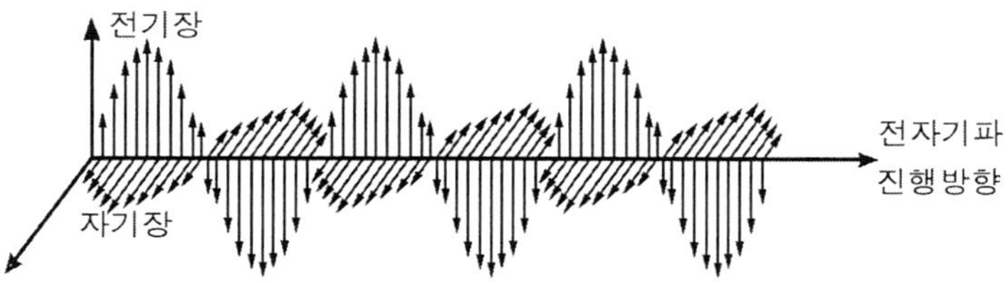

❙ 그림 2.12 ❙ 전자기파의 전파

2.2.5 전자기파의 분류와 용도

전자기파는 전자장과 자기장의 파동이다. 그러나 1사이클의 길이 즉 파장이 다르면 파동의 성질이 변화하기 때문에 전자기파의 호칭도 다르다. 주파수가 높은 쪽 즉 파장이 짧은 쪽에서부터 X선, 자외선, 가시광선, 적외선, 전파 등으로 구분되는데, 전파는 또 다시 세분된다. 전파란 일반적으로 3,000GHz 이하인 주파수의 전자기파를 지칭하는 것이다. 다시 말해서 파장이 0.1mm 보다 긴 전자기파가 전파이다. 여기서 전자기파의 속도와 주파수 그리고 파장 간에는 「파장 = 전자기파의 속도(3×10^8 m/sec) / 주파수」의 관계가 성립한다. 표 2.3에 전자기파의 호칭과 각각의 주된 용도를 나타냈다.

표 2.3 전자기파의 분류

	명 칭	파 장	주 파 수	이 용 예
전파	VLF(극장파)	100~10km	3~30KHz	
	LF(장파)	10~1km	30~300KHz	선박, 항공기용 통신
	MF(중파)	1,000~100m	300~3,000KHz	AM 라디오 중파방송
	HF(단파)	100~10m	3~30MHz	AM 라디오 단파방송
	VHF(초단파)	10~1m	30~300MHz	FM 라디오 방송, TV 방송
	UHF(극초단파)	100~10cm	300~3,000MHz	텔레비전, 택시무선, 레이더
	SHF(마이크로파)	10~1cm	3~30GHz	레이더, 위성 TV 방송
	EHF(밀리파)	10~1mm	30~300GHz	레이더
	서브밀리파	1mm~0.1mm	300~3,000GHz	활용 분야 검토 중

VLF: Very Low Frequency LF : Low Frequency MF: Medium Frequency
HF : High Frequency VHF: Very High Frequency UHF: Ultra High Frequency
SHF: Super High Frequency EHF: Extremely High Frequency

2.2.6 전자기파의 전파 방식

지구 상공 1,000km까지에 존재하는 산소 및 질소 등의 원자는 원자핵 주위를 전자가 회전하고 있는 모형으로 존재한다. 그런데 지구 상공에는 지상보다 훨씬 강한 자외선이나 X선이 태양으로부터 쏟아져 나오고 있다. 원자에 큰 에너지를 갖는 자외선이나 X선이 충돌하면 원자핵 주위를 도는 전자가 핵으로부터 분리된다. 이처럼 전자가 원자핵에서 분리되는 것을 전리라 하고, 전리된 전자들이 모여 있는 층을 전리층이라 한다.

그림 2.13에 나타낸 바와 같이 송신점에서 복사된 전자기파는 지구의 지표면을 따라 전파하는 지표파, 공간을 통해 직접 전파하는 직접파, 그리고 헤르쯔의 실험에서와 같이 일종의 금속판의 역할을 하는 상공의 전리층에서 반사되어 전파하는 전리층 반사파로 구분된다.

극장파는 지표면을 따라서 수천 km의 거리까지 전파되며, 장파와 중파는 주간에는 지표면을 따라서, 그리고 야간에는 D 및 E 전리층 반사파의 형태로 전파한다. 이 경우 서비스 영역은 100km 정도이다(라디오 방송). 한편, 단파는 F 전리층 반사파의 형태로, 그리고 초단파, 극초단파, 마이크로파 등은 안테나를 통해 직접파의 형태로 전파한다.

전리층은 태양으로부터 나오는 자외선 등이 원인이 되어 형성되기 때문에 낮과 밤의 상태가 다르다. 전리된 전자가 가장 많은 곳은 지상 300km 상공인데, 낮에는 태양빛이 강하기 때문에 100km 상공까지도 전리층이 형성된다. 300km 상공에서 반사되는 전자기파는 30MHz 이하의 주파수이지만, 100km 상공에서는 300KHz 이하의 주파수만이 반사된다.

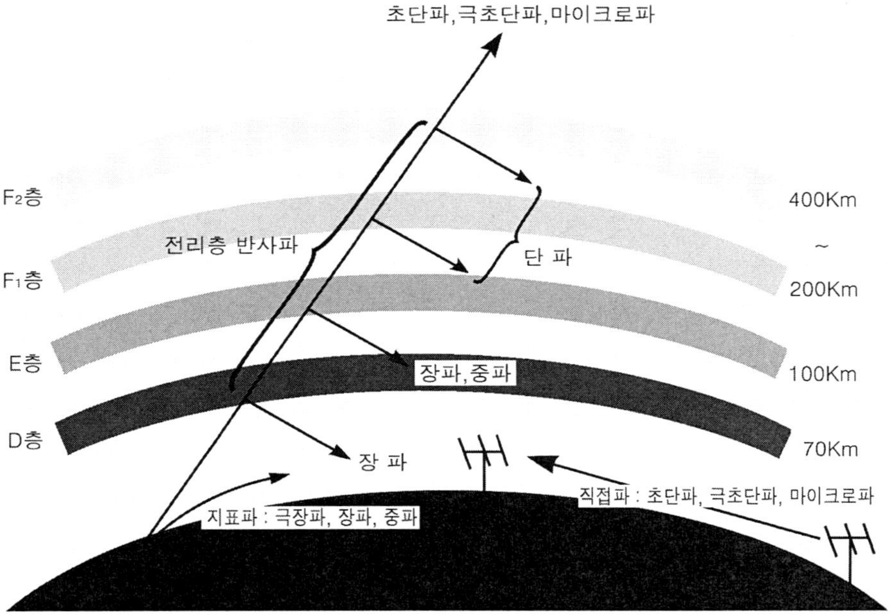

그림 2.13 전자기파의 전파 방식

이상의 결과로부터 파장이 짧은 전자기파는 전리층을 통과할 수 있고, 파장이 긴 전자기파는 반사된다는 것을 알 수 있다. 밤이 되면 태양 빛이 없어지기 때문에 지상 300km 상공에 있는 전리층은 전자 밀도가 낮보다 감소하게 된다. 그러나 그 아래에 위치해 있는 전리층들은 완전히 소멸되므로 밤에는 중파인 전파도 300km 상공에 있는 전리층에서 반사된다.

전리층을 이용한 통신에서는 해외로부터의 텔레비전 중계가 불가능하다. 전리층에서 반사되는 30MHz 이하의 주파수로는 텔레비전 방송 그 자체가 불가능하기 때문이다. 그러나 현재는 국내 방송과 같을 정도의 안정된 상태로 텔레비전 방송이 중계되고 있다. 이것은 전적으로 위성통신의 덕이다. 위성은 지구로부터의 거리가 멀수록 지구를 일주하는 시간이 길어지는데, 지구 중심에서의 거리가 약 36,000km가 되면 1주에 소요되는 시간이 꼭 24시간이 걸린다. 인공위성을 적도 상공 36,000km에 쏘아 올리면 위성은 지구에서 볼 때 정지한 것과 같이 보이는데, 현재의 위성통신에서는 대개가 이러한 정지위성을 이용하고 있다. 전파를 이용한 무선통신의 궁극적인 모습이라고 할 수 있다.

신호와 주파수

제 3 장

3.1 데이터와 정보 그리고 신호 및 전송 신호

우리는 흔히 펜팔로 사귀고 있는 외국의 친구에게 자신을 소개하기 위하여 자신에 관련된 내용을 글로 담은 편지를 보낸다. 최근에는 음성이 녹음된 카세트 테이프나 영상까지 포함된 비디오 테이프를 보내기도 한다. 이처럼 어떤 사실이나 생각 등을 인간 또는 기계가 인지할 수 있도록 일정한 형식으로 표현한 것을 데이터 혹은 정보라고 한다.

오늘날 우리가 사용하고 있는 장치나 기계는 그림 3.1(a)에 나타낸 바와 같이 원료를 가공해서 제품을 만들어 내는 기능을 갖고 있다. 그러나 컴퓨터는 이제까지의 기계나 장치에서 볼 수 없었던 새로운 기능을 갖고 있다. 즉 그림 3.1(b)에서와 같이 원료인 데이터를 처리하여 보다 가치 있는 내용이 포함된 가진 정보를 만들어 내는 기능을 갖고 있는 것이다. 이와 같은 의미에서 정보는 우리가 어떤 문제의식을 가지고 있을 때 그 문제의 해결을 위해 유용하게 사용할 수 있도록 처리된 데이터라고 할 수 있다. 일례로 교사가 학생 개개인의 점수보다는 평균점수에 관심이 있는 경우, 교사에게는 개개인의 점수는 데이터에 불과하지만 개개인의 점수를 합산하여 학생 수로 나눈 평균점수는 보다 중요한 정보라고 할 수 있다.

(a) 기 계 (b) 컴퓨터

그림 3.1 기계와 컴퓨터의 역할

최근에는 데이터도 문자나 수치 등의 형태로 표현된 일종의 정보라는 의미에서 특별히 데이터와 정보를 구분하지 않고 혼용하여 사용하고 있다. 데이터가 문자나 수치 등의 형태로 표현된 일종의 정보라는 개념은 정보통신에 관련된 용어 이해에 대단히 중요한 사항이므로 꼭 기억하기 바란다. 컴퓨터와 컴퓨터 간의 통신을 데이터통신이라고 하는 것도 바로 이러한 이유 때문이다.

이상에서 설명한 데이터 및 정보는 전송하고자 하는 내용에 불과하므로 통신 수단에 적합한 형식으로 변환되어야 하는데, 일반적으로 정보가 통신 수단에 적합하도록 변환된 것을 신호라고 한다. 우리가 대상으로 하고 있는 전기통신에서 통신 수단에 적합한 형식은 전기 신호이다. 이러한 전기 신호는 전송 매체의 특성에 적합한 신호로 재변환되어야만 전송 매체를 통해 올바르게 전송될 수 있다. 이 경우 전송 매체의 특성에 맞도록 재변환된 신호 즉 전송 매체를 직접 통과하는 신호를 전송 신호라고 한다.

이 절의 첫머리에서 소개한 펜팔의 경우를 예로 들면, 자신에 관련된 내용이 정보이고, 그 내용을 편지지에 글로 쓴 것은 신호이며, 편지지를 편지봉투에 넣고 우표를 붙인 것은 전송 신호에 해당한다. PC와 전화선을 이용하는 통신에서 컴퓨터에 저장되어 있는 데이터를 정보라고 한다면 컴퓨터에서 발생되는 디지털 신호는 신호에 해당되고, 전화선의 특성에 적합하도록 재변환된 아날로그 신호는 전송 신호라고 할 수 있다.

3.2 아날로그 신호와 디지털 신호

신호는 그 형태에 따라서 크게 아날로그 신호와 디지털 신호로 구분된다. 여기서 아날로그는 「유사」하다는 말에서 파생된 용어로 연속적(continuous)인 특성을 의미하는 것이다. 반면에 디지털은 숫자를 의미하는 「digit」의 형용사로서 그 어원은 손가락을 의미하는 라틴어 「digitus」이다. 이것은 수를 세는데, 손가락을 사용해 왔던 역사를 말해 준다. 그러므로 손가락으로 수를 세는 경우를 잘 살펴보면 디지털의 특성을 알 수 있을 것이다.

우리는 연속적인 형태로 되어 있는 줄자로 탁자의 길이를 재는 것과는 다르게 낱낱이 구분되어 있는 손가락으로 1, 2, 3,...... 이라는 수를 세고 있다. 낱낱이 구분되어 있는 손가락으로 수를 센다는 것으로부터 디지털의 대표적인 특성은 이산적(discrete)이라는 것을 알 수 있다. 이러한 측면에서 디지털 신호를 일명 이산 신호라고도 한다.

또한 손가락으로 수를 세는 경우, 손가락을 꼽든가 펴든가 2가지 상태만을 사용하고 그 중간은 사용하지 않는다. 이 2가지 상태는 확실히 구분되고, 그 상태를 지속시킬 수 있으므로 안정된 상태라고 한다. 우리는 이 2가지의 안정된 상태를 기본으로 하여 1, 2, 3,……이라는 수를 세고 있는 것이다. 이처럼 2가지의 안정된 상태만을 대상으로 한다는 측면에서 디지털 신호를 2진 신호(binary signal)라고도 한다. 디지털의 세계를 「0과 1의 세계」라고 하는 것도 바로 이러한 이유 때문이다. 그림 3.2에 아날로그 신호와 디지털 신호의 일반적인 형태를 나타냈다. 이상에서 살펴본 내용으로부터 이산적으로 표현되는 디지털 신호의 값은 0과 1이라는 2가지 상태만으로 표현된다는 것을 알 수 있다.

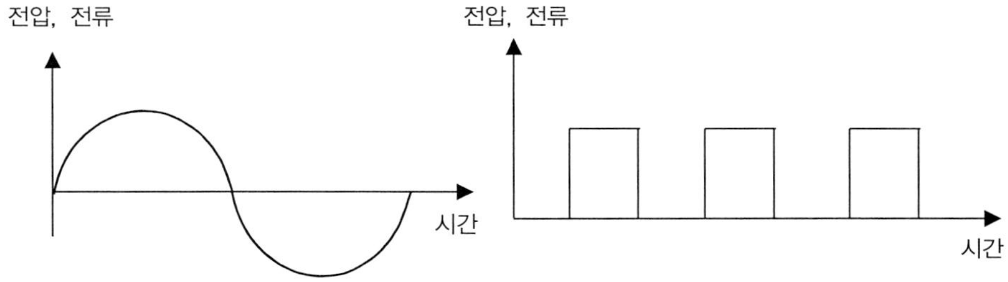

(a) 아날로그 신호 (b) 디지털 신호

▌그림 3.2▐ 아날로그 신호와 디지털 신호

디지털 신호는 특정 시간에서 신호가 「높다」, 「낮다」로 구분하여 펄스가 「있다」, 「없다」로 판단하고, 이 2가지 값을 「1」과 「0」으로 표현한다. 그림 3.3(a)는 잡음이 포함된 디지털 파형이다. 4개의 시점에서 평균 신호 레벨인 문턱치 전압보다 클 때는 「펄스가 있다」로 판별하고 작은 경우에는 「펄스가 없다」로 판별하면, 그림 3.3(b)와 같이 잡음이 제거된 깨끗한 원래의 펄스 파형으로 쉽게 되돌릴 수 있다. 이와 같이 신호가 다소 변화하여도 원래의 모양으로 되돌릴 수 있다는 것은 디지털 신호의 흥미로운 특징이다. 디지털 시스템이 아날로그 시스템보다 성능이 우수한 이유의 하나가 바로 이러한 특징 때문이라고 생각하는 것도 무리는 아니다.

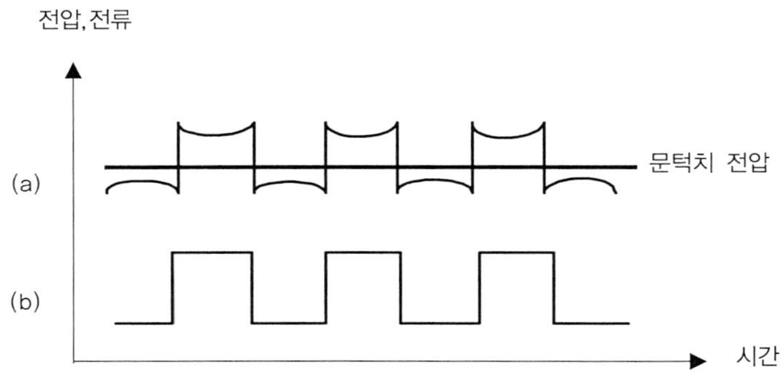

| 그림 3.3 | 디지털 신호의 특징

3.3 스펙트럼

사람의 귀에는 어느 정도의 주파수 음이 들려올까? 오디오 광이라면 잘 알고 있을 것이다. 여러 가지 설이 있으나 20Hz에서 20KHz 정도라고 한다. 이것은 우리가 접하고 있는 소리에는 여러 가지 주파수 성분이 있으나, 그 중에서 일부만을 들을 수 있다는 의미이다. 소리는 시간에 따라 변화는 신호인데, 그 소리에는 어떤 주파수 성분들이 포함되어 있을까? 통신에서 매우 중요한 부분이다. 통신이론은 시간에 따른 신호의 변화와 그 신호에 포함된 주파수 성분의 변화를 해석하는 이론에 기초하고 있기 때문이다. 일반적으로 시간에 따른 신호의 변화를 시간 영역에서의 신호 혹은 줄여서 신호라고 하며, 그 신호에 포함된 주파수 성분의 변화를 주파수 영역에서의 신호 혹은 스펙트럼이라고 한다.

보통 우리가 외부세계로부터 접하고 있는 신호에는 여러 가지 주파수 성분이 포함되어 있다. 그러나 우리 가정에 공급되는 전압은 시간에 따라 변하는 교류인데, 여기에는 60Hz의 단일 주파수 성분만이 포함되어 있다. 이처럼 단일 주파수 성분만이 포함된 신호를 일반적으로 정현적(사인 혹은 코사인의 형태)으로 변하는 파형이라는 의미에서 정현파라고 한다. 그림 3.4에 시간에 따라 변하지 않는 직류 신호 및 단일 주파수 성분만이 포함된 정현파의 시간 영역 신호와 주파수 영역 신호를 나타냈다.

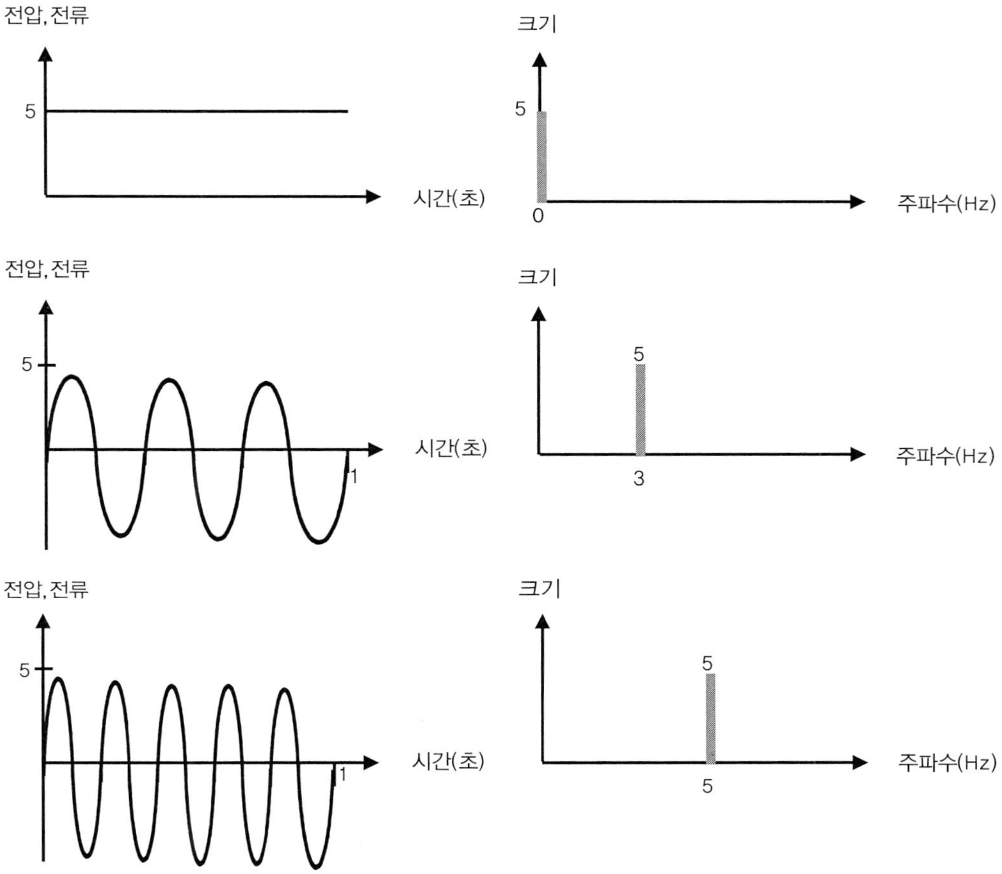

| 그림 3.4 | 정현파에 포함된 주파수 성분

그림 3.5에 정현파의 일반적인 형태를 나타냈다. 이 파형에서 값이 최대인 것을 최대치 혹은 진폭(amplitude)이라 하고, 파형이 양음의 변화를 완전히 변화하여 다시 처음의 상태로 되돌아갈 때까지의 변화를 1사이클이라 한다. 그리고 1초 안에 포함되는 사이클의 수를 주파수 f라 하고, 그 단위로 Hz(Herz)를 쓰고 있다. 또한 파가 1사이클 변하는데 걸리는 시간을 주기 T라고 한다. 여기서 주기와 주파수는 반비례 관계에 있다는 것을 알 수 있다.

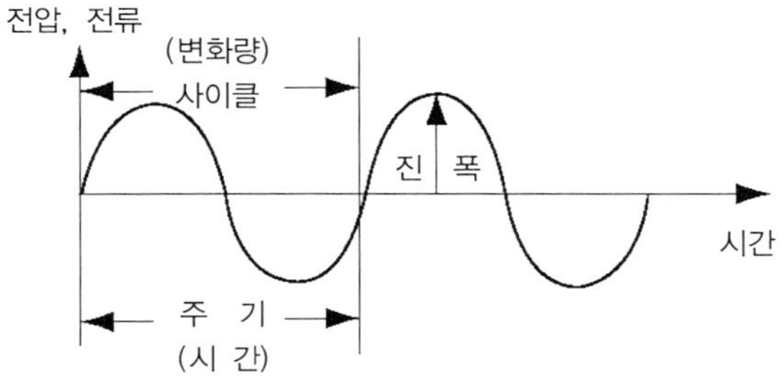

❙그림 3.5❙ 정현파

임의의 신호에 포함된 주파수 성분을 알아 낼 수 있는 방법은 없을까? 생각해보기로 하자. 만약 주어진 신호를 단일 주파수 성분을 갖는 여러 개의 정현파들의 합으로만 나타낼 수 있다면 그 신호에 포함된 주파수 성분을 알 수 있을 것이다. 이러한 논리에 근거하여 나폴레옹과 함께 알프스 산을 넘나들었던 프랑스의 수학자 푸리에(Fourier)는 「어떠한 모양의 파형이라도 정현파들의 합으로 표현할 수 있다.」는 푸리에 변환을 제안하였다.

그림 3.6에서 시간 영역에서의 신호 f(t)는 진폭이 4이고 주파수가 2Hz인 정현파 $f_1(t)$, 진폭이 3이고 주파수가 6Hz인 정현파 $f_2(t)$, 진폭이 2이고 주파수가 10Hz인 정현파 $f_3(t)$의 합으로 표현된다. 이것은 신호 f(t) 포함되어 있는 주파수 성분은 2Hz, 6Hz, 10Hz인데, 주파수 성분의 크기는 각각 4, 3, 2라는 것을 의미하는 것이다.

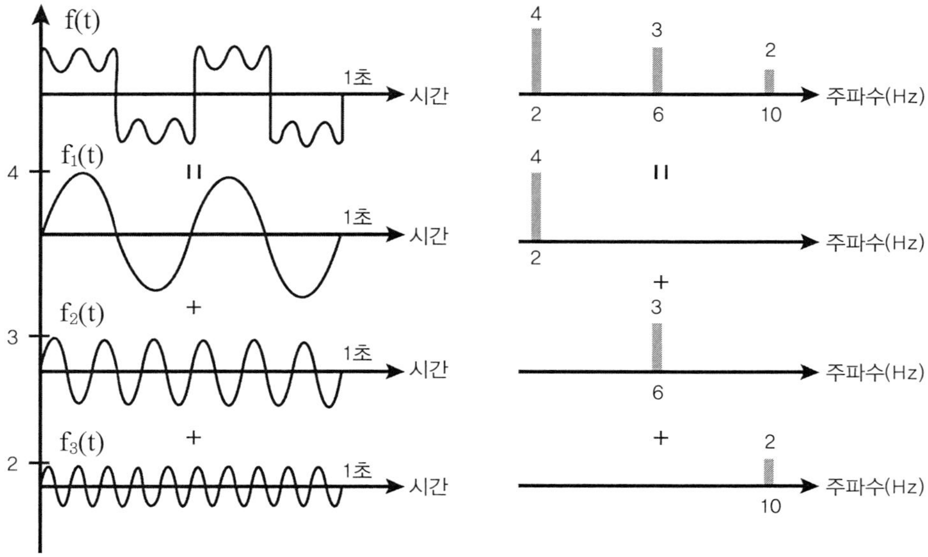

❙그림 3.6❙ 푸리에 변환의 기본 원리

3.4 구간과 대역

통신 분야에서는 시간 영역에서의 신호가 차지하는 횡축의 범위, 즉「어떤 시간에서 어떤 시간까지 신호가 존재하는가?」혹은 주파수 영역에서의 횡축의 범위, 즉「그 신호에는 어떤 주파수 성분에서 어떤 주파수 성분까지 포함되어 있는가?」라는 표현을 종종한다. 이 경우 시간 영역에서 신호가 차지하는 범위를 구간(duration)이라 하고, 주파수 영역에서의 신호가 차지하는 범위를 대역(band)이라 하며, 주파수 성분이 존재하는 전체 폭을 대역폭(bandwidth)이라고 한다. 구간과 대역의 관계를 그림 3.7에 나타냈다.

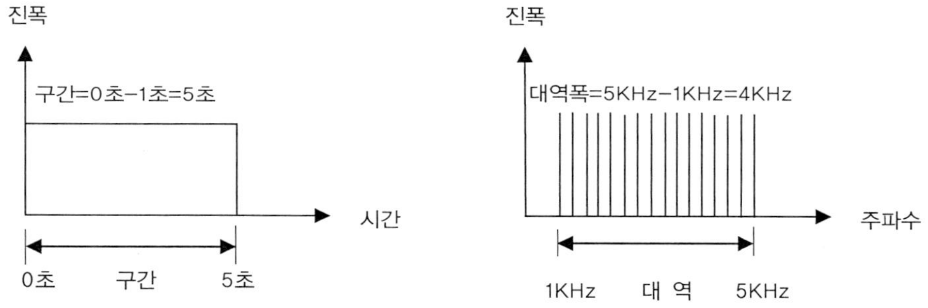

그림 3.7 구간과 대역

사람이 말하는 음성에는 어느 정도의 주파 성분이 포함되어 있을까? 물론 20Hz~20,000Hz이지만 100Hz에서 8,000Hz에 이르는 주파수 성분이 대부분인 것으로 알려져 있다. 음성에는 이와는 다른 주파수 성분도 있지만 그 에너지는 매우 적기 때문에 무시가 가능하다는 것이다.

일상적인 대화에 포함된 주파수 성분은 이보다 훨씬 더 작아 국제전신전화자문위원회(CCITT)에서는 음성의 주파수 대역을 300~3400Hz로 규정하였다. 이러한 이유로 전화선으로 전송되는 신호는 300Hz에서 3,400Hz 정도로 제한된다.「그 사람 얼굴은 별로인데 전화 목소리는 너무 좋아!」, 즉 전화기를 통해서 듣는 소리가 육성을 직접 듣는 것과 약간 다른 것은 바로 이러한 이유 때문이다. 이 경우 전화선의 대역폭은 3,400Hz에서 300Hz을 뺀 값인 3,100Hz로 약 3KHz 정도이다. 그러나 실제로는 약 4KHz 정도의 대역폭을 사용하고 있다. 신호 간의 간섭을 줄이기 위한 보호 대역이 필요하기 때문이다.

제 4 장 변복조

4.1 변조와 복조의 이해

전기적인 형태가 아닌 통신에서도 변조 과정이 포함되어 있다는 것은 매우 재미있는 현상이다. 사람 간의 일상 대화가 좋은 예이다. 입의 동작만으로 만들 수 있는 음성의 주파수는 10Hz 정도에 불과하다고 한다. 가청 주파수에도 못 미치는 너무 낮은 주파수이다. 얼굴을 맞댄 사람조차 들을 수 없는 음성이라고 하는 것이 더 옳을 것 같다. 그런데도 우리는 아무런 불편 없이 재미난 얘기를 주고받으며 행복하게 살고 있다. 분명히 뭔가가 있을 것이다. 그 비밀은 바로 성대에 있다. 성대는 입만으로는 불가능한 높은 주파수의 음성을 만들어 낼 수 있기 때문이다.

성대의 진동으로 만들어지는 높은 주파수의 음성은 입의 근육 작용에 의해 「아」의 형태로 변하기도 하고, 「어」의 형태로 변하기도 한다. 여기서 중요한 것은 성대의 진동에 의해서 만들어지는 높은 주파수의 음성이 입의 모양에 따라 그 형태가 변한다는 것이다. 조금 더 어려운 말로 표현하면, 「성대의 진동으로 만들지는 음성이 입의 근육 작용에 의해 변조되었기 때문에 우리가 들을 수 있는 것이다」 혹은 「상대방이 들을 수 있는 형태로 변환하기 위해 성대의 진동으로 만들어진 음성에 입의 근육 작용으로 만들어지는 말의 내용을 실은 것이다」라고 표현할 수 있다. 이상에서 변조는 보내고자 하는 정보를 전달하기 쉬운 형태로 변화시키는 과정이라는 것을 알 수 있다.

성대의 진동에 의해서 발생되는 음성을 말에 따라 변조시킨다고 해도 문제는 있다. 거리 극복의 문제이다. 사람의 음성은 전달 과정에서 주위의 여러 가지 환경에 의해 흡수되거나 반사되어 약해지기 때문에 멀리까지 전달될 수가 없다. 음성뿐만이 아니다. 통신에서 대상으로 하고 있는 모든 신호들은 전달 거리가 한정되어 있다. 그런데 지구 반대편 쪽과의 무선통신이 가능한 것을 보면 전파는 상당히 멀리까지 갈 수 있다는 것을 알 수 있다. 여기서 전파는 통신에서 널리 사용되고 있는 3,000GHz 이하의 전자기파를 의미하는 것이다.

전파가 멀리까지 갈 수 있다는 사실로부터 전파를 이용하면 멀리까지 정보를 전달할 수 있을 것 같다는 생각이 든다. 어떻게 하면 될 것인지 이제 정리해보기로 하자. 보내는 쪽에서는 전송하고자 하는 정보를 전파에 실어 멀리 보내면 된다. 또 받는 쪽에서는 전파에 실린 정보만을 추출해 내면 된다. 이론적으로만 가능한 것일까? 통신에는 이미 이러한 기술을 널리 활용하고 있다. 단지 변조와 복조라는 고상한 용어를 쓰고 있을 뿐이다. 통신에서는 전자기파에 정보를 싣는 과정을 변조(modulation)라고 하고, 전자기파에 실린 정보를 추출해 내는 과정을 복조(demodulation)라고 한다.

우리는 일상생활에서 수없이 듣는 AM(Amplitude Modulation)이니 FM(Frequency Modulation)이니 하는 말들로부터 전자기파는 라디오 및 텔레비전 방송, 무전기, 휴대전화 등의 무선통신에만 널리 이용되고 있는 것으로 생각하면서 살고 있다. 이로부터 유선 전송 매체인 트위스티드페어 케이블이나 동축 케이블, 광섬유 케이블 등을 통해 전송되는 신호는 전자기파가 아니라는 생각을 하기 쉬우나, 이는 틀린 생각이다. 유선이든 무선이든 관계없이 통신에 사용되는 모든 신호는 전자기파라는 의미이다. 다시 말해서 변조와 복조는 유무선 모두에 적용되는 통신기술이라는 것이다. 이에 관한 내용을 간단히 알아보기로 하자. 지금까지 생각하지 못했던 것을 살펴본다고 해서 모두 어려운 것은 아니다. 이 정도의 내용이라면 눈꺼풀이 슬그머니 내려오면서 머리가 책으로 가까이 가는 일은 없을 것 같다.

우리는 어릴 적부터 전주와 전선을 보고 자라오면서 아무런 의심도 품지 않고 전기는 2줄의 전선을 통해 흐르는 것으로만 생각하고 있다. 그러나 그렇지 않다. 전기가 전선을 통해 흐른다는 것은 전기가 전자기파로서 두 도선 주위의 공간을 전파하는 현상을 말하는 것이다. 우리가 익숙하게 보아 온 두 줄의 전선은 단순히 전자기파를 유도하는 수단에 불과한 것이다. 도선을 통해 흐르는 전류나 특정 지점에서 측정되는 전압이란 공간을 전파하는 전자기파의 에너지를 표현한 것에 불과하다.

이러한 사실을 쉽게 이해할 수 있는 또 다른 예로 금속판에 두 개의 구멍을 뚫고 구멍에 두 개의 도선을 통과시키는 구조를 생각해보자. 이 경우 2줄의 도선이 금속판 반대편까지 연결된 경우라도 전류는 흐르지 않는다. 도선 주위의 공간을 전파하는 전자기파가 금속판에서 반사되기 때문이다. 이러한 사실로부터 2줄의 도선을 통해 흐르는 전기가 전자기파라는 사실을 알 수 있다.

또 다른 예를 들어보기로 하자. 고압 송전선에 전화선이 교차하고 있는 곳에는 송전선과 전화선 사이에 쇠그물이 설치되어 있는 것을 볼 수 있다. 그것은 고압선이 절단되었을 때 전화선을 보호하기 위해 설치되어 있는 것이 아니라, 고압선 주위의 공간을 전파하는 전자기파가 전화선에 전자기 유도 현상을 유발하여 잡음으로 작용하는 것을 방지하기 위한 것이다.

이제 변복조로 다시 되돌아 와서 변복조가 무엇인지 조금 더 알아보기로 하자. 하얀 편지만으로는 편지가 될 수 없다. 편지지에 글씨가 쓰이고 뜻이 담겨져야 비로소 마음을 전달하는 편지가 되는 것이다. 이와 마찬가지로 전자기파 그 자체는 아무런 의미가 없다. 전자기파에 문자나 음성 및 영상에 관련된 정보를 실어야 비로소 정보가 포함된 전자기파가 만들어지는 것이다. 다행히도 전자기파는 정보를 실어 나를 수 있는 에너지를 갖고 있기 때문에 원거리로의 정보 전송이라는 통신의 본질을 만족할 수 있다.

4.2 변조의 이유

왜 변조를 하나? 이 문제에 대해 직관적으로 이해할 수 있는 부분만 간단히 설명하기로 한다. 효과적인 전자기파의 복사를 위해서는 안테나가 필요한데, 가장 적당한 안테나의 크기는 파장의 1/2～1/4이다. 주파수는 1초에 포함되는 사이클 수이고, 파장은 1사이클의 길이이며, 전자기파의 속도는 3×10^8m/sec라는 사실로부터 파장은 전자기파의 속도를 주파수로 나눈 값이라는 것을 어렵지 않게 알 수 있다.

20Hz～20KHz의 음성 신호를 전송하는 경우, 필요한 안테나의 길이는 얼마인지 계산해보기로 하자. f = 20Hz일 경우 파장의 1/4이 되는 안테나의 길이는 3,750Km이다. f = 20KHz로 하고 파장의 1/4이 되는 안테나의 길이를 계산한다고 해도 3.75Km이다. 물론 파장의 1/2이 되는 안테나의 길이는 이 값의 2배가 될 것이다. 분명히 가청 주파수에서 필요한 안테나의 길이는 비현실적인 것이다. 이 경우 높은 안테나의 길이를 대폭 줄이는 방법은 높은 주파수의 전자기파에 음성을 실어 보내는 수밖에 없다. 음성의 전송이 불가능하다는 의미이다. 실제로 88MHz～108MHz의 전자기파를 사용하고 있는 FM 방송에서 안테나의 길이는 약 1m정도이면 충분하다.

라디오나 텔레비전 수상기를 가진 사람들은 모든 방송국이 동일한 전송 매체로 프로그램을 방송하는 경우라도 여러 개의 방송국 중에서 1개를 선택할 수 있다. 이처럼 방송국의 선택이 가능한 이유는 각 방송국이 서로 다르게 할당된 주파수로 변조된 신호를 송신하고 있기 때문이다. 만약 변조가 아니었다면 주어진 지역에서 1개의 방송국만이 운영될 수밖에 없었을 것이다.

일반적으로 전송하고자 하는 신호의 주파수 대역은 유선 전송 매체인 트위스티드 페어 케이블, 동축 케이블, 광섬유 케이블 등이 전송할 수 있는 주파수 대역보다 훨씬 좁다. 이러한 경우 한선에 1개의 신호만을 전송하면 큰 낭비다. 왜냐하면 전송 매체가 감당할 수 있는 용량의 일부분만 사용하는 것이 되기 때문이다. 이것은 차선이 없는 고속도로와 같다. 4대의 차가 동시에 갈 수 있는 길을 1대만이 가는 길로 사용한다면 혼잡한 교통 때문에 집에만 눌러앉아 있어야 할 것이다. 놀러 간다고 해도 기분 망치는 여행이 될 것은 당연한 이치이다. 따라서 변조 기술을 이용해서 1개의 전송 매체에 다수의 신호를 동시에 전송하는 것은 통신에서 필수적인 것이다.

4.3 아날로그 전송과 디지털 전송

통신 모형을 통해 설명한 바와 같이 정보원에서 만들어진 정보는 통신 형태에 적합한 신호로 변환되고, 이 신호는 다시 전송 매체의 특성에 적합한 형태의 전송 신호로 재변환되어 전송된다. 그런데 정보와 전송 신호는 각각 아날로그와 디지털로 구분되므로, 이들을 조합한 4가지 형태의 통신 방식이 다양하게 사용되고 있다.

(1) 아날로그 정보 - 아날로그 전송 신호
(2) 아날로그 정보 - 디 지 털 전송 신호
(3) 디 지 털 정보 - 아날로그 전송 신호
(4) 디 지 털 정보 - 디 지 털 전송 신호

아날로그 전송은 정보의 형태와는 무관하게 전송 신호가 아날로그인 (1)과 (3)의 통신 방식을 의미하는 것이고, 디지털 전송은 전송 신호의 형태와는 무관하게 정보가 디지털인 (3)과 (4)의 통신 방식을 의미하는 것이다. 여기서 (2)의 방식은 정보의 관점에서 보면 아날로그 전송이고, 전송 신호의 관점에서 보면 디지털 전송이다. 그리고 (3)의 방식은 정보의 관점에서 보면 디지털 전송이고, 전송 신호의 관점에서 보면 아날로그 전송이다. 이로부터 아날로그와 디지털 전송은 서로 배타적이 아니라는 것을 알 수 있다. 현재의 많은 통신에서 전송 신호가 아날로그 형태인 점을 감안하면,

매스컴을 통해 수없이 듣고 있는 디지털 방식이라는 말은 디지털 정보를 전송하는 것을 의미하는 것으로 이해하면 된다.

통신 망에서 전송되는 신호의 형태에 따라 통신 망을 구분하면 전화 망 및 방송 망과 같은 아날로그통신 망과 데이터통신 망과 같은 디지털통신 망으로 구분할 수 있다. 정보가 아날로그인가 혹은 디지털인가에 따라서 아날로그통신 망과 디지털통신 망을 별개로 구축하면 문제가 없겠지만 정보의 형태에 따라서 통신 망을 구축하는 것은 비경제적이므로 각각 상호 호환성을 가지도록 구축되어야 한다.

디지털 정보를 아날로그통신 망으로 전송하기 위해서는 모뎀을 사용하여 디지털 정보를 아날로그 신호로 변환하여야 한다. 역으로 아날로그 정보를 디지털통신 망으로 전송하기 위해서는 A/D 변환기를 사용하여 아날로그 정보를 디지털 신호로 변환하여야 한다. 최근에는 아날로그 정보도 디지털통신 망을 통해 전송하는 경우가 많아지고 있다. 종합정보통신 망인 ISDN(Integrated Service Digital Network)이 그 대표적인 예이다. 그림 4.1에 아날로그통신 망과 디지털통신 망의 활용 형태를 나타냈다.

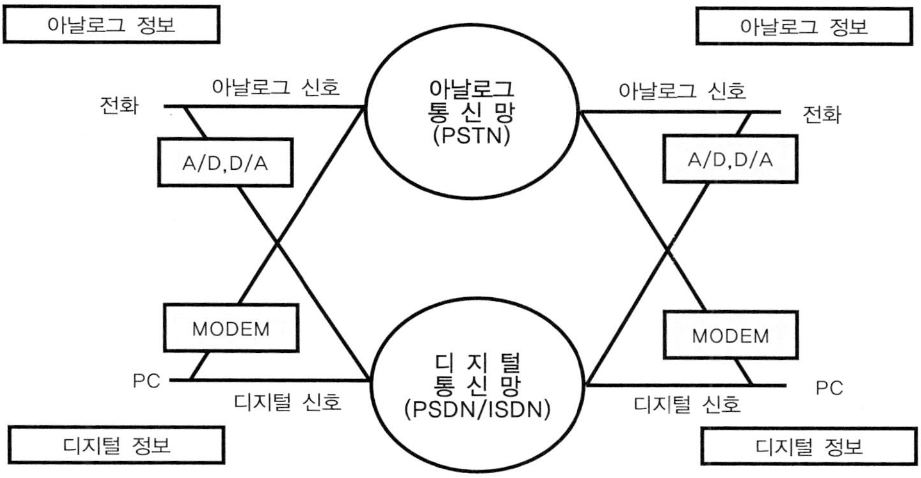

PSTN(Public Switched Telephone Network: 공중 교환 전화 망)

PSDN(Packet Switched Data Network: 패킷 교환 데이터통신 망)

ISDN(Integrated Services Digital Network: 종합정보통신 망)

▌그림 4.1▐ 아날로그통신 망과 디지털통신 망의 활용 형태

4.3.1 아날로그 정보 - 아날로그 전송 신호(아날로그통신 망)

파동으로서의 전자기파는 진폭, 주파수, 위상으로 결정된다. 이 3가지 양을 전송하고자 하는 정보에 대응되는 양으로 변화시키면 정보가 실린 전자기파를 만들 수 있다. 이 경우의 전자기파를 정보를 실어 나른다는 의미에서 반송파(carrier wave)라고 하는데, 전송하고자 하는 신호보다 훨씬 더 높은 주파수가 사용된다. 신호의 스펙트럼을 더 높은 주파수 쪽으로 이동시켜야 효율적이라는 것은 앞의 변복조에서 설명한 바와 같다.

전자기파의 변조방법은 진폭, 주파수, 위상 중에서 어느 것을 변화시킬 것인가에 따라서 결정되는데, 그 각각을 진폭 변조(AM : Amplitude Modulation), 주파수 변조(FM : Frequency Modulation), 위상 변조(PM : Phase Modulation)라고 한다. 위상 변조는 구현 방식이 다른 것에 비해 비교적 까다롭기 때문에 상용화되지 않았으므로, 여기서는 진폭 변조와 주파수 변조에 관해서만 설명하기로 한다.

라디오 방송(AM 방송)에 사용되고 있는 진폭 변조는 그림 4.2에 나타낸 바와 같이 전송하고자 하는 신호의 모양에 따라 전자기파의 진폭을 변화시키는 것을 말한다. 그리고 주파수 변조는 전송하고자 하는 신호의 모양에 따라 반송파의 주파수를 변화시키는 방식으로 라디오 음악 방송(FM 방송)이나 텔레비전 방송에 주로 사용되고 있다.

FM에서는 반송파의 주파수가 신호의 모양에 따라 변하기 때문에, 고정된 주파수에서 진폭만을 변화시키는 AM에서 보다 더 넓은 주파수 대역이 필요하다.

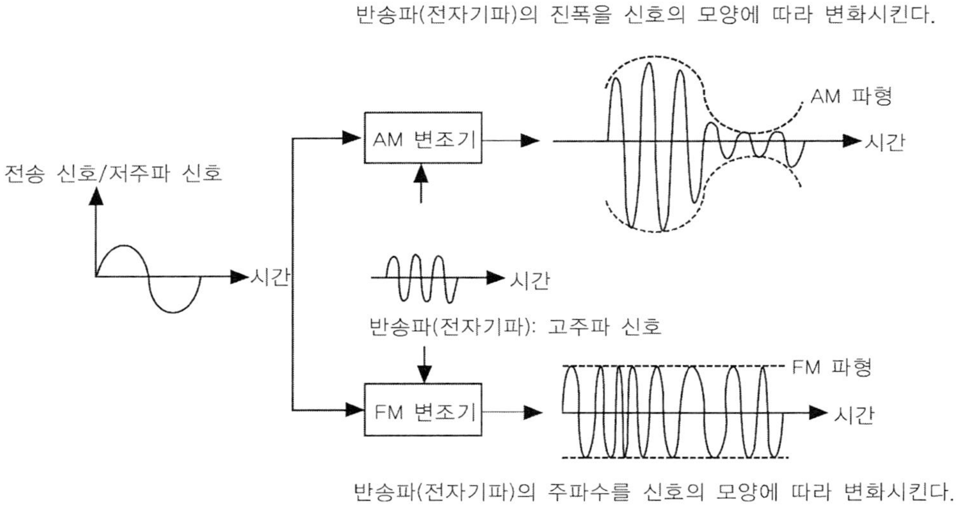

Ⅰ그림 4.2Ⅰ 변조의 원리

FM이라는 자동차는 AM이라는 자동차보다 차 폭이 더 크기 때문에 더 넓은 도로가 필요한 것과 같은 이치이다. 그러므로 FM에서는 AM에서 보다 훨씬 더 높은 주파수를 가진 반송파를 사용해야만 여러 채널에서의 전송이 가능하다. 실제로 AM 방송에서는 565KHz~1,605KHz 정도의 반송파를 이용하지만, FM 방송에서는 88~100MHz 정도의 반송파를 사용한다.

파장이 짧은 즉 주파수가 높은 전자기파일수록 감쇠가 심하므로 FM 신호가 AM 신호보다 도달 거리가 짧다. 그러므로 FM에서는 약해진 신호를 증폭한 다음, 다시 전송해주는 중계기가 더 많이 필요하다. 반면에 원래의 신호를 얼마만큼 정확하게 보낼 수 있는가라는 충실도 면에선 FM 신호가 우수하여 음악 방송이나 텔레비전 방송에 널리 사용되고 있다. 잡음은 진폭에 주로 관계되기 때문이다.

비가 내리는 겨울바다 듣기만 해도 감성이 풍부해진다. 파도 위에 비가 내리면 파도의 높이가 물방울만큼 높게 변하고, 빗방울이 크면 클수록 더 많이 변한다. AM의 한 예이다. 이는 잡음인 빗방울이 신호인 파도에 그대로 전달되는 경우이다. 반면에 FM은 파도의 봉우리 간 간격을 측정하는 복잡한 방식이므로 비가 오나 눈이 오나 바람이 부나 파도 즉 신호의 기본 모양은 크게 변하지 않는다. 이로부터 잡음은 진폭의 변화에 더 큰 영향을 미친다는 것을 알 수 있다. 잡음하면 먼저 진폭을 떠올리는 것도 좋을 듯하다.

4.3.2 아날로그 정보 – 디지털 전송 신호(디지털통신 망)

아날로그 신호를 AM, FM, PM 등의 방식으로 변조해서 전송해도 별 문제는 없다.

그러나 문제는 질 높은 통신 서비스의 제공에 가장 큰 걸림돌로 작용하고 있는 잡음이다. 잡음을 완전히 없앨 수는 없지만, 줄일 수 있는 방법은 없을까? 이 문제의 해결방법으로 아날로그 정보를 디지털 전송 신호로 변환하는 것을 생각해 볼 수 있다. 디지털 신호는 아날로그 신호에 비해 잡음에 매우 강하기 때문이다.

아날로그 신호를 디지털화하는 가장 대표적인 방법은 펄스 코드 변조(PCM : Pulse Code Modulation)이다. 펄스 코드 변조의 첫 번째 과정은 아날로그 신호의 크기를 일정한 시간 간격마다 취하여 이산적(discrete)인 신호로 변환하는 과정이다. 이처럼 연속적인 신호로부터 이산적인 신호를 얻어내는 과정을 표본화(sampling)라고 한다. PCM 방식의 두 번째 과정은 표본화 과정을 거쳐 얻어진 각각의 값을 정수로 판독하는 양자화(quantization) 과정이다. 이처럼 정수로 판독된 값은 마지막 과정에서 2진법의 수 체계에 따라 0과 1의 숫자로 변환되는데, 이러한 과정을 부호화

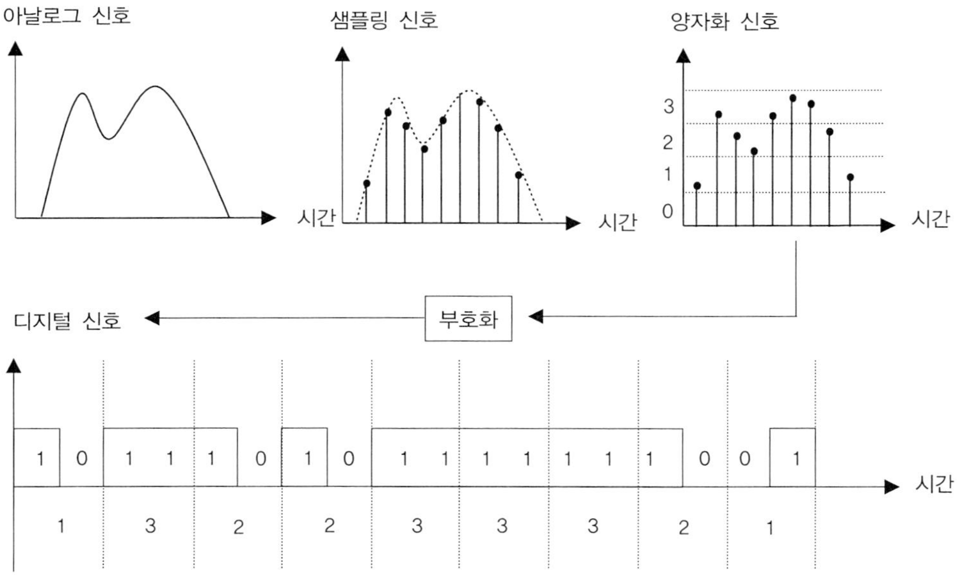

▌그림 4.3▐ 아날로그/디지털 변환 과정(PCM: 펄스 코드 변조)

(coding)라고 한다. 아날로그 신호는 최종적으로 0과 1만으로 구성되는 2진 코드로 변환되는 것이다. 이상에서 설명한 전체의 처리 과정을 일반적으로 아날로그를 디지털로 변환한다는 의미에서 A/D 변환이라고 한다. A/D 변환 과정을 그림 4.3에 나타냈다.

A/D 변환에 의해 디지털화된 2진 데이터를 전기 신호로 변환하는 가장 일반적인 방식은 0과 1 각각에 2개의 서로 다른 전압 레벨을 할당하는 것이다. 0은 낮은 전압(0[V])으로, 그리고 1은 높은 전압(5[V])으로 변환하는 경우가 그 대표적인 예이다. 이처럼 2진 코드에 전압 파형을 할당하는 것을 인코딩(encoding)이라고 한다. 이와 같은 방식으로 인코딩된 코드는 1비트 구간에서 전압이 항상 일정치를 유지한다는 측면에서 NRZ(Non-Return to Zero : 전이가 없다.) 코드라고 한다. 그러나 최근에는 송수신 측 간의 동기화 기능, 오류 검출 기능, 전송 속도 개선 등의 측면에서 유리한 맨체스터(Manchester) 코드가 주로 사용되고 있다. 맨체스터 인코딩은 「0」 구간의 중간에서는 낮은 전압에서 높은 전압으로, 그리고 「1」 구간의 중간에서는 높은 전압에서 낮은 전압으로 신호가 항상 전이하도록 하는 방법이다. 맨체스터 코드를 사용하면 수신 측에서는 전이가 예측되는 시점을 동기 정보로 활용할 수도 있고, 또 전이가 예측되는 시점에서 전이가 없는 코드가 수신되면 전송 과정에서 오류가 포함된 코드로 판단할 수도 있다. 그림 4.4에 NRZ 및 맨체스터 코드를 나타냈다.

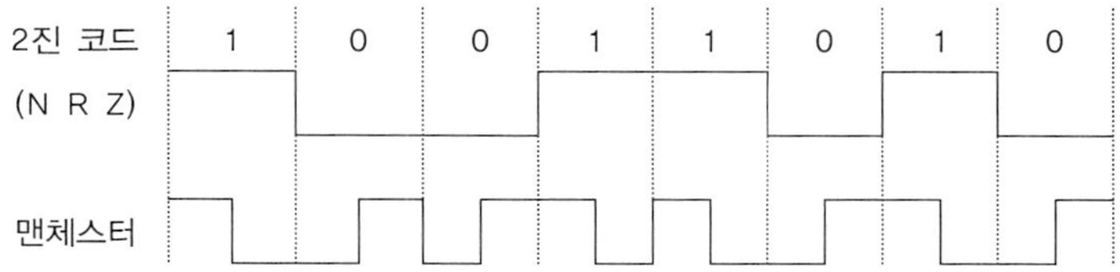

그림 4.4 인코딩 기법

4.3.3 디지털 정보 – 아날로그 전송 신호(아날로그통신 망)

원래는 아날로그 신호였지만 표본화 및 양자화 과정을 거쳐 0과 1로 변환된 디지털 신호나 혹은 컴퓨터 등의 디지털 시스템에서 발생되는 디지털 신호를 전자기파에 싣는 과정을 디지털 변조라고 한다. 디지털 변조는 디지털 신호를 무선으로 전송하거나 아날로그통신 망을 통해 전송할 경우에만 사용되는 것이다.

전화 망을 이용한 컴퓨터 통신에서 사용되는 모뎀이 그 대표적인 예이다. 컴퓨터에서 발생되는 디지털 신호를 아날로그통신 망인 전화 망을 통해 전송하기 위해서는 아날로그 신호로 바꾸어 주어야 하는데, 이때 사용되는 것이 바로 다음에 설명하고 있는 디지털 변조이다. 전화 망을 이용한 컴퓨터 통신에서 사용되고 있는 모뎀의 역할은 디지털 변조라는 것을 쉽게 짐작할 수 있다.

그런데 이해할 수 없는 부분이 있다. 「아날로그 신호를 PCM 방식을 이용해서 디지털 신호로 변환했는데, 다시 디지털 변조를 해서 아날로그 신호로 바꾼다는 것은 도대체 어떤 의미를 갖는 것일까?」라는 의문이다. 이에 대한 대답은 간단하다. 디지털 변조된 신호는 형태만 아날로그일 뿐이지 실제로는 두 가지 상태로 확실히 구분되는 파형이기 때문에 디지털의 장점을 그대로 살릴 수 있다는 것이다.

디지털 변조에는 아날로그 변조의 AM, FM, PM에 대응되는 ASK(Amplitude Shift Keying), FSK(Frequency Shift Keying), PSK(Phase Shift Keying) 방식이 있다. 디지털 변조는 아날로그 방식에 비해 개념이 어렵고 수학적 전개를 필요로 하긴 하지만, 머리가 책으로 가까이 가지 않을 정도로만 살펴보기로 하자.

(1) ASK

ASK는 2진 코드의 값이 1이면 반송파를 전송하고, 0이면 반송파를 전송하지 않는 방식이다. 이러한 형태는 스위치가 On–Off 동작을 반복하는 것과 같게 보이므로 On–Off Keying이라고도 한다. 그림 4.5에 2진 코드에 대응되는 ASK 파형을 나타냈다.

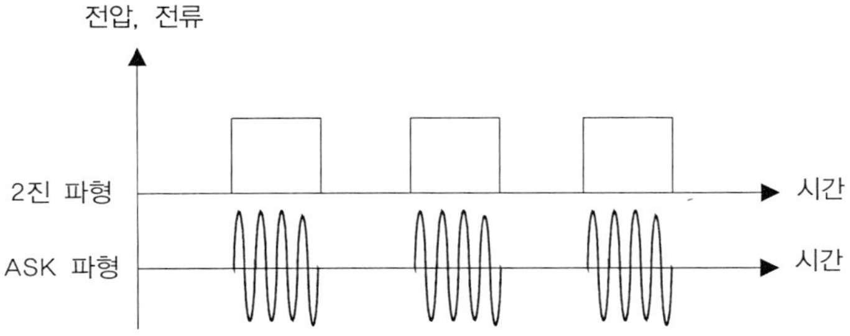

그림 4.5 ASK 파형

(2) FSK

FSK는 0과 1에 서로 다른 주파수의 반송파를 대응시키는 방식이다. 2진 코드의 값이 1이면 주파수가 f_1인 반송파를 전송하고, 그 값이 0이면 주파수가 f_2인 반송파를 전송하는 방식이다. 그림 4.6에 FSK 파형을 나타냈다.

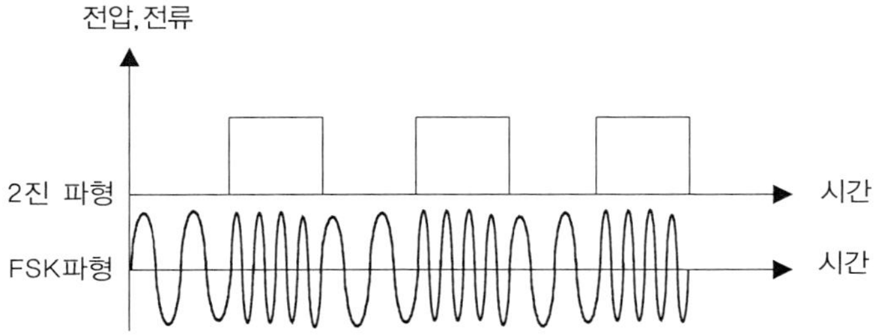

그림 4.6 FSK 파형

(3) PSK

PSK는 2진 코드의 0과 1에 각각 위상차가 180°인 반송파를 대응시키는 방식이다. 이러한 측면에서 이 방식을 PRK(Phase-Reversal Keying)라고도 한다. 여기서 위상차는 시간에 대한 신호의 상대적 위치를 의미하는 것으로, 위상차가 180°라는 것은 그림 4.7에 나타낸 바와 같이 위상이 늦은 파형이 180° 뒤에서 위상이 빠른 파형을 따라 간다는 의미이다. 그림 4.8에 2진 코드에 대응되는 PSK 파형을 나타냈다.

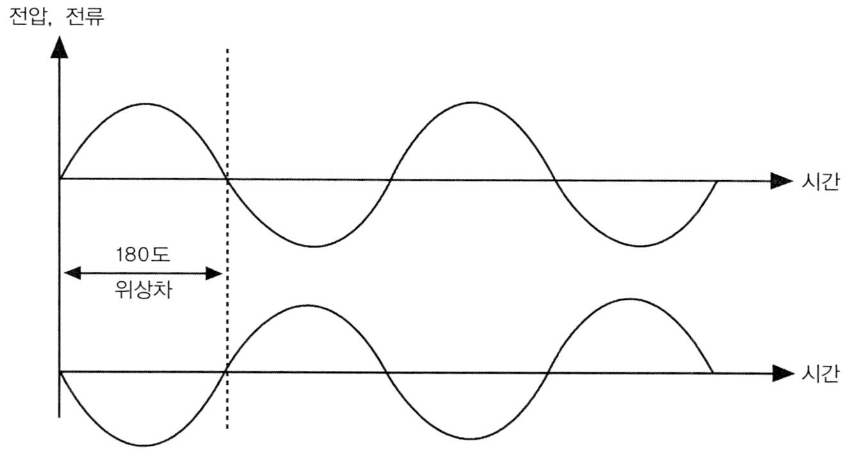

▎그림 4.7 ▎ 위상차

ASK는 잡음에 약하다는 단점 때문에 거의 사용되지 않고 있다. 이에 반해 FSK는 ASK에 비해 잡음에 강하다는 장점이 있다. 그러나 고속 전송인 경우에는 주파수의 차이가 큰 두 개의 반송파를 사용해야만 주파수 변화의 식별이 쉽다는 단점이 있다. 고속 전송인 경우 반송파의 주파수 차이를 크게 해야 한다는 의미는 빠른 속도로 날아 오는 검은 공과 회색 공을 구별하는 것보다는 검은 공과 흰 공을 구별하는 것이 훨씬 쉽다는 의미로 이해하면 된다. 반송파 주파수의 차이가 크다는 것은 신호 자체가 차지하는 대역폭이 커진다는 의미이므로 FSK에서는 전송효율이 떨어지게 된다. 따라서 FSK는 저속 전송에만 주로 사용되고 있다. 고속 전송에는 주파수 변화보다 식별이 쉬운 위상차를 사용하는 PSK가 주로 사용되고 있다.

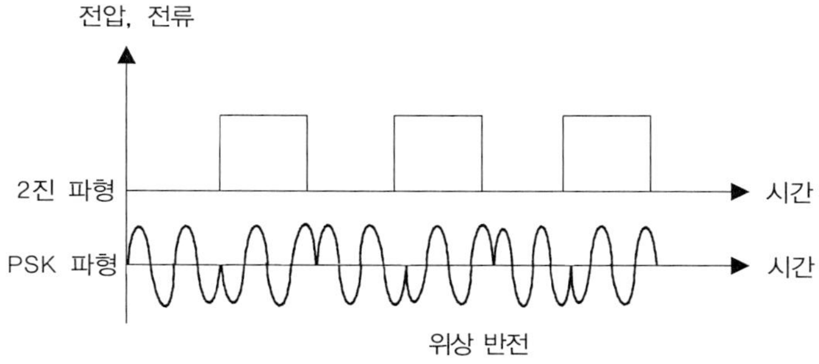

▎그림 4.8 ▎ PSK 파형

4.3.4 디지털 정보 - 디지털 전송 신호

디지털 정보를 디지털통신 망을 통해 디지털 전송 신호로 전송할 경우에는 별도의 처리 과정이 필요 없으나 맨체스터 코드 등으로 인코딩하여 전송하는 방식이 일반적이다.

전 절에서 설명한 바와 같이 디지털 정보를 전기 신호로 변환하는 가장 일반적인 방식은 0과 1 각각에 2개의 서로 다른 전압 레벨을 할당하는 것이다. 0은 낮은 전압(0[V])으로, 그리고 1은 높은 전압(5[V])으로 변환하는 경우가 그 대표적인 예이다. 이처럼 2진 코드에 전압 파형을 할당하는 것을 인코딩(encoding)이라고 한다. 이와 같은 방식으로 인코딩된 코드는 1비트 구간에서 전압이 항상 일정치를 유지한다는 측면에서 NRZ(Non-Return to Zero : 전이가 없다.) 코드라고 한다.

그러나 최근에는 송수신 측 간의 동기화 기능, 오류 검출 기능, 전송 속도 개선 등의 측면에서 유리한 맨체스터(Manchester) 코드가 주로 사용되고 있다. 그림 4.9에 나타낸 바와 같이 맨체스터 인코딩은 「0」 구간의 중간에서는 낮은 전압에서 높은 전압으로, 그리고 「1」 구간의 중간에서는 높은 전압에서 낮은 전압으로 신호가 항상 전이하도록 하는 방법이다. 맨체스터 코드를 사용하면 수신 측에서는 전이가 예측되는 시점을 동기 정보로 활용할 수도 있고, 또 전이가 예측되는 시점에서 전이가 없는 코드가 수신되면 전송 과정에서 오류가 포함된 코드로 판단할 수도 있다.

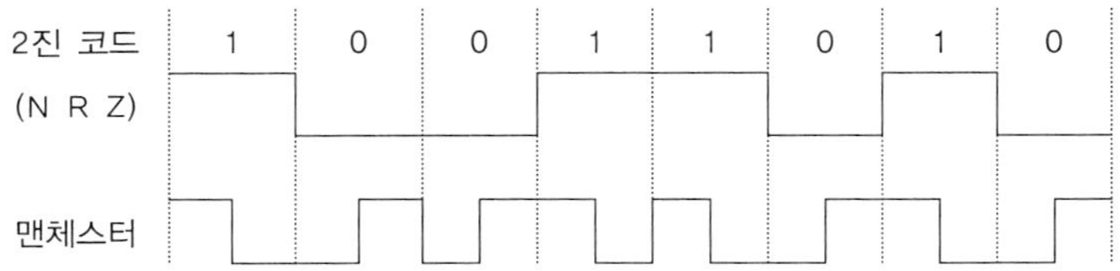

그림 4.9 맨체스터 코드

정보 전송

제 5 장

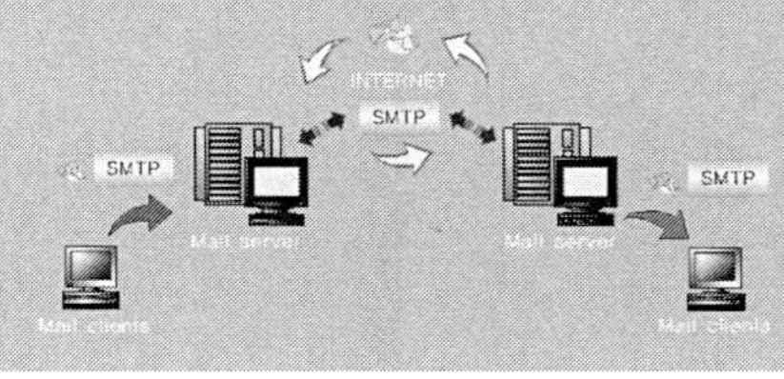

통신 시스템 간의 정보 전송은 전송되는 신호의 형태에 따라 아날로그 전송과 디지털 전송, 정보 흐름의 방향에 따라 단방향 통신과 양방향 통신, 회선점유 방식에 따라 직렬 전송과 병렬 전송, 동기 방식에 따라 비동기 전송과 동기 전송, 전송 매체 분할 방식에 따라 주파수 분할 다중화 방식과 시분할 다중화 방식으로 구분된다. 각각에 대해서 살펴보기로 하자.

5.1 전송 속도

통신 망의 성능을 나타내는 중요한 척도의 하나로 단위 시간에 전송되는 정보량을 의미하는 전송 속도가 있다. 전기 신호가 통신 케이블이나 무선 채널에서 1초 동안 이동하는 거리는 빛의 속도와 같은 30만 km이다. 이 값은 저속통신 망 및 고속통신 망에서 변하지 않는다. 통신 망에서의 전송 속도는 단위 시간에 전송되는 정보량인데 반해 자동차나 철도와 같은 교통기관의 속도는 단위 시간에 이동하는 거리인 것을 생각하면, 교통기관의 속도와 통신 망의 속도 개념은 전혀 다르다는 것을 알 수 있다.

디지털통신 망에서는 일반적으로 전송 속도의 단위로 「bps」를 사용하고 있다. 이것은 1초 간에 전송될 수 있는 비트 수를 의미하는 것으로, 64Kbps의 ISDN 회선, 1.5Mbps의 「고속 디지털 회선」 등으로 표현할 때의 전송 속도 값은 이용자가 사용할 수 있는 순수한 전송 속도를 의미하는 것이다. 다음 장에서 설명할 패킷 통신에서는 통신 회선의 정보 전송 속도를 나타내는 「bps」 이외에 단위 시간당 정보 처리량(throughput)이라고 하는 전송 속도의 규정이 있다. 이것은 특정 패킷에 포함된 비트 수를 패킷을 수신하는데 걸린 총시간으로 나눈 값을 의미한다.

5.2 ASCII 코드

컴퓨터를 포함한 디지털 시스템에서는 숫자나 알파벳, 특수기호, 한글 등 어느 것을 막론하고 0과 1로 구성되는 2진 코드로 표현된다. 왜냐하면 컴퓨터는 모든 물리적 현상이 0과 1로 표현되는 2진 시스템이기 때문이다. 이러한 이유로 디지털 분야를 「0과 1의 세계」라고 말하기도 한다.

2진 코드는 여러 개의 비트로 구성되는 0과 1의 조합이다. 여기서 비트(Bit : Binary Digit)란 2진 정보의 기본 단위를 의미하는 것으로 보통 0과 1중 하나만을 지칭할 때 사용된다. 1비트로는 2개의 상태(0, 1)를, 그리고 2비트로는 4개의 상태(00, 01, 10, 11)를 표현할 수 있다. 일반적으로 n비트로는 2^n개의 서로 다른 상태를 표현할 수 있다. 따라서 만약 256개의 서로 다른 코드를 만들 경우에는 8비트가 필요하다. 다시 말해서 8비트로는 256개의 코드를 만들 수 있다는 의미이다.

예전에는 컴퓨터 시스템 설계자마다 서로 다른 코드를 사용해서 많은 혼란을 야기시켰으나, 현재는 EBCDIC(Extended Binary Coded Decimal Interchange Code) 코드와 ASCII(American Standard Code for Information Interchange) 코드가 주로 사용되고 있다. EBCDIC 코드는 IBM사가 만든 코드로 IBM 컴퓨터에서 주로 사용되는 코드이며, ASCII 코드는 국제 표준협회(ANSI : American National Standards Institute)에서 제정한 코드로 현재의 컴퓨터 통신에 널리 사용되고 있는 코드이다. 이러한 측면에서 이 책에서는 ASCII 코드에 중점을 두고 설명하고자 한다.

국제 표준협회가 정한 표준 문자 규격인 ASCII 코드에서는 7비트로 1개의 코드를 표현한다. 그러므로 각 문자나 부호에 대응되는 총 128개의 ASCII 코드가 존재한다. 현재 세계의 많은 국가들이 이를 자신들의 표준으로 수용하고 있으나, 더 많은 국가의 언어나 기호 등을 표현하기 위한 코드가 요구됨에 따라 IBM이 128개를 추가하기 위하여 8비트 ASCII 코드를 만들었다. 이 추가된 부분을 확장 ASCII 코드라고 한다.

다음과 같은 0과 1의 열을 보자. 전혀 모르겠다는 사람도 있을 것이다. 특별히 알지 못해도 살아가는데 지장이 없으므로 너무 신경 쓸 필요는 없다. 기억은 컴퓨터가 담당하기 때문이다.

```
10100011 10101111 10101101 10101101 10110101 10101110 10101001
10100011 10100001 10110100 10101001 10101111 10101110
```

이것은 8비트 ASCII 코드로 「COMMUNICATION」이라고 쓴 것이다. 「COMMUNICATION」이란 문자열은 13개의 문자로 구성되어 있다. 이를 0과 1로 표현한 수는 104개이므로 각각의 문자를 8개의 0과 1로 표현한 경우이다. 표 5.1에 참고로 0에서 9까지의 숫자와 영문자 대문자에 해당하는 ASCII 코드를 나타냈다.

| 표 5.1 | ASCII 코드

문자	8비트 ASCII	7비트 ASCII	문자	8비트 ASCII	7비트 ASCII
0	01010000	0110000	I	10101001	1001001
1	01010001	0110001	J	10101010	1001010
2	01010010	0110010	K	10101011	1001011
3	01010011	0110011	L	10101100	1001100
4	01010100	0110100	M	10101101	1001101
5	01010101	0110101	N	10101110	1001110
6	01010110	0110110	O	10101111	1001111
7	01010111	0110111	P	10110000	1010000
8	01011000	0111000	Q	10110001	1010001
9	01011001	0111001	R	10110010	1010010
A	10100001	1000001	S	10110011	1010011
B	10100010	1000010	T	10110100	1010100
C	10100011	1000011	U	10110101	1010101
D	10100100	1000100	V	10110110	1010110
E	10100101	1000101	W	10110111	1010111
F	10100110	1000110	X	10111000	1011000
G	10100111	1000111	Y	10111001	1011001
H	10101000	1001000	Z	10111010	1011010

5.3 오류 검출 방식

디지털 통신이란 컴퓨터 등의 디지털 시스템에서 발생되는 0과 1로 구성되는 디지털 신호를 통신회선을 통해서 주고받는 것이다. 물론 전송할 정보는 ASCII 코드를 이용해서 부호화한 것이다. 앞에서 말했듯이 통신의 사명은 바른 정보 전달에 있지만, 이러한 정보가 전송될 때 잡음이나 과도 현상 등에 의해서 0이 1로 혹은 1이 0으로 바뀌는 현상이 생길 수 있다.

이와 같은 이유로 잘못된 정보가 전달되어도 도리가 없지만, 틀린 정보가 전달되었는지의 여부를 검출하는 수단은 있어야 한다. 그래야 전송 도중에 발생된 오류를 수신기에서 검출하고, 이를 송신기에 알려 재전송을 요구할 수 있기 때문이다.

디지털통신에서 널리 사용되는 오류 검출 방식으로는 패리티 검사(parity check)법과 순환 중복 검사(CRC : Cyclic Redundancy Check)법을 들 수 있다. 각각에 대해서 간단히 알아보기로 하자.

5.3.1 패리티 검사법

패리티 검사법은 오류의 발생 여부를 수신 측에서 알아내기 위해 문자 끝에 하나의 패리티 비트를 추가하여 전송하는 방식이다. 패리티 비트란 ASCII 코드로 표현된 문자 내의 1의 수가 홀수 또는 짝수가 되도록 추가하는 비트를 말하는 것으로, 문자 내의 1의 수가 홀수가 되도록 추가한 비트를 홀수 패리티(odd parity) 비트, 문자 내의 1의 수가 짝수가 되도록 추가한 것을 짝수 패리티(even parity) 비트라고 한다.

예를 들어 보자. COMPUTER를 7비트 ASCII 코드로 표현하고, 여기에 홀수 패리티 비트와 짝수 패리티를 추가하면 다음과 같다.

문자	ASCII 코드	1의 개수	홀수 패리티 비트	짝수 패리티 비트
C	1000011	홀수	0	1
O	1001111	홀수	0	1
M	1001101	짝수	1	0
P	1010000	짝수	1	0
U	1010101	짝수	1	0
T	1010100	홀수	0	1
E	1000101	홀수	0	1
R	1010010	홀수	0	1

ASCII 코드에 패리티 비트가 첨가되어 전송된 문자의 오류 여부를 수신 측에서 검사하는 것을 패리티 검사라고 한다. 예를 들어 1의 개수가 짝수인 「01000001」이 A점에서 B점으로 전송되는 도중에 왼쪽에서 4번째 비트에 잡음이 들어간 경우를 가정하자. B점에는 「01010001」이 수신될 것이다. 이 경우 수신된 코드의 1의 수가 홀수이므로 오류가 발생하지 않았다는 것을 알 수 있다. 오류를 검출하면 수신 측은 잘못된 코드가 전송되었으므로 다시 전송하라는 신호를 송신 측에 보낸다.

현재 컴퓨터에서 프로세서와 메모리 간 혹은 컴퓨터와 주변 장치 간의 정보 전송에 널리 이용되는 패리티 검사법은 오류 검출 수단으로는 매우 우수하기 때문에 주류를 이루고 있음에 틀림없지만, 속기 쉽다. A에 해당하는 ASCII 코드의 첫머리에 짝수 패리티 비트를 붙인 「01000001」이 전송 도중의 잡음 때문에 「01010011」로 변해 버렸다고 가정하자. 2비트에 오류가 있음에도 불구하고 1의 수가 짝수이므로 수신 측에서는 오류가 있음을 발견하지 못한다. A가 S로 바뀌어 전송된 심각한 경우이다. 이 방식에서는 2개 이상의 비트에 오류가 발생할 확률은 극히 적다는 가정을 하고 있으므로 1비트 오류인 경우에만 유효하다. 이러한 이유 때문에 패리티 검사법은 2비트 이상의 오류가 발생할 확률이 적은 컴퓨터 시스템에서는 매우 유용하게 사용되고 있지만, 데이터통신에서는 사용되지 않고 있다.

5.3.2 CRC 방식

패리티 검사법은 각 문자마다 패리티 비트를 추가하는 방식이므로 정보가 문자 단위로 구성되어 있는 경우에는 매우 유용하나, 정보가 문자 단위가 아닌 블록 즉 패킷 단위로 구성되는 경우에는 부적당하다. 그리고 이 방식은 집단적으로 발생하는 에러에 대해서는 아무런 역할을 하지 못한다. 이러한 경우 오류 검출 능력이 매우 강력하면서도 구현이 쉬운 CRC(Cyclic Redundancy Check) 방식이 디지털통신에서 주로 사용되고 있다.

CRC 방식을 설명하기 위한 간단한 예로, W에 해당하는 ASCII 코드 1010111을 전송하는 경우를 생각해보자. 이 경우 계수가 1010111인 다음과 같은 다항식을 생각할 수 있다.

$$M(x)=1\cdot x^6+0\cdot x^5+1\cdot x^4+0\cdot x^3+1\cdot x^2+1\cdot x+1=x^6+x^4+x^2+x+1$$

오류 검사 비트의 생성을 위한 다항식으로 다음과 같은 생성 다항식을 선정한다. 여러 가지 형태의 다항식이 사용될 수 있으나, 이해하기 쉽도록 가장 간단한 것을 선정하였다. 실제로는 ITU-16($x^{16} + x^{12} + x^5 + 1$), ITU-32($x^{32} + x^{26} + x^{23} + x^{22} + x^{16} + x^{12} + x^{11} + x^{10} + x^8 + x^7 + x^5 + x^4 + x^2 + x + 1$) 등 응용 분야에 따라 국제적으로 표준화된 다항식이 사용되고 있다.

$$P(x)=x^4+x^2+x+1$$

생성 다항식의 최고차 수에 해당하는 x^4을 M(x)에 곱한 결과를 다음에 나타냈다.

$$x^4M(x)=x^{10}+x^8+x^6+x^5+x^4$$

위의 식을 다시 P(x)로 모듈러-2 연산(5 MOD 2=1)하면 몫은 x^6+x^3이고 나머지는 x^3이다.

$$x^4M(x)/P(x)=(x^6+x^3)+x^3/P(x)$$

$$
\begin{array}{r|l}
 & x^6 + x^3 \\
\hline
x^4 + x^2 + x + 1 & x^{10} + x^8 + x^6 + x^5 + x^4 \\
 & x^{10} + x^8 + x^7 + x^6 \\
\cline{2-2}
 & \phantom{x^{10} + x^8 +} x^7 + x^5 + x^4 \\
 & \phantom{x^{10} + x^8 +} x^7 + x^5 + x^4 + x^3 \\
\cline{2-2}
 & \phantom{x^{10} + x^8 + x^7 + x^6 + x^5 + x^4 +} x^3
\end{array}
$$

나머지가 x^3이므로 $1 \cdot x^3+0 \cdot x^2+0 \cdot x^1+0 \cdot x^0$의 계수에 해당하는 1000을 전송하고자 하는 정보에 추가하면 송신 코드 10101111000을 만들 수 있다.

수신 측에서는 10101111000에 해당하는 다항식을 만들어 다시 생성 다항식으로 모듈러-2 연산해서 나머지가 있으면 오류가 있는 것으로 판단하고, 나머지가 없으면 오류가 없는 것으로 판단한다.

5.4 단방향 통신과 양방향 통신

5.4.1 단방향 통신

그림 5.1(a)에 나타낸 바와 같이 단방향 통신(simplex communication)은 정보가 오직 한 방향으로만 전송되는 방식으로 송신기와 수신기가 결정되어 있는 통신 방식이다. 단방향 통신의 대표적인 예는 일방향으로만 통신이 이루어지는 키보드, 모니터, 리모콘, 텔레비전 및 라디오 방송 등이다.

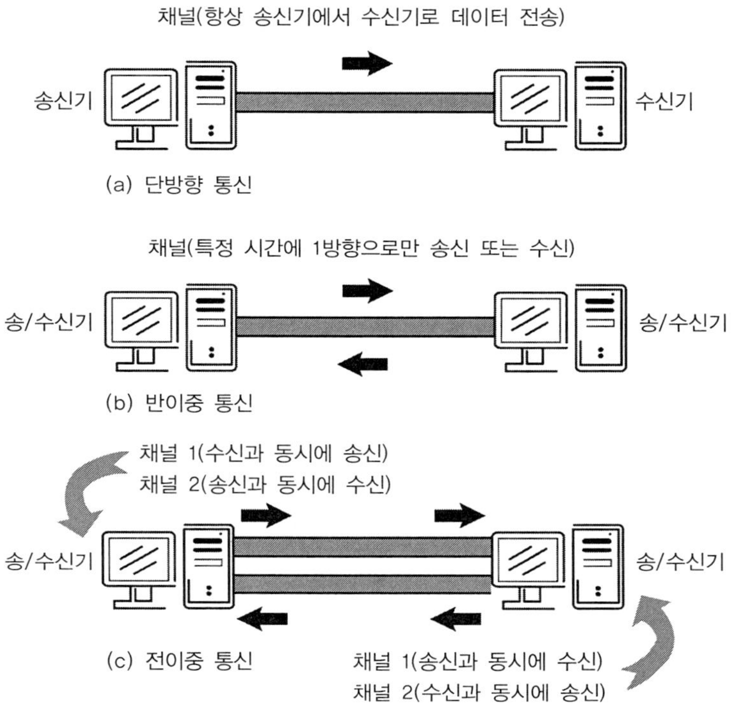

▎그림 5.1▎ 단방향 통신과 양방향 통신

5.4.2 양방향 통신

그림 5.1(b)와 5.1(c)에 나타낸 바와 같이 양방향 통신(duplex communication)은 송신기와 수신기가 결정되어 있는 단방향 통신과는 달리 하나의 통신 시스템이 송신기와 수신기의 역할을 모두 수행할 수 있는 방식이다. 이 방식은 정보를 동시에 송수신할 수 있는지의 여부에 따라 반이중 통신 방식과 전이중 통신 방식으로 구분된다.

(1) 반이중 통신

반이중 통신(half-duplex communication)은 하나의 통신 시스템이 송신기와 수신기의 역할을 모두 수행할 수는 있으나, 시간적으로 중첩이 되지 않는 경우로서 정보의 송수신을 교대로 수행하는 방식이다. 무전기와 현재의 데이터통신 망에서 널리 사용되고 있는 방식이다.

(2) 전이중 통신

전이중 통신(full-duplex communication)은 동시에 정보를 송수신할 수 있는 방식으로 시간적으로 중첩이 가능한 가장 효율이 높은 통신 방식이다. 전이중 방식에서는 송수신 채널을 별개로 구성하거나 혹은 하나의 전송 매체를 두 개의 채널로 구분하여 사용한다. 이 방식은 사용자 요구에 따라 필요한 정보를 즉시 제공하거나 또는 상대와 대등하게 정보를 교환하는 방식으로 현재의 방송과 같은 일방적인 정보 전송과는 구별된다. 보고 싶을 때 보고 싶은 프로그램을 마음대로 선택해서 볼 수 있는 VOD(Video-On-Demand) 서비스가 이의 대표적인 예이다.

5.5 직렬 전송과 병렬 전송

직렬 전송(serial transmission)은 그림 5.2에 나타낸 바와 같이 하나의 전송회선을 통해 1비트씩 차례로 전송하는 방식으로 경제적인 측면에서는 우수한 방식이나, 고속통신이 불가능하다는 단점이 있다. 따라서 이 방식은 장거리 저속 통신에 주로 이용되고 있다. 현재 사용되고 있는 정보통신 망의 정보 전송 방식은 모두 직렬 전송 방식이다. 이는 광범위한 지역을 연결하는 경우 비용의 측면에서 병렬 전송보다는 직렬 전송이 경제적으로 유리하기 때문이다.

병렬 전송(parallel transmission)은 그림 5.2에 나타낸 바와 같이 임의의 n비트를 n개의 전송회선을 통해 전송하는 방식으로 직렬 전송에 비해 회선 수만큼 전송 속도가

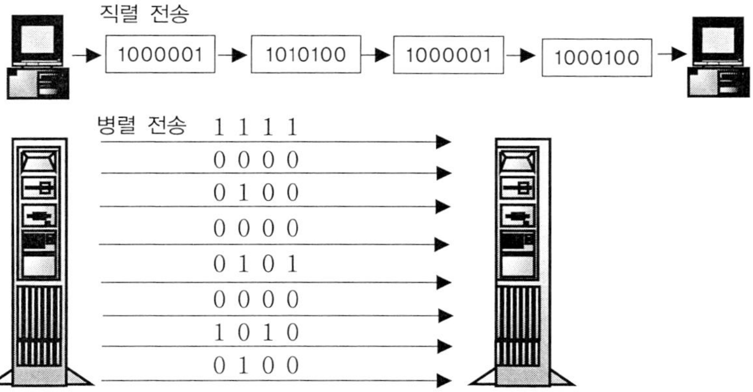

| 그림 5.2 | 직렬 전송과 병렬 전송

빠르다는 장점이 있다. 그러나 장거리 통신에서는 회선 설치 비용 때문에 경제적으로 많은 제약을 받는다. 따라서 이 방식은 단거리 고속통신에 주로 이용되고 있다. 전송거리가 매우 짧은 컴퓨터 내부에서의 정보 전송 및 컴퓨터와 주변 장치 간의 정보 전송 방식이 이의 대표적인 예이다.

5.6 비동기 전송과 동기 전송

디지털 정보의 전송에서는 송신 측에서 전송하고자 하는 비트들의 일정 묶음이 전송 단위이다. 비트들의 묶음을 블록이라고 하는데, 올바른 전송을 위해서는 송신 측에서 표시한 블록의 시작과 끝에 관한 정보를 수신 측에서도 알아야 한다. 동기란 송신기와 수신기가 블록의 시작과 끝을 합의하는 절차를 말하는데, 동기 방식에 따라 비동기 전송과 동기 전송으로 구분된다.

5.6.1 비동기 전송

비동기 전송(asynchronous transmission)은 전송하고자 하는 정보가 일정한 시간 간격으로 발생되지 않는 경우에 사용하는 방식이다. 이러한 경우의 대표적인 예는 디지털 통신에서 통신서비스 이용자가 키보드를 통해 입력하는 정보를 전송하는 경우이다.

컴퓨터 통신에서는 모든 이용자가 항상 일정한 간격으로 문자를 입력하지는 않는다. 그리고 연속적으로 입력되는 각각의 문자들 사이에도 서로 다른 시간 간격이 존재한다. 이러한 이유로 비동기 전송에서는 1블록 즉 1문자가 전송될 때마다 그 첫머리와 끝에 각각 스타트 비트와 스톱 비트를 첨가해서 전송함으로써 전송 정보의 시작과 끝을 수신 측에 알리고 있다.

비동기 전송에서는 정보 전송이 없는 채널 휴지 기간에는 1을 지속적으로 전송하고, 전송할 정보가 있는 경우에는 먼저 스타트 비트 0을 전송한 후에 정보의 전송을 개시한다. 정보의 전송이 완료되면 전송이 완료되었음을 알리는 스톱 비트 1을 전송하고, 다시 휴지 상태로 들어간다. 수신 측에서는 1이 0으로 되는 순간적인 변화를 이용해서 정보의 송신을 인지하고, 이후에 전송되는 약속된 비트 수만큼을 하나의 문자로 간주한다. ASCII 코드를 전송하는 시스템에서는 8비트가 1문자에 해당한다. 그림 5.3에 비동기 전송 신호를 나타냈다.

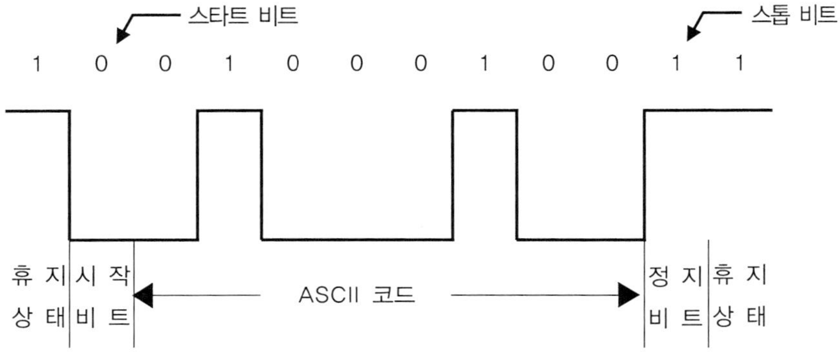

| 그림 5.3 | 비동기 전송 방식

비동기 전송에서 수신기는 스타트 비트와 스톱 비트를 인식한 다음, 비트 지속 시간을 고려하여 일정한 시간 간격으로 데이터를 수신한다(비트 단위의 동기를 의미). 이처럼 비트 단위의 동기는 수행되지만 바이트 단위의 동기는 수행되지 않기 때문에 비동기 전송이라고 한다.

5.6.2 동기 전송

동기 전송(synchronous transmission)은 전송될 정보가 일정한 시간 간격으로 발생될 경우에 사용되는 방식으로 인터넷의 호스트 컴퓨터로 파일을 업로드하거나 호스트 컴퓨터로부터 파일을 다운로드하는 경우가 이의 대표적인 예이다.

이 경우 비동기 전송에서와 같이 각 문자마다 스타트 비트와 스톱 비트를 첨가해서 전송하는 것은 분명한 낭비이다. 따라서 동기 전송에서는 1문자 단위가 아니고 미리 정해진 수만큼의 블록을 구성하여 일시에 전송하는데, 수신 측에서 블록의 시작과 끝을 식별하기 위한 프레임 레벨의 동기화가 요구된다. 여기서 프레임이란 데이터 블록과 각종의 제어 정보를 합친 것을 말한다.

프레임 형식은 전송 단위가 문자묶음인지 아니면 비트묶음인지에 따라 문자 중심 프레임(character oriented frame)과 비트 중심 프레임(bit oriented frame)으로 구분된다. 그림 5.4에 각각의 프레임 형식을 나타냈다.

플래그	주 소	제 어	데 이 터	CRC	플래그

(a) 비트 중심 프레임

SYN	DLE	STX	헤 더	데 이 터	DLE	ETX	CRC	SYN

(b) 문자 중심 프레임

| 그림 5.4 | 동기 전송 방식

비트 중심의 전송은 전송 단위를 일련의 비트묶음으로 보고, 비트 블록의 처음과 끝에 시작과 끝을 의미하는 특정 비트 패턴을 붙여서 전송하는 방식이다. 이러한 비트 패턴을 일반적으로 플래그라고 한다. 여기서 CRC는 오류 검출을 목적으로, 그리고 주소는 송수신 장치를 지정하기 위한 목적으로 추가되는 비트들이며, 제어는 전송 속도에 관계되는 흐름 제어(flow control) 및 오류 제어(error control) 메커니즘을 제공하는 부분이다.

문자 중심의 전송에서는 블록을 일련의 문자들로 구성하고, 블록의 시작과 끝을 알리기 위해 전송 제어 문자를 사용한다. 여기서 DLE(Data Link Escape) 및 STX(Start of Text)와 ETX(End of Text)는 데이터 블록의 시작과 끝을 의미하는 전송 제어 문자이며, 헤더 부분에는 주소와 제어 정보가 포함된다. 이 방식에서는 프레임 앞에 한 개 이상의 전송 제어 문자 「SYN」을 배치하여 전체 블록 즉 프레임을 동기시킨다.

동기 전송에서는 스타트 비트와 스톱 비트, 그리고 비트 간의 간격 없이 비트들을 차례로 전송하기 때문에 보내는 쪽에서는 추가하고, 받는 쪽에서는 제거해야 할 별개의 비트나 간격이 없다. 이와 같은 측면에서 동기 전송은 전송 속도가 빠르다는 장점이 있다.

5.7 다중화 방식

단거리 통신에서는 정보 전송을 위해 하나의 통신 장치가 1개의 전송회선을 점유해도 별 문제가 되지 않지만, 원거리 통신인 경우에는 모든 통신 장치마다 하나의 전용회선을 할당한다는 것은 경제적인 측면에서 불가능한 일이다. 이러한 이유로 전송 매체

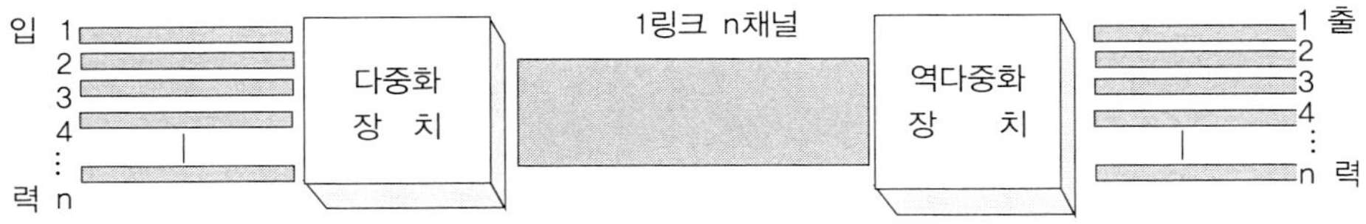

┃그림 5.5┃ 다중화

의 효율성을 제고하기 위해 1개의 전송 매체에 다수의 전송 신호를 중복시켜 전송하는 것을 다중화(multiplexing)라고 한다. 그림 5.5에 나타낸 바와 같이 송신 측에서는 다수의 통신 장치들로부터 발생하는 신호들을 중첩해서 하나의 전송 매체를 통해 전송하고, 수신 측에서는 중첩된 신호를 다시 다수의 신호로 분리하여 각각의 통신 장치로 분배하는 것이 다중화의 기본 원리이다. 다시 말해서 다중화는 물리적인 전송 매체(도로)는 1개지만, 이를 다수의 채널(차선)로 나누어 다수의 신호(자동차)를 동시에 전송하는 방식이다. 즉 한마디로 1링크 n채널이라고 할 수 있다.

다중화 방식은 크게 주파수분할 다중화(FDM : Frequency Division Multiplexing)와 시분할 다중화(TDM : Time Division Multiplexing)로 분류된다. 여기서 주파수분할 다중화는 아날로그 신호에, 그리고 시분할 다중화는 디지털 신호에 적용되는 방식이다.

5.7.1 주파수분할 다중화

아날로그 전송에서 사용되는 주파수분할 다중화는 전송 신호의 대역폭이 전송 매체의 유효 대역폭보다 작은 경우에만 가능하다. 그림 5.6(a)에 나타낸 바와 같이 전송하고자 하는 각각의 신호를 서로 다른 주파수 f_i의 반송파로 변조하고, 이들을 합하여 혼성 신호를 만든다. 이 경우 f_i는 각 신호의 대역폭이 겹치지 않도록 설정하여야 한다. 시간 영역에서의 혼성 신호에는 각각의 신호 형태가 그대로 보존되어 나타나지 않는다. 그러나 주파수 영역에서는 그림 5.6(b)에 나타낸 바와 같이 각각의 신호에 대응되는 주파수 성분이 확실하게 구분된다.

이러한 논리에 근거하여 수신 측에서는 그림 5.6(c)에 나타낸 바와 같이 특정 주파수 대역만을 통과시키는 대역통과 필터를 이용하여 각각의 신호를 분리하고, 분리된 각각의 신호로부터 원래의 신호를 추출하기 위한 복조를 수행한다. 주파수분할 다중화를 사용하는 가장 일반적인 예는 공중전화 망과 텔레비젼 및 라디오 방송 등이다.

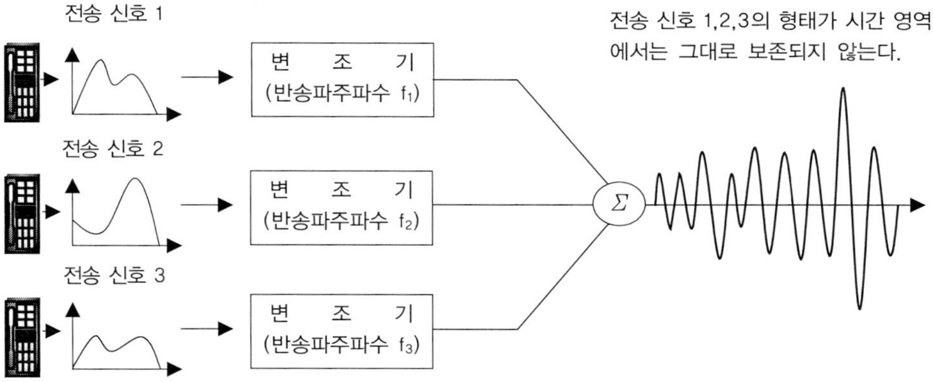

(a) 시간 영역에서의 주파수분할 대중화

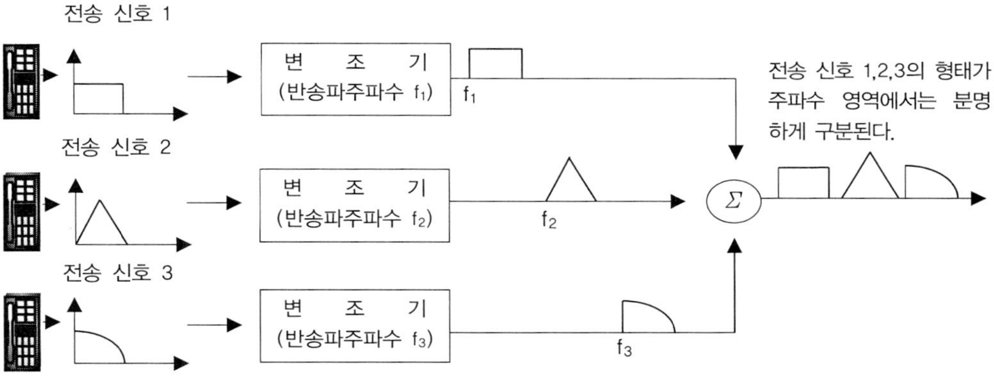

(b) 주파수 영역에서의 주파수분할 다중화

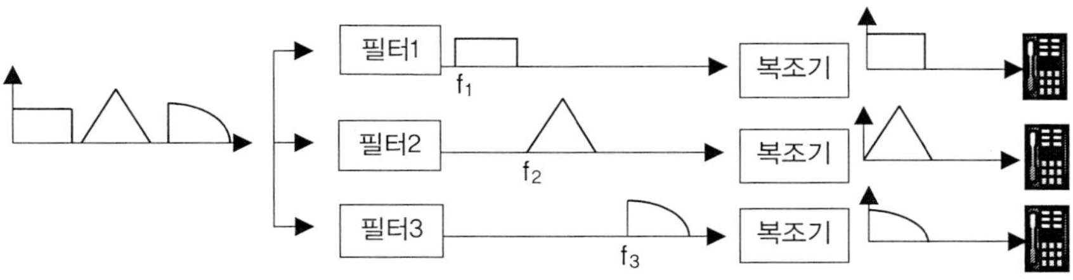

(c) 주파수 영역에서의 주파수분할 역다중화

| 그림 5.6 | 주파수분할 다중화 및 역다중화

5.7.2 시분할 다중화

디지털 전송에서 사용되는 시분할 다중화는 전송 시간을 다수의 시간슬롯이라는 기본 단위로 나누고, 이를 다시 일정한 크기의 프레임으로 묶어 임의의 채널에 할당하는 방식으로 전송률이 매우 높은 디지털 고속회선에 사용되는 방식이다.

송신 측에서는 그림 5.7에 나타낸 바와 같이 전송하고자 하는 정보를 1비트 단위나 혹은 1문자 단위로 각각의 버퍼에 저장한 다음 이를 순차적으로 읽어서 전송하고, 수신 측에서는 전송된 프레임의 시간슬롯을 추출하여 해당 통신 장치에 전달하는 방식이다.

이상에서 설명한 동기식 시분할 다중화 방식에서는 각 채널의 시간슬롯이 고정적으로 할당되므로 해당 채널에서 전송할 정보가 없는 경우에도 시간슬롯이 할당되어 빈 슬롯이 전송된다는 문제점이 있다. 이러한 전송 시간의 낭비를 개선하기 위한 방법으로 전송할 정보가 있는 경우에만 시간슬롯을 할당하는 방식이 있는데, 이것이 바로 비동기 시분할 다중화 방식이다.

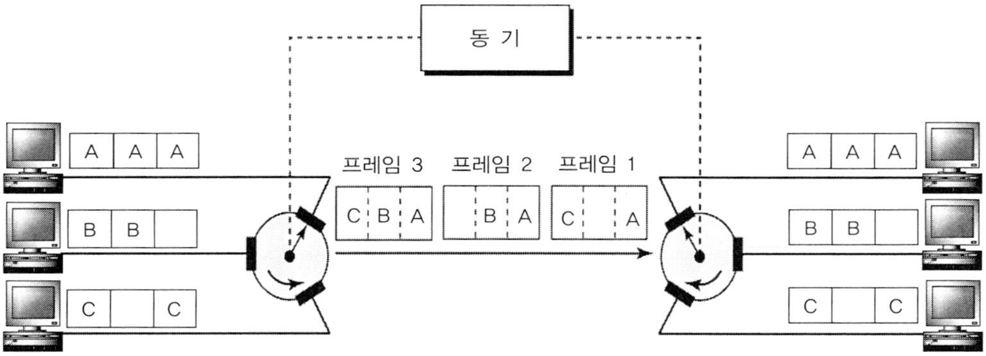

| 그림 5.7 | 시분할 다중화 및 역다중화

제 6 장

근거리 통신 망 LAN

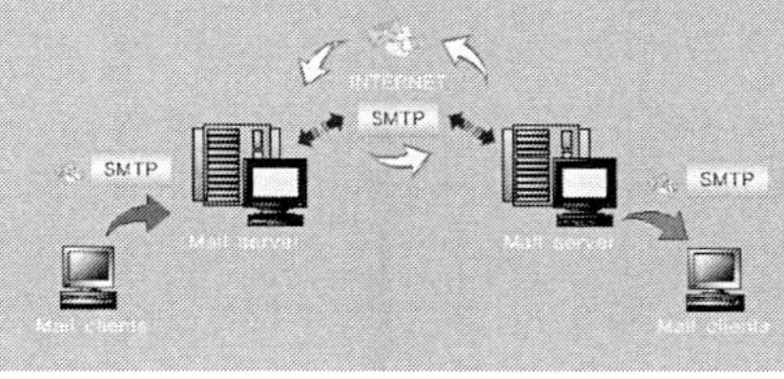

미국에서의 조사에 의하면 전체 통신량의 약 60% 정도가 사무실에서 발생한다고 한다. 이와 같은 현상은 세계 각국이 비슷할 것으로 추측된다. 구내통신의 효율화가 매우 중요한 요소로 등장하고 있다는 것을 알 수 있다. 이러한 요구에 따라 출현한 근거리 통신 망(LAN : Local Area Network)은 기업, 연구소, 대학, 병원, 공공기관 등과 같이 수 km 이내로 제한되는 한정된 지리적 조건에서 분산되어 있는 정보통신 기기들을 상호 접속하여 정보를 자유롭게 주고받을 목적으로 구축되는 통신 망이다.

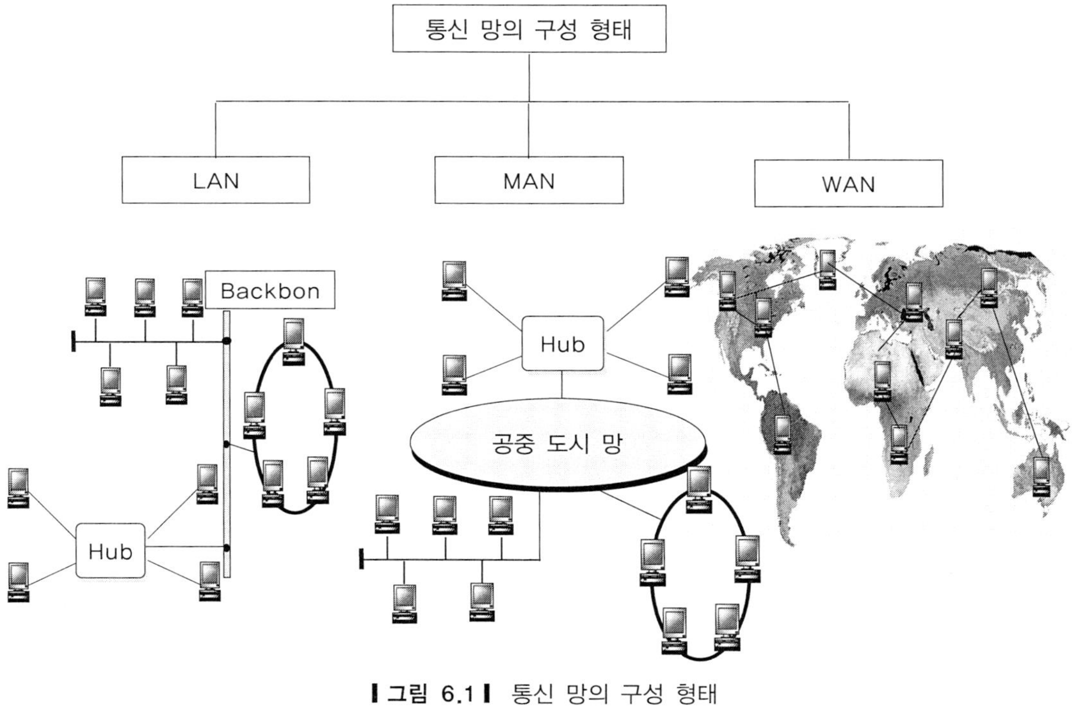

| 그림 6.1 | 통신 망의 구성 형태

근거리 통신 망의 특징은 통신 망의 지역적 범위가 수 km 이내로 제한되고, 그림 6.1에 나타낸 바와 같이 도시 전체를 대상으로 하는 도시 통신 망(MAN : Metropolitan Area Network)이나 여러 개의 도시 또는 국가를 대상으로 하는 광역 통신 망(WAN : Wide Area Network)과는 달리 하나의 기관에 속해 있기 때문에 공중통신 회선망을 사용하지 않으며, 단거리 통신이기 때문에 비교적 값이 저렴한 전송 매체를 사용하여도 전송 속도가 10Mbps 이상이 된다는 점이다. 근거리 통신 망에서 사용되는 전송 매체는 유선 부문에서는 트위스티드페어 케이블, 동축 케이블, 광 케이블이고, 무선 부문에서는 전자기파이다.

6.1 유선 LAN 이더넷(Ethernet)

유선 LAN에서는 이더넷, 토큰링, 토큰버스, FDDI, ATM 등 다양한 LAN 기술이 사용되어 왔으나, 현재 대부분의 LAN이 이더넷으로 구축되고 있다. 이더넷은 1796년 우리나라에서 복사기로 유명한 제록스(Xerox)사가 제안한 기술이다. 이후 IEEE(Institute of Electrical and Electronics Engineers)에서 802라는 프로젝트를 진행하여 「IEEE 802」라는 이름으로 표준화하였으며, ANSI(American National Standards Institute)와 ISO(International Standards Organization)로부터 표준으로 승인되었다.

표준 이더넷은 4세대에 걸쳐 기술적 발전을 거듭하여 그림 6.2에 나타낸 바와 같이 표준 이더넷(10Mbps), 고속 이더넷(100Mbps), 기가비트 이더넷(1Gbps), 10기가비트 이더넷(10Gbps)로 구분된다.

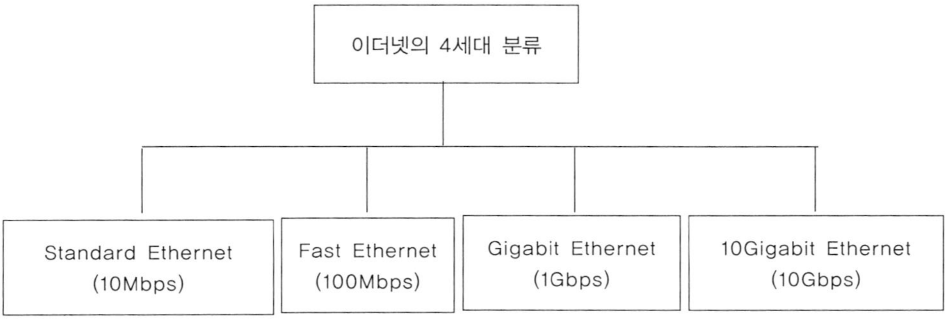

| 그림 6.2 | 이더넷의 4세대 발전 기술

6.2 유선 LAN의 물리적 접속 형태

LAN은 일정 지역 내에 분산되어 있는 통신 장치들을 연결하는 것이므로 비교적 간단한 구조를 갖는데, 그 구성 형태에 따라 그림 6.3에 나타낸 바와 같이 버스형, 링형, 성형, 트리형 등으로 구분된다.

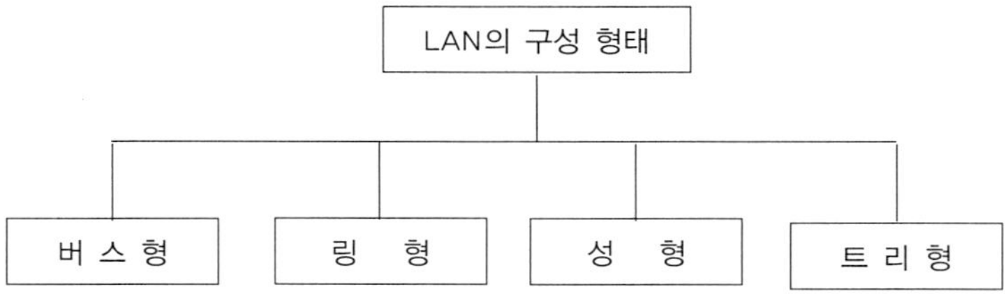

| 그림 6.3 | LAN의 구성 형태

6.2.1 버스형

버스형은 버스라 불리우는 공유회선에 스테이션을 접속하는 형태이다. 이 방식에서는 모든 스테이션들이 동시에 정보를 수신할 수 있기 때문에 경로 지정이 필요 없다. 송신 측 주소와 수신 측 주소가 포함된 형태로 구성되는 패킷이 임의의 스테이션에서 버스로 전송되면, 각 스테이션에서는 패킷에 포함된 수신 측 주소를 확인하여 자신에게 전송된 패킷을 수신한다. 버스형의 주된 매력은 특정 스테이션에 통신 장애가 발생하여도 전체 통신 망이 이상 없이 작동하고, 스테이션이 다양한 형태로 연결되므로 설치가 쉬우며, 적은 양의 케이블이 사용된다는 점이다. 버스형의 LAN 구조를 그림 6.4에 나타냈다.

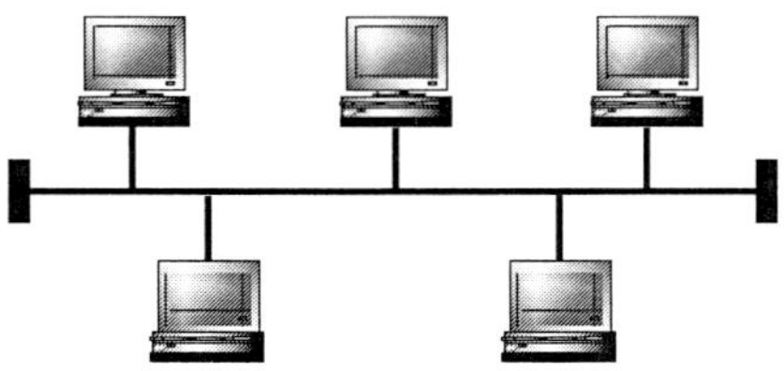

| 그림 6.4 | 버스형의 LAN 구조

6.2.2 링형

그림 6.5에 나타낸 바와 같이 링형은 원형의 통신회선에 스테이션을 접속하는 형태이다. 정보 전송을 원하는 스테이션은 순서를 기다렸다가 정보를 패킷의 형태로 전송한다. 이 경우 버스형에서와 마찬가지로 패킷에는 송신 측 주소와 수신 측 주소가 포함된다. 패킷이 링을 따라 순환할 때 수신 측 스테이션은 자신의 주소에 해당하는 패킷을 자신의 버퍼로 복사하는 방식으로 수신한다. 이때 링에 머물러 있던 원래의 패킷은 자신을 전송한 스테이션으로 다시 돌아오는데, 송신 측에서는 CRC(Cyclic Redundancy Check) 방식으로 다시 돌아온 패킷의 전송 오류 여부를 조사한다.

이 방식에서는 패킷이 송신 측을 제외한 모든 스테이션을 통과하므로 경로 지정이 필요 없고, 전송 오류 여부를 검사할 수 있다는 장점이 있다. 그러나 전체 스테이션 중에서 어느 하나에 장애가 발생하면 통신 망 전체가 마비된다는 단점이 있다. 최근에는 이중링이나 스위치를 사용하여 결함이 있는 지점을 단락시켜 정보를 그대로 통과시키는 방식으로 이러한 문제를 해결하고 있다.

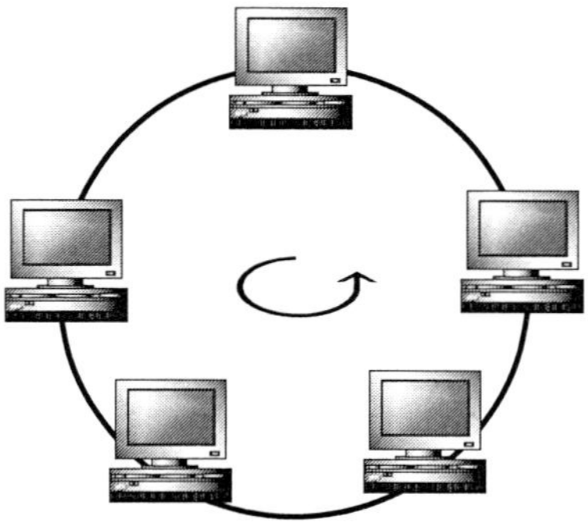

그림 6.5 링형의 LAN 구조

6.2.3 성형

성형은 스테이션을 허브(hub)라 불리는 중앙제어 장치에 점대점 방식으로 접속하는 형태이다. 이 방식의 장점은 중앙제어 방식이기 때문에 경로 제어가 간단하고, 통신망의 고장 진단이 쉽다는 것이다. 그러나 모든 스테이션이 중앙제어 장치에 집중되어 있으므로 중앙제어 장치가 고장나면 통신 망 전체가 일시에 운영 불가능 상태가 된다는 단점이 있다. 최근의 LAN 구성에서 널리 사용되고 있는 방식이다. 그림 6.6에 성형의 LAN 구조를 나타냈다.

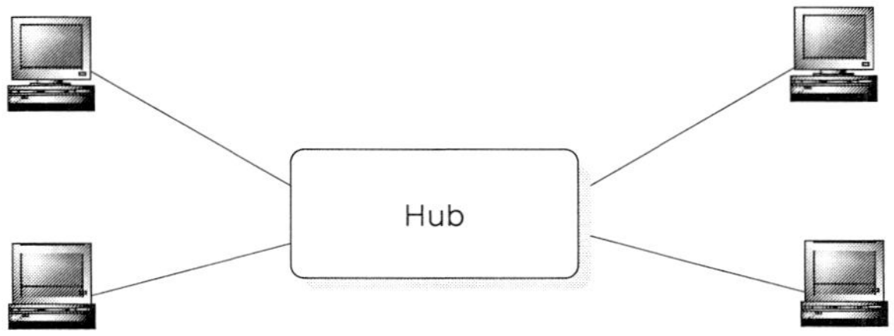

┃그림 6.6┃ 성형의 LAN 구조

6.2.4 트리형

그림 6.7에 나타낸 바와 같이 트리형은 성형의 변형으로 최근의 LAN 구성에서 널리 사용되고 있는 방식이다. 성형처럼 스테이션들이 중앙의 허브에 연결된다. 그러나 모든 스테이션들이 중앙 허브에 연결되는 것은 아니다. 대부분의 스테이션들은 중앙 허브에 접속된 2차 허브에 연결된다. 트리형의 장점과 단점은 대체적으로 스타형과 같으나, 2차 허브를 사용하기 때문에 중앙 허브에 더 많은 장치를 연결할 수 있고, 신호의 이동 거리를 증가시킬 수 있다는 장점이 있다.

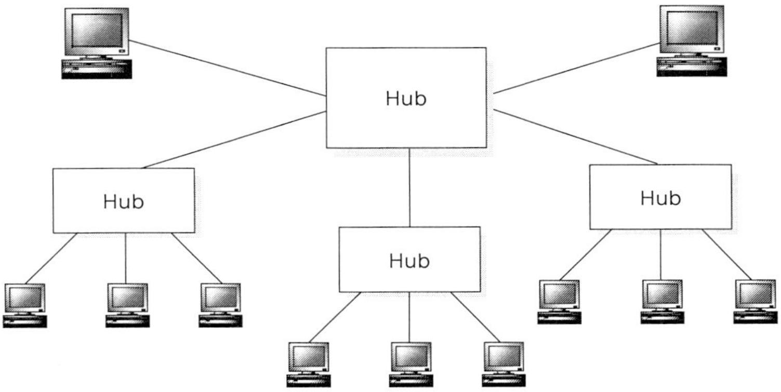

┃그림 6.7┃ 트리형의 LAN

6.3 유선 LAN 접근 제어 방식

매체 접근 제어(MAC : Medium Access Control)는 여러 스테이션에 의해 공유되는 통신 채널을 임의의 스테이션에 할당하는 것을 의미한다. LAN의 구조에 따라 여러 가지의 접근 제어 방식이 제안되어 있으나, 현재 가장 널리 사용되고 있는 토큰 방식과 채널 경쟁 방식에 관해서만 설명하기로 한다.

6.3.1 토큰 방식

토큰(tocken) 방식은 통신 채널을 전용할 수 있는 권리증에 해당하는 토큰이라는 특정의 비트 패턴을 정해진 순서에 따라 회전시키면서 토큰이 필요한 스테이션이 확보하도록 하는 방식이다. 이 방식에서는 스테이션이 전송 정보를 갖고 있지 않은 경우에는 토큰을 그냥 통과시키고, 전송 정보를 갖고 있는 경우에는 토큰을 확보하여 패킷을 전송한 후에 다음 노드로 토큰을 전달한다.

링형에서는 링에 접속된 스테이션의 위치에 따라 그 순서가 자동적으로 결정되지만, 버스형에서는 미리 정해 놓은 우선순위에 따라 토큰이 전달된다. 토큰 방식은 링형과 버스형에서 주로 사용되는 방식으로 링형에서 사용되는 토큰 방식을 토큰링 방식이라고 하고, 버스형에서 사용되는 토큰 방식을 토큰버스 방식이라고 한다. 그리고 이 두 방식을 통칭하여 토큰 전달 방식이라고 한다. 토큰 전달 방식은 각 노드에 공평한 권리를 부여할 수 있으나, 한 노드의 파손에 의해 그 구조가 단절되면 전체 통신 망이 동작하지 않을 수 있으며, 잡음 등에 의해 토큰이 손실될 수 있다는 단점이 있다.

(1) 토큰링 방식

토큰링 방식은 채널 경쟁 방식과는 달리 비경합형 접근 제어 방식으로 토큰이 링을 순회하면서 각 스테이션에 링의 사용권을 부여하는 방식으로 미국의 PRIME사, APOLLO사, IBM사 등에서 채택하고 있다. 토큰링 방식의 LAN을 그림 6.8에 나타냈다.

그림 6.8에 나타낸 토큰링 방식에서의 동작 과정은 다음과 같다. 링에 1개의 토큰만이 존재하는 단일 토큰 방식을 대상으로 하였다. 다중 토큰 방식도 제안되어 있으나 토큰의 제어가 복잡한 반면에, 성능이 크게 향상되지 않는다는 이유로 현재는 거의 사용되지 않고 있다.

(a) 프리토큰이 스테이션 A, B, C, D를 따라 링을 순회하면서 일정한 방향으로 회전한다.

(b) 각 스테이션에서는 링을 순회하는 프리토큰을 수신하여 전송할 정보가 없으면 다음 스테이션으로 통과시키고, 전송할 정보가 있으면 프리토큰을 비지토큰으로 바꾼 후에 비지토큰과 함께 패킷을 전송한다.

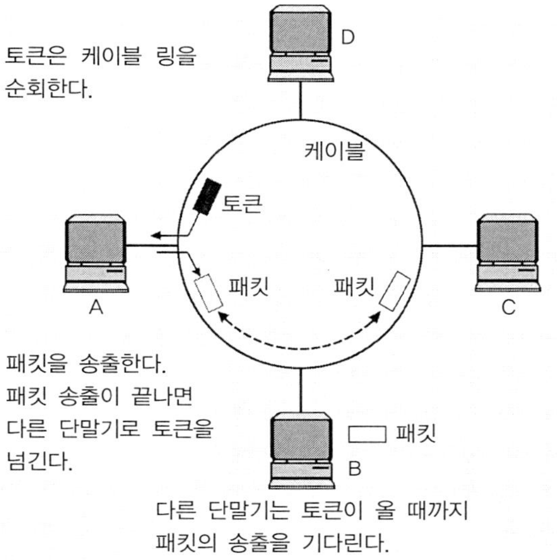

▌그림 6.8▐ 토큰링 방식의 LAN

(c) 패킷에 포함된 수신 측 주소와 자기 주소가 일치하는 스테이션은 패킷을 복사하고, 다시 수신 완료 정보를 패킷에 첨가하여 토큰과 함께 링으로 전송한다.

(d) 비지토큰과 함께 패킷이 링을 회전하여 송신 측 스테이션에 다시 도착하면 전송 오류를 조사하고, 이상이 없으면 패킷을 링에서 제거시킨 다음, 비지토큰을 프리 토큰으로 바꾼 후에 다음 스테이션으로 전송한다.

(2) 토큰버스 방식

토큰버스 방식에서는 그림 6.9에 나타낸 바와 같이 각 스테이션에 토큰 확보에 관한 우선순위를 부여한다. 스테이션 A가 토큰을 확보했을 때 전송할 정보가 있으면 수신 측의 주소가 부여된 패킷을 전송한 후에, 다음으로 우선순위가 높은 스테이션 C로 토큰을 전송한다. 이 경우 토큰의 이동은 스테이션 A가 스테이션 C의 주소를 토큰에 부여함으로써 가능한 것이다. 스테이션 C는 송신 정보가 있으면 A와 동일한 동작을 수행하지만, 송신 정보가 없을 때에는 스테이션 B로 토큰을 전송한다. 이와 같은 과정을 반복하면 토큰버스는 그림 6.10(b)와 같은 논리적 토큰링을 구성하게 된다. 그림 6.10(a)에서 우선순위가 부여되지 않은 E는 수신 전용 스테이션이다.

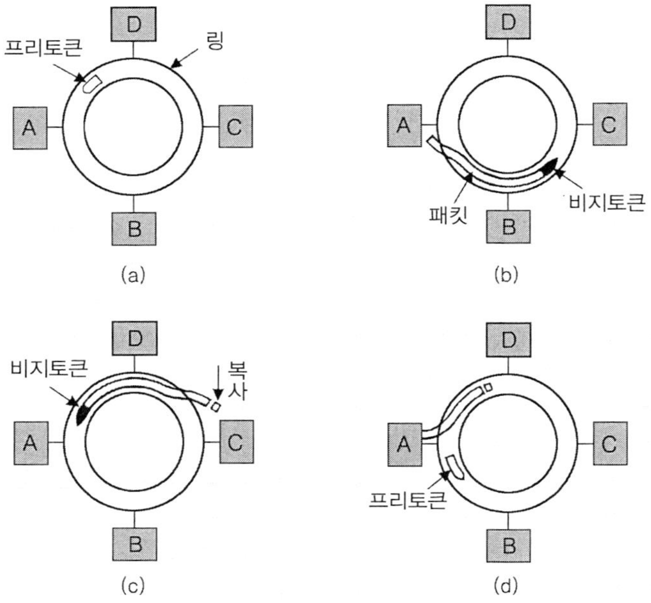

그림 6.9 토큰링 방식의 동작 과정

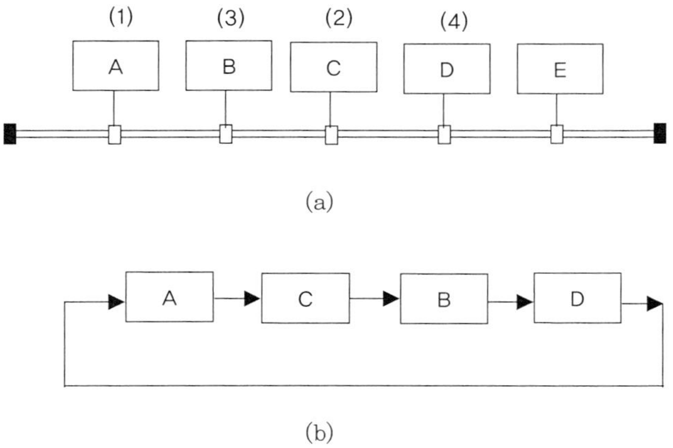

그림 6.10 토큰버스 방식의 동작 과정

6.3.2 채널 경쟁 방식

채널 경쟁 방식은 모든 스테이션이 동일하게 채널을 사용할 수 있는 권한을 주는 방식으로 허브나 또는 스위치를 이용해서 구축한 최근의 LAN에 널리 사용되고 있다. 각 스테이션이 패킷을 전송하기 전에 채널이 사용되고 있는지의 여부를 회선에 흐르는 전류의 강도로 조사하여 사용 중이면 대기하고, 사용 중이 아니면 패킷을 송신하는 방식이다. 여기서 채널의 사용 여부를 조사하는 것을 Carrier Sensing이라고 한다.

이 방식에서는 2개 이상의 스테이션이 거의 동시에 채널이 사용 중이 아닌 것으로 판단해서 패킷을 송신하면, 그림 6.11에 나타낸 바와 같이 패킷들이 충돌하여 전송 오류가 발생한다. 따라서 패킷 충돌에 의한 채널 이용률의 저하를 방지하기 위한 목적으로 최근에는 CSMA/CD(Carrier-Sense Multiple Access with Collision Detection) 방식이 주로 사용되고 있다. 이 방식에서는 충돌이 발생하면 즉시 검출(collision detection)하여 패킷의 전송을 중단하고, 일정 시간 대기한 후에 패킷을 다시 전송한다. 이 방식은 전송량이 많아 버스의 혼잡도가 높아지면 충돌의 가능성도 높아지고 재전송 또한 빈번해지므로 전송 시간이 증가한다는 단점이 있다.

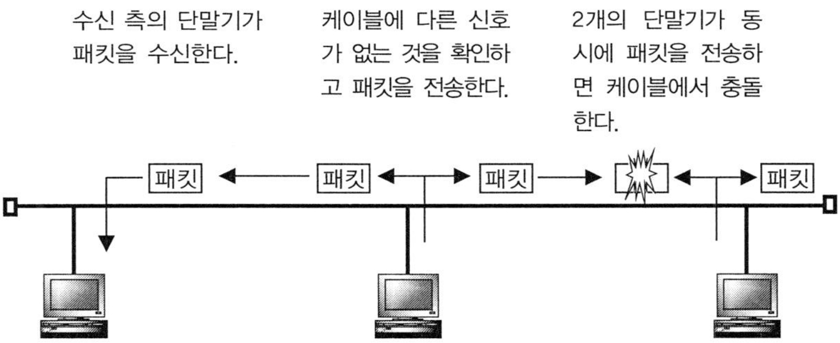

그림 6.11 패킷 충돌

6.4 무선 LAN IEEE 802.11

최근 들어 무선통신기술이 빠르게 성장하고 있다. LAN 분야에서도 예외는 아니다. 무선 LAN은 IEEE 802.11이라는 이름으로 IEEE에 의해서 표준화되었으며, 일명 무선 이더넷이라고도 불린다. IEEE 802.11에서는 두 종류의 서비스 세트 즉 기본 서비스 세트(BSS : Basic Service Set)와 확장 서비스 세트(ESS : Extended Service Set)를 정의하고 있다.

6.4.1 기본 서비스 세트

기본 서비스 세트는 그림 6.12에 나타낸 바와 같이 단말국인 스테이션과 중앙기지국(AP : Access Point)으로 구성된다. AP가 없는 BSS는 단독 네트워크 즉 타 BSS로 데이터를 전송할 수 없는 네트워크로 이러한 구조를 애드 혹(Ad Hoc) 네트워크라고 한다. 반면, AP를 갖는 기본 서비스 세트는 인프라 구조(Infrastructure) 네트워크라고 한다.

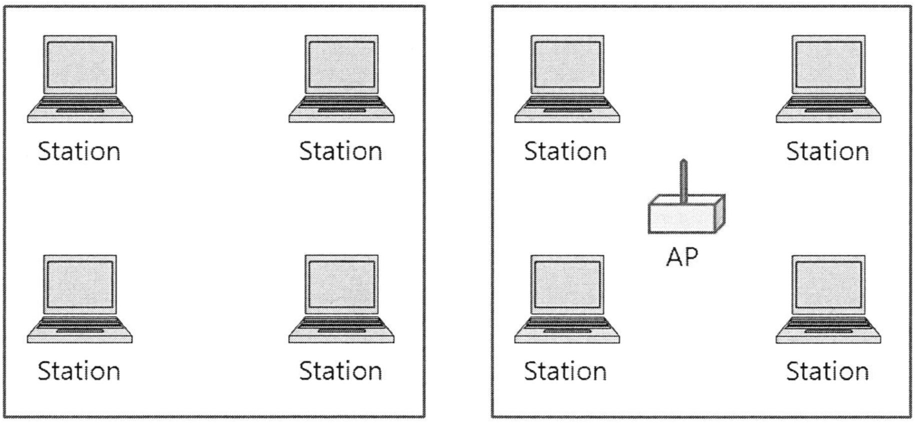

(a) Ad hoc 네트워크(AP 없는 BSS) (b) Infrastructure 네트워크(AP 있는 BSS)

【그림 6.12】 기본 서비스 세트

6.4.2 확장 서비스 세트

확장 서비스 세트는 AP가 설치된 2개 이상의 기본 서비스 세트로 구성되는 것으로 그림 6.13에 나타낸 바와 같이 유선 LAN과 연결되는 것이 일반적이다.

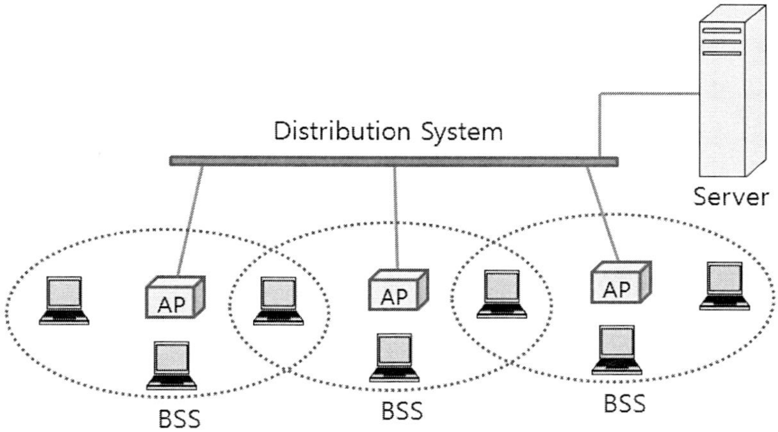

▎그림 6.13▎ 확장 서비스 세트

6.4.3 무선 LAN 접근 제어 방식

유선 LAN에서는 각 스테이션이 패킷을 전송하기 전에 채널이 사용되고 있는지의 여부를 회선에 흐르는 전류의 강도로 조사하여 사용 중이면 대기하고, 사용 중이 아니면 패킷을 송신하는 방식인 CSMA/CD(Carrier-Sense Multiple Access with Collision Detection) 방식이 주로 사용되고 있다.

무선 LAN에서는 유선 LAN과는 달리 대역폭이 매우 제한적이다. 주파수의 한정성 때문이다. 유선 LAN이 고속도로라고 한다면, 무선 LAN은 2차선 정도의 지역도로라고 할 수 있다. 따라서 무선 LAN에서의 가장 중요한 관건은 교통사고가 나서 길이 막혀 버리는 것 즉 신호의 충돌로 인한 데이터의 재전송 증가로 네트워크가 마비되는 것이다. 그러므로 무선 LAN에서는 그림 6.14에 나타낸 핸드셰이킹(Handshaking) 방식을 사용하여 충돌을 최소화하는 CSMA/CA(Carrier-Sense Multiple Access with Collision Avoidance) 방식이 접근 제어 방식으로 사용된다.

CSMA/CA 방식은 송신국이 데이터를 전송하기 전에 전파의 에너지 레벨을 검출하는 과정을 통해 채널의 유휴 상태를 판단(Carrier-Sense)한 다음, 수신국에 RTS(Request to Send : 너 데이터 받을 수 있니?) 제어 신호를 전송하면, 수신국이 송신국에게 CTS(Clear to Send : 그래 데이터 보내! 나 받을 준비되어 있어!) 제어 신호를 전송하고, 데이터 전송이 끝나면 수신국이 송신국에게 ACK(Acknowledgement : 네가 보낸 데이터 이상 없이 잘 받았어!) 신호를 전송함으로써 충돌을 회피하는 방식이다.

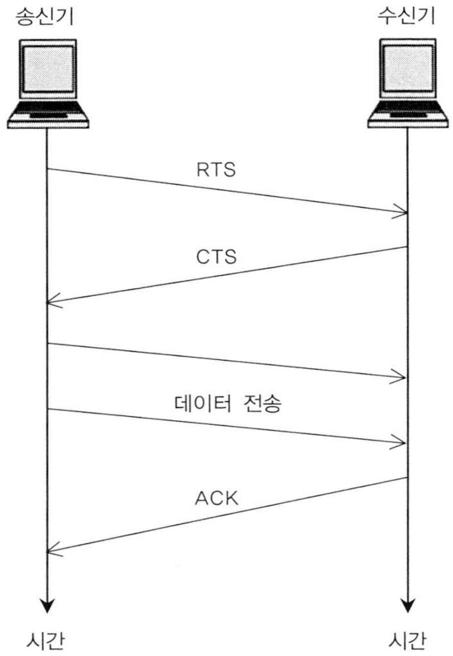

| 그림 6.14 | CSMA/CA 방식에서의 핸드셰이킹

프로토콜 TCP/IP

제 7 장

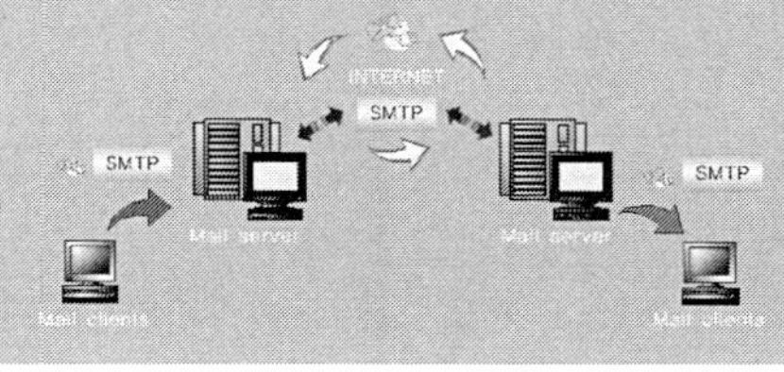

통신 망이란 수많은 통신회선이 다양한 형태로 연결한 것으로, 음성의 전송을 목적으로 구축된 전화 망은 우리에게 가장 친숙한 통신 망이다. 최근에는 멀티미디어 및 광대역 전송 기술의 발달로 음성은 물론 문자 및 영상 정보를 대상으로 하는 통신 망이 구축되고 있으며, 특히 독립된 다수의 컴퓨터를 통신회선으로 결합할 목적으로 구축되는 컴퓨터 네트워크가 통신 망의 하나로서 크게 주목받고 있다.

7.1 교환 기술

통신 망의 가장 기본적인 형태는 그림 7.1(a)에 나타낸 바와 같이 두 개의 스테이션을 전송 매체로 직접 연결하는 점대점(point to point) 방식이다. 여기서 스테이션이란 통신 망에 연결되는 모든 단말기를 의미하는 것으로 컴퓨터, 프린터, 전화기 등이 이에 속한다.

지리적으로 멀리 떨어져 있는 여러 개의 스테이션을 전용회선으로 연결하는 경우에는 엄청난 비용이 소요된다. 그림 7.1에 나타낸 바와 같이 2스테이션의 경우에는 1개의 전용회선이면 되나, 3스테이션의 경우에는 3개의 전용회선, 4스테이션의 경우에는 6개의 전용회선, 5스테이션의 경우에는 10개의 전용회선이 필요하다. N개의 스테이션 모두를 연결하려면 N(N−1)/2개의 전용회선이 필요하다.

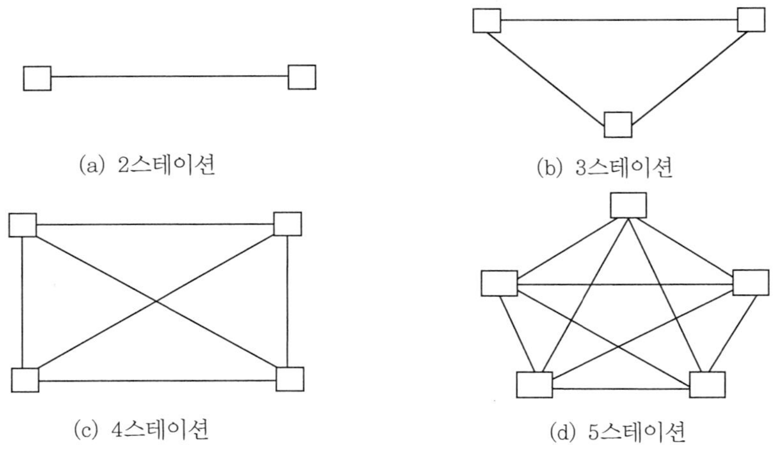

┃그림 7.1┃ 전용회선

이처럼 스테이션이 증가함에 따라 전용회선 수는 기하급수적으로 증가하기 때문에 점대점 방식으로 통신 망을 구축하는 것은 경제적인 측면에서 불가능한 일이다.

이러한 문제를 해결하기 위하여 그림 7.2와 같이 모든 스테이션들이 1개의 회선을 공유할 수 있도록 교환기를 이용하여 통신 망을 구축하면 경제적인 통신 망의 구축이 가능하다. 이러한 통신 망을 교환 망이라고 한다. 여기서 교환이란 임의의 스테이션에서 발생된 통신 요청을 감지하여 다른 스테이션과 연결하게 해주고, 통신이 완료되면 다시 복귀시키는 스위칭(switching) 동작을 의미하는 것인데, 교환 방식은 크게 회선 교환과 패킷 교환으로 구분된다.

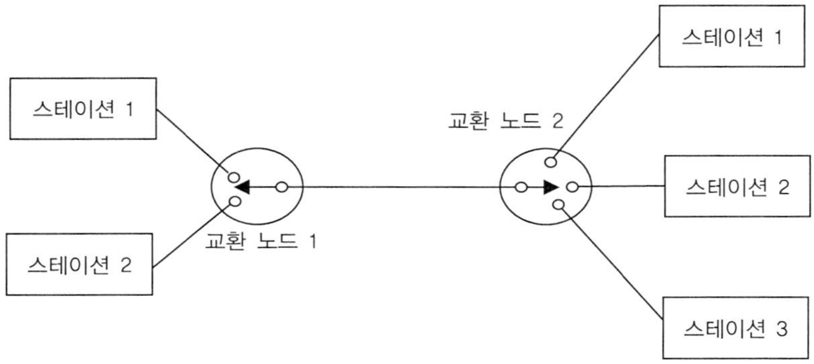

┃그림 7.2┃ 교환 회선

7.1.1 회선 교환

2개의 스테이션 간에 전용회선을 설정하는 것을 회선 교환이라고 한다. 전용회선이 설정된다는 것은 2개의 스테이션 간에 독립적인 통신로가 설정되는 것을 의미하는 것으로 가장 대표적인 회선 교환 망은 전화 망이다. 노드는 스테이션과 통신 망을 또는 통신 망과 통신 망을 연결하는 부분으로 회선 설정, 회선 해제, 정보 전송의 기능을 갖는 통신 장치를 의미하는 것으로 이의 대표적인 예는 교환기이다. 그림 7.3과 같이 구성되는 통신 망에서 회선 교환은 다음과 같은 3개의 과정을 거쳐 수행된다.

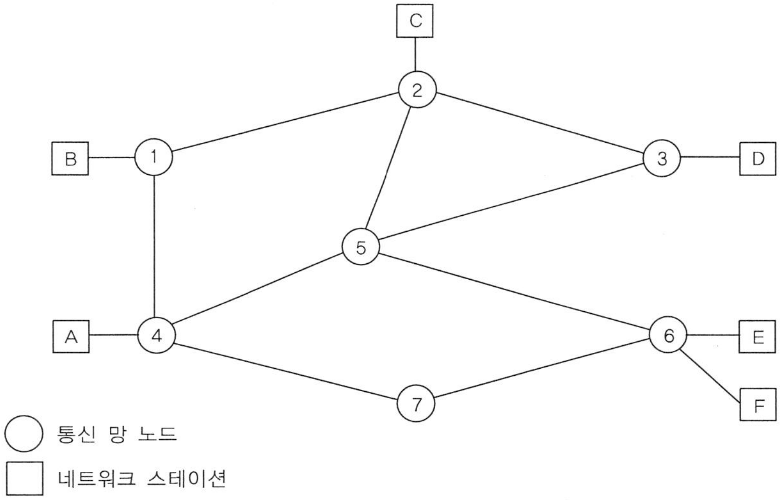

그림 7.3 교환 망

(1) 회선 설정

정보가 전송되기 이전에 스테이션 간에는 회선이 설정되어야 한다. 여기서 회선은 시분할 또는 주파수분할로 다중화했을 경우 하나의 채널에 해당된다. 예를 들어 스테이션 A가 노드 4에 스테이션 E와 통신을 요구하는 신호를 보내면, 회선 설정 요청 신호를 받은 노드 4는 연결된 노드를 통해 비어 있는 회선을 고정적으로 할당한다. 일례로 노드 4는 노드 5를 선택하고, 노드 5는 노드 6를 선택하는 과정을 거쳐 스테이션 A와 스테이션 E 사이의 물리적인 전용회선을 설정하는 경우를 생각할 수 있다.

(2) 정보 전송

회선이 설정되면 스테이션 4에서 발생된 정보는 통신 망을 통해 스테이션 E로 전송된다. 정보 전송을 위해서 설정된 경로는 A-4 회선 → 교환 노드 4 → 4-5채널 → 5-6 채널 → 교환 노드 6 → 6-E 회선이다.

(3) 회선 해제

정보 전송이 끝나면 송수신 측의 어느 한 스테이션에서 전송한 해제 신호에 따라 점유되었던 회선을 해제하여 다른 통신을 위해 사용될 수 있도록 한다. 회선 해제는 회선 설정의 역순으로 진행된다.

회선 교환 방식은 회선 설정에 따른 지연은 있으나, 일단 경로가 설정되면 사용자에게는 투명한 경로가 제공되므로 고정된 전송률로 정보를 전송할 수 있다는 장점이 있다. 그러나 정보가 전송되지 않는 경우에도 접속 기간 동안에는 설정된 회선을 독점하게 되므로 비효율적이라는 단점이 있다.

7.1.2 패킷 교환

회선 교환 망은 초기에 음성만을 서비스할 수 있도록 설계되었다. 이와 같은 회선 교환 방식의 가장 큰 특징은 통신 요청이 있는 경우에만 동작한다는 것이다. 그러므로 음성통신에서는 이용률을 높일 수 있으나, 컴퓨터 기술이 결합된 데이터통신에서는 다음과 같은 문제점이 있다.

(1) 전화의 경우와는 달리 데이터통신 시스템에서는 회선을 점유하여 통신하는 동안 정보를 전송하는 시간보다 휴지 기간이 더욱 많은 시간을 점유하여 회선 교환 방식의 효율이 급속히 감소한다.
(2) 회선 교환 방식에서는 전송 속도가 일정하므로 송수신 측의 정보 처리 속도가 같아야 한다. 그러나 이와 같은 시스템의 구성은 여러 종류의 컴퓨터가 접속된 통신 망에서는 전송효율을 제한하는 요소가 된다.

이와 같은 회선 교환의 문제점 때문에 대부분의 데이터통신 망에서는 패킷 교환 방식이 사용된다. 전화 망은 회선 교환 방식이기 때문에 일단 상대방까지 회선이 연결되면 말을 하고 있든지 안하고 있든지 통신이 끝날 때까지는 회선은 연결된 상태로 있다. 따라서 정보를 전혀 보내지 않는 동안에는 회선이 노는 셈이다. 그러나 음성과 TV 신호는 연속적으로 전송되기 때문에 문제가 적지만, 컴퓨터 간의 통신에서는 정보가 간헐적으로 전송되므로 회선 교환은 분명한 낭비이다.

일정한 길이의 소포라는 의미를 갖는 패킷은 전송 대상이 되는 정보를 일정한 크기의 단위로 나눈 것을 의미한다. 예를 들어 패킷의 길이가 1,024바이트로 결정되었다면 정보는 1,024바이트로 분할되고, 각각의 패킷에 제어 정보가 추가되어 전송된다. 그림 7.4에 패킷의 구조를 나타냈다. 패킷에 부가되는 제어 정보에는 송수신 측의 주소, 패킷의 순서, 패킷의 처음과 끝을 나타내는 플래그 비트 패턴 등이 포함된다.

프	레	임				
플래그	송신 측 주 소	수신 측 주 소	패 킷 순 서	데이터	에러 방지	플래그

❙ 그림 7.4 ❙ 패킷의 구조

패킷 교환 방식은 정보 전송 이전에 회선 설정을 하는 회선 교환 방식과는 달리 그림 7.5에 나타낸 바와 같이 전송되는 정보를 교환기가 수신해서 필요하면 저장하였다가 통신 망의 현재 상황을 감안하여 패킷에 포함된 수신 측 주소 정보를 바탕으로 적절한 전송 경로를 결정한 후에 정보를 전송하는 방식이다.

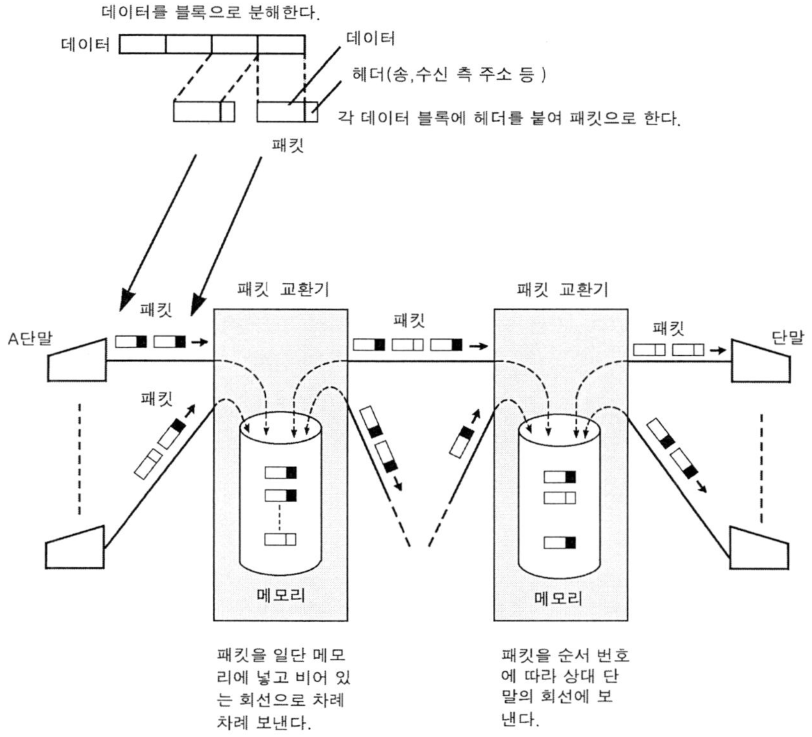

❙ 그림 7.5 ❙ 패킷 교환 방식

그림 7.3과 같은 교환 망에서 스테이션 A에서 스테이션 E로 패킷을 전송하는 경우, 스테이션 A에서 발생된 패킷에는 스테이션 E의 주소가 포함되어 노드 4로 전송된다. 노드 4는 패킷을 저장한 후에 현재의 통신 망의 사정과 패킷에 포함된 수신 측의 주소를 바탕으로 다음 노드까지의 적절한 경로를 선택한다. 노드 5로 결정된 경우 노드 4와 노드 5를 연결하는 회선이 휴지 상태가 되면 노드 5로 패킷이 전송되며, 최종적으로는 노드 6을 거쳐 스테이션 E로 전송된다. 패킷 교환 방식은 회선 교환 방식에 비해 다음과 같은 장점을 갖는다.

(1) 휴지 기간에 회선을 점유함으로써 전송효율이 떨어진다는 단점을 가진 회선 교환 방식과는 달리 패킷 교환 방식에서는 노드와 노드 간의 회선이 다수의 패킷들에 의해 점유되고 분할되므로 전송효율이 높다.
(2) 전송 속도의 변환이 가능하므로 처리 속도가 서로 다른 스테이션 간에도 정보 전송이 가능하다.
(3) 우선순위가 부여된 패킷을 우선순위에 따라 전송함으로써 초고속 전송을 요구하는 패킷의 전송 시간을 감소시킬 수 있다. 물론 상대적으로 우선순위가 낮은 패킷의 전송 시간은 증가한다.
(4) 통신 망 내에 존재하는 트래픽이 클 경우 회선 교환 방식에서는 정보 전송을 거부당하지만, 패킷 교환 방식에서는 정보 전송이 지연될 뿐 거부당하지는 않는다.

7.2 통신 망 구조(Network Architecture)

오디오 전문가들은 오디오 시스템 전체를 특정회사로부터 완전한 세트로 구입하기보다는 스피커는 A사, CD 플레이어는 B사나 C사, 앰프는 Z사에서 제작한 것을 구입해서 완전한 시스템으로 조립하여 사용하는 것을 좋아한다. 얼마 후 앰프가 마음에 들지 않으면 중고로 팔고 새로 구입해서 시스템의 성능을 향상시키기도 한다. 이와 같이 여러 회사의 구성품으로 만든 시스템을 개방형 시스템(open system)이라고 한다. 이에 반해 특정 회사에서 만든 완전한 시스템은 폐쇄형 시스템이라고 한다. 개방형 시스템은 어느 정도의 전문지식이 필요하지만 다양한 기능을 사용자의 기호에 맞게 구성할 수 있어 매우 유리하다.

개방형 오디오 시스템과 마찬가지로 통신 망도 제조업체와 기종이 서로 다른 수많은 통신 장치들을 통신회선으로 연결하여 구축된다. 따라서 「통신 망에 연결된 서로 다른 통신 장치들 간의 통신을 위해서는 무엇을 어떻게 언제 어떤 언어로 통신할 것인가?」 등에 관련된 규정된 약속이 있어야 한다. 통신 장치 간에 또는 통신망 간에 규정된 약속 즉 통신 규약을 프로토콜(protocol)이라고 하고, 이러한 프로토콜의 체계를 일반적으로 통신 망 구조 혹은 네트워크 구조라고 한다. 프로토콜이라는 말은 원래 국가와 국가 간의 외교에서 서로의 약속을 오해 없이 정확하게 이해할 수 있도록 작성되는 의정서의 의미로 사용되는 용어이나, 원활한 통신을 목적으로 한다는 관점에서 보면 통신상에서의 프로토콜과 유사한 개념을 갖는다.

실제 도로에서도 차량이 우측으로 통행해야 하는지, 아니면 좌측으로 통행해야 하는지, 그리고 신호등은 어떤 의미를 갖는지, 교차로에서는 어떤 방향으로 통행을 해야 하는지 등 구체적인 규정이 없다면 큰 혼란이 생길 것이다.

전화 통화를 예로 들면, 통화하고자 하는 상대방의 전화번호를 확인한 다음 송수화기를 들고, 전화번호를 눌러 접속을 시도한다. 이때 전화 교환 망은 착신자를 호출하는 호출음을 발신한다. 만약 착신자가 통화 중이면 발신자에게 통화음을 송출하여 통화의 불가능을 알린다. 통화 중이 아닌 상태에서 착신자와 연결되면 발신자는 상대가 통화의 대상자인지를 확인하고 용건을 말하기 시작하면서부터 통신이 성립된다.

이처럼 가장 기본적인 통신 수단인 전화에서도 정보를 전송하기 위한 일련의 접속 과정이 있다. 만일 위와 같은 절차를 모르는 사람이 전화 통화를 시도한다면 상당한 어려움을 겪게 될 것이다. 전화 망의 경우에는 사람과 사람 간의 통신이므로 어느 정도의 융통성이 부여되지만 사람이 배제된 통신 장치 간의 통신에서는 사전에 약속된 프로토콜을 준수하지 않으면 통신 그자체가 불가능한 것이다.

7.2.1 통신 망 구조의 표준화

초기의 통신 망 구조는 제조업체별로 고유한 형태를 취하고 있었으므로 특정회사에서 구입한 통신 장치만을 통신 망에 접속할 수 있었으며, 통신 망 구조가 서로 다른 통신 망 간의 통신도 불가능하였다. 이러한 모순점을 개선하여 서로 다른 통신 장치들 간의 통신을 보장하기 위해서는 통신 장치들의 표준 규격이 정의되어야 하고, 이를 바탕으로 표준화된 통신 망 구조가 개발되어야 한다. 그리고 이러한 표준안은 국내는 물론 국제적으로도 일치되어야 한다.

1970년대 후반 IBM에서는 통신 망 구축에 필요한 각종 제품을 체계적으로 생산하여 자사의 제품만으로 통신 망을 구축할 목적으로 SNA(System Network Architecture)라는 통신 망 구조를 발표하였다. 이 SNA는 곧바로 통신 망 시장을 독점하기 시작하여 전 세계 통신 망의 80 %를 장악하였다. 이렇게 되자 다른 업체들이 상당히 곤란을 겪게 되었다. SNA는 IBM의 독특한 회사 내부 규격이므로 당연히 IBM사의 제품에 유리하게 설계되었기 때문이다.

따라서 다른 경합업체에서는 목소리를 높여 국제 표준을 만들어야 한다는 필요성을 제창하게 되었다. 국제 표준의 통신 망 구조는 컴퓨터업계와 전화업계가 서로 협의하여 결정하도록 되어 있었으나, 전화업계와 컴퓨터업계의 사고방식은 너무나 달랐다. 전화업계에서는 전화 망 끝에 단지 컴퓨터가 붙는 것이라는 생각을 갖고 있었으며, 컴퓨터업계에서는 컴퓨터를 연결하기 위한 물리적 전달 매체로서 전화 망을 이용하는 것에 불과하다는 생각을 가지고 있었다. 그러나 이러한 입장 차이에도 불구하고 표준화는 의외로 순조롭게 처리되었다.

이러한 배경하에서 정보 처리의 입장을 대변하는 ISO(International Organization for Standardization : 국제 표준화기구)와 통신을 대변하는 CCITT(International Telegraphy and Telephony Consultative Committee : 국제전신전화자문위원회)가 협력하여 OSI (Open System Interconnection) 참조 모델이라고 불리는 표준화된 통신 망 구조를 발표하게 되었다. OSI 참조 모델은 서로 다른 제조업체에서 독립적으로 개발한 통신 장치 간 또는 통신 망 간의 상호 접속을 쉽게 할 수 있다는 측면에서 통신 망 구축에 관련된 유일한 표준으로 자리잡고 있다. 여기서 개방형 시스템(open system)은 통신 망 구축에 사용되는 모든 장치를 의미하는 것이고, 상호연결(interconnection)은 개방형 시스템 간의 연결을 의미하는 것이다.

7.2.2 계층형 통신 망 구조

계층형 통신 망 구조에 관련된 개념을 간단한 예를 통해 알아보기로 하자. 그림 7.6에 서울에 본사를 둔 우리나라의 사장과 스페인에 본사를 둔 스페인의 사장이 서로 자국어로 팩스를 주고받는 과정을 나타냈다. 물론 상대방은 서로의 언어를 이해할 수 없는 상황이다. 두 회사의 사장은 원활한 의사소통을 위해서 번역사를 채용하고, 번역을 통해 작성된 문서는 팩스 담당자에 의해 전화 망을 통해 전송된다. 이것은 한국의 사장과 스페인의 사장이 3개의 계층을 통해 통신하는 과정이다. 이처럼 프로토콜을 계층형으로 구성하면 2가지의 이점이 있다. 각 계층을 독립적으로 설계할 수 있고, 또 새로운 서비스를 추가하는 경우 각 계층 간의 영향을 최소화할 수 있다는 것이다.

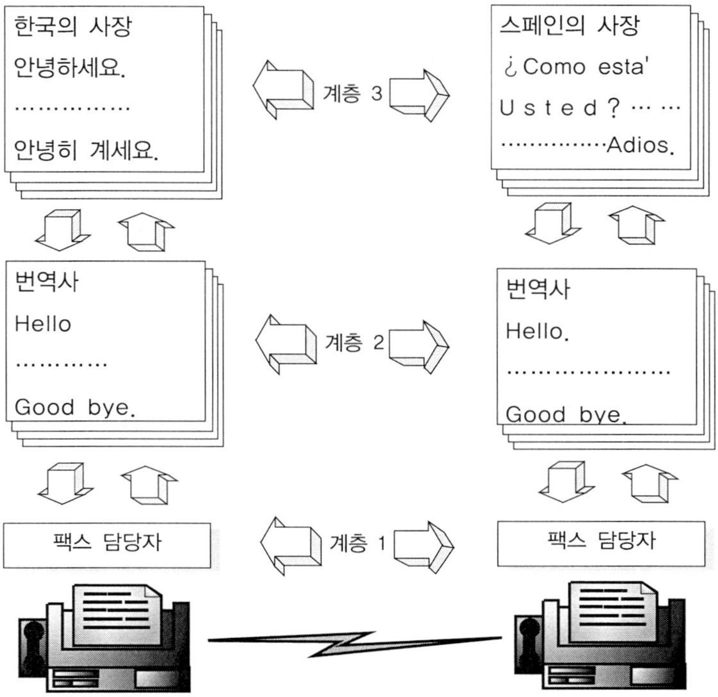

▌그림 7.6▐ 계층형 통신 망 구조

최종적인 정보 교환은 사장들 사이에서 이루어지지만, 번역사와 팩스 담당자의 노력이 있어야 한다. 팩스 담당자는 상대방에게 전화를 걸어 팩스 전송을 알린 다음, 규정된 절차에 따라 전송하지만 문서가 어떤 경로를 거쳐 어떻게 전송되는지에 대해서는 전혀 관심이 없다. 각 계층은 바로 밑의 계층으로부터 서비스를 받고, 또 바로 위의 계층에 서비스를 제공하면 되기 때문이다. 그리고 문서의 직접적인 전송은 물리적으로 수행되지만 사장 간에는 문서를, 팩스 담당자 간에는 팩스를 직접 주고받는 것처럼 느껴진다. 여기서 동일 계층 간의 약속에만 따르면 아무런 문제없이 사장 간의 문서 교환이라는 목적이 달성될 수 있다는 것을 알 수 있다.

데이터통신에서는 그림 7.7에 나타낸 바와 같이 송신 측의 스테이션이 수신 측의 스테이션에게 「지금부터 정보를 전송하고자 하는데 준비는 되어 있는가?」라는 신호를 보낸다. 수신 측 컴퓨터가 「준비 완료!」라는 신호를 보내오면 송신 측의 컴퓨터는 정보를 전송한다. 정보는 블록으로 분할하여 전송하고, 수신 측에서는 블록마다의 오류 유무를 점검하며, 오류가 발생한 경우에는 재전송 요구를 송신 측에 보내고, 송신 측은 이를 받아 그 블록을 다시 재전송한다. 모든 메시지의 송신이 완료되면 「송신 종료!」라는 확인 부호를 주고받은 후에 모든 절차를 종료한다.

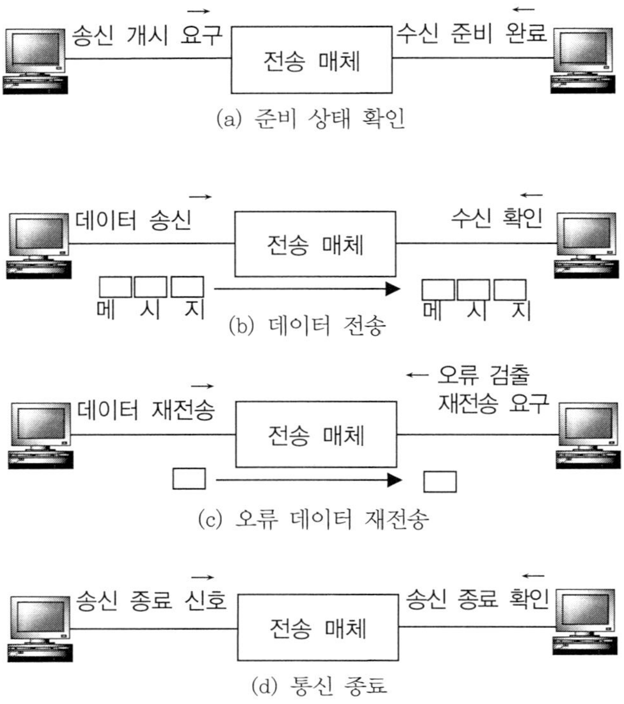

▎그림 7.7▎ 통신 프로토콜의 원리

데이터통신의 경우를 간단히 줄여 설명했지만, 실제로는 훨씬 복잡한 절차가 필요하다. 데이터통신에서의 모든 프로토콜들은 다음 절에서 설명할 OSI 모델을 표준으로 하고 있다.

7.2.3 7계층 OSI 참조 모델 개요

OSI 참조 모델에 관한 내용은 매우 난해하고 추상적이다. 추상화의 정도가 너무 강해서 신학에 비유하기도 한다. OSI 참조 모델에 관한 내용을 읽고 있으면 눈꺼풀이 내려와서 감기기 시작하고, 머리는 책으로 가까이 가면서 잠들어 버리기 때문에 순간 수면제라고 하는 농담도 있다. OSI 참조 모델에 관한 내용은 매우 방대하고 대단히 어려운 내용이므로 여기서는 기초적인 개념만을 간단히 알아보기로 한다.

1978년 스위스의 제네바에서 발표한 OSI 모델은 7개의 계층으로 구성되어 있는데, 각 계층은 자신의 상위 또는 하위 계층에 대해서 독립적인 개념으로 취급된다. 그림 7.8에 7계층 OSI 모델을 나타냈다.

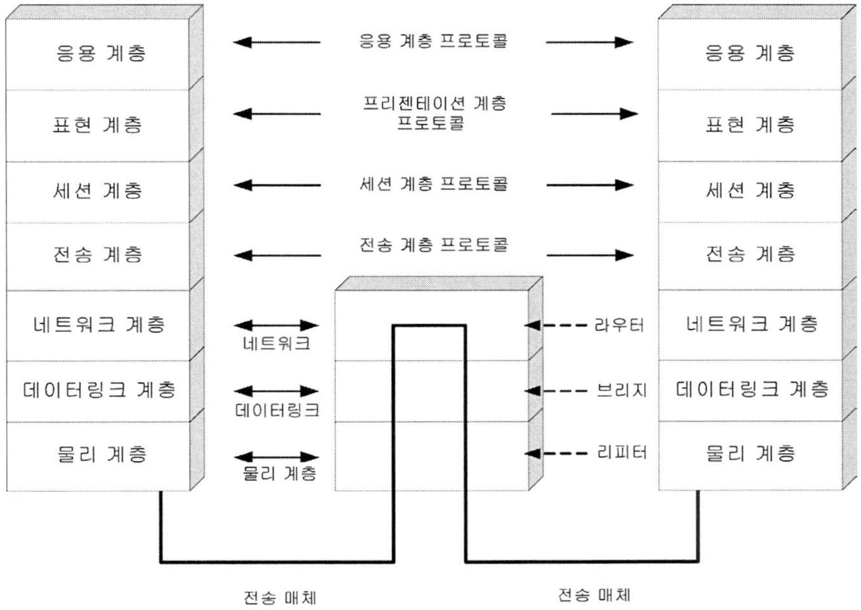

| 그림 7.8 | 7계층 OSI 모델

OSI 모델은 편지를 우편으로 보내는 경우를 참고해서 만들었다고 한다. 문서를 팩시밀리를 통해 전송하는 경우를 잘 살펴보면 OSI 모델을 이해하는데 도움이 될 것 같다. 그림 7.9에 서울에 본사를 둔 우리나라의 회사와 마드리드에 본사를 둔 스페인의 회사가 서로 자국어로 된 문서를 팩시밀리를 통해 주고받는 과정을 나타냈다. 두 회사에서는 원활한 의사소통을 위하여 번역사를 채용하고, 번역된 문서는 팩스 담당자에 의해 전송된다.

7계층 OSI에서 3개의 하위 계층(물리 계층, 데이터링크 계층, 네트워크 계층)은 통신 망 관련 기능 즉 정보 전송 기능을 수행하는 계층이고, 상위 3개의 계층(세션 계층, 표현 계층, 응용 계층)은 정보 처리 기능을 수행하는 계층이다. 중간 계층이라고 할 수 있는 전송 계층은 정보의 전송 기능을 담당하는 하위 계층과 정보 처리 기능을 수행하는 상위 계층 간의 연결 기능을 수행한다.

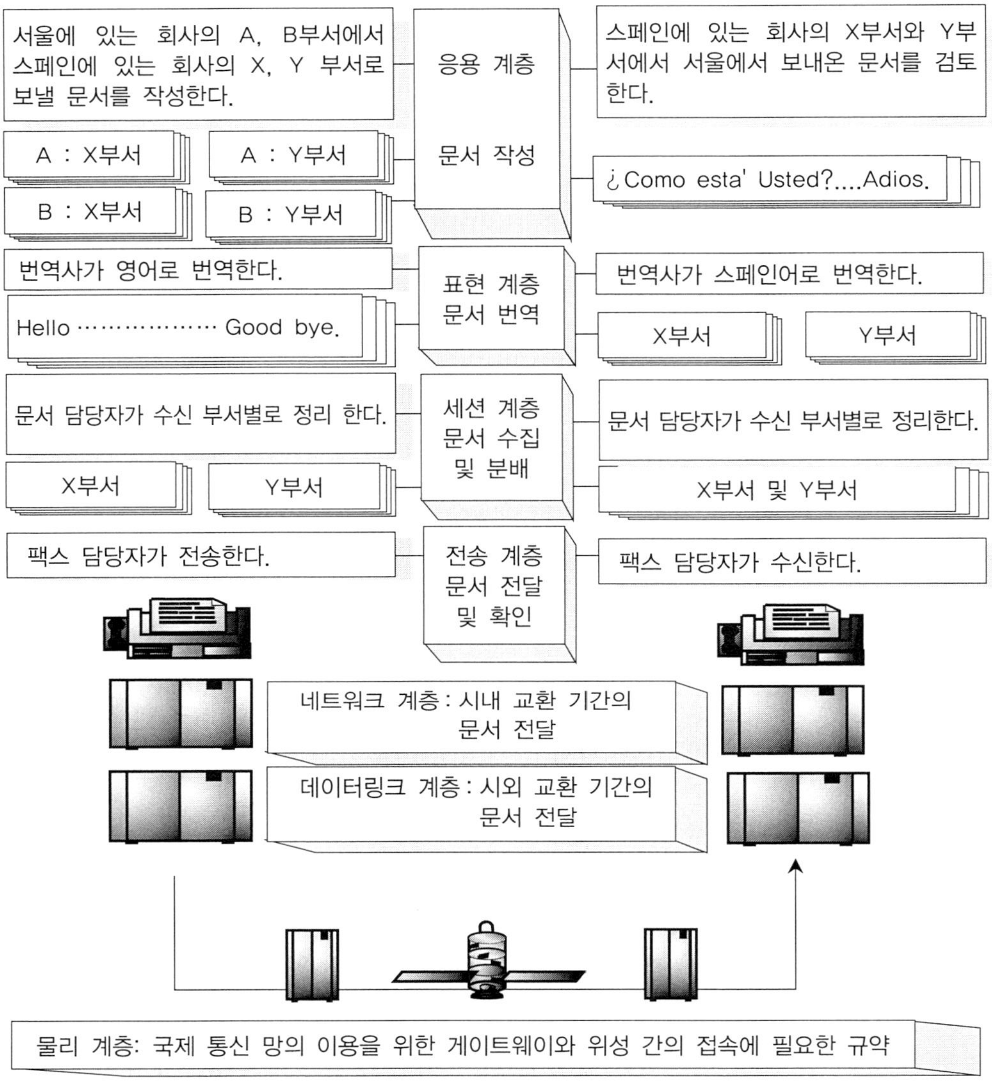

▎그림 7.9▎ 회사 간의 문서 교환과 프로토콜

7.2.4 인터넷 모델 TCP/IP

국제 표준기구인 ISO(International Standards Organization)가 제정한 7계층 OSI 참조 모델은 단지 통신 프로토콜의 표준 모델을 제시한 것으로 이제까지 한번도 구현된 경우가 없는 이론적 모델이다.

OSI 모델	TCP/IP 프로토콜 스위트	최근의 TCP/IP
응용 계층	TCP/IP 응용 계층	응용 계층
표현 계층		
세션 계층		
전송 계층	TCP	전송 계층
네트워크 계층	IP	네트워크 계층
데이터링크 계층	임 의	데이터링크 계층
물리 계층		물리 계층

┃그림 7.10┃ TCP/IP 프로토콜 스위트

현재 일반적으로 데이터통신과 컴퓨터 네트워크에서 사용되는 프로토콜은 그림 7.10에 나타낸 TCP/IP(Transmission Protocol / Internet Protocol) 프로토콜 스위트(suite)로 불리는 인터넷 모델이다.

TCP는 OSI의 전송 계층에, 그리고 IP는 네트워크 계층에 해당하는 별개의 프로토콜인데, 이 2종류의 프로토콜을 1세트로 사용한다고 해서 TCP/IP라는 명칭으로 널리 사용되고 있다. 최근에는 물리 계층, 데이터링크 계층, 네트워크 계층, 전송 계층, 응용 계층 즉 5개의 계층으로 구성한 프로토콜을 TCP/IP로 부르고 있다.

5개의 계층으로 구성한 TCP/IP에서 1, 2, 3계층인 물리 계층, 데이터링크 계층, 네트워크 계층을 1개의 그룹으로 묶어 네트워크 지원 계층으로 표현하면, TCP/IP는 네트워크 지원 계층, 전송 계층, 응용 계층으로 구성되는 3개의 그룹으로 구분된다. 여기서 네트워크 지원 계층은 정보 전송에 필요한 물리적인 부분 즉 전기적 규격, 물리적 연결, 물리 주소, 전송 매체 등에 관련된 계층이고, 전송 계층은 오류 없는 데이터 전송에 관련된 계층이며, 응용 계층은 사용자 지원 계층으로 소프트웨어 간의 상호 연동을 담당하는 계층이라고 할 수 있다.

7.2.5 TCP/IP의 계층별 기능

(1) 응용 계층

응용 계층은 사용자가 각종의 소프트웨어를 통해 네트워크에 접근할 수 있는 인터페이스를 제공하는 계층으로, 그림 7.11에 나타낸 바와 같이 원격지 컴퓨터의 로그인에 사용되는 Telnet, 파일 전송에 사용되는 FTP, 메일 전송에 사용되는 SMTP, 웹서비스에 사용되는 HTTP 등이 이에 속한다.

전송 매체도 없고, 수신 측에서 잘 받았는지의 확인도 없고, 데이터에 오류가 포함되어 있는지의 확인 등도 없는 상황에서 송신 측의 응용 계층에서 생성된 데이터를 그대로 수신 측으로 전송한다는 것은 불가능한 일이다. 마찬가지로 송신 측의 응용 계층에서 생성된 데이터를 그대로 수신할 수 있는 방법도 없다.

따라서 응용 계층은 하위 계층인 전송 계층으로부터 서비스를 제공받아야 한다. 물론 다음에 설명할 전송 계층은 자신의 상위 계층인 응용 계층에 서비스를 제공하면서, 자신의 하위 계층인 네트워크 계층으로부터는 서비스를 제공받는다. 이처럼 통신 프로토콜은 하위 계층으로부터 서비스를 받고, 또 상위 계층에 서비스를 제공하는 방식으로 구성된다.

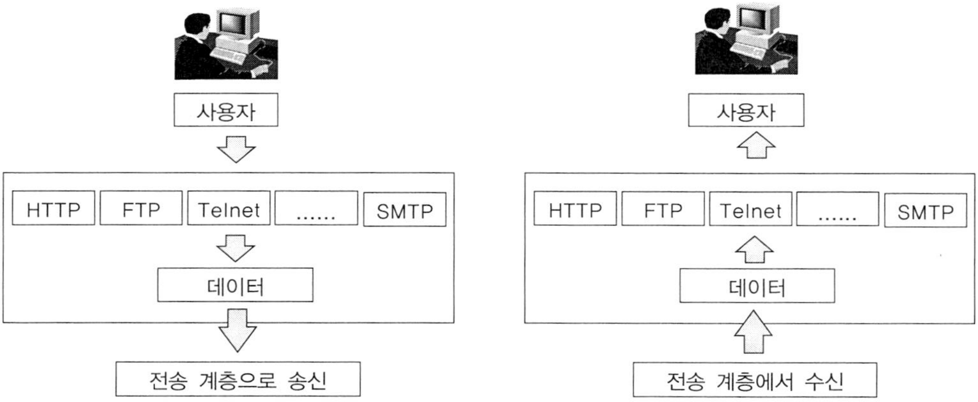

그림 7.11 응용 계층의 구조

(2) 전송 계층

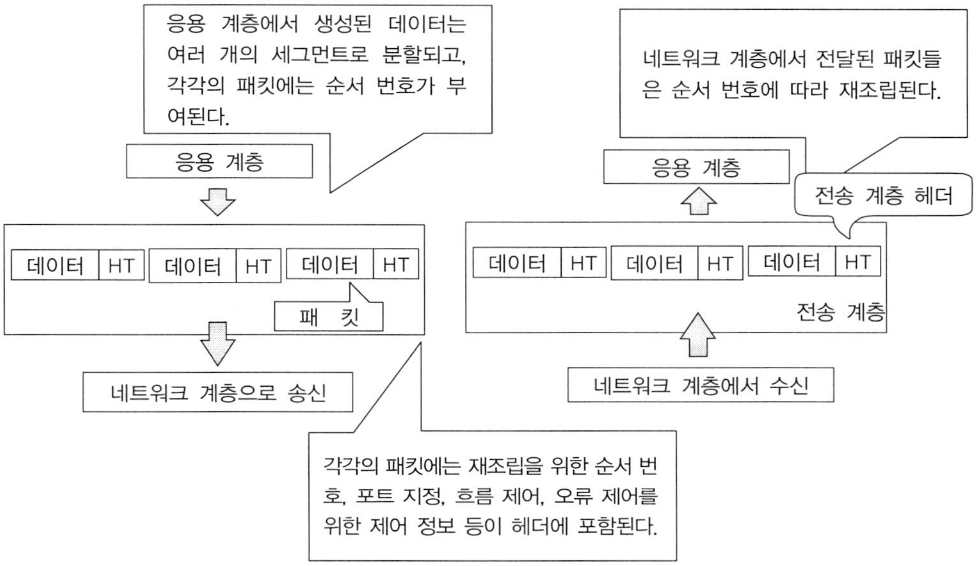

그림 7.12 전송 계층의 구조

1) 패킷으로의 분할(Segmentation) 및 재조립

일정한 길이의 소포라는 의미를 갖는 패킷은 전송 대상이 되는 정보를 일정한 크기의 단위로 나눈 것을 의미한다. 이처럼 응용 계층으로부터 생성된 데이터를 작은 단위의 패킷으로 분할하면 많은 장점이 있다. 패킷 교환 방식으로 정보를 전송할 수 있기 때문이다.

패킷 교환은 정보 전송 이전에 회선 설정을 하는 회선 교환 방식과는 달리 전송되는 정보를 교환기가 수신해서 필요하면 저장하였다가 통신 망의 현재 상황을 감안하여 패킷에 포함된 수신 측 주소 정보를 참조하여 패킷마다 서로 다른 적절한 전송 경로를 결정한 후에 정보를 전송하는 방식이다.

패킷으로 분할하면 전송 도중에 데이터에 잡음 등의 영향으로 오류가 포함될 경우, 데이터 전체를 재전송하지 않고 오류가 포함된 패킷만을 재전송하면 된다는 장점이 있다. 물론 각각의 패킷에는 순서 번호가 부여되어 있으므로 도착 순서에 관계없이 재조립하는 것도 문제가 되지는 않는다.

2) 송신 포트 및 수신 포트 주소 지정

전송 계층의 기능을 살펴보기 위해서는 인터넷 모델의 전송 계층에 해당하는 TCP의 헤더 구조를 알면 전송 계층의 기능을 쉽게 이해할 수 있다. 그림 7.13에 전송 계층, 즉 TCP의 헤더 구조를 나타냈다.

<table>
<tr><td colspan="3">Source Port(16비트)</td><td colspan="2">Destination Port(16비트)</td></tr>
<tr><td colspan="5">Sequence Number(32비트)</td></tr>
<tr><td colspan="5">Acknowledge Number(32비트)</td></tr>
<tr><td>Data
Offset
(4비트)</td><td>Reserved
(6비트)</td><td>Code Bit
(6비트)</td><td colspan="2">Windows(16비트)</td></tr>
<tr><td colspan="3">Checksum(16비트)</td><td colspan="2">Urgent Pointer(16비트)</td></tr>
<tr><td colspan="4">Options(가변)</td><td>Padding(가변)</td></tr>
<tr><td colspan="5">Data(가변)</td></tr>
</table>

| 그림 7.13 | TCP 헤더 구조

전송 계층에 해당하는 TCP에서의 접속 설정은 전화의 경우와 유사하다. 능동적 통신자 즉 전화를 거는 사람은 수동적 통신자, 즉 전화를 받는 사람의 지역번호(네트워크 번호), 전화번호(호스트 ID), 이름(포트 번호)을 먼저 지정해야 한다. 이와 마찬가지로 TCP에서도 수동적 통신 프로그램은 자신의 포트 번호를 널리 알린 후에 해당 포트 번호로 능동적 통신 프로그램으로부터의 통신 요청을 기다려야 한다.

포트 번호는 수신 측의 응용 계층이 서비스를 제공하기 위하여 기다리는 일종의 주소이다. 용변이 급해 특정 건물 내에 있는 화장실을 찾아가는 과정에서 우리는 IP 주소에 해당하는 건물을 찾아 포트 번호에 해당하는 화장실 표지판을 찾아가게 된다. 이 경우 건물 내에서는 쇼핑, 식사, 전화 등 다양한 시설이 있지만 화장실 표지판은 급한 용변을 해결해주는 서비스를 알리는 것에 해당한다. 만약 화장실이라는 표지판이나 안내판이 없다면 큰 낭패를 볼 수도 있을 것이다. 이러한 측면에서 정보통신은 특정 컴퓨터에 탑재되어 현재 실행 중인 응용 프로그램 즉 포트 번호로 지정되는 프로세스 간의 정보 교환이라고 할 수 있다. 그림 7.14에 IP 주소와 포트 번호의 사용 예를 나타냈다.

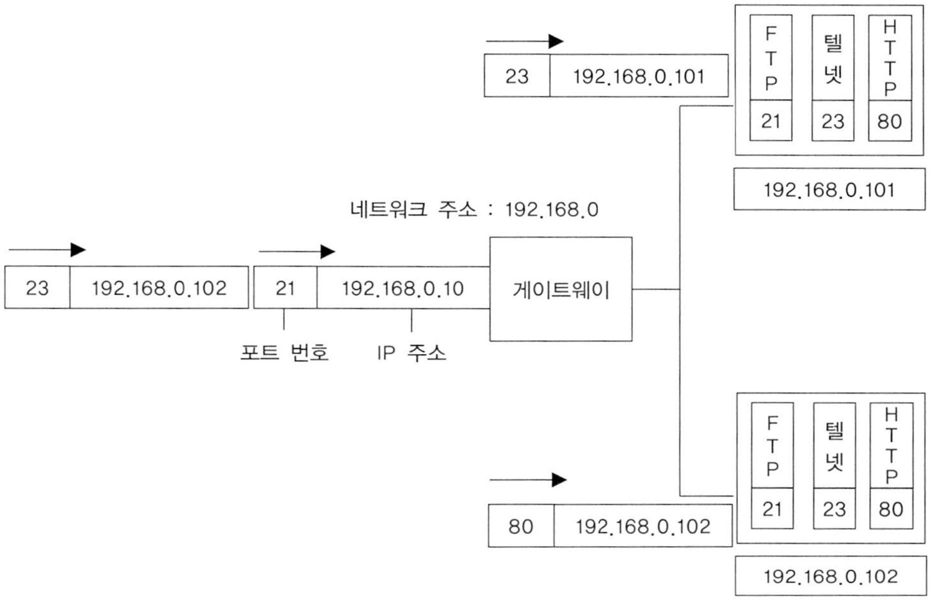

┃그림 7.14┃ IP 주소와 포트 번호

TCP/IP를 이용하는 응용 프로그램(FTP : 21번, TELNET : 23번, DNS : 53번, HTTP : 80번 등)들은 자신만의 고정된 포트 번호를 갖고 있으면서 이를 널리 알려 자신이 제공하는 서비스를 받을 수 있도록 하고 있다. 이러한 포트 번호는 1~1,024번까지 할당되는데, 이를 보통 「well-known number」라고 한다. 따라서 사용자가 임의로 포트 번호를 사용하고자 하는 경우에는 1,024번 이후의 번호를 사용해야 한다.

3) 순서 번호 및 확인 번호를 이용한 연결 설정

TCP는 연결 기반 프로토콜이므로 호스트 간의 연결이 매우 중요하다. TCP의 연결 설정(connection setup) 및 흐름 제어 기능은 그림 7.15에 나타낸 바와 같이 3-Way hand- shaking 방식으로 수행된다. 호스트 A와 호스트 B가 연결되는 과정은 다음과 같다.

① 호스트 A는 SYN 번호 1,000번을 호스트 B에 전송한다. 이때의 SYN 번호를 초기 순서 번호(initial sequence number)라고 한다.

② 호스트 B는 호스트 A의 연결 요청을 수락한다는 의미로 SYN 번호 4,000번과 호스트 A가 연결 요청 시에 사용한 SYN 번호에 1을 더한 1,001번으로 ACK 신호를 호스트 A에 전송한다. 여기서 ACK 번호는 다음에 수신할 것으로 예상되는 패킷의

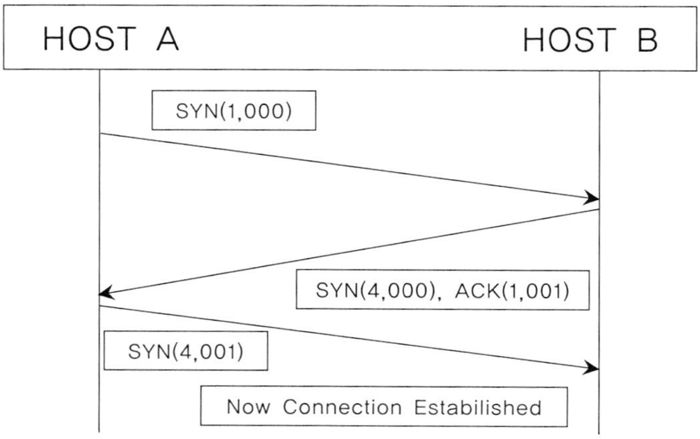

| 그림 7.15 | TCP에서의 연결 설정

순서 번호를 의미하며, SYN 번호인 4,000번은 호스트 B의 초기 순서 번호이다. 이 상태를 일반적으로 Half-Open 상태라고 한다. 절반의 성공인 셈이다.

③ 호스트 A가 호스트 B로부터 전송된 패킷의 SYN 번호에 1을 더한 4,001번의 ACK 신호를 다시 호스트 B로 전송함으로써 연결 설정이 완료된다.

4) 체크섬을 이용한 종단 대 종단 오류 제어

TCP에서의 에러 제어는 단일 링크가 아닌 종단 대 종단의 개념에서 수행된다. 즉 최종적으로 수신한 데이터에 오류가 포함되었는지의 여부를 검사하는 것이다. 통신하는 과정에서 데이터에 오류가 포함되지 않으면 더할 나위 없이 행복한 일이겠지만 잡음 등의 영향으로 오류가 포함되는 것은 일반적인 일이다. 오류가 포함된 데이터는 더 이상 데이터가 아니라 쓰레기인 것이다. 따라서 오류가 데이터에 포함되어 있는지의 여부를 검출하고, 만약에 오류가 포함된 패킷이 발견되면 수신 측에서는 그 결과를 송신 측에 알리고, 송신 측에서는 수신 데이터에 오류가 있다는 응답을 받으면 데이터를 재전송하는 등의 대응조치를 취하여 한다.

문제는 수신 측에서 오류를 검출하는 일이다. 쉬운 일은 아니다. 데이터 그 자체를 갖고는 할 수 없는 일이다. 따라서 오류를 검출하기 위해서는 송신할 때부터 여분의 추가 비트를 첨가해서 전송하여야 한다. 그래야 수신 측에서 오류를 검출할 수 있기 때문이다. 마치 어린아이가 유치원 가다 길을 잃지는 않을까? 라는 염려에서 부모가 손잡고 따라가는 것과 같다.

오류 검출 기법으로는 다양한 방법이 제안되어 있으나, 데이터통신에서 일반적으로 널리 사용되는 방식은 CRC(Cyclic Redundancy check)와 체크섬(checksum)이다.

CRC에 관해서는 앞장에서 설명한바 있다. TCP에서 사용하는 체크섬 에러 검출 기법에 관해서는 독자들이 스스로 해결하는 과제로 남겨두기로 한다.

5) 윈도즈를 이용한 흐름 제어

수신기에는 일반적으로 데이터를 수신하기 위한 버퍼가 준비되어 있다. 수신기의 데이터 처리 속도가 빠르고 버퍼의 용량도 크다면 데이터가 도착하는 즉시 수신할 수 있다. 그러나 이상적인 수신기라면 몰라도 꼭 그렇지만은 않다. 따라서 경우에 따라서는 수신 측은 송신 측에 일시적으로 데이터의 전송을 멈추거나 천천히 전송할 것을 요구할 수 있어야 한다. 이것이 바로 흐름 제어이다. TCP 헤더에서의 윈도즈 부분은 수신 가능한 데이터의 크기를 지정하는 부분이다. 흐름 제어를 위한 것이라고 할 수 있다.

TCP 헤더와 관련해서 앞에서 설명하지 않은「데이터오프셋」은 데이터의 위치를 4바이트의 배수로 표현하는 부분이다. 앞에서 설명한 TCP 헤더에서는 6이다. 4바이트의 6의 배수는 24바이트이기 때문에 헤더가 24바이트이고, 데이터는 24바이트 다음부터라는 의미이다. 일반적으로는 5로 지정되는데, 이는 옵션 부분이 생략되는 경우가 대부분이기 때문이다.

「Reserved」 부분은 향후의 확장을 고려한 부분으로 일반적으로는 0으로 채워지는 부분이고, 총 6비트로 구성되는「코드 비트」 부분은 제어용 플래그에 해당하는 부분으로 0이면 Off를 의미하고 1이면 On을 의미한다. 코드 비트 항목 및 의미를 그림 7.16에 나타냈다.

긴급 포인터 부분은 긴급하게 처리해야 할 데이터의 순서 번호를 표현하는 부분이고, 옵션 부분은 향후의 성능 추가를 위해 마련된 부분으로 일반적으로는 0으로 채워지며

코드 비트 항목	예	
	비 트	의 미
URG(Urgent Pointer Field Significant)	0 (off)	의미 없음 / 미사용
ACK(Acknowledgement Field Significant)	1 (on)	의미 있음 / 사 용
PSH(Push Function)	0 (off)	미사용
RST(Reset the Connection)	1 (on)	사 용
SYN(Synchronize Sequence Number)	1 (on)	의미 있음 / 사용
FIN(No more Data from Sender)	1 (on)	사 용

▌그림 7.16▐ 코드 비트 구성

생략되는 경우가 많다. 패딩 부분은 TCP 헤더의 전체 길이를 32비트의 배수로 만들기 위해 0으로 채워지는 부분이다.

(3) 네트워크 계층

네트워크 계층은 IP에 해당하는 부분으로 IP의 특징은 CL(ConnectionLess)형 패킷 통신이라는 점이다. 1970년대에 발달한 패킷 통신의 프로토콜은 상대방과의 통신 채널을 설정한 후에 통신하는 CON(CONnection) 방식인데 반해, 현재 널리 사용되고 있는 CL형 통신은 통신 채널을 설정하지 않은 상태에서 패킷을 전송하는 방식이다. CL형 통신에서의 패킷을 일반적으로 데이터그램이라고 한다. 네트워크 계층의 구조를 그림 7.17에, 그리고 인터넷 모델에서 네트워크 계층에 해당하는 IP의 헤더 구조를 그림 7.18에 나타냈다.

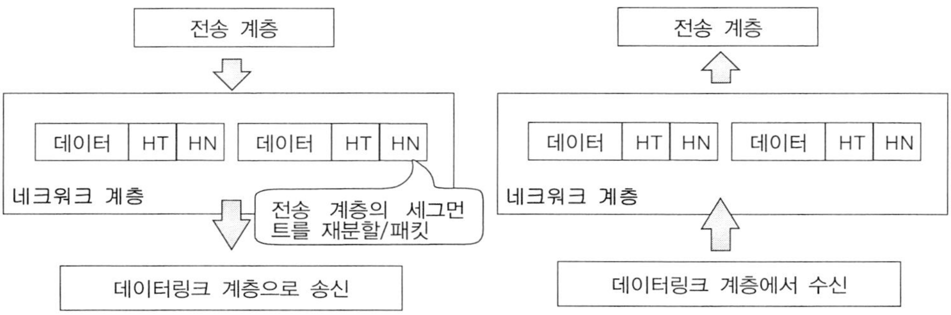

그림 7.17 네트워크 계층의 구조

<table>
<tr><td>Version
(4비트)</td><td colspan="2">IHL
(4비트)</td><td>Type of Service
(8비트)</td><td colspan="3">Total Length
(16비트)</td></tr>
<tr><td colspan="4">Identification(16비트)</td><td>Flags
(3비트)</td><td colspan="2">Fragmentation Offset
(13비트)</td></tr>
<tr><td colspan="2">Time to Live
(8비트)</td><td colspan="2">Protocol
(8비트)</td><td colspan="3">Header Checksum
(16비트)</td></tr>
<tr><td colspan="7">Source Address
(32비트)</td></tr>
<tr><td colspan="7">Destination Address
(32비트)</td></tr>
<tr><td colspan="6">Options
(가변)</td><td>Padding
(가변)</td></tr>
</table>

그림 7.18 IP 헤더 구조

1) 발신지 주소(Source Address)와 목적지 주소(Destination Address)를 이용한 IP 주소 지정 및 라우팅 기능

IP의 주된 기능은 데이터그램을 목적지까지 전송할 경로(routing)를 선택하는 것인데, 같은 정보로부터 분할된 데이터그램이라도 서로 다른 경로가 선택될 수 있다. CL형 통신이기 때문이다. IP 헤더는 발신지 IP 주소와 목적지 IP 주소를 포함하고 있는데, 이 주소를 가지고 각 IP 데이터그램은 독립적으로 목적지까지 전송된다. 각 32비트로 구성되는 송신 측 및 수신 측의 인터넷 주소를 기술하는 부분이다. 통신 망에 연결되어 있는 각 노드에서는 데이터그램의 수신 측 주소를 보면서 지정된 수신 측까지 정보를 전송하는데, 이를 위해 인터넷에서는 고유의 IP 주소 체계를 결정하여 인터넷에 접속되어 있는 전 세계의 통신 망 및 컴퓨터를 식별하고 있다.

2) Identification, 플래그(Flags), 단편화 옵셋(Flagmentation Offset)을 이용한 단편화(Fragmentation) 및 재조립 기능

전송 가능한 데이터그램의 최대 크기가 서로 다른 네트워크를 통과할 경우에는 데이터그램을 쪼개고 다시 합치는 단편화 및 재조립(reassembly)이 요구된다. 「플래그」 부분은 데이터그램의 단편화에 대한 정보를 알려주기 위해서 사용된다. 1번째 비트는 예비로 사용되는데, 항상 0으로 세팅된다. 2번째 비트와 3번째 비트는 단편화된 데이터그램의 정보를 세팅하기 위해서 사용된다. 2번째 비트가 0으로 세팅된 경우는 단편화된 데이터임을 의미하고, 1인 경우는 단편화되지 않은 데이터를 의미한다. 3번째 비트가 0인 경우는 마지막으로 단편화된 데이터임을 의미하고, 1인 경우는 단편화된 데이터가 더 있다는 것을 의미한다.

「Identification」 부분은 전송하고자 하는 데이터그램을 단편화한 경우 단편화된 각 데이터그램을 구분할 수 있는 일련번호이다. 이 값을 이용하면 특정 데이터그램이 어떤 데이터그램에서 단편화된 것인지를 알 수 있다. 「단편화 옵셋」은 데이터그램에 대한 단편화가 일어났을 경우 현재 단편화된 데이터그램이 원래 데이터그램의 몇 번째 위치로부터 단편화되었는지를 의미하는 것이다.

3) 기타 IP 헤더

Version	현재 인터넷에서 사용되는 IP 버전은 IPv4이나, 차세대 포맷으로 IPv6가 적극적으로 논의되고 있다.
IHL(Internet Header Length)	IP 헤더의 길이를 표현하는 부분이다. IP 헤더는 일반적으로 4바이트의 크기를 갖는 5개의 부분으로 구성되나, 1개는 옵션 부분으로 생략되는 경우가 많다.
Type of Service	상대적으로 중요한 데이터그램인 경우 전송에서 우선순위를 부여하는 등 간단한 형태의 QoS(Quality of Service) 기능을 기술하는 부분이다.
Total Length	IP 헤더와 실제 데이터의 길이를 합친 값을 표현하는 부분이다.
Time To Live	일반적으로 TTL이라고 하는 값으로 데이터그램의 생존 시간을 지정하는 부분이다. 여기서 생존 시간은 몇 개의 라우터를 이동할 수 있는지를 의미하는 것으로 IP 데이터그램이 라우터를 경유하게 되면 라우터는 TTL 필드를 조사해서 1을 뺀다. TTL의 초기값이 16인 경우에는 16번째 라우터를 지날 때 TTL 값은 0이 되는데, TTL 값이 0이면 라우터는 데이터그램을 전송하지 않고 드롭시킨다. TTL 값을 명시하는 이유는 데이터그램이 라우터 상에서 무한순환하는 사태가 발생할 수 있기 때문이다.
Protocol	네트워크 계층, 즉 IP 계층의 서비스를 사용하는 상위 계층 프로토콜 즉 TCP, UDP, ICMP 등을 정의하는 부분이다.
Option /Padding	IP 헤더는 일반적으로 20바이트 크기를 가지는데, 성능 추가를 위한 옵션 부분이 있다. 이는 프로그램의 특성에 따라 특정한 기능을 추가하기 위해서 사용되는 것인데, 필수적인 것은 아니다.

(4) 데이터링크 계층

데이터가 발신지로부터 목적지까지 전송되기 위해서는 네트워크상에 연결되어 있는 노드들을 통과해야 하는데, 네트워크 계층이 종단에 연결된 컴퓨터와 컴퓨터 간의 데이터 전송을 책임지는 것과는 달리 데이터링크 계층은 노드와 노드 간의 데이터 전송을 책임지는 역할은 한다. 데이터링크 계층의 구조를 그림 7.19에 나타냈다.

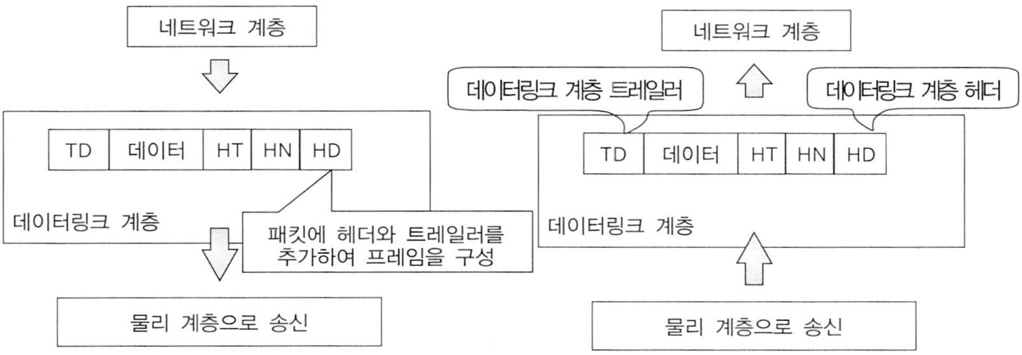

┃그림 7.19┃ 네트워크 계층의 구조

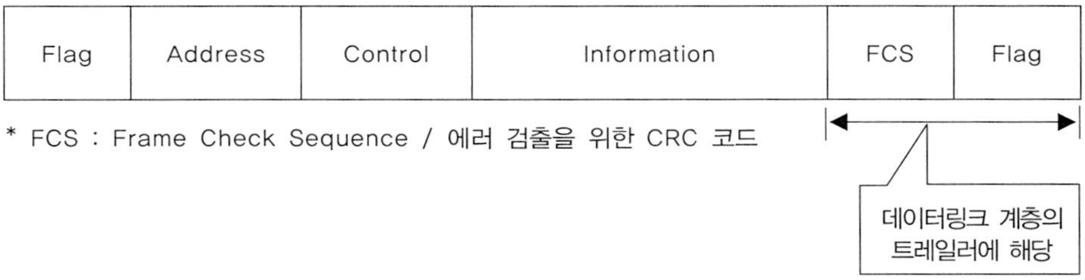

▎그림 7.20 ▎ HDLC 프레임 구조

데이터링크 계층의 기능을 알기 쉽게 설명하기 위한 방편으로 먼저 실제로 설계된 데이터링크 제어 프로토콜인 HDLC(High-level Data Link Control) 프로토콜을 간단히 살펴보도록 한다. HDLC의 프레임 구조를 그림 7.20에 나타냈다.

「플래그」 필드는 프레임의 시작과 끝을 나타내는 비트 패턴으로, 이는 외국의 단체 관광객이 경복궁을 관람하는 경우 여행가이드가 관광객들의 이탈을 막기 위해 깃발을 들고 안내하는 것과 마찬가지이다.

「주소」 필드는 물리적 주소를 기록하는 부분이고, 「제어」 필드는 흐름 제어 및 오류 제어에 관련된 부분으로 이에 관련된 구체적인 내용은 생략하기로 한다. 「정보」 필드는 전송하고자 하는 실제의 데이터가 포함되는 부분이고, 「프레임 검사 순서」 필드는 CRC 방식으로 데이터의 오류 여부를 검사하기 위한 것이다. CRC 에러 검출 방식에 관해서는 앞장에서 논의한 바 있다. 이상에서 논의한 내용을 바탕으로 데이터링크 계층의 기능을 요약하면 다음과 같다.

1) 프레임 구성

데이터링크 계층에서는 네트워크 계층으로부터 전송된 데이터그램을 HDLC와 같은 형식으로 프레임을 구성한다.

2) 물리 주소 지정

데이터링크 계층에서는 프레임의 송신자와 수신자의 물리 주소를 프레임의 헤더에 추가하는 역할을 한다. 물리 주소는 네트워크 인터페이스 카드(NIC : Network Interface Card)가 제작되는 과정에서 자동으로 할당되는 주소로 제조회사에서 부여하는 주소이다. 이러한 방식으로 네트워크 인터페이스 카드에는 세상에서 하나뿐인 물리 주소 즉 제조회사 고유 번호와 카드 고유 번호로 구성되는 6바이트 즉 48비트의 주소가 부여되는 것이다. 물리 주소는 12개의 16진수를 사용하여 07:01:02:01:2C:4B 등으로 표기한다.

그러면 왜 물리 주소가 필요할까? 논리 주소에 해당하는 IP 주소만 있으면 수신 측까지 프레임을 전송할 수 있을 텐데...... 문제가 있다. 프레임은 송신 측에서 수신 측으로 곧바로 전송되는 것이 아니기 때문이다. 프레임은 네트워크상에 연결되어 있는 각종의 네트워크 장치 즉 노드들을 통해서 전송된다. IP 주소는 최초의 송신 측과 최종의 수신 측 주소이므로 만약 노드들의 물리 주소가 없다면 프레임은 가야할 길을 잃을 것이다. 어디로 가야하는지 모르기 때문이다. 이러한 문제를 해결하기 위해서 프레임에는 어떤 노드에서 어떤 노드로 가야 하는지 즉 노드 간의 송수신에 관련된 물리적 주소를 프레임에 부여하는 것이다. 따라서 프레임에 기록되는 송수신 측의 물리 주소는 전송 과정에서 특정 노드에서 특정 노드로 전송될 때마다 변경된다.

3) 노드와 노드 간의 흐름 제어 및 오류 제어

흐름 제어는 수신기의 버퍼가 전송되는 데이터를 감당하지 못하는 것을 방지하기 위한 것으로 송신 측에서의 데이터 전송량을 조절하는 것이다. 전송 도중 프레임이 손실되거나 프레임에 오류가 포함된 경우 수신 측에서는 프레임을 수신하지 못하거나 오류가 검출된다. 이러한 사실을 수신 측에서 송신 측에 알리면 송신 측에서 해당 프레임을 재전송하는 과정이 오류 제어이다. 이는 오류 검출과 재전송 메커니즘으로 데이터링크 계층에서의 오류 제어는 ARQ(Automatic Repeat Request : 자동 반복 요청) 방식에 근거하고 있다.

(5) 물리 계층

물리 계층은 최하위 계층으로 컴퓨터와 전송 매체의 연결 및 2진 데이터의 전송과 직접적으로 관련된 부분이다. 그림 7.21에 물리 계층의 구조를 나타냈다.

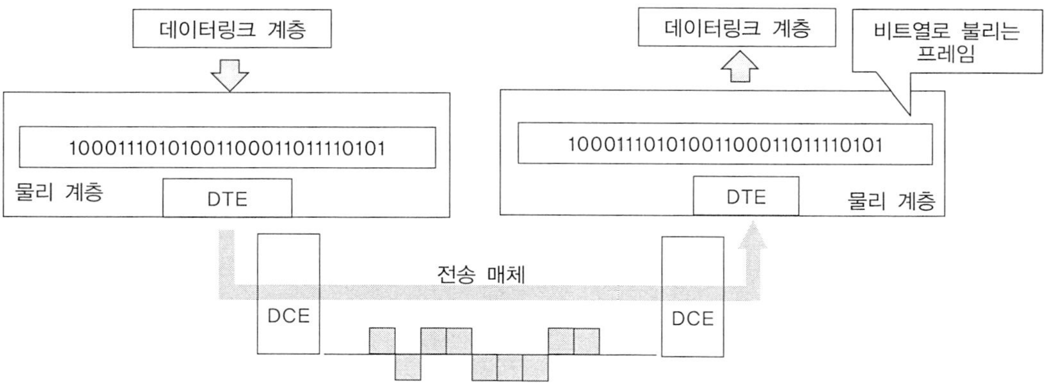

❙ 그림 7.21 ❙ 물리 계층 구조

1) DTE와 DCE의 인터페이스

그림 7.22는 데이터통신의 일반형이다. 물리 계층에서는 DTE와 DCE의 인터페이스를 기계적 명세, 전기적 명세, 기능적 명세, 절차적 명세 등으로 규정하고 있다. 기계적 명세에서는 DTE와 DCE를 케이블로 연결하기 위한 플러그와 소켓의 규격 및 핀 수를, 전기적 명세에서는 0과 1을 표현하는 전기 신호의 전압 레벨, 기능적 명세에서는 플러그와 소켓의 핀 기능 및 회선 기능, 그리고 절차적 명세에서는 회선이 사용되는 순서 등을 규정하고 있다.

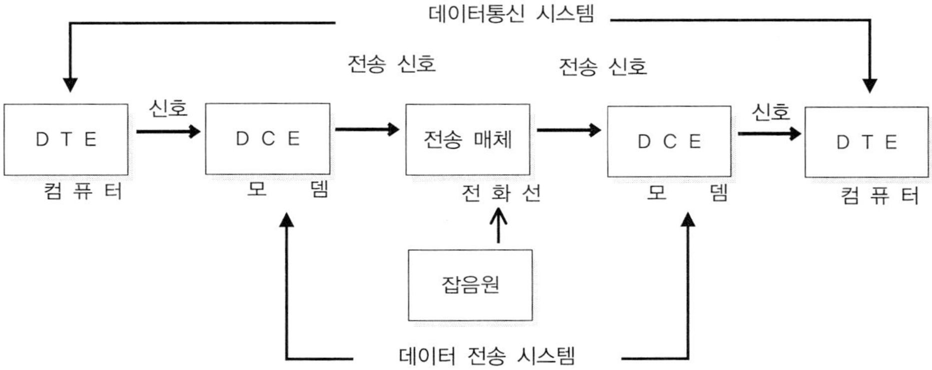

| 그림 7.22 | 데이터통신의 일반형

2) 인코딩

앞 절에서 설명한 바와 같이 디지털 정보를 전기 신호로 변환하는 가장 일반적인 방식은 0과 1 각각에 2개의 서로 다른 전압 레벨을 할당하는 것이다. 0은 낮은 전압(0[V])으로, 그리고 1은 높은 전압(5[V])으로 변환하는 경우가 그 대표적인 예이다. 이처럼 2진 코드에 전압 파형을 할당하는 것을 인코딩(encoding)이라고 한다. 이와 같은 방식으로 인코딩된 코드는 1비트 구간에서 전압이 항상 일정치를 유지한다는 측면에서 NRZ(Non- Return to Zero : 전이가 없다.) 코드라고 한다.

그러나 최근에는 송수신 측 간의 동기화 기능, 오류 검출 기능, 전송 속도 개선 등의 측면에서 유리한 맨체스터(Manchester) 코드가 주로 사용되고 있다. 맨체스터 코드는 앞절에서 설명한 바와 같이 비트가 1인 구간에서는 음에서 양으로, 비트가 0인 구간에서는 양에서 음으로 비트 중간에서 항상 전이하는 방식의 코드이다.

3) 전송 속도

물리 계층에서는 데이터의 전송 속도를 규정한다. 디지털통신 망에서는 일반적으로 전송 속도의 단위로 「bps」를 사용하고 있다. 이것은 1초 간에 전송될 수 있는 비트 수를 의미하는 것으로, 「64Kbps의 ISDN 회선, 1.5Mbps의 고속 디지털 회선」 등으로 표현할 때의 전송 속도 값은 이용자가 사용할 수 있는 순수한 전송 속도를 의미하는 것이다.

4) 전송 매체

물리 계층에서는 전송 매체의 종류를 규정하는데, 전송 매체는 송신 측과 수신 측을 연결하는 물리적 경로로서 전선 사용 여부에 따라 크게 유선 전송 매체와 무선 전송 매체로 구분된다. 전송 매체와 전송 신호의 특성에 따라 통신의 특성과 질이 결정되는데, 특히 유선 전송 매체인 경우에는 전송 매체 그 자체가 전송 한계를 결정하는 중요한 요소로 작용한다.

7.3 인터네트워킹

인터네트워킹(internetworking)이란 특정 통신 망에 연결된 단말기가 다른 통신 망에 연결된 단말기와 정보 교환을 할 수 있도록 다수의 통신 망을 상호 접속하는 것으로, 최근 들어 LAN을 상호 접속하는 인터네트워킹에 관심이 집중되고 있다. 이를 위한 기술은 LAN의 보급이 시작되기 이전부터 개발되었다. 1970년대 초부터 연구기관이나 대학의 컴퓨터를 상호 접속하여 컴퓨터 자원을 공동으로 활용하고자 하는 경향이 강해지면서 통신 망의 집합체인 인터넷이 미국에서 실현되었다. 인터네트워킹의 가장 좋은 예이다.

가장 단순한 인터네트워킹 방법으로 현존하는 통신 망들을 하나의 통신 망으로 통합하는 것을 생각할 수 있다. 그러나 기존의 통신 망들은 서로 간에 너무 많은 차이가 있기 때문에 이러한 방식으로의 인터네트워킹은 실현이 불가능하다. 이러한 이유로 최근에는 적절한 연결 장치를 이용하여 서로 다른 통신 망들을 상호 접속하는 방식이 주로 사용되고 있는데, 이와 같은 방식으로 상호 접속된 통신 망의 집합을 그림 7.23에 나타냈다.

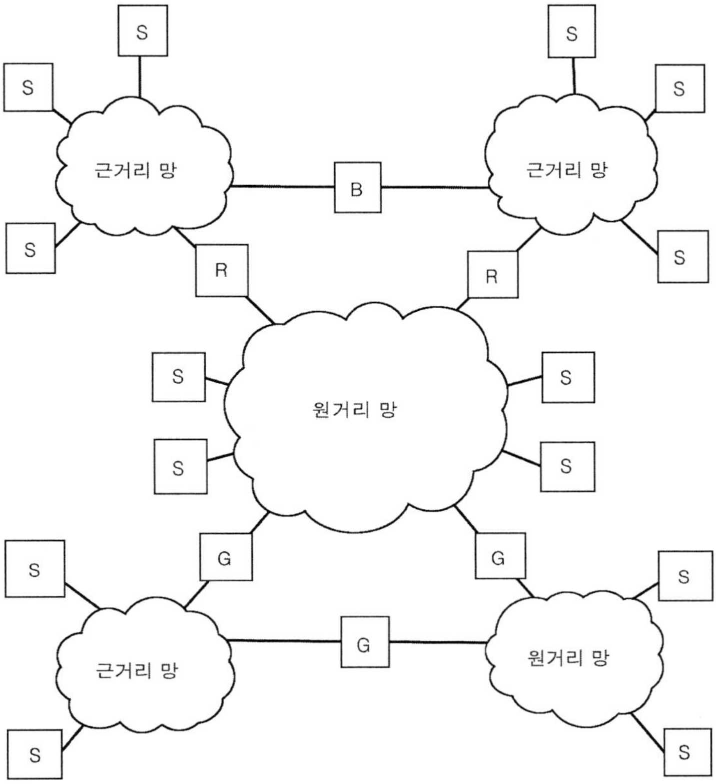

S(Station) = 스테이션
B(Bridge) = 브리지
R(Router) = 리우터
G(Gateway) = 게이트 웨이

| 그림 7.23 | 통신 망의 상호 접속

7.4 인터네트워킹 장치

7.4.1 랜카드

컴퓨터를 통해 통신 망에 접속하기 위해서는 통신 망과 컴퓨터를 연결하기 위한 장치 즉 네트워크 인터페이스 카드가 필요한데, 이를 랜카드 또는 NIC(Network Interface Card)라고 한다. 데이터의 입출력 및 송수신 프로토콜의 처리 기능을 담당하는 랜카드는 네크워크에 접속하기 위한 장치이므로 각각을 구별하는 주소가 있어야 한다. 랜카드에 부여되는 6바이트 즉 48비트의 주소를 물리 주소라고 한다.

랜카드에는 토큰링, FDDI, ATM, 이더넷용 등이 있지만 현재 LAN에서 사용되는 대부분의 랜카드는 이더넷용이다. 일반적으로 이더넷 랜카드는 속도에 따라 10메가, 100메가, 1기가 등으로 구분된다. 현재 널리 사용되고 있는 랜카드는 자동 설정 10메가 / 100메가 카드이다.

7.4.2 중계기(Repeater)

전송 신호는 전송 과정에서 여러 가지 요인에 의하여 변화되고 약해지는데, 전송 신호가 변형되는 것을 왜곡(distortion)이라고 한다. 전송 신호의 왜곡은 정보를 직접 전송할 수 있는 거리를 제한하는 요인이 된다. 올바른 정보 전송을 위해서는 전송되는 중간 중간에서 신호를 증폭하고 왜곡을 보정하는 장치가 필요한데, 이러한 기능을 수행하는 장치를 아날로그에서는 증폭기(amplifier), 디지털에서는 중계기(repeater : 리피터)라고 한다. 증폭기의 경우에는 모든 입력을 증폭하므로 신호와 잡음을 구별하지 못하나 중계기는 문턱치 전압을 이용하여 왜곡된 입력 신호를 원래의 신호로 복원하는 역할을 한다. 엄밀히 말하면 중계기는 신호를 증폭하는 장치가 아니라 신호를 재생하는 장치라고 할 수 있다. 다시 말해서 중계기는 단순히 케이블의 길이를 증가하기 위해서 사용하는 장치로 통신 망의 범위나 스테이션 간의 거리를 확장하는 역할을 한다. 그림 7.24에 중계기의 사용 예를 나타냈다.

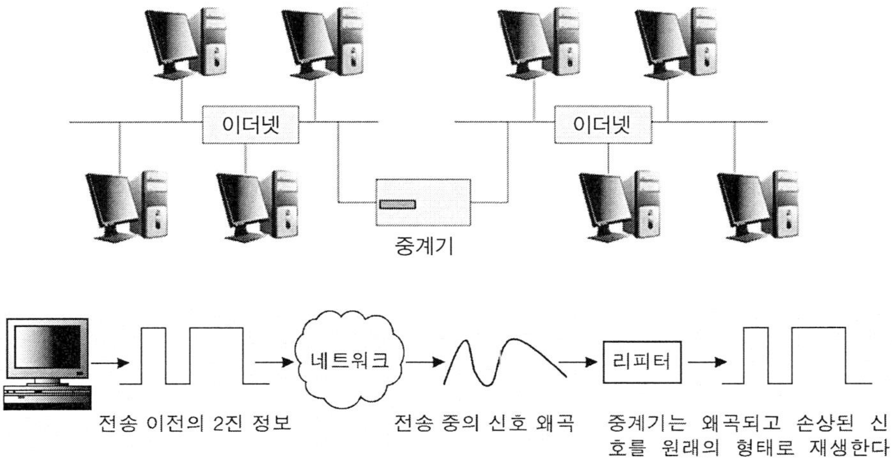

그림 7.24 리피터의 기능

7.4.3 허브(Hub)

컴퓨터 간의 통신을 위해서는 컴퓨터가 서로 전송 매체로 연결해야 하는데, 이때 사용되는 장비가 곧 허브이다. 허브는 다시 말해서 멀티포트 리피터라고 할 수 있다. 여러 대의 컴퓨터를 연결할 수 있는 포트가 있고, 리피터의 기능을 가지고 있기 때문이다. 허브는 포트가 몇 개인가에 따라 12포트 허브와 24포트 허브로, 속도에 따라 10메가 허브와 100메가 허브 등으로 구분된다.

그림 7.25에 1번 컴퓨터가 3번 컴퓨터에게 허브를 통해 데이터를 전송하는 과정을 나타냈다. 1번 컴퓨터가 데이터를 전송하면 데이터가 다른 모든 포트에 전송된다. 이 경우 5번과 n번 컴퓨터는 데이터를 수신한 후, 데이터의 헤더 부분에 기록된 랜카드의 목적지 주소를 보고 자신에게 전송된 것이 아니라는 것을 판단하고 데이터를 폐기한다.

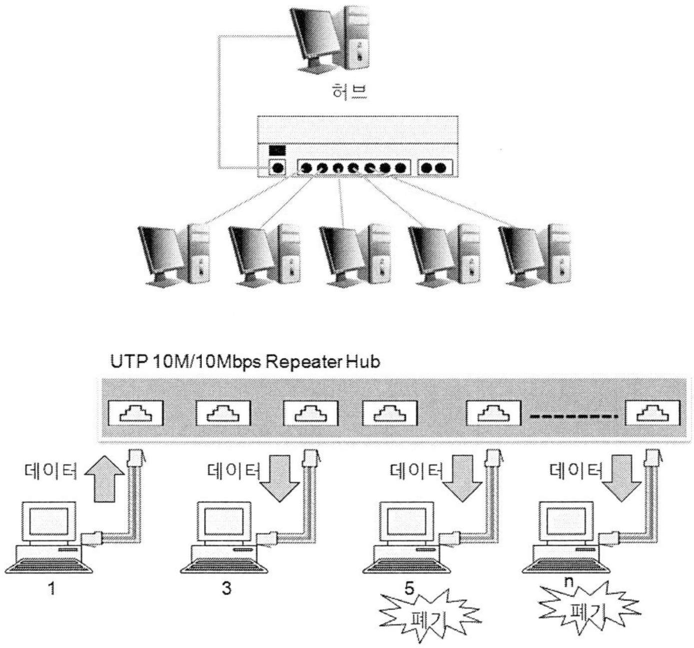

그림 7.25 허브의 기능

우리가 사용하는 허브는 이더넷용 허브이므로 CSMA/CD 접근 제어 방식이 사용된다. 즉 다수개의 컴퓨터가 동시에 데이터를 전송할 수 없고, 동시에 전송할 경우 데이터 충돌이 일어난 다는 것이다. 다시 말해서 특정 시간에 하나의 컴퓨터만이 데이터를 전송할 수 있다는 것이다. 이것이 허브의 한계이다.

이러한 허브의 한계점을 극복하기 위해 개발된 것이 곧 스위칭 허브이다. 스위칭 허브는 1번 포트에 연결된 컴퓨터가 2번 포트에 연결된 컴퓨터와 통신하는 시간에 3번 포트에 연결된 컴퓨터가 4번 포트에 연결된 컴퓨터와 통신할 수 있다는 것이다. 즉 허브인 경우에는 1, 2번 사이에서 통신이 수행되는 동안 다른 모든 컴퓨터는 쉬고 있어야 하는 반면에, 스위칭 허브의 경우에는 다른 컴퓨터들도 통신이 가능하다는 것이다. 허브, 스위치, 라우터를 이용한 간단한 네트워크 구성도를 그림 7.26에 나타냈다.

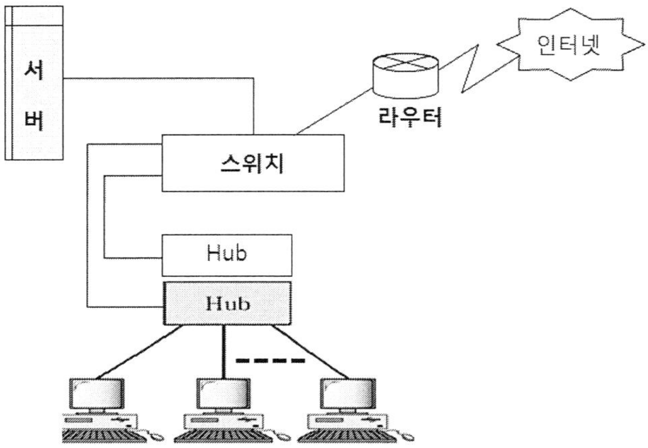

▍그림 7.26▍ 네트워크 구성도

7.4.2 브리지(Bridge)

브리지는 규모가 큰 통신 망을 세그먼트로 분할하여 구축할 경우에 각각의 세그먼트들을 연결하는 장치이다. 브리지는 세그먼트에 접속된 스테이션 간의 정보 전송을 보장하는 역할을 하는 것으로 스테이션의 위치를 인지하여 정보를 전달한다.

브리지의 가장 큰 특징은 불필요한 데이터를 차단하는 기능 즉 필터링에 의해 혼잡을 완화하는 효과가 있다는 것이다. 브리지에는 도착된 정보의 헤더 부분에는 송신 스테이션의 주소에 관련된 정보가 있으므로 그 정보로부터 스테이션의 위치를 판단한다. 예를 들면 그림 7.27에 나타낸 바와 같이 A로부터 B로 전송된 정보는 케이블로 전송되어 브리지에 도착하기 때문에 이를 기록해두었다가 A는 브리지의 왼쪽에 위치하고 있음을 인지한다. 그렇게 하면 B로부터 A로 전송된 데이터는 오른쪽으로는 중계하지 않아도 된다는 것을 알 수 있다. 이것이 필터링 동작의 기본 원리이다.

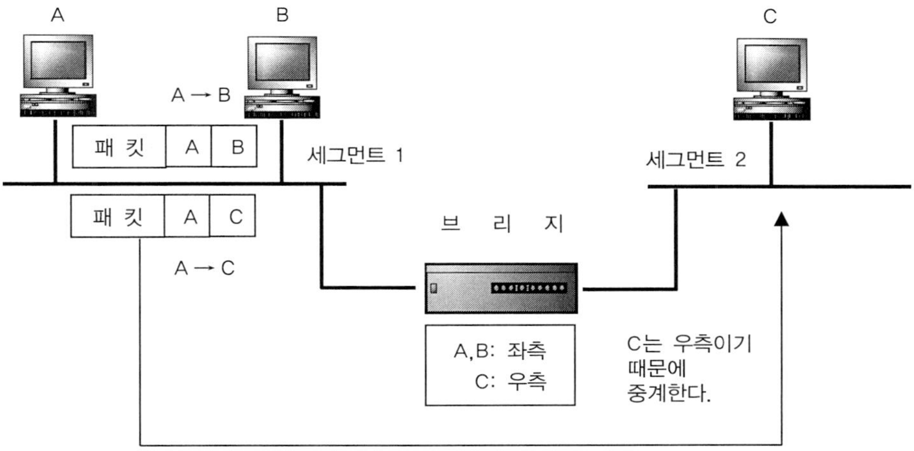

┃그림 7.27┃ 브리지의 기능

7.4.3 라우터(Router)

브리지와 라우터의 가장 큰 차이점은 브리지는 특정 통신 망 내의 세그먼트들을 서로 연결하는 것인데 반해, 라우터는 동일한 프로토콜을 사용하는 통신 망을 상호 접속하는데 사용된다. 라우터(router)는 브리지의 기능에 경로 설정 기능을 첨가한 장치로 하나의 통신 망으로부터 도착한 정보를 다른 통신 망으로 전송하는 중계(relaying) 기능과 두 스테이션 간의 가상 경로를 설정하는 라우팅(routing) 기능을 갖는다. 다시 말해서 여러 개의 전송로가 존재하는 경우 브리지는 모든 전송로에 데이터를 전송하지만 라우터는 여러 개의 전송로 중에서 최적의 전송로를 선택함으로써 혼잡을 회피하는 기능을 가지고 있다.

그림 7.28에서 라우터 I는 트래픽의 분산을 위하여 라우터 M을 통해 B까지의 가상 경로를 설정할 것인지 아니면 라우터 K, L을 거치는 가상 경로를 설정할 것인가를 결정하여야 한다.

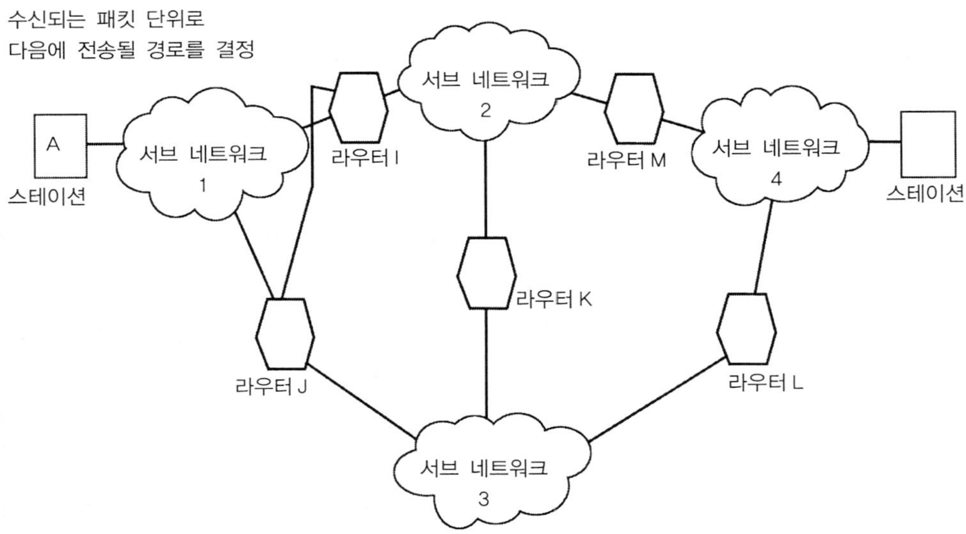

┃그림 7.28┃ 라우터의 기능

7.4.4 게이트웨이(Gateway)

게이트웨이(gateway)는 프로토콜이 서로 다른 통신 망들을 상호 연결하는 장치로 브리지와 라우터가 단순한 하나의 접속점인데 반해, 게이트웨이는 하나의 스테이션이면서 접속점이다. 게이트웨이의 주된 기능은 통신 망 간에 서로 다른 정보 형식 및 주소 체계 변환과 다른 프로토콜의 변환이다. 게이트웨이를 이용한 IBM사의 SNA 네트워크와 Novell사의 NetWare 네트워크의 연결 예를 그림 7.29에 나타냈다.

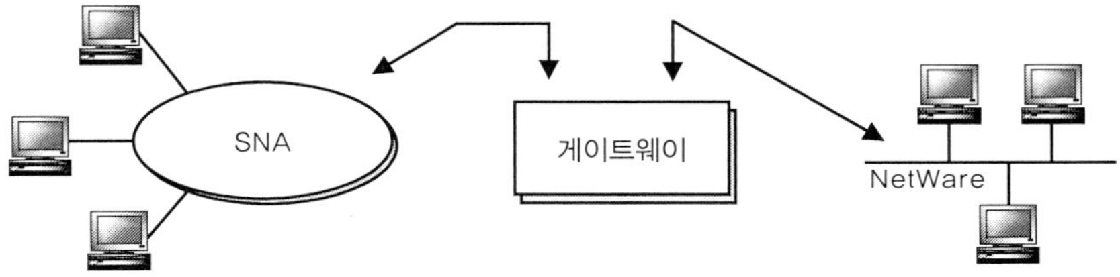

┃그림 7.29┃ 게이트웨이를 이용한 통신 망의 연결

인터넷

제 8 장

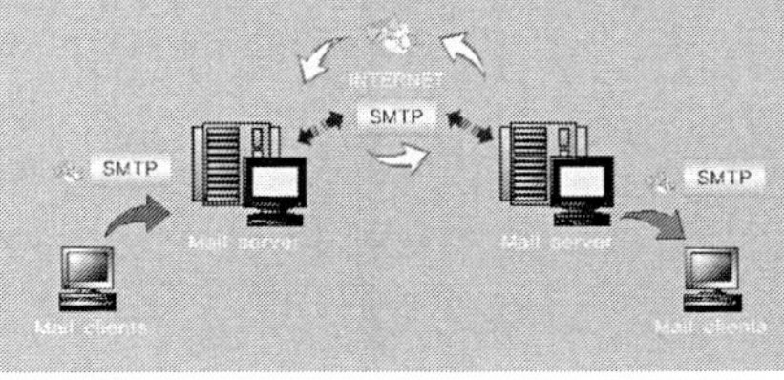

8.1 인터넷이란?

컴퓨터가 출현한 초기에는 컴퓨터를 이용하는 사람이 펀치로 구멍을 뚫어 데이터를 기록한 천공카드를 컴퓨터가 설치되어 있는 곳까지 가지고 가서, 카드리더라고 하는 입력 장치를 사용하여 입력시킨 후에 그 계산 결과를 라인프린터로 받아 보는 방식으로 사용되었다. 이와 같은 컴퓨터의 이용 방식은 천공카드에 의존하기 때문에 컴퓨터에서 멀리 떨어져 있으면 사용할 수 없었으며, 순간순간 발생하는 데이터도 처리할 수 없었다.

컴퓨터실까지 가지 않고 컴퓨터를 이용할 수 있는 방법은 없을까? 오프라인 방식의 컴퓨터를 온라인 방식의 시스템으로 변경하기 위해서는 새로운 사고방식이 필요하였다. 컴퓨터와 이용자 간을 통신회선으로 연결한다면 사용자는 컴퓨터가 있는 곳까지 갈 필요가 없게 되고, 그 결과 이용자는 시간 및 경제적으로 많은 이익을 얻게 된다. 이처럼 컴퓨터와 사용자 간을 통신회선으로 연결하여 원격지로부터 컴퓨터를 이용하는 방식을 온라인 방식이라고 한다.

은행의 온라인 시스템과 철도 좌석권 예약 등을 그 예로 들 수 있다. 서울의 본점에 중앙컴퓨터가 설치되어 있으면 여행 중 전국 어느 지점에서나 현금카드를 이용해서 현금을 인출할 수 있다. 옛날처럼 여비가 떨어졌다고 해서 여행 중에 전보를 치는 일은 이제 찾아볼 수 없다. 철도의 좌석권을 예약하는 경우에도 중앙의 컴퓨터와 전국의 역에 설치된 단말 장치가 통신회선으로 연결되어 있기 때문에 작은 역에서도 좌석지정권의 예약이 가능한 것이다.

현재는 온라인 방식의 응용 분야가 현금 자동지급기 및 철도 좌석권 예약 시스템 등에 국한하지 않고, 다수의 컴퓨터와 컴퓨터를 서로 통신회선으로 연결하여 컴퓨터끼리 정보를 주고받을 수 있는 컴퓨터 네트워크 즉 인터넷으로 발전하였다. 그 결과 오늘날 컴퓨터와 통신은 헤어질래야 헤어질 수 없는 연인 관계로 발전하게 되었다.

인터넷(Internet : Inter Network)은 전 세계의 수많은 네트워크들이 자연스럽게 연결된 지구 최대의 정보통신 망으로 전 세계의 컴퓨터가 정보 자원을 공유하고 또 서로 통신하기 위해 연결되어 있다. 흔히들 인터넷을 「정보의 바다(sea of information)」라고 말하는데, 망망대해인 바다에 비유할 만큼 수많은 정보가 있다는 것을 의미하는 것이다.

실제로 인터넷의 유용성은 정보 그 자체에 있다. 지구촌 통신 망이라는 이름에 걸맞게 자신의 컴퓨터를 통해 전 세계에서 일어나는 일들을 생동감 있게 볼 수 있다. 예를 들어, 하와이에 가고 싶어도 형편상 가지 못하는 사람은 인터넷을 통해 하와이의 아름다운 정경을 자세히 볼 수 있으며, 미국에 친구가 있는 사람은 복잡한 절차 없이 온라인으로 친구와 전자우편을 주고받을 수 있고, 캐나다에 친척이 있는 사람은 정기적으로 수다를 떨 수도 있으며, 일본의 로봇 기술에 관심이 있는 사람은 로봇에 관련된 각종의 자료를 전송받을 수도 있다. 물론 전 세계인이 올린 각종의 뉴스를 검색하고 토론에 참여하여 자신을 전 세계에 알릴 수도 있으며, 대화를 통해 누구와도 친구로 사귈 수도 있다.

최근에는 통신기술의 발전으로 멀티미디어형 서비스가 속속 등장함에 따라 인터넷을 통해 실시간으로 TV 프로그램을 시청하는 것은 물론 영화도 볼 수 있게 되었으며, 인터넷 뱅킹 및 인터넷 쇼핑 등을 통해 일상생활의 많은 부분들을 인터넷이라는 가상공간을 통해 처리할 수 있게 되었다. 인터넷을 통해 빌게이츠가 이끄는 마이크로소프트사에서 스필버그의 쥬라기공원에 이르기까지 살아 숨 쉬는 생생한 정보를 접할 수 있다는 것은 놀라운 일이 아닐 수 없다.

8.2 인터넷의 탄생 배경

인터넷은 1969년 미 국방성의 연구기관인 ARPA(Advanced Research Project Agency)에서 UCLA 대학, 스탠포드 연구소, 유타 대학, 캘리포니아 대학을 연결하는 ARPANET을 구축함으로써 시작되었다. ARPANET의 구축 목적은 1960년대의 냉전체제하에서 군, 방위산업체, 대학을 연결하는 컴퓨터 통신 망을 구축하여 전쟁 상황에서 통신 수단으로 활용하고자 하는 것이었는데, 그 핵심은 컴퓨터 통신기술을 발전시켜 적의 공습에 의해서 한 부분이 파괴되어도 다른 통신 망을 통해 서로 의사를 전달할 수 있는 시스템의 구축에 있었다.

그 후 미 국방성 관련 프로젝트를 수행하고 있던 미국 내 50개의 대학과 연구소들이 ARPANET에 연결되어 1972년 외부로 공개되었으며, 프로토콜이 TCP/IP로 통일되어 기종에 관계없이 정보 교환이 가능하게 되었다. 프로토콜이 통일됨에 따라 ALPANET의 사용자가 급증하게 되면서 최초의 군사 목적에 해당하는 부분은 MILNET (Military Network)이라고 하는 새로운 통신 망으로 떨어져 나가고, ARPANET은 일반인들이 사용하는 네트워크로 발전하였다.

한편, ALPANET을 시초로 1970년대 말부터 MILNET, UUCP, BITNET, CSNET, NSFNET 등의 통신 망이 구축되었는데, 이 중에서도 NSF(National Science Foundation : 미국 국립과학 재단)가 5개의 슈퍼컴퓨터 센터를 모든 대학과 연구기관이 공동으로 사용할 수 있도록 구축한 NSFNET이 중심적 역할을 담당하게 되었다. 1980년대에 들어와 ALPANET이 같은 TCP/IP를 사용하는 NSFNET으로 흡수통합되고, 다른 네트워크들이 NSFNET에 가담함으로써 인터넷이 본격적으로 구축되기 시작하였다.

8.3 인터넷의 운영

인터넷은 누가 운영하고 있는가? 인터넷은 특정회사에서 제공하는 서비스의 이름이 아니기 때문에 이러한 질문에 대한 명확한 해답은 없다. 인터넷 사용자들이 서로 협력하면서 공동으로 운영하고 있다고 생각하면 된다. 그러나 각국에는 그 나라의 인터넷을 총괄하는 NIC(Network Information Center)라는 기관이 있고, 이러한 NIC를 총괄하는 InterNIC라는 기관이 인터넷을 운영하는데 중요한 역할을 담당하고 있는 것만은 틀림없는 사실이다. 우리나라에는 KRNIC(Korea NIC)라는 기관이 있는데, 한국을 대표하여 각국의 NIC와 함께 IP 주소 할당 및 도메인 네임 등록, 네트워크 정보 관리, 인터넷 현황 및 통계 자료 수집 등의 활동을 하고 있다.

8.4 국내 인터넷 현황

국내의 인터넷은 인터넷의 초창기라고 할 수 있는 1982년 서울대학교와 전자통신연구소 간에 SDN(System Development Network)이라는 네트워크가 구축되면서부터 시작되었다. 이후 서울대학교를 중심으로 대학 및 교육기관을 연결하는 교육 망(KREN : Korea Education Network), 시스템공학연구소를 중심으로 연구소들을 연결하는 연구 망(KREONet : Korea Research Open Network), 한국과학기술원을 중심으로 대학 및 연구소를 연결하는 하나 망, 한국통신의 상용 KORNET 망 등이 구축되었다. 아울러 인터넷 접속 서비스 업체 등을 중심으로 상용 인터넷 접속 서비스가 개시됨에 따라 인터넷 접속 서비스가 본격적으로 보급되어 현재에는 인터넷 이용자 수가 전체 인구의 절반을 넘는 수준으로까지 발전하게 되었다.

8.5 인터넷의 주소 체계

전 세계적으로 인터넷에는 그 수를 예측할 수 없을 정도로 많은 호스트들이 연결되어 있다. 하루에도 수천 대 이상의 호스트가 새롭게 연결되고 있는 것으로 보고되고 있다. 여기서 호스트란 인터넷에 연결되는 모든 컴퓨터를 지칭하는 것이다. 강력한 성능을 갖는 중앙컴퓨터에 단말기를 연결하여 다수가 공동으로 사용하는 경우, 공동으로 사용하는 컴퓨터를 호스트라고 하기도 한다.

그렇다면 인터넷에 연결되어 있는 수많은 호스트들을 어떻게 구분할 수 있을까? 우리가 살고 있는 집의 위치가 주소로 지정되어 있듯이 인터넷에도 호스트를 구분하기 위한 주소 체계가 있다. 그래야만 편지도 보낼 수 있고, 원하는 정보가 있는 곳으로 찾아 갈 수 있을 것이다. 호스트에 부여되는 주소를 IP(Internet Protocol) 주소라고 한다.

8.5.1 IP 주소

IP 주소는 8비트의 2진수가 할당된 4개의 부분, 즉 총 32비트로 구성된다. 각 부분은 다음에 나타낸 바와 같이 00000000~11111111 중의 하나로 표현되고, 각각은 「·」으로 구분된다.

```
2진 IP 주소 : 11001011 . 11111110 . 01101110 . 00001010
```

이처럼 각각이 8비트인 4개의 영역으로 구성되는 IP 주소는 A, B, C, D, E 클래스로 구분하여 사용되고 있다. A클래스는 국가 망과 같은 초대형 네트워크에, B클래스는 캠퍼스 망과 같은 중대형 네트워크에, C클래스는 소형 네트워크에, 그리고 D클래스는 특정 다수에게 전송하는 멀티캐스트에 할당하고 있는 IP 주소 체계이다. 한편, E클래스는 현재는 사용되지 않는 주소 체계로 실험 또는 특수목적용으로 예약된 IP 주소 체계이다.

IP 주소는 네트워크의 구분을 위한 네트워크 ID와 네트워크에 연결된 컴퓨터들을 구분하기 위한 호스트 ID로 구분되는데, 클래스별 IP 주소 체계를 그림 8.1에 나타냈다.

IP 주소 체계에서 네트워크 주소 비트가 모두 0(10진수 0)인 것은 로컬 네트워크를 의미하고, 모두 1(10진수 127)인 것은 자기 자신을 의미하는 것으로 루프백 테스트용으로 사용된다. 또한 호스트 주소가 모두 0인 것은 로컬 노드를, 그리고 모두 1인 것은 네트워크의 모든 컴퓨터를 의미한다. 따라서 A클래스에서 사용이 가능한 최대 네트워크 수는 2^7-2(0과 127 제외)=126개이고, 각각의 네트워크에서 사용이 가능한 최대 호스트 수는 $2^{24}-2$=16,777,214개이다. B클래스와 C클래스에서도 같은 계산 방식이 적용된다. 표 8.1에 클래스별 IP 주소 범위를 나타냈다.

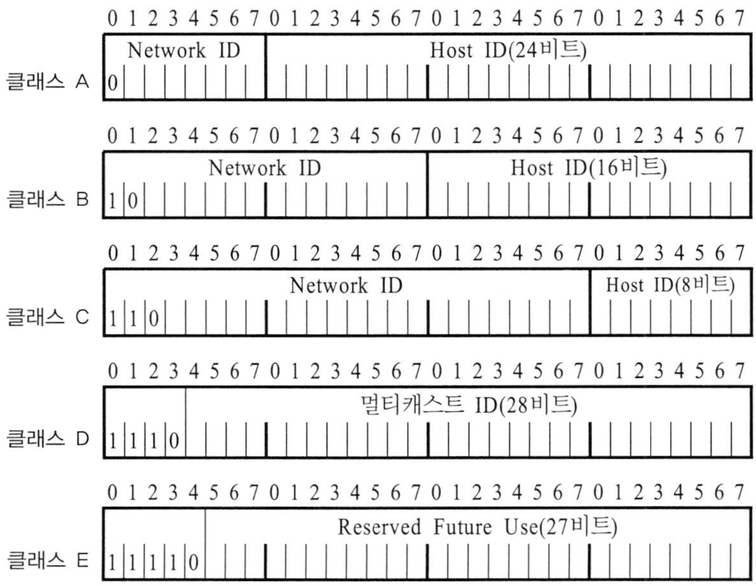

그림 8.1 IP 주소 체계

▎표 8.1▎ 클래스별 IP 주소 범위

클래스	사용 가능 주소 범위	최대 네트워크 수	최대 호스트 수
A클래스	0.0.0.0 ~ 127.255.255.255	$2^7-2=126$	$2^{24}-2=16,777,214$
B클래스	128.0.0.0 ~ 191.255.255.255	$2^{14}-2=16,382$	$2^{16}-2=65,534$
C클래스	192.0.0.0 ~ 223.255.255.255	$2^{21}-2=2,097,150$	$2^8-2=254$

IPv4(IP version 4)로 규정되어 사용되고 있는 현재의 32비트 IP 주소 체계는 향후 IPv6(IP version 6)로 전환될 전망이다. IPv6는 ATM과 같은 고속 망은 물론 무선 망과 같은 저속 망에서도 효율적으로 동작하도록 설계된 차세대 인터넷용 IP 주소 체계이다. IPv6를 개발하는 과정에서 일차적으로 고려된 요소는 인터넷에 접속되는 장치의 증가 즉 주소 부족이다. 유비쿼터스 시대에서는 모든 장치나 사물에 네트워크 센서가 부착되고, 각각에는 주소가 할당되어야 하기 때문이다. 따라서 IPv6에서는 IP 주소의 길이가 현재의 32비트에서 128비트로 대폭 확장된다.

8.5.2 도메인 네임

컴퓨터는 2가지의 상태만을 대상으로 하는 디지털 시스템이기 때문에 0과 1만으로 표현되는 주소를 부여했으나, 사람의 입장에서 보면 2진수는 읽고 쓰고 말하고 기억하는데 매우 불편하다. 일상생활에서 사용하는 10진수로 표현하는 것이 더 좋을 듯하다. 2진수의 IP 주소를 10진수로 표현하면 다음과 같다.

```
10진 IP 주소 : 203.254.110.10
```

2진수로 표현된 IP 주소를 일상생활에서 사용하는 10진수로 바꾸긴 했지만 숫자를 싫어하는 우리에게는 아직도 불편하다. 기억하기 어려운 숫자가 아닌 문자로 표현하면 더 편리할 것 같다. 10진 IP 주소를 영문자로 표현하면 다음과 같다.

```
도메인 네임 : www.mic.go.kr
```

이처럼 영문자로 표현된 IP 주소를 도메인 네임(domain name)이라고 한다. IP 주소를 기억하는 것은 매우 힘들지만 도메인 네임을 기억하는 것은 비교적 쉽다. 그리고 IP 주소만 보아서는 어떤 기관에 속해 있는 호스트의 주소인지 전혀 모르지만, 도메인 네임을 보면 쉽게 알 수 있다. 「www.mic.go.kr」의 경우, 한국(kr : korea)에 있는 정부기관(go : government) 중에서 정보통신부(MIC : Ministry of Information and Communication)라는 기관의 주소라는 것을 쉽게 짐작할 수 있다.

인터넷에 연결된 모든 호스트에는 2진수로 표현되는 IP 주소가 부여되어 있고, 이에 1:1로 대응되는 10진수의 IP 주소와 문자로 표현되는 도메인 네임이 있다. 3가지 어느 것을 사용해도 된다. 그런데 궁금한 것이 있다. 「컴퓨터에서는 0과 1만이 사용되는데, 10진수나 영문자로 표현된 IP 주소와 도메인 네임은 어떻게 이해할 수 있을까?」라는 의문이다. 10진수는 2진수로 변환해서 처리하면 되지만, 영문자로 표현된 도메인 네임은 그것에 해당하는 2진수로 누군가가 변환하여야 한다. 사람이 네트워크 속으로 들어갈 수도 없는 일이다. 그렇다고 해서 자신의 컴퓨터에 전 세계 모든 도메인 네임 목록을 저장하고 도메인 네임이 새롭게 등록되고 제거될 때마다 자신의 목록을 갱신해야 한다면 그것 또한 매우 비효율적이다.

따라서 모든 도메인 네임을 데이터베이스화하여 필요할 때마다 각 사용자에게 IP 주소로 변환시켜주는 일을 전담하는 컴퓨터가 운영되고 있는데, 이런 컴퓨터를 도메인 네임 서버(DNS : Domain Name Server)라고 한다. 여기서 서버(server)란 정보를 제공하는 실체를 의미하는 것으로, 일반적인 네트워크에서의 정보 교환 및 정보 공유는 정보를 제공하는 서버와 정보를 이용하는 클라이언트(client) 구조로 수행된다. 따라서 DNS에서의 서버는 IP 주소에 관한 도메인 네임에 관련된 정보를 제공한다는 의미에서 붙여진 이름이다.

사용자가 「http://www.mic.go.kr」라고 입력한 경우, 사용자의 컴퓨터는 도메인 네임 서버에게 「www.mic.go.kr」에 대응되는 IP 주소를 질의한다. 그러면 도메인 네임 서버는 자신의 데이터베이스에서 도메인 네임에 대응되는 IP 주소를 찾아내어 사용자에게 IP 주소를 전송하고, 사용자는 그 IP 주소를 이용해서 정보통신부의 호스트에 접속하게 되는 것이다

도메인 네임의 주소 체계는 다음과 같다. 여기서 인터넷에서 공통으로 사용되는 도메인 네임을 표 8.2와 표 8.3에 나타냈다.

표 8.2에 나타낸 바와 같이 미국도 「us」라고 하는 국가부호를 갖고는 있으나 「us」가 들어간 미국의 도메인 네임은 별로 본적이 없다. 「us」는 주정부와 초 · 중 · 고등학교에서만 주로 사용되고 있기 때문이다. 일반적으로 미국은 국가부호를 사용하지 않고 「기관이름.com」의 형태로 짧게 도메인 네임을 표기하고 있다. 미국은 인터넷을 주도하고 있고, 도메인 네임 주소 체계를 세운 장본인이기 때문에 누리는 혜택이라고 할 수 있다.

표 8.2 국가 도메인 네임

도메인 네임	국가명	도메인 네임	국가명
au	오스트레일리아	fr	프랑스
at	오스트리아	it	이탈리아
ca	캐나다	jp	일본
de	독일	kr	한국
dk	덴마크	us	미국
fi	핀란드	uk	영국

표 8.3 기관 종류 도메인 네임

도메인 네임	기관 종류
ac, edu	학회, 교육기관
co, com	기업체 및 상업적 기관
re	연구기관
go, gov	정부기구
nm, net	네트워크 운영 기관
or, org	기타 단체
mil	군사기관

DNS의 IP 주소 변환은 자신의 컴퓨터로 쉽게 확인해 볼 수 있다. 마이크로 소프트의 윈도즈 XP를 사용하는 경우, 「시작」 메뉴에서 「프로그램」 ⇒ 「보조 프로그램」 ⇒ 「명령 프롬프트」를 실행한다. 명령어 입력창에 「ipconfig/all」을 입력하면 자신의 컴퓨터에 할당된 IP 주소와 사용 중인 DNS 서버의 IP 주소를 확인할 수 있다. 「제어판」 ⇒ 「네트워크 연결」에서 네트워크 속성 정보를 통해 확인할 수도 있다. 물론 인터넷에 접속된 상태에서 실행해야 한다.

DNS에게 IP 주소 변환을 요청하는 명령어는 「nslookup」이다. 「nslookup」 다음에 IP 주소를 알고 싶은 도메인 네임을 입력하면, DNS는 질의한 도메인 네임에 대응하는 IP 주소를 찾아서 반환한다.

그림 8.2에 나타낸 바와 같이 「ipconfig/all」을 실행하면 DNS 서버 주소, 즉 「165.194.1.1」이 출력되고, 「nslookup www.mic.go.kr」을 실행하면 www.mic.go.kr의 IP 주소, 즉 203.254.110.10이 출력된다. 만약 등록이 되지 않은 도메인 네임을 입력하거나 또는 DNS에 이상이 있는 경우에는 IP 주소를 반환하지 못할 것이다.

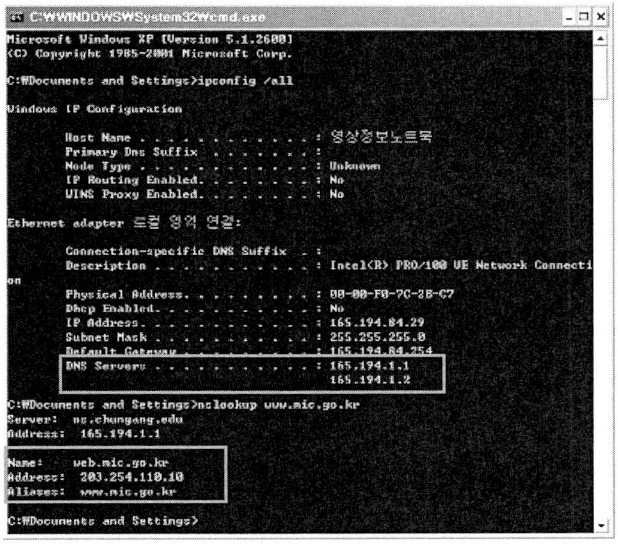

| 그림 8.2 | DNS와 IP 주소 출력

8.6 인터넷의 접속 모형

인터넷에 접속하는 방법은 크게 전화 망을 이용하여 접속하는 방법, ADSL망 및 케이블 TV 망을 이용하여 접속하는 방법, LAN 환경에서 전용회선을 이용하여 접속하는 방법 등으로 구분할 수 있다. 기업, 연구소, 대학, 병원, 공공기관 등에서는 자체 통신 망인 LAN에서 전용회선을 통해 인터넷에 접속하고 있으며, 전용회선의 설치가 불가능한 일반 가정에서는 모뎀을 이용해서 일반 전화 망, 초고속 망, 케이블 TV 망을 통해 인터넷에 접속하고 있다.

8.6.1 LAN 환경에서의 인터넷 접속 모형

기업, 연구소, 대학, 병원, 공공기관 등과 같이 수 km 이내로 제한되는 한정된 지리적 조건에서 분산되어 있는 정보통신 기기들을 상호 접속하여 정보를 자유롭게 주고받을 목적으로 구축되는 LAN 환경에서는 전용회선으로 인터넷에 연결된다. LAN 환경에서의 인터넷 접속 모형을 그림 8.3에 나타냈다.

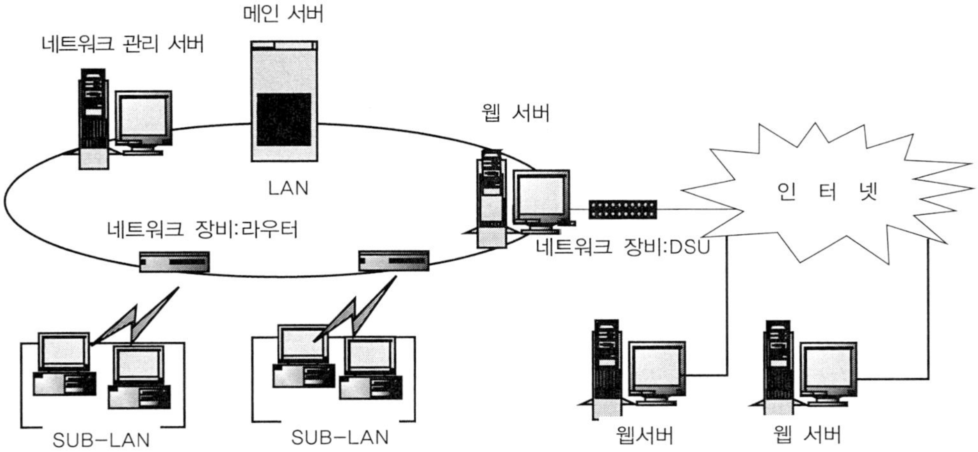

▎그림 8.3▎ LAN 환경에서의 인터넷 접속 모형

8.6.2 초고속 통신 망 환경에서의 인터넷 접속 모형

인터넷은 TCP/IP라는 프로토콜을 사용하는 네트워크이다. 전화 망에서는 TCP/IP의 구현이 원칙적으로 불가능하므로 전화 망을 통해서는 인터넷을 사용할 수 없다. 그렇다고 해서 전용회선을 집까지 끌어올 수도 없는 일이다. 따라서 개인이 집에서 인터넷을 사용할 경우에는, 전화 망이나 케이블 TV 망을 통해 접속되는 인터넷 서비스 업체의 호스트 컴퓨터를 이용하여야 한다. 이 경우 인터넷 서비스 업체의 호스트 컴퓨터와 인터넷 사이에는 전용회선으로 연결되어 있기 때문에 문제가 되지 않는다. 문제는 집에서 인터넷 서비스 업체까지이다. 집에서 전화 망을 통해서 전송되는 정보는 TCP/IP 형식이 아닌데 반하여, 호스트 컴퓨터에서 인터넷으로 전송되는 정보는 TCP/IP 형식의 정보이기 때문이다.

이러한 문제의 해결 방법으로 사용되는 것이 SLIP(Serial-Line Internet Protocol)과 PPP(Point to Point Protocol)라고 하는 프로토콜이다. 인터넷 서비스 업체의 호스트 컴퓨터에서는 SLIP이나 PPP 프로토콜을 이용하여 호스트를 기점으로 형식이 다른 정보를 변환하여 일반 가정에서 전화선을 통해 인터넷을 사용할 수 있도록 하고 있다. SLIP과 PPP 프로토콜은 상당히 다른 기술적 기반을 가지고 있지만, 이용자 측면에서 이 둘의 기술적 차이를 느끼기는 힘들다. 자신이 이용하고 있는 인터넷 서비스가 SLIP 형식으로 제공되는지 아니면 PPP 방식으로 제공되는지와 PPP 방식이 SLIP 방식보다 우수하다는 것만 알면 된다. 일례로 SLIP에는 오류 검출 기능이 없어 불안정인데 반해, PPP에는 에러 탐지 기능이 있어 비교적 안정적이다. PPP 방식은 전송 속도 측면에서도 SLIP 방식보다 우수하다. 인터넷 서비스 업체에 접속하게 되면 그때마다 IP 주소를 부여받게 되며, 인터넷에서 자신의 컴퓨터가 마치 전용회선에 연결된 호스트처럼 인터넷 서비스를 이용할 수 있다.

최근 들어 인터넷의 보급이 급성장하고 가정에서도 인터넷을 빠른 속도로 이용할 수 있는 기술의 필요성이 부각됨에 따라 이를 위한 다양한 기술이 개발되고 있다. xDSL과 케이블 TV 망을 이용한 방법이 그 대표적인 예이다. 초창기에는 선로 구성과 장비 설치 면에서 번거로운 점이 있었지만 서비스가 안정되고 간단한 접속 절차와 정액제로 빠른 속도의 인터넷 서비스를 사용할 수 있게 됨으로써 현재는 가정에서 인터넷을 이용하는 가장 대중적인 방식으로 각광받고 있다.

광 케이블을 사용하지 않고 기존의 구리 전화선을 멀티미디어통신에 활용할 수는 없을까? 얼마 전까지의 기술로는 불가능하였다. 전화선의 대역폭은 음성 신호에 적합한 4KHz 정도이므로 다양한 멀티미디어 서비스는 수용할 수 없기 때문이다. 그러나 최근 들 어 기존의 전화선으로 멀티미디어통신이 가능한 디지털 가입자 망(xDSL : x Digital Subscriber Line) 기술이 개발되어 천문학적 금액이 소요되는 초고속 정보통신 망 구축 비용을 크게 절감할 수 있게 되었다. xDSL이란 디지털 가입자 망을 지칭하는 것으로 ADSL(Asymmetric DSL), HDSL(High-data rate DSL), VDSL (Very-high rate DSL) 등을 총칭하는 것이다.

ADSL은 비대칭 디지털 가입자선으로 지칭되는 기술로 가입자들에게 공급되는 광대역 멀티미디어 서비스의 비대칭성 즉 일반 사용자의 경우에는 인터넷 서버로 데이터를 전송하는(상향, 업로드) 경우보다는 인터넷 서버로부터 데이터를 전송받는(하향, 다운로드) 경우가 대부분이라는 것을 고려하여 고안된 디지털 가입자 기술이다. ADSL에서는 기존의 전화선에 실린 저주파 음성 신호와 고주파 데이터 신호를 스플리터(splitter)라고 하는 장치로 분리하여 음성 신호는 전화기 쪽으로, 데이터 신호는 컴퓨터로 전송한다.

케이블 TV 망이 구축되어 있는 곳에서는 케이블 TV 회선을 이용하여 고속의 인터넷 서비스를 이용할 수 있다. 상향과 하향이 대칭적인 대역폭을 가지고 있기 때문에 ADSL보다는 하향은 느리지만 상향은 빠르다는 특징이 있다. 그러나 사용자의 수가 많아질수록 속도가 저하된다는 단점이 있다. xDSL 방식과 케이블 TV 망 방식은 전화모뎀 방식과 마찬가지로 인터넷 서비스 업체에 가입해야만 인터넷 서비스를 이용할 수 있다. 그리고 이 방식에서는 인터넷 서비스 업체의 호스트는 인터넷에 전용회선으로 직접 연결되어 있고 이용자의 컴퓨터와는 각각 전화 망과 케이블 망으로 연

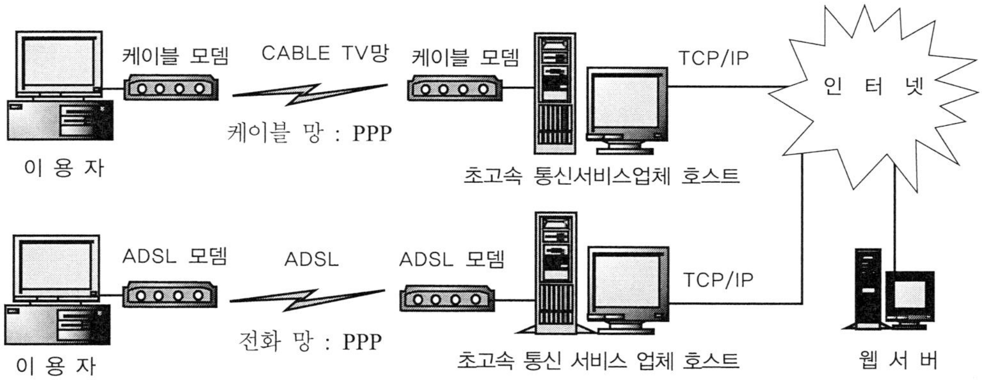

| 그림 8.4 | 초고속 통신 망에서의 인터넷 접속 모형

결되어 있기 때문에 프로토콜을 변환하는 xDSL 모뎀이나 케이블 모뎀이 필요하다. xDSL 망 및 케이블 TV 망을 이용한 인터넷 접속 모형을 그림 8.4에 나타냈다.

8.7 월드 와이드 웹

월드 와이드 웹(WWW : World Wide Web)은 문자 정보는 물론 음성 및 영상 정보를 하나의 문서로 제공하는 것을 의미한다. 인터넷에서 제공되는 다른 서비스들이 문자 위주의 전달 방식인데 반해, 월드 와이드 웹은 다양한 형태의 멀티미디어 정보를 전달할 수 있다는 장점 때문에 그 이용이 급속하게 확산되고 있다. 월드 와이드 웹은 줄여서 웹 또는 WWW, W3 등으로 부르고 있다. 일반적으로 웹 형식으로 작성된 문서를 웹 페이지라고 하며, 웹 페이지가 있는 장소를 웹 사이트라고 한다.

8.7.1 하이퍼텍스트와 하이퍼링크

인터넷에서 검색한 정보를 볼 때 일련의 순서에 따라 앞에서부터 차례로 볼 수도 있다. 그러나 웹에서는 정보를 보는 도중에 특정 단어나 주제에 연관된 문서로 곧바로 이동해서, 그것에 관한 구체적인 정보를 볼 수 있는 형태로 정보가 제공된다. 물론 이전의 부분으로 다시 돌아가거나 연관된 정보로 다시 이동할 수도 있다. 이와 같은 연결 방식을 하이퍼링크(hyper link)라 하고, 하이퍼링크 방식으로 구성된 문서를 하이퍼텍스트(hyper text)라고 한다.

책을 읽는 도중에 생소한 단어가 나오면 사전을 뒤져 그 단어에 대한 설명을 본 후, 다시 되돌아와 책 읽기를 계속하는 것과 마찬가지의 개념이다. 사실 이러한 기능은 인터넷 외에서도 다양하게 이용되고 있다. 하나의 예로 최근의 프로그램에서 제공되는 도움말을 선택하면 구체적인 설명이 아닌 여러 개의 단어가 먼저 나타난다. 이 중에서 원하는 단어를 마우스로 선택하면 그에 해당하는 내용으로 이동하고, 그 부분에서 또 다른 단어를 선택하는 과정을 통해 조금 더 세밀한 내용들을 단계적으로 살펴 볼 수 있다. 그리고 진입한 곳에서 상위 부분으로 이동하여 다시 살펴볼 수도 있고, 또 다른 부분으로 이동해 갈수도 있다. 이상에서 설명한 하이퍼텍스트와 하이퍼링크의 개념을 그림 8.5에 나타냈다.

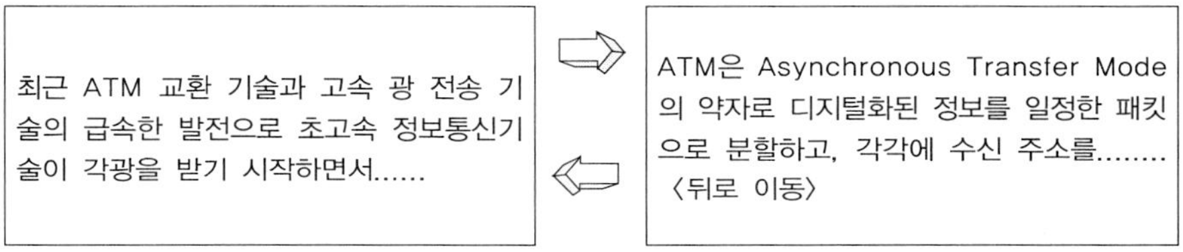

그림 8.5 하이퍼텍스트와 하이퍼링크의 개념

월드 와이드 웹의 가장 근본적인 개념은 하이퍼링크다. 인터넷에는 실로 엄청나게 많은 정보가 저장되어 있다. 만약 이러한 정보들을 필요하다고 해서 각각의 컴퓨터에 중복해서 저장해 놓는다면 이는 바로 자원의 낭비이다. 정보를 제공하는 측의 컴퓨터에만 정보를 저장해 놓고, 필요할 때마다 하이퍼링크 방식으로 접근하면 항상 최신의 정보를 모든 컴퓨터에서 참조할 수 있을 것이다. 이로부터 웹이라는 용어는 하이퍼링크 방식으로 전 세계의 컴퓨터를 거미줄처럼 연결한다는 의미에서 생겨난 것이라는 것을 쉽게 추측할 수 있다.

8.7.2 URL

URL(Uniform Resource Locator)은 동일한 방식으로(uniform) 인터넷상에 있는 모든 정보(resource)의 위치(locator)를 정보의 형태와는 무관하게 표현하는 것을 의미한다. 다시 말해서 URL은 인터넷상에 있는 정보의 위치를 표현하는 표준 주소라고 할 수 있다. 정보를 요청하는 방법과 그 위치를 지정하는데 사용되는 체계가 URL로 표준화됨에 따라 각종의 인터넷 서비스(HTTP, FTP, Telnet, Gopher, Mail, News 등)를 같은 형식으로 이용할 수 있게 되었다. 정보 접근 방법(프로토콜 이름),

호스트의 위치(도메인 네임), 정보의 위치(디렉터리와 파일) 등으로 구성되는 URL의 기본 형식은 다음과 같다. URL은 도메인 네임에 프로토콜과 디렉터리와 파일 이름이 첨부된 것으로 생각하면 된다.

프로토콜://도메인 네임/디렉터리/파일

웹에서는 HTTP(Hyper Text Transfer Protocol)라는 프로토콜을 이용하여 모든 정보를 하이퍼텍스트로 구성하고, 이것을 하이퍼링크로 연결하고 있다. 이것은 웹상의 정보 검색은 HTTP라는 프로토콜을 이용해야만 가능하다는 것으로 웹상의 정보를 검색할 경우에는 URL의 프로토콜란에 HTTP를 기입해야 한다는 것을 의미한다. 다음에 특정 웹 페이지의 URL을 나타냈다. URL의 끝에 「/」가 없는 것은 마지막 항목이 파일이고, URL이 「/」로 끝나면 마지막 항목은 디렉터리라는 것을 의미한다.

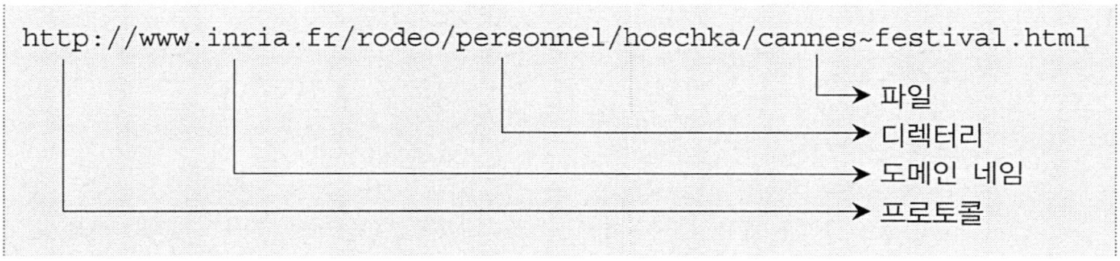

8.7.3 웹 브라우저

이제까지 인터넷이라는 바다를 항해하는데 필요한 기본적인 준비를 마쳤다. 배를 타고 바다를 항해하려면 망망대해에서 올바른 길을 찾아가는 훌륭한 항해사가 반드시 있어야 하는데, 인터넷에서 항해사의 역할을 하는 프로그램을 웹 브라우저(web browser)라고 한다.

웹 브라우저는 URL을 분석해서 알아낸 도메인 네임과 접근 방식(HTTP 프로토콜)을 이용해서 해당 호스트에 접근하여 정보 제공을 요청하고, 해당 호스트로부터 전송되는 정보를 보기 쉬운 형태로 바꾸어서 사용자에게 보여주는 프로그램이다. 그림 8.6에 나타낸 바와 같이 호스트로부터 받은 웹 문서는 단지 HTML 형식의 텍스트 문서에 불과하지만 웹 브라우저가 HTML 문법을 분석하여 그 내용에 따라 출력하기 때문에 화려한 화면을 볼 수 있는 것이다. 웹 브라우저에는 전자우편, 파일 전송 등의 다양한 기능도 포함되어 있으나 웹 브라우저의 주된 기능은 역시 웹 정보를 표현하는 것이다.

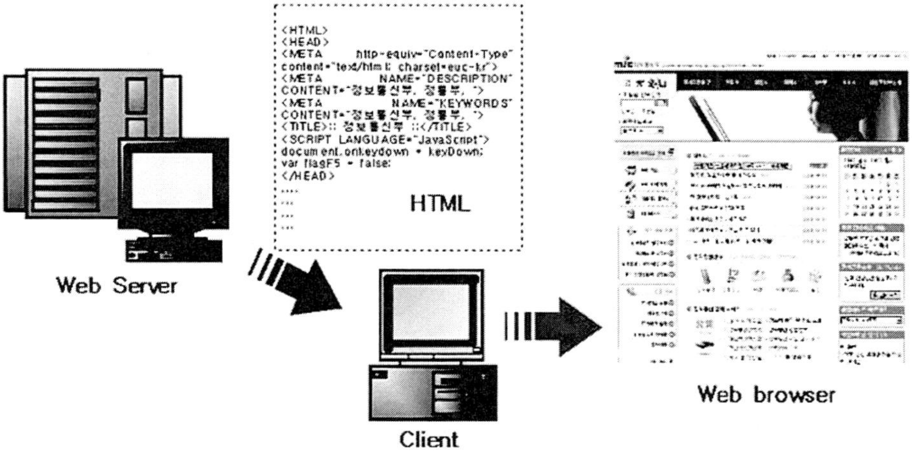

| 그림 8.6 | 웹 브라우저의 기능

웹 브라우저의 주된 기능은 인터넷에서 하이퍼텍스트를 검색하고 표현하는 일이지만, 웹 브라우저에는 인터넷에서 효율적으로 정보를 검색할 수 있는 부수적인 기능들도 추가되어 있다. 최근 방문한 URL의 목록을 기억하는 기능, 자주 방문하는 URL을 저장하고 관리하는 북마크 기능, 웹 문서를 저장하고 인쇄하는 기능, 웹 문서의 HTML 소스를 보는 기능 등이 대표적인 예이다.

현재까지 널리 사용되고 있는 웹 브라우저는 마이크로소프트사의 인터넷 익스플로러(explorer)이다. 인터넷 익스플로러는 1995년 4월 첫 선을 보인 이후로 상표권과 반독점법 소송 등 여러 분쟁을 겪으면서 현재는 윈도즈 운영체제의 기본 프로그램으로 발전하였다.

익스플로러의 성능이 아무리 우수하다 해도 웹 브라우저만으로 웹의 모든 기능을 수행하는 것은 불가능하므로 다양한 기능을 추가하기 위한 목적으로 웹 브라우저의 본체에 별도의 소프트웨어 모듈을 추가하여 사용하고 있다. 이처럼 웹 브라우저의 성능을 보완하기 위한 소프트웨어 모듈을 플러그-인(plug-in)이라고 한다.

플러그-인은 웹 브라우저가 실행할 수 없는 각종의 파일을 웹 브라우저로 실행할 수 있도록 하는 소프트웨어 모듈로, 웹 브라우저에 꽂아서 사용한다는 의미에서 붙여진 이름이다. 현재 인터넷상에서는 매크로미디어사의 Shockwave, 리얼 네트워크사의 Real Audio 등 다수의 플러그-인 모듈이 사용되고 있다.

8.8 인터넷 서비스

흔히 「인터넷을 사용하고 있다」라고 말하면 「웹 검색을 하고 있다」라는 것으로 받아들인다. 웹 서비스가 폭발적인 인기와 대중화로 가장 친밀한 인터넷 서비스로 자리매김하고 있기 때문이다. 그러나 인터넷은 TCP/IP라는 통신 규약을 기반으로 정보를 전송하는 일종의 컴퓨터 통신 시스템이기 때문에 웹 검색 이외에도 다양한 응용 서비스를 제공하고 있다. 전자우편(E-mail), 원격 호스트 접속(Telnet), 파일 전송(FTP), 뉴스 그룹(Usenet) 등이 그 대표적인 예이다.

8.8.1 클라이언트 / 서버 모델

모든 인터넷 서비스는 클라이언트 / 서버 모델 기반으로 운영되고 있다. 인터넷에서 서버는 정보를 제공하는데 사용되는 컴퓨터를, 그리고 클라이언트는 정보를 제공받는데 사용되는 컴퓨터를 의미한다. 일례로 웹 서버는 웹 문서를 제공하는 호스트를, 그리고 웹 클라이언트는 웹 문서의 검색을 목적으로 웹 브라우저를 사용하는 컴퓨터를 지칭하는 것이다. 그림 8.7에 클라이언트 / 서버 모델을 나타냈다.

인터넷 서비스는 서버가 제공하는 정보와 서비스의 종류에 따라 구분되므로 인터넷에서는 웹 문서 보관 및 전송을 위한 웹 서버, 파일 전송을 위한 FTP 서버 등 다양한 서버가 사용된다. 웹 문서를 검색하기 위해서는 인터넷 익스플로러와 같은 웹 브라

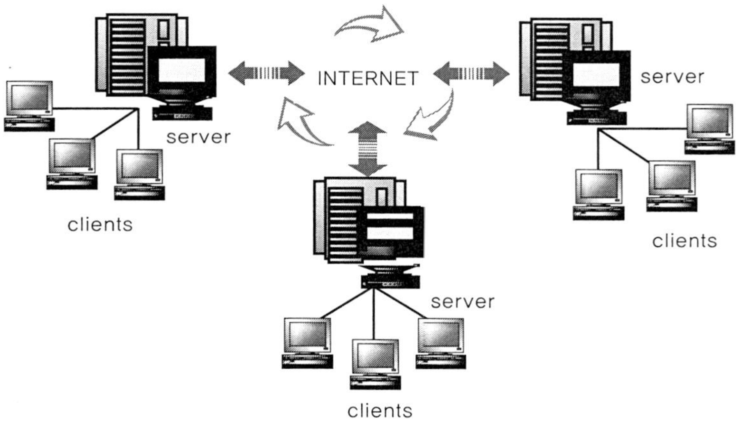

그림 8.7 클라이언트 / 서버 모델

| 표 8.4 | 인터넷 서비스의 종류

종 류	서 버	기 능
WWW	웹 서버	웹 문서 보관 및 전송
E-Mail	SMTP 서버	메일 클라이언트에서 메일 서버로의 정보 전송 및 메일 서버 간의 정보 전송
	POP 서버	메일 서버에서 메일 클라이언트로의 정보 전송
TELNET	Telnet 서버	원격지 호스트 접속
FTP	FTP 서버	파일 전송
News	뉴스 서버	전자게시판을 이용한 뉴스그룹 운영
DNS	도메인 네임 서버	도메인 네임의 유지·관리 및 IP 주소 변환
Gopher	Gopher 서버	웹 탄생 이전에 사용되었던 텍스트 메뉴 방식의 인터넷 정보 검색 서비스
Firewall	Proxy 서버	허가받지 않은 외부 사용자의 침입 및 정보 유출 통제와 네트워크 캐시
기 타	-	동영상, 오디오 등을 실시간으로 방송하기 위한 스트리밍 서버, 인터넷 채팅용 IRC 서버, 인터넷 온라인 게임 서버 등

우저를 설치해야 하는 것처럼 다양한 서버에 접속하여 서비스를 받기 위해서는 그에 해당하는 클라이언트 프로그램을 사용하여야 한다. 인터넷에서 다양하게 활용되고 있는 주요 서비스와 각 서비스에 따른 서버와 클라이언트의 종류를 표 8.4에 나타냈다.

8.8.2 전자우편

(1) 전자우편이란?

전자우편이란 인터넷 사용자끼리 네트워크를 통해 편지를 주고받는 것을 의미하는 것으로 인터넷의 가장 중요한 활용 도구로 각광받고 있다. 기존의 편지에 비해 빠르고 정확하며, 국내는 물론 국외 어느 곳에 있는 누구와도 편지를 주고받을 수 있다는 장점이 있다.

전자우편 초기에는 편지의 내용을 텍스트만으로 구성하는 것이 일반적이었으나, 최근에는 문자를 조합한 그림문자, 웹 문서 형식의 그림, 동영상, 음악 등이 포함된 멀티미디어 형식의 전자우편이 널리 사용되고 있다. 표 8.5에 전자우편에 널리 사용되는 그림문자 및 그 의미를 나타냈다.

| 표 8.5 | 그림문자 및 의미

그림문자	의 미	그림문자	의 미
^^	미 소	:-)	웃 음
^^;	겸연쩍음	:-D	크게 웃음
--+	노 려 봄	:-P	메 롱
--;	난 처 함	:-(	실 망

(2) 전자우편 주소

집으로 배달된 편지에 집주소만 있고 이름이 없다면 가족 중에 누가 그 편지를 뜯어 봐야 할지 매우 혼란스러울 것이다. 그래서 일반 편지에서도 주소와 더불어 수신자의 이름을 편지봉투에 쓰고 있는 것이다. 이와 마찬가지로 전자우편을 주고받는 경우에도 주소가 필요한데, 도메인 네임은 호스트의 위치를 나타내는 것이므로 이용자 계정이 추가되어야 한다. 전자우편 주소 체계를 다음에 나타냈다. 여기서 ID는 이용자 계정이고, at를 나타내는 기호인 @는 「~에」라는 의미로 사용된 것이다.

```
ID@daehan.cc.kr
```

(3) 전자우편 구조와 전송 방식

전자우편 구조는 크게 헤더(header)와 본문(content)으로 구분되는데, 헤더에는 보낸사람(From), 날짜(Date), 받는사람(To), 참조(Cc), 숨은참조(Bcc), 제목(Subject) 등과 같이 전자우편을 전송하는데 필수적인 정보가 포함되고, 사용자가 작성한 정보는 본문에 포함된다.

보내는 사람과 받는 사람은 전자우편 주소 형식으로 표기한다. 그리고 여러 사람에게 보낼 경우에는 받는 사람의 전자우편 주소를 세미콜론으로 구분하여 나열하면 된다. 참조와 숨은참조에 동일한 메일을 수신할 사람의 전자우편 주소를 기입하면 받는 사람과 똑같은 전자우편이 전송된다. 수신자에게 자신이 받은 전자우편이 참조자에게도 전송되었음을 통보하고자 할 경우에는 참조를, 이와는 달리 수신자가 다른 사람에게 전자우편이 전송되었음을 아는 것이 부담스러운 경우에는 숨은참조를 이용하면 된다. 전자우편 구조를 요약해서 표 8.6에 나타냈다.

| 표 8.6 | 전자우편 구조

Header	From	jkim@mic.or.kr
	Date	2004/01/01 12:00:00
	To	nmh@president.go.kr
	Subject	Happy New Year
	Cc	yhyun@mic.or.kr
	Bcc	secretary@president.go.kr
Content	Dear President. Happy New Year. I'd like to discuss about ....Sincerely yours.	

전자우편은 사용자 에이전트(UA : User Agent)와 SMTP(Simple Mail Transfer Protocol) 및 POP(Post Office Protocol) 프로토콜을 사용해서 전송된다. SMTP는 메일 클라이언트로부터 메일 서버로의 전자우편 전송 및 메일 서버 간의 전자우편 전송에 해당하는 프로토콜이며, POP은 메일 서버에서 메일 클라이언트로의 전자우편 전송에 해당하는 프로토콜이다. 일반적으로 SMTP는 TCP의 25번 포트를, 그리고 POP은 110번 포트를 사용하고 있다. 그림 8.8에 전자우편 프로토콜을 나타냈다.

사용자 에이전트란 전자우편을 작성하고 전송하는데 사용되는 클라이언트 프로그램을 의미하는 것으로 대표적인 전자우편 사용자 에이전트로는 MS-Outlook Express, Netscape Mail, Elm 등이 있다. 최근에는 웹 방식으로 전자우편을 이용하는 경우가 많은데, 이는 메일 서버와 사용자 간의 전송을 웹 문서로 대체하는 방식이다. 이용자 측면에서는 전자우편 서비스가 웹 서비스로 통합된 느낌을 받을 수도 있으나, 실제적으로는 메일 서버가 내부에서 관여하는 방식이다.

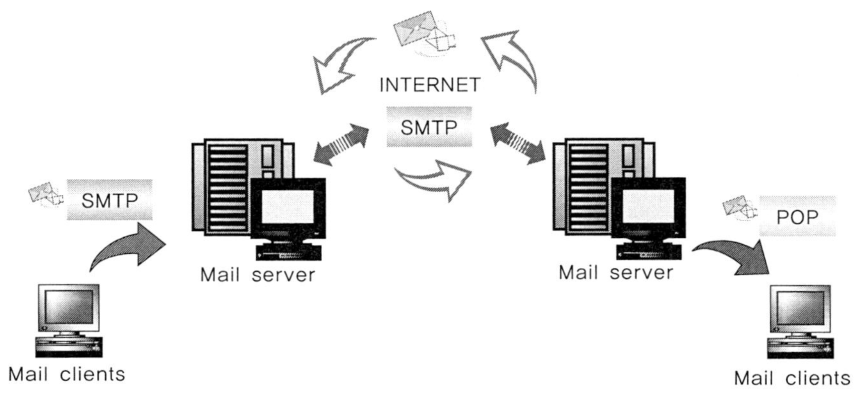

| 그림 8.8 | 전자우편 프로토콜

8.8.3 FTP을 이용한 파일 전송

일반적으로 인터넷에서 말하는 FTP(File Transfer Protocol)란 anonymous FTP를 말한다. 여기서 anonymous는 「누구나」 또는 「익명의」라는 뜻으로, anonymous FTP는 누구나 익명으로 이용할 수 있는 공개자료실을 의미하는 것이라고 할 수 있다.

인터넷상에는 계정이 없어도 누구든지 anonymous라는 공개 ID를 사용해서 정보를 주고받을 수 있는 anonymous FTP 서버가 수없이 많이 존재한다. 일종의 공개된 파일 전송 서버라고 할 수 있다. 이처럼 공개된 서버들이 있어 무궁무진한 정보의 공유가 가능한 것이다. 인터넷을 통해서 파일을 수신하였다고 하면 90% 이상이 anonymous FTP를 이용한 경우이다.

anonymous FTP 서버에 접속하기 위해서는 익스플로러의 주소란에 URL을 입력해야 한다. 웹의 URL에서는 프로토콜 부분에 「http://」를 썼으나, FTP를 이용한 파일 전송에서는 파일 전송 프로토콜인 「ftp://」를 써야 한다.

익스플로러에서는 기본적으로 파일 받기만을 지원한다. 파일을 보내는 것이 불가능할 뿐 아니라, anonymous FTP 전용 서버가 아닌 일반 호스트로 파일을 보내고, 그 호스트로부터 파일을 받는 것도 불가능하다. 현재는 anonymous FTP 서버로부터 파일을 받고 보내는 것은 물론 anonymous FTP 서버가 아닌 일반 호스트에서도 파일 전송이 가능한 프로그램인 WS_FTP, Cute-FTP, 알 FTP 등이 널리 사용되고 있다.

8.8.4 텔넷을 이용한 원격 호스트 접속

텔넷(telnet)은 인터넷을 통해서 원격지의 호스트에 접속하여 해당 호스트에서 제공하는 서비스를 이용할 때 지원되는 인터넷 표준 프로토콜이다. 텔넷은 「멀리 떨어져 있다.」라는 의미를 가진 그리스어 「tele」와 「network」의 합성어이다. 네트워크를 통해 멀리 떨어져 있는 컴퓨터에 접속한다는 의미에서 붙여진 이름이다. 텔넷도 다른 TCP/IP 프로토콜의 인터넷 응용 서비스들과 마찬가지로 고유의 포트 번호를 갖고 있는데. 텔넷의 포트 번호는 23번이다.

사용자가 멀리 떨어져 있는 호스트가 있는 곳으로 직접 가서 작업을 한다면 매번 번거롭겠지만 텔넷을 이용하면 그 곳에 직접 가지 않고도 해당 호스트에 접속하여 작업을 할 수 있기 때문에 호스트 관리에 널리 이용되는 서비스이다. 한편, 외국에 살고 있는 교포나 유학생들이 다양한 국내 정보를 접하기 위해 인터넷을 통해 하이텔이나 천리안, 나우누리, 유니텔 등의 호스트 컴퓨터에 접속하는 경우도 텔넷을 이용한 원격 접속의 대표적인 예이다.

텔넷은 TCP/IP의 응용 계층에 속하는 프로토콜로 윈도즈에 포함되어 있으므로 언제든지 실행할 수 있다. 다음과 같이 「시작」 버튼을 클릭하면 나타나는 시작메뉴에서 「실행」을 선택한 다음, 「열기」란에 「telnet 해당호스트」를 입력한 다음 「확인」 버튼을 클릭하면 된다.

위의 방법은 매우 불편한 방법이다. 원격 호스트에 접속하는 것만을 도와줄 뿐 사용자가 원격 호스트에 접속해서 수행할 다양한 작업은 지원하지 못하기 때문이다. 따라서 최근에는 대부분의 통신 에뮬레이터에 텔넷 기능이 포함되어 있다. 윈도즈에서 기본적으로 제공되고 있는 「하이퍼 터미널」, 상용으로 개발된 「새롬 데이터맨」 및 「Token2」 등을 사용하면 다양한 기능을 활용할 수 있다.

8.8.5 인스턴트 메신저

인터넷 사용자의 대부분이 인스턴트 메신저라고 불리우는 인터넷 전용 채팅 프로그램을 사용하고 있다. 메신저 서비스가 개시된 초기에는 인터넷 접속 여부 확인 및 간단한 텍스트 메시지의 전송만이 가능하였으나, 현재는 상대방의 인터넷 접속 여부 확인은 물론 다자간 채팅, 음성 채팅, 동영상 채팅, 파일 전송, 휴대전화로의 메시지 전송, 뉴스 및 증권정보 제공 등 다양한 서비스를 지원하고 있다. 현재 대부분의 인터넷 포털 사이트에서 메신저 서비스를 제공하고 있다. MSN 메신저, 버디버디, 다음 메신저 등 각 업체마다 다양하면서도 독자적인 서비스를 앞 다투어 내놓으면서 경쟁하고 있다.

8.8.6 웹 문서의 전송 과정

인터넷에서 웹 문서의 전달 과정은 HTTP를 이용하여 웹 클라이언트가 TCP의 80번 포트를 통해서 웹 서버와 데이터를 주고받는 과정이다. 그림 8.9에 웹 문서의 전송 과정을 나타냈다.

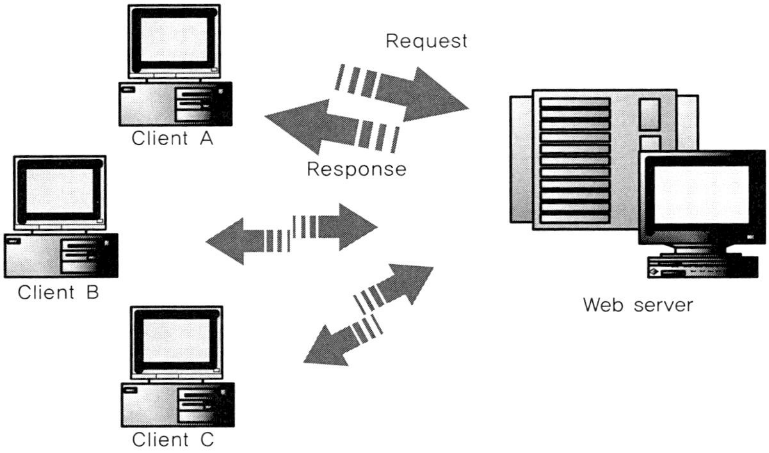

▎그림 8.9▎ HTTP를 이용한 웹 문서의 전송 과정

(1) 요청 메시지

요청 메시지(request message)는 요청 라인(request line), 헤더(header), 몸체(body)로 구성된다. 그림 8.10에 요청 메시지의 간단한 예를 나타냈다.

요청 라인에는 요청 종류(request type), URL, HTTP 버전 등이 실리는데, 요청 종류에는 GET, HEAD, POST 등이 있다. GET은 클라이언트가 URL로 지정한 서버의 문서를 원할 때, 그리고 HEAD는 클라이언트가 URL로 지정한 서버의 문서에 대한 정보를 원할 때 사용된다. GET의 경우에는 문서가 포함된 몸체가 같이 전송되지만 HEAD의 경우에는 문서에 대한 정보만을 원하는 경우이므로 몸체는 전송되지 않는다. POST는 클라이언트가 서버에게 로그인 등에 필요한 정보를 제공하는 경우에 사용된다. 로그인(login)과정에서 아이디 및 비밀번호를 입력하는 경우가 이의 대표적인 예이다.

GET/directory/webpage.html HTTP/1.1	요청 라인
Connection: close Accept : text/html, image/gif, image/jpeg If-modified-since : Mon, 1, Dec 2003 User-agent: Mozilla/4.0	헤 더
공백 라인	
요청에 필요한 문서 내용 기술	몸 체

▎그림 8.10▎ 요청 메시지의 구조

헤더에는 클라이언트와 서버와의 데이터 교환에 필요한 추가적인 정보를 싣게 되는데, TCP 연결 설정에 관한 내용, 요청한 날짜 및 시간, 클라이언트가 처리할 수 있는 미디어(media) 종류 등이 대표적인 예이다.

(2) 응답 메시지

그림 8.11에 나타낸 바와 같이 응답 메시지(response message)는 상태 라인(status line), 헤더, 몸체로 구성된다. 상태 라인은 HTTP 버전, 전송 상태에 관련된 상태 코드(status code) 및 상태 문구(status phrase)로 구성된다. 상태 코드 및 문구는 다양한 번호 및 문구로 지정되는데, 대표적인 예는 다음과 같다.

- 200 OK : 클라이언트의 요청을 성공적으로 수행
- 301 Moved Permanently : URL이 이동되었으므로 새로운 위치를 결정
- 400 Bad Request : 서버가 이해할 수 없는 요청 메시지
- 404 Not Found : 해당 웹 서버에서 요청한 URL을 찾을 수 없음
- 505 HTTP Version Not Supported : 현재의 버전에서는 지원하지 않음

헤더에는 서버 프로그램의 종류와 버전, 문서의 마지막 수정날짜 등이 포함되며, 몸체에는 웹 문서의 길이 및 유형과 함께 웹 문서의 실체가 실린다.

<table>
<tr><td>HTTP/1.0 200 OK</td><td>상태 라인</td></tr>
<tr><td>Connection: close
Date: Fri, 16 Jan 2004 14:27:20 GMT
Server: Apache/1.3.27 (Unix) (Red-Hat/Linux) PHP/4.3.1
X-Powered-By: PHP/4.3.1
Set-Cookie: expires=Thu, 16-Jan-2003 14:27:19 GMT; path=/
Content-Type: text/htm</td><td>헤 더</td></tr>
<tr><td colspan="2">공백 라인</td></tr>
<tr><td>〈html〉
〈head〉
〈title〉jkim's Hompage 〈/title〉〈/head〉
〈body〉
Welcome to my Homepage.
...
...
〈/body〉〈/html〉</td><td>몸 체</td></tr>
</table>

그림 8.11 응답 메시지의 구조

8.8.7 인터넷 방송국

(1) 인터넷 방송이란?

최근 들어 인터넷 사용자들 중에서 홈페이지 구축보다는 오히려 방송국 개설을 선호하는 사람들이 늘고 있다. 이처럼 개인 홈페이지를 벗어나 나만의 개인 방송국을 만들고자 하는 경향은 남들은 아직 잘 못하는 부분을 미리 경험해 보고자 하는 생각과 나도 DJ가 될 수 있다는 생각이 깊게 작용한 것으로 판단된다. 우리나라에는 방송국이 적고, 방송국의 PD나 DJ 되는 것도 하늘에서 별을 따는 것보다 더 어려운 현실에서 누구나 PD나 DJ가 될 수 있는 길이 있다면 솔깃하지 않을 수 없다. 특정인의 전유물로만 비쳐지는 이런 일들을 모두가 남부럽지 않게 할 수 있다니 살맛나는 세상이다.

국내에는 사이버 자키(CJ) 수 만여 명이 활동하는 것으로 알려져 있다. 인터넷 개인 방송국 운영자, 혼자서 사장도 하고, PD도 하고, DJ도 해야 하는 막중한 임무를 띤 사람이 바로 사이버 자키이다. 돈 들이지 않고 큰 어려움 없이 누구나 개설할 수 있는 인터넷 개인 방송국. 그 멋진 세계로 함께 들어가 보고, 또 직접 방송국을 개설해 보자. 개인 방송국은 크게 음악 방송과 TV와 같이 동영상 전송이 가능한 동영상 방송으로 구분된다.

(2) 인터넷에서의 데이터 전송 방식

인터넷에서의 데이터 전송 방식은 크게 유니캐스트(unicast), 브로드캐스트(broadcast), 멀티캐스트(multicast)로 구분된다. 유니캐스트는 「일-대-일」 전송 방식인데 반해, 브로드캐스트는 「일-대-모두」의 전송 방식이며, 멀티캐스트는 「일-대-다」 또는 「다-대-다」의 전송 방식이다.

1) 유니캐스트

유니캐스트는 동일한 데이터를 다수의 수신자 모두에게 각각 동시에 전송하는 방식이다. 따라서 이 방식에서는 데이터양의 증가로 인한 네트워크의 혼잡이 발생할 수 있다.

2) 브로드캐스트

브로드캐스트는 특정 송신자가 네트워크상의 모든 수신자 즉 불특정 다수에게 데이터를 전송하는 방식이다. 이 방식에서는 송신자가 데이터 1개를 전송하면 각각의 수신자는 복사본을 수신하므로 네트워크의 효율성을 높일 수 있어 혼잡 상황을 줄일 수 있다. 그러나 해당 데이터의 수신을 원하지 않는 호스트에게도 데이터가 전송된다는 문제가 있다. 브로드캐스트의 예로, 학교 교내방송의 경우를 생각해 보자. 특정 학생을 찾는 내용을 교내방송을 통해 공지하였을 경우, 공지사항에 해당되는 학생에게는 유용한 정보이지만 그렇지 않은 학생들에게는 불필요한 소리로 들릴 것이다.

3) 멀티캐스트

멀티캐스트는 송신자가 해당 데이터를 원하는 수신자 즉 멀티캐스트 그룹으로 불리우는 특정 다수에게만 데이터를 전송하는 방식이다. 이 방식은 「일-대-다」 또는 「다-대-다」 전송 방식으로 유니캐스트와 브로드캐스트의 단점을 보완한 것이다. 멀티캐스트 방식의 가장 큰 장점은 동일한 데이터의 중복 전송으로 인한 네트워크 대역폭의 낭비를 줄일 수 있음은 물론 수신을 원하는 호스트에게만 데이터를 전송한다는 것이다.

8.8.8 P2P

인터넷 비즈니스만큼 빠르게 시대 조류를 타는 것도 없을 것이다. 현재 인터넷 비즈니스의 최대 화두는 단연코 P2P이다. 냅스터와 소리바다로 대중들에게 소개된 P2P(Peer to Peer)는 인터넷 고유의 특징과 가장 잘 어울리는 서비스이다. P2P는 인터넷망을 이용해서 개인끼리 직접 1:1로 정보와 미디어를 주고받을 수 있는 방법이다. 즉 기존의 서버와 클라이언트 개념이나 공급자와 소비자 개념에서 벗어나 개인 컴퓨터끼리 직접 연결하고 검색함으로써 모든 참여자가 공급자인 동시에 수요자가 되는 형태이다. P2P가 막강하다는 것은 전 세계의 개개인이 서비스의 주체가 되기 때문이다. 개인 PC 하나가 제공하는 정보나 서비스는 빈약하지만 개개인이 모여 하나의 네트워크를 구축하면 엄청난 양의 정보와 서비스가 축적된다.

P2P의 가치는 이미 폭발적인 대중적 인기를 통해 증명되었다. 냅스터와 소리바다는 파일 공유를 위한 최적의 서비스로 사랑받고 있다. 그러나 문제는 P2P 서비스를 제공하는 업체와 디지털 콘텐츠의 저작권을 보유하고 있는 업체 간의 갈등이다. 기업은 수익을 내야만 하는데 P2P의 파일 공유 서비스는 사용자에게는 분명 무료의 서비스일 뿐이다. 더욱이 서버 중심의 서비스가 아니기 때문에 사용자들을 대상으로 특별한 비즈니스 모델을 개발하는 것도 어렵다. P2P가 발전하기 위해서는 사용자는 물론 공급자 입장에서도 가치 있는 비즈니스의 형태로서 발전해야 할 것으로 판단된다.

제 1세대 P2P가 「냅스터」, 「그누텔라(Gnutella)」, 「소리바다」, 「당나귀(eDonkey)」 등과 같이 단순히 파일 공유를 목적으로 하고 있는 반면에 제 2세대 P2P는 수익기반의 다양한 서비스 즉 개인경매, 콘텐츠 판매, 결재수단 등 전자상거래 기반의 서비스를 지원하고 있다. 한편, 제 3세대 P2P는 공간을 공유하는 새로운 형태의 서비스로서 모든 인터넷 서비스를 사용자가 서로 공유하여 공동의 공간에서 작업하고 의견을 나누며 정보를 공유할 수 있는 서비스이다. 기존의 서비스가 단편적인 서비스를 제공하는 것인데 반해, P2P는 종합적인 서비스를 제공하는 방식이다.

P2P 서비스가 각광을 받게 된 것은 MP3의 등장에서 비롯된다. 컴퓨터를 이용해서 손쉽게 음악을 들을 수 있는 MP3가 인터넷을 통해서 공개되면서 음반업체들은 MP3로 인한 음반판매의 손해를 막기 위한 방법으로 MP3에 대한 제한 조치를 주장함에 따라 인터넷을 통해서 비용을 지불하고 구입해야 하거나 저작권 문제로 아예 인터넷에 공개할 수 없게 된 경우도 있다. 그러나 공개된 서버에 공개되지만 못할 뿐 실제로는 각종의 파일들이 은밀하게 거래되고 있다.

종합정보통신 망

제 9 장

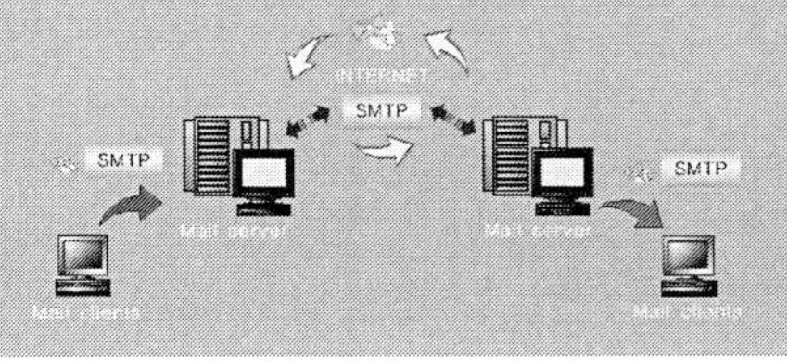

종합정보통신 망(ISDN : Integrated Service Digital Network)은 그 이름에서 의미하는 바와 같이 종합서비스와 디지털통신 망이라는 두 가지 개념을 기반으로 한다. 종합 서비스란 음성, 데이터, 영상 서비스를 종합적으로 제공한다는 개념이고, 디지털통신 망이란 통신 전 구간을 디지털화한다는 것이다. 이와 같은 개념에서 종합정보통신 망은 음성, 데이터, 영상 서비스를 종합적으로 제공하는 고속·고품질의 디지털통신 망으로 정의할 수 있다.

아날로그통신 망에서 음성, 데이터, 영상 정보를 하나의 통신 망으로 전송하면 정보 간의 주파수 및 파형 차이로 상호 간섭이 일어나 통신 품질이 저하된다. 그러나 디지털통신 망에서는 모두가 펄스의 형태로 변환되기 때문에 정보를 혼재시켜 보내도 품질이 저하되는 경우가 없으므로 음성, 데이터, 영상 관련 서비스를 하나의 통신 망으로 제공할 수 있다. 이와 같은 측면에서 서비스별로 구축된 기존의 통신 망을 하나로 통합하고자 하는 것이 ISDN의 궁극적인 목표이다. 그림 9.1에 나타낸 바와 같이 기존의 통신 망을 하나로 통합하면 서비스별로 각기 다른 통신 망에 가입할 필요 없이 하나의 통신 망에 가입하여 다양한 서비스를 함께 받을 수 있고, 이제까지 서비스별로 달리하던 번호를 하나의 번호로 통일하여 사용할 수 있다는 등의 장점이 있다.

ISDN 초기에는 주로 음성 및 정지영상(사진, 팩스 등)과 관련된 정보의 전송을 목표로 하는 협대역 ISDN(NISDN : Narrowband ISDN)이 제안되었으나, 최근에는 동영상을 수용 수 있는 광대역 ISDN(BISDN : Broadband ISDN)에 관심이 집중되고 있다.

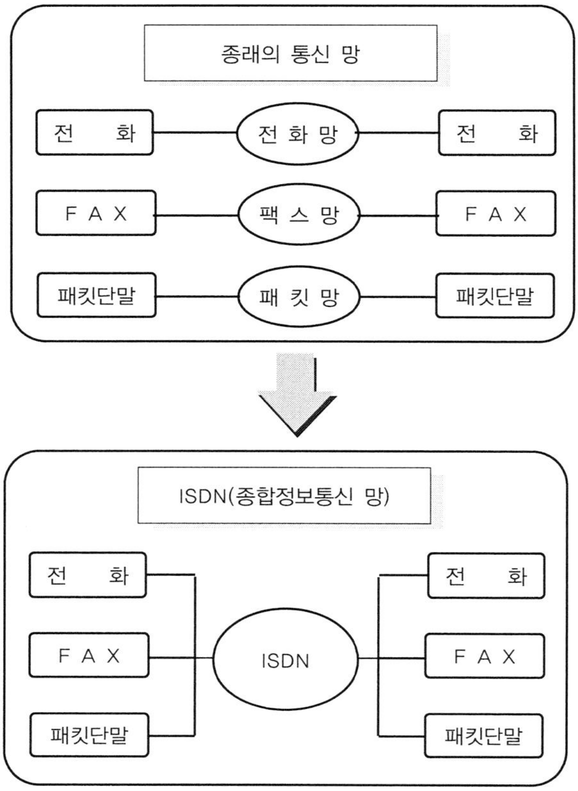

그림 9.1 종합정보통신 망으로의 전환

9.1 NISDN

9.1.1 전화 망의 디지털화

디지털통신 망을 구축하기 위해서는 전송로와 교환기 모두 디지털화되어야 한다. 그러나 전국의 모든 통신 망 설비를 디지털화하는 데에는 많은 기간이 소요되기 때문에 기존의 전화 망을 순차적으로 디지털화하면서 ISDN을 구축하는 것이 통례이다. ISDN은 새로운 통신 망을 만드는 것이 아니라 기존의 전화 망을 순차적으로 디지털화함으로써 구축하는 것이다.

그림 9.2에 나타낸 바와 같이 전화 망에서는 교환기와 교환기를 연결하는 전송로를 중계선이라 하고, 가입자회선과 연결되어 단말을 수용하는 교환기를 가입자선 교환기(LS)라 하며, 중계선으로 연결되어 있는 교환기를 중계 교환기(TS)라고 한다. 전송

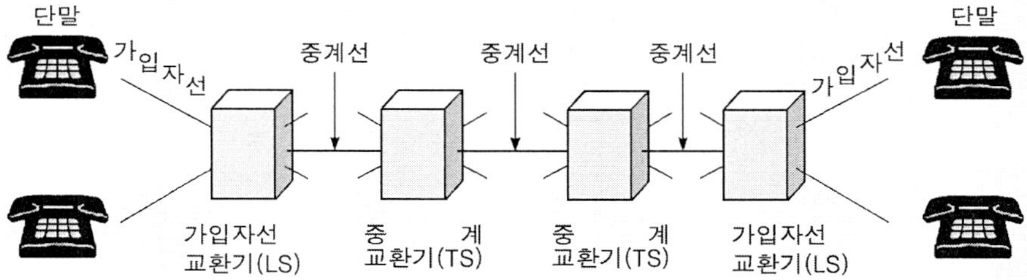

❙ 그림 9.2 ❙ 전화 망의 구성

로와 교환기, 그리고 가입자회선을 디지털화하면 디지털 전송로와 디지털 교환기, 디지털 가입자회선으로 구성되는 완전한 디지털통신 망이 구축된다. 디지털통신 망에서는 모든 단말이 디지털 회선으로 접속할 수 있게 되고, 모든 정보는 펄스의 형태로 전송된다. 음성과 같은 아날로그 정보도 디지털화되어 펄스로 전송된다. 전화 망을 디지털화하는 이상적인 방법은 모든 장치를 한꺼번에 디지털화하는 것이지만 경제적인 측면을 고려하여 단계적으로 수행하는 것이 대부분의 국가에서 채택하고 있는 추진 전략이다.

우리나라의 전화 망 디지털화는 1972년 시작된 전송로의 디지털화가 그 시초이다. 초기에는 전화국과 전화국을 연결하는 중계선 중 비교적 거리가 수십 km 이하의 짧은 구간에서 디지털기술이 도입되었고, 이후 그림 9.3(b)에 나타낸 바와 같이 장거리 구간에서 단거리 구간까지 전 중계선의 디지털화가 이루어졌다. 이러한 디지털화는 전화의 경제적인 전송을 목적으로 한 것으로 처음부터 ISDN을 의식한 것은 아니었다. 이에 비해 디지털 교환기의 개발은 크게 뒤져 그림 9.3(c)에 나타낸 바와 같이 1984년이 되어서야 디지털 중계 교환기가 도입되었고, 그 후 그림 9.3(d)에 나타낸 바와 같이 디지털 가입자회선 교환기가 도입되었다.

그림 9.3(e)에 나타낸 바와 같이 ISDN을 구현하기 위해서는 가입자선까지 디지털화하여 단말과 단말 사이의 모든 구간을 디지털화해야 한다. 그러나 전화 1대당 1회선에 해당하는 가입자회선의 디지털화는 막대한 비용을 필요로 하기 때문에 아날로그가 더 경제적이라는 이유로 아직은 구현되지 않고 있다. 현재는 그림 9.3(f)에 나타낸 바와 같이 가입자회선에 아날로그와 디지털회선이 공존하는 형태로 구축되고 있다.

가입자회선은 트위스티드페어 케이블이므로 높은 전송 속도의 통신에는 적합하지 않으나, 가입자회선의 길이는 대부분 수 km 이하이므로 중계기를 설치하지 않아도 150Kbps정도의 디지털 전송은 가능하다. ISDN에서의 기본 전송 속도는 64Kbps이므로 적어도 2회선으로 다중화하여 정보를 전송할 수 있다.

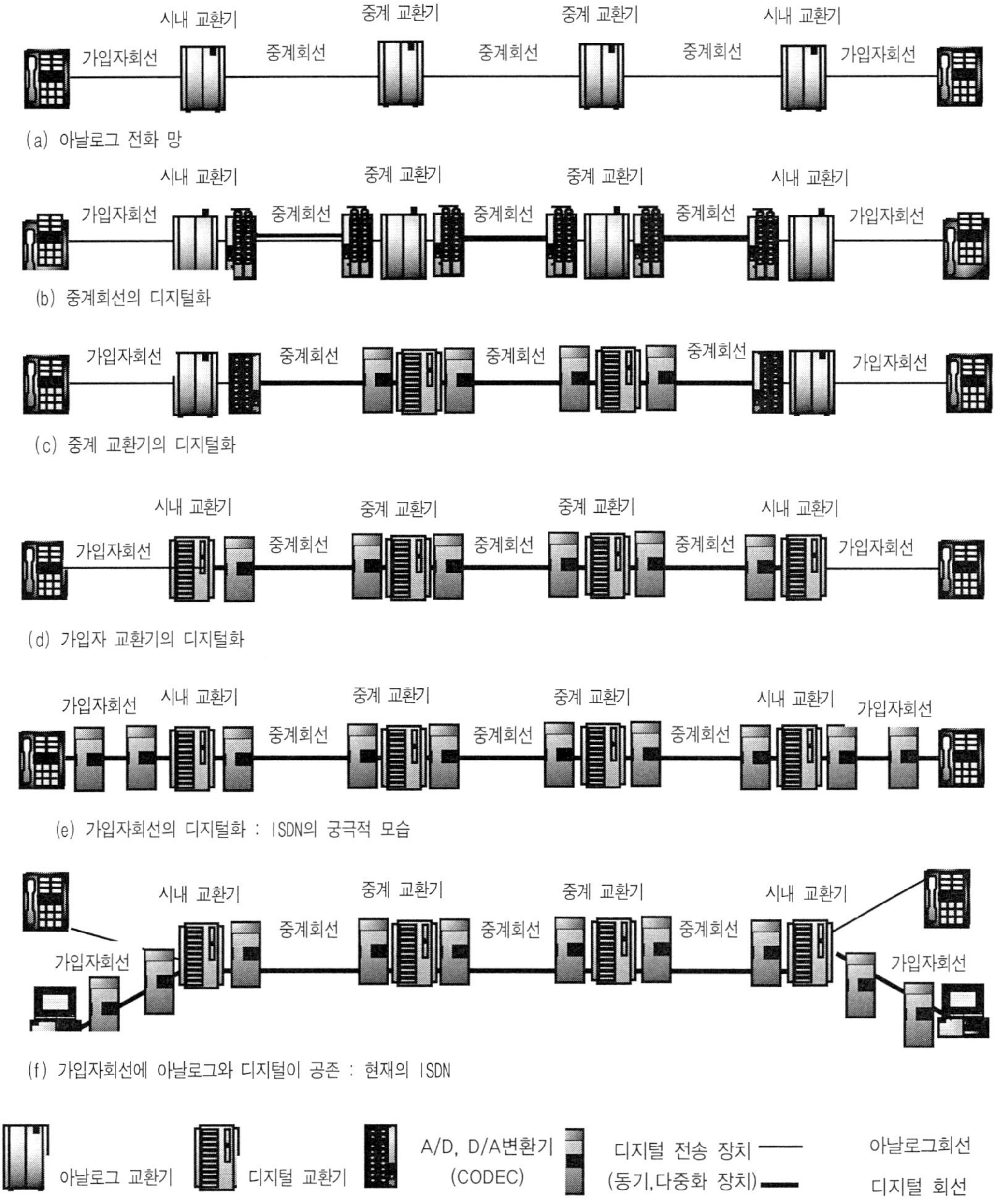

▌그림 9.3▐ 전화 망의 디지털화

지금까지 1회선의 가입자는 1개의 단말밖에 사용할 수 없었다. 전화 외에 PC를 이용한 통신을 할 경우에는 다른 가입자회선을 연결하는 새로운 전화번호를 가져야 했다. 하나의 가입자선으로 전화와 통신을 교대로 사용할 수는 있으나, 동시에 사용할 수는 없었다. ISDN은 디지털기술을 활용하여 하나의 가입자회선으로 여러 개의 단말을 동시에 이용할 수 있도록 한다는 특징이 있다. 사용자는 자신이 원하는 단말을 자유롭게 선택하고, 경우에 따라서는 이들을 조합시켜 효율적인 통신을 할 수 있다.

전송로와 중계 교환기 및 가입자선 교환기가 디지털화되고, 가입자회선을 디지털화하면 단말과 단말 간에는 64Kbps의 디지털회선이 설정된다. ISDN은 전화음성을 디지털화하는데 적합한 64Kbps를 기본 전송 속도로 하고 있다.

9.1.2 이용자-통신 망 인터페이스

가입자회선이 디지털화되어 단말로부터 64Kbps의 디지털 신호를 전송할 수 있으면 즉시 ISDN의 실현이 가능한가? 그렇게 간단하지가 않다. ISDN에서는 다양한 단말이 통신 망에 접속되므로 누구라도 자유롭게 접속할 수 있는 표준을 마련하여 이용자의 혼란을 방지하여야 한다. 이와 같은 목적으로 마련된 접속조건을 이용자—통신 망 인터페이스(UNI : User-Network Interface)라고 한다. I 인터페이스로 불리는 ISDN의 이용자—통신 망 인터페이스는 ITU가 제정한 I 계열의 권고안에 규정되어 있다. I 인터페이스는 기본 인터페이스와 1차군 인터페이스 두 종류로 구성되어 있다.

(1) 기본 인터페이스

기본 인터페이스는 B(Bearer)채널 2개와 D(Data)채널 1개로 구성되는데, 보통 2B+D로 표현한다. 여기서 B는 64Kbps의 채널을 나타내는 기호이고, D는 16Kbps의 제어 채널을 나타내는 기호이다. 결국 2B + D는 B채널이 2개, 그리고 D채널이 1개인 것을 의미하는 것이다. 그 결과 기본 인터페이스의 전송 속도는 64 + 64 + 16 = 144Kbps가 되며, 기존의 전화용 가입자회선을 그대로 사용할 수 있는 최대의 인터페이스이다. 이용자는 두 개의 B채널을 이용하여 2대의 전화를 동시에 사용할 수 있고, 컴퓨터와 전화를 동시에 사용할 수도 있다.

D채널은 다이얼 신호와 벨을 울리는 호출 신호, 통화 중에 착신이 있음을 알려주는 통화 중 대기 신호 등 각종 제어 신호를 보내기 위한 전용 채널로 2개의 B채널에 공통으로 사용된다. 기존의 전화에서는 정보용 채널을 사용해서 제어 신호를 보내도록 되어 있어 통신 중에 제어 신호를 전송하면 통신에 방해를 줄 수 있기 때문에 복잡한 제어 신호를 전송할 수 없다는 제약이 있으나, ISDN에서는 정보 채널과는 별도의 D채널을 사용하기 때문에 이와 같은 제약이 없어 다양한 기능을 수행할 수 있다. 예

를 들어, 디지털 전화기는 교환기가 D채널로 전송하는 상대방 번호를 액정에 쉽게 디스플레이할 수도 있다.

제어 신호는 정보처럼 연속적으로 한꺼번에 전송되는 것이 아니고 산발적으로 전송하는 것이기 때문에 D채널이 제어 신호를 주고받지 않는 비어 있는 시간을 이용하여 데이터를 전송할 수도 있다. 이를 D채널 패킷이라고 하는데, 그림 9.4에 나타낸 바와 같이 2개의 B채널과 함께 이용자는 3회선을 사용할 수 있다.

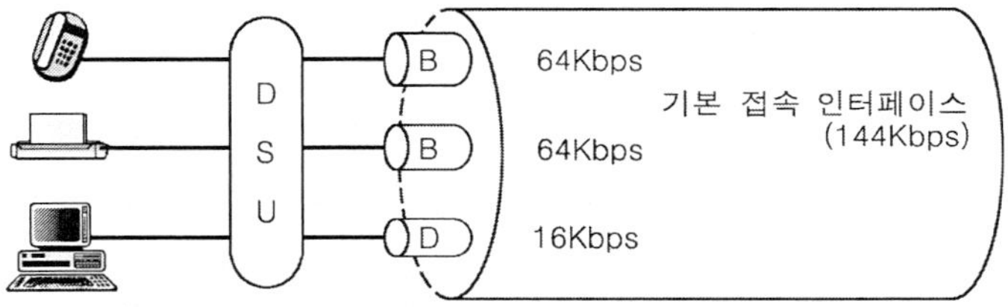

그림 9.4 ISDN의 기본 인터페이스 구조

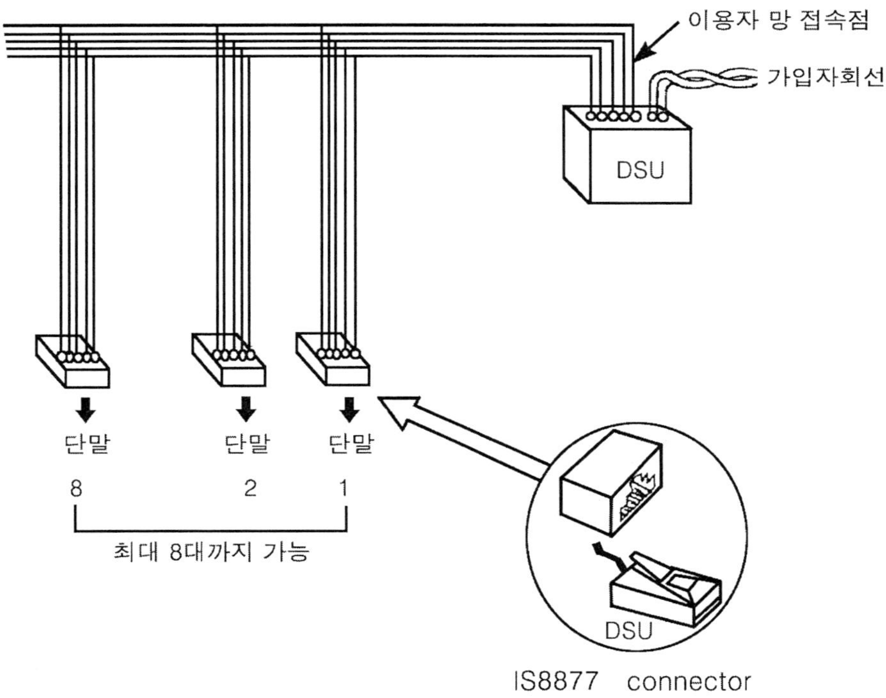

그림 9.5 ISDN의 단말 접속 구조

ISDN의 기본 접속은 2개의 B채널과 1개의 D채널이 시분할 다중화되어 있어 총 3채널을 사용할 수 있다. 이때 각 단말별로 단자함까지 개별적으로 다르게 배선하는 방법도 있지만 이것보다는 하나의 공통된 가정 배선 케이블을 구축하고, 중간에서 분기된 콘센트를 통해 단말기를 연결해 자유롭게 사용하는 방식이 사용된다. 이를 버스 배선이라고 하는데, 가전기기를 연결하는 가정의 전기 배선과 같은 형태이다.

그림 9.5에 나타낸 바와 같이 가정 배선 케이블은 송신 및 수신용을 별개로 하는 4선식의 평형 케이블이며, 소켓은 국제 표준(IS8877)으로 정해져 있어 모든 단말이 같은 소켓을 사용하도록 표준화 되어 있으므로 어디에서나 손쉽게 ISDN에 접속할 수 있다. 버스 배선에서는 1개의 ISDN 기본 인터페이스에 최대 8대의 단말을 접속할 수 있는데, 동시에 사용할 수 있는 것은 패킷 단말을 포함해서 최대 3대이다.

(2) ISDN 1차군 인터페이스

ISDN 1차군 인터페이스에서 가입자 회선은 동축 케이블 또는 광 케이블이어야 한다. 트위스티드페어 케이블은 사용할 수 없다. 그림 9.6에 나타낸 바와 같이 각국의 디지털 계층에서 1차군에 해당하는 전송 속도는 일본과 북미가 23B + D64 형태의 1.5Mbps이고, 유럽이 30B + D64 형태의 2Mbps이다. 우리나라의 ISDN 에서는 23B + D64 = 1.5Mbps와 30B + D64 = 2Mbps 2개를 모두 사용할 수 있다. 이밖에 각각을 64Kbps로 하는 다양한 형태의 조합을 사용할 수도 있다.

1) 23B + D64에서는 23개의 64Kbps B채널과 1개의 D채널로 구성되는데, 제어 신호용 채널인 D채널이 64Kbps이므로 전체적으로는 1,536Kbps의 1차군 인터페이스를 구성한다. 이 방식은 디지털 PBX를 전화국의 교환기와 연결하는 가입자회선 등에 사용된다.
2) H0(Hybrid)는 384Kbps의 채널을 의미하는 기호이다. H0를 4채널로 하거나 또는 D채널과 조합하여 영상회의 및 컴퓨터 파일 전송 등에 사용한다.
3) H11은 1,536Kbps의 채널을 의미하는 기호이다. D채널이 없기 때문에 D채널을 별개의 회선으로 구축하여야 한다. 이 방식은 초고속 정보 전송 및 고속 LAN에 사용된다.

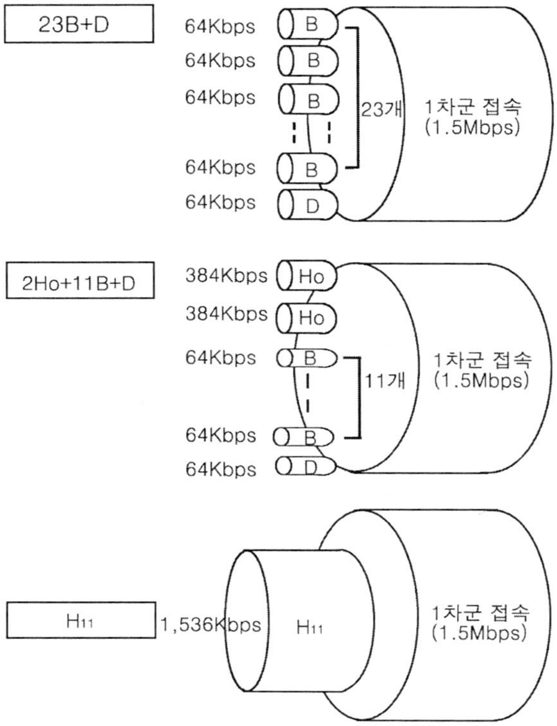

그림 9.6 ISDN 1차군 인터페이스

9.2 BISDN

ISDN이 어느 정도의 정보를 전송할 수 있는가는 전송 속도로 결정된다. NISDN의 기본 전송 속도는 64Kbps이다. 64Kbps는 전화음성을 디지털 신호로 전송하는데 적합한 전송 속도이다. 전송 속도 64Kbps는 데이터통신에도 큰 의미를 갖는다. 전화망을 통해서 데이터를 전송하는 경우, 전송 속도는 4.8Kbps~28.8Kbps가 한계이다. 그러나 NISDN을 사용하면 전송 속도를 5~10배 정도 향상시킬 수 있다. NISDN에서의 최대 전송 속도는 1.5Mbps~2Mbps로, 이를 이용하면 고속의 데이터통신이 가능하고 정지 영상도 전송할 수 있다. 그러나 이러한 전송 속도로 동영상을 전송하는 것은 불가능하다. 더욱이 앞으로는 HDTV처럼 주파수 대역이 큰 고밀도의 영상통신도 고려하여야 한다. 그림 9.7에 NISDN과 BISDN의 차이점을 나타냈다.

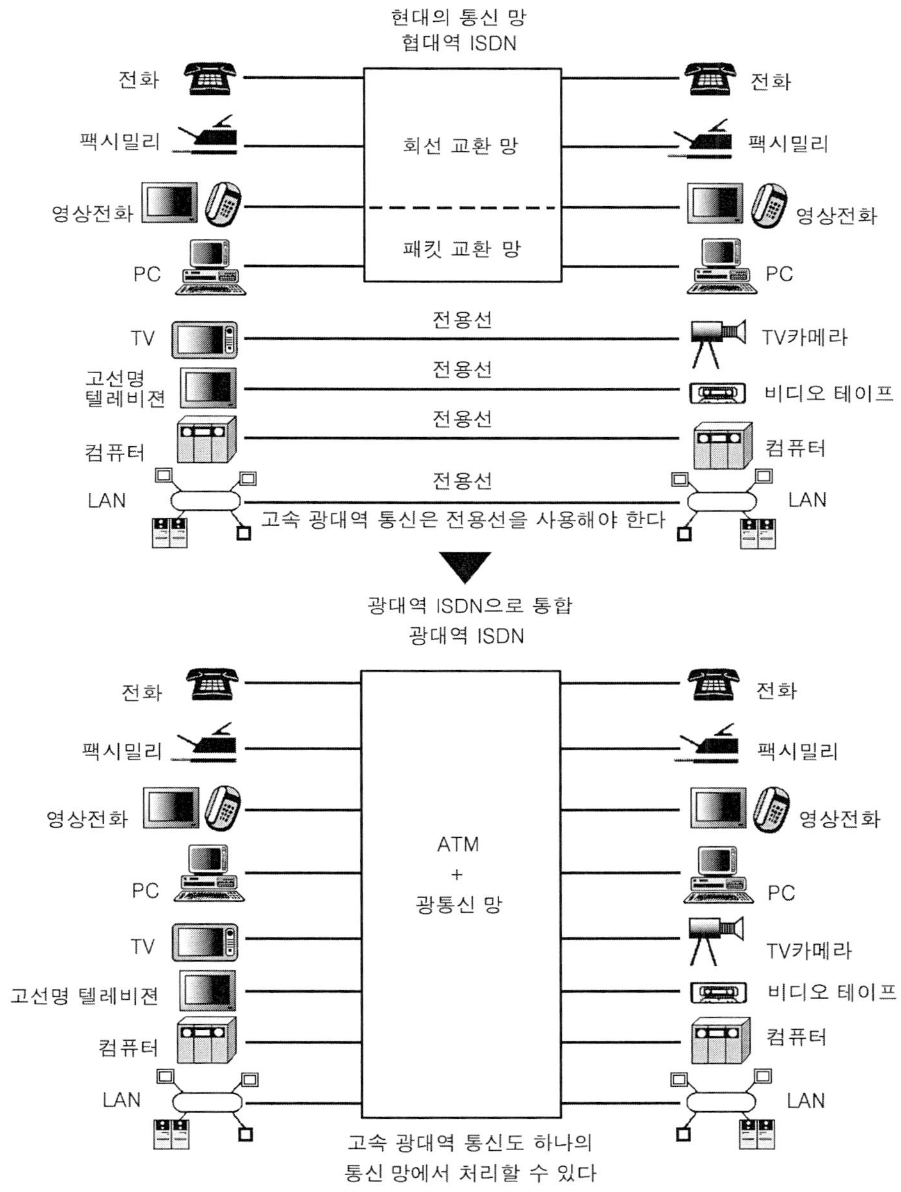

| 그림 9.7 | NISDN과 BISDN

이러한 측면에서 차세대의 통신 망으로 제안된 것이 BISDN이다. BISDN에서는 NISDN의 서비스를 수용함은 물론 초고속 정보 전송이나 동영상 전송이 큰 비중을 차지한다. BISDN의 기본 전송 속도는 155.52Mbps로, 이는 고품질의 영상 정보를 디지털로 전송할 수 있도록 선택된 값이다. 이러한 고속회선을 구현하기 위해서는 가입자회선을 비롯한 모든 전송로를 기존의 동선 대신에 광 케이블로 대체하여야 한다. 사실은 광 케이블을 사용할 수 있었기 때문에 BISDN이 가능하게 되었다라고 말하는 것이 더 타당하다.

BISDN에서는 기존의 회선 교환기 및 패킷 교환기와는 다른 새로운 비동기 전송 모드(ATM : Asynchronous Transfer Mode) 교환기를 사용한다. NISDN에서는 회선 교환과 패킷 교환에 별개의 교환기를 사용하고 있으나, BISDN에서는 이를 ATM 교환기로 통합하였다.

9.3 비동기 전송 모드(ATM)

BISDN에서는 서로 다른 종류의 다양한 정보를 동일한 교환기와 다중화 장치를 사용하여 전송하는데 적합한 ATM, 즉 비동기 전송 모드라는 새로운 방식을 사용한다. 여기서 전송 모드란 신호를 다중화·교환·전송하는 형태를 의미한다. 이에 비해 NISDN에서는 동기 전송 모드(STM : Synchronous Transfer Mode)를 사용한다.

ATM은 패킷 원리를 발전시킨 것으로 디지털 정보는 모두 셀이라고 하는 일정한 길이의 블록으로 분할하여 셀 단위로 전송한다. 셀의 구조는 그 길이가 53바이트이다. 보통 128~4,096바이트인 패킷에 비하면 매우 작은 것이다. 셀에서 48바이트는 정보용이고 5바이트는 헤더용이다. 헤더에는 채널의 번호를 식별할 수 있는 정보가 포함된다.

STM에서는 채널의 전송 속도가 그림 9.8에 나타낸 바와 같이 항상 같아야 한다. 특정 채널에 연속적으로 시간슬롯을 여러 개 배정할 수도 있지만 이러한 경우에도 채널의 전송 속도 차이는 2배, 3배, 4배…, 즉 정수배의 형태로만 고려할 수 있다. 또한 특정 채널이 전송할 정보가 없는 경우에는 그 채널에 배정된 시간 동안은 정보가 전송되지 않으므로 비효율적이다. 이와는 달리 ATM에서는 각 채널의 전송 속도가 반드시 같거나 정수배일 필요는 없다. 셀의 수를 전송 속도에 비례하여 전송하면 되기 때문에 전송효율과 유연성이 높고, 셀이 발생할 때마다 자유롭게 전송할 수 있으므로 통신 망의 전송 속도와 동기시킬 필요도 없다. 이로부터 비동기 전송 모드란 용어의 의미를 알 수 있다.

간헐적으로 발생하는 셀도 필요할 때에만 전송하면 되므로 전송 매체를 효율적으로 사용할 수 있다는 특징이 있다. BISDN은 여러 가지 특성을 가진 다양한 정보를 효율적으로 전송하기 위한 것이므로 전송 속도를 자유롭게 설정할 수 있는 ATM이 가장 적합하다.

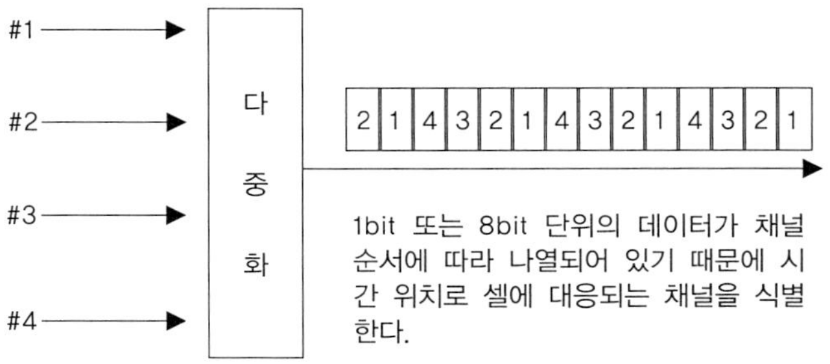

(a) STM 다중화

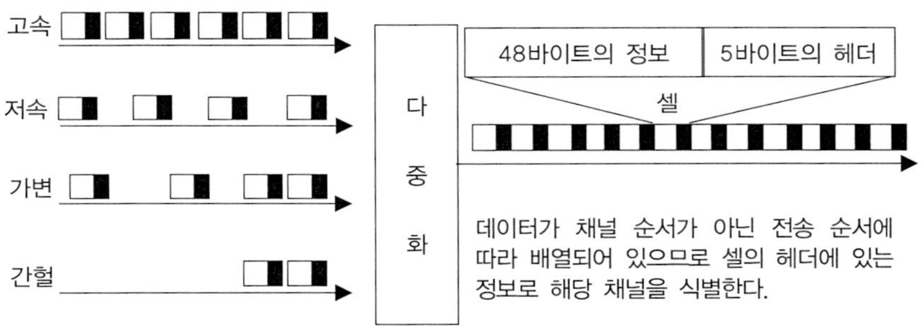

(b) ATM 다중화

| 그림 9.8 | STM과 ATM의 기본 원리

정보보안

제 10 장

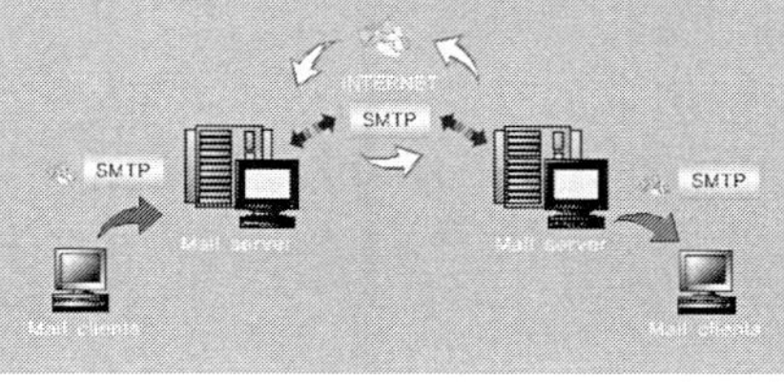

10.1 해킹의 고민 인터넷 보안

컴퓨터와 통신기술의 융합으로 인터넷이 탄생함에 따라 정부기관에서부터 금융권, 기업체, 개인에 이르기까지 다양한 분야에서 각종의 정보를 서로 공유할 수 있게 되었다. 이러한 긍정적인 변화와 더불어 인터넷을 통해 정보가 위변조되고, 허락 없이 유출되는 등 인터넷의 개방성을 이용한 각종 불법행위가 빈번하게 발생함으로써 정보 공유 때문에 발생되는 역기능의 폐해도 심각한 상황이다. 네트워크의 중심으로 자리 잡고 있는 인터넷에서 새롭게 등장한 골칫거리라고 할 수 있다.

네트워크에서의 보안위협 요소로는 1) 메시지 전송시 제 3자가 데이터의 전송을 차단하는 전송 차단, 2) 메시지 전송시 제 3자가 불법으로 도청하여 정보를 유출하는 가로채기, 3) 전송 중인 데이터를 제 3자가 가로채서 데이터를 변경하여 수신 측에 전송하는 변조, 4) 송신 측 몰래 제 3자가 수신 측에게 메시지를 위조하여 발송하는 위조 등이다. 그림 10.1에 보안 위협 요소를 나타냈다.

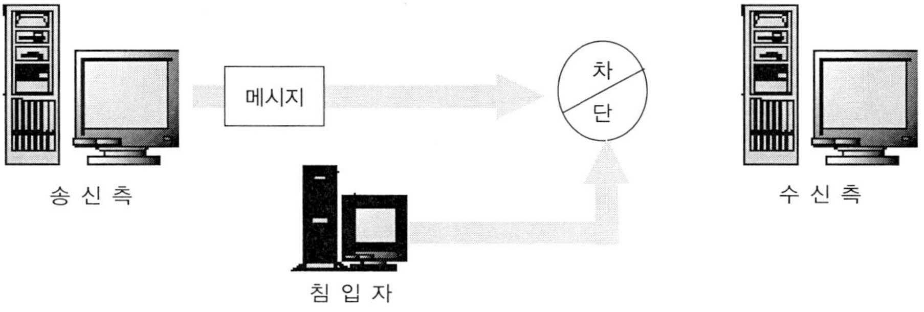

(a) 전송 차단

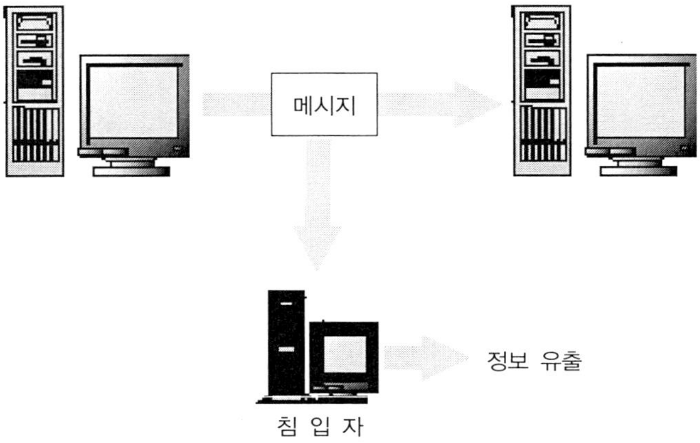

(b) 가로채기

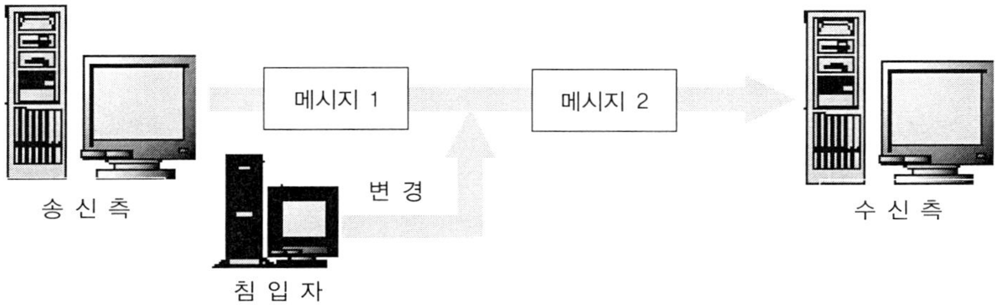

(c) 변 조

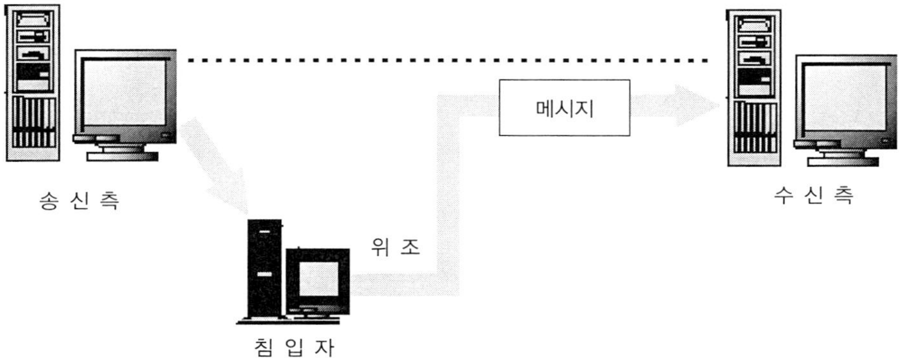

(d) 위 조

▌그림 10.1▐ 보안 위협 요소

이와 같은 위험을 사전에 방지하고 인터넷상에서 안전한 정보 교류가 가능하도록 하기 위한 목적으로 대부분의 공공기관이나 기업들은 네트워크 보안 대책으로 방화벽(Firewall), 침입 탐지 시스템(IDS : Intrusion Detection System), 가상 사설 망(VPN : Virtual Private Network) 등과 같은 보안제품들을 설치하여 운영하고 있다. 그러나 이러한 몇몇 제품들의 설치만으로 안전성이 확보되는 것은 아니다. 취약한 여러 요인들을 제거하기 위해서는 다양한 솔루션들을 보안 정책에 따라 통합적이고 균형있게 설치하여 운영하는 이른바 보안 솔루션의 다각화가 필요한 실정이다.

인너텟상에서 주고받는 메시지와 인터넷을 사용하는 개체에 관련된 보안 서비스의 종류를 그림 10.2에 나타냈다.

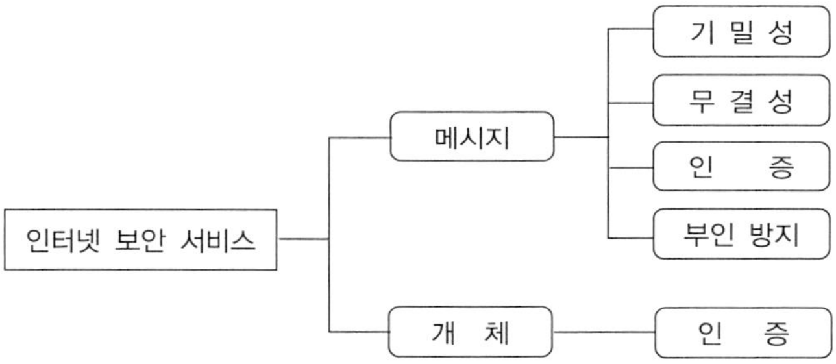

| 그림 10.2 | 메시지 및 개체 보안 서비스

메시지 기밀성(Confidentiality)은 전송된 메시지가 의도한 수신자만이 인지할 수 있고 타인은 인지가 불가능하게 하는 보안 서비스로 기밀성 유지에 사용되는 기술은 암호기술이다.

메시지 무결성(Integrity)은 전송된 메시지가 위 · 변조없이 수신자에게 전달되게 하는 보안 서비스로 금융거래 등에서 매우 중요하다. 일 예로 100달러 이체요청이 갑짜기 10,000달러 또는 100,000달러 이체요청으로 바뀐다면 고객은 큰 낭패를 볼 수도 있기 때문이다. 무결성 유지에 사용되는 기술은 전자서명 기술이다.

메지시 인증(Authentication)은 수신자가 송신자의 신원을 확인하고 침입자의 메시지 전송은 없었다는 것을 확인하는 보안 서비스로 인증에 사용되는 기술은 전자서명 기술이다.

메시지 부인 방지(Non-repudiation)는 송신자가 메시지를 전송하고도 이를 부인하는 것을 방지하는 보안 서비스로 이를 확인하는 것은 수신자의 몫이다. 송금요청을 은행에 하고도 송금요청을 하지 않았다고 부인할 경우, 은행은 이를 증명하여야 한다. 부인 방지에 사용되는 기술은 전자서명 기술이다.

개체 인증(Entity Authentication)은 사용자 식별에서 개체 또는 사용자를 시스템 자원(파일 등)에 접근하기 전에 인증하는 보안 서비스로, 학교 자원에 접근을 원하는 학생을 로그인 과정을 통해 인증함으로써 학교와 학생의 권리를 보호하는 절차가 그 예이다.

10.2 기밀성과 암호기술

10.2.1 비밀번호와 암호기술

우리는 현대생활을 살면서 다양한 분야에서 신용카드를 사용하고 있다. 신용카드를 사용하지 않는 사람은 극소수에 불과할 것이다. 그런데 신용카드를 사용하면서 가장 주의해야 할 것은 비밀번호이다. 비밀번호를 하나로 통일하여 머릿속에 기억하는 사람도 있지만, 비밀번호를 다르게 설정하고 이를 컴퓨터에 기록해두거나 별개로 메모해두는 사람도 있을 것이다.

그런데 이 비밀번호가 남에게 알려지면 난감한 일이 발생할 수도 있을 것이다. 그렇다면 비밀번호를 어떻게 안전하게 관리할까? 한번 생각해보기로 하자. 암호화해서 관리하는 것이 좋을 듯하다. 암호화하기 위해서는 키가 필요한데, 키 번호를 3421이라고 하자.

내가 가지고 있는 카드의 비밀번호가 2912, 6345, 4892, 9210일 경우 어떻게 암호화할까? 각각의 비밀번호에 키 번호를 자리 올림 없이 즉 각자리의 합이 10이 넘지 않게 하는 방법으로 다음과 같이 더해보자.

	2912	6345	4892	9210
+	3421	3421	3421	3421
	5333	9766	7213	2631

위의 연산을 통해 산출된 5333, 9766, 7213, 2631은 암호화된 것이기 때문에 아무데나 적어두어도 좋다. 그렇다면 비밀번호는 어떻게 생성할까? 암호화된 번호에서 키 번호를 자리 빌림 없이 빼면 된다.

5333	9766	7213	2631
+ 3421	3421	3421	3421
2912	6345	4892	9210

이처럼 4개의 비밀번호를 기억하는 대신에 키 번호 하나면 기억하면 원래의 비밀번호를 쉽게 만들어 낼 수 있다. 그런데 하나의 문제가 있다. 키 번호를 잃어버리면 또 난감해진다. 그렇다면 키 번호를 쉽게 암기하는 하는 방법은 없을 까? 자신이 좋아하는 단어를 기억하는 것도 하나의 방법이다. 일례로 DATA를 기억하는 것은 그리 어렵지 않다. DATA를 키 번호로 전환하는 방법은 간단하다. A를 1로, B를 2로 설정하면 DATA는 41201이다. 여기서 앞의 네자리를 떼어내면 4120이다. 이와 같은 방법으로 키 번호를 설정하면 기억하기에 매우 편리할 것이다.

은행은 고객에게 비밀번호 즉 평문 PIN(Personal Identification Number)을 지정한 즉시 컴퓨터에서 삭제한다. 대신에 암호 PIN만을 저장해 둔다. 키 번호를 알면 은행에서 고객의 비밀번호를 만들어 낼 수 있기 때문이다. 암호 PIN은 은행원들도 알 수 없는 최고의 기밀로 취급되고 있다.

10.2.2 암호 방식

암호기술은 합법적 참여자들 간에 메시지의 암호화 및 복호화에 대한 규칙을 정하고, 이 규칙에 따라 메시지를 암호화해서 전송하면 메시지에 접근 권한이 있는 사람이 필요에 따라 이를 복호화하는 기술을 의미한다.

인터넷으로 대표되는 개방형 네트워크 시대에서 암호의 중요성을 인식한 사람들은 미국정부와 IBM사였다. 미국정부의 표준암호 공모에 IBM사가 응모한 것을 계기로 1977년에 미국 표준 암호가 작성되었다. 이것이 현재까지도 미국을 비롯한 전 세계에서 광범위하게 사용되고 있는 DES(Data Encryption Standard) 암호이다.

DES가 표준암호로서 제정되던 시기에 스탠포드 대학의 W. Diffie와 M. E. Hellman이 획기적인 새로운 암호 방식을 제안하였다. 그들이 고안한 새로운 암호 방식은 비대칭 키 암호(일명 공개 키 암호) 방식으로 종래의 대칭 키 암호(일명 비공개 키 암호) 방식과는 전혀 다른 것이었다. 이러한 새로운 암호 방식이 개발됨에 따라 종래의 암호기술에서 커다란 문제가 되었던 키 분배 문제가 해결됨과 동시에 전자서명이 가능하게 되었다.

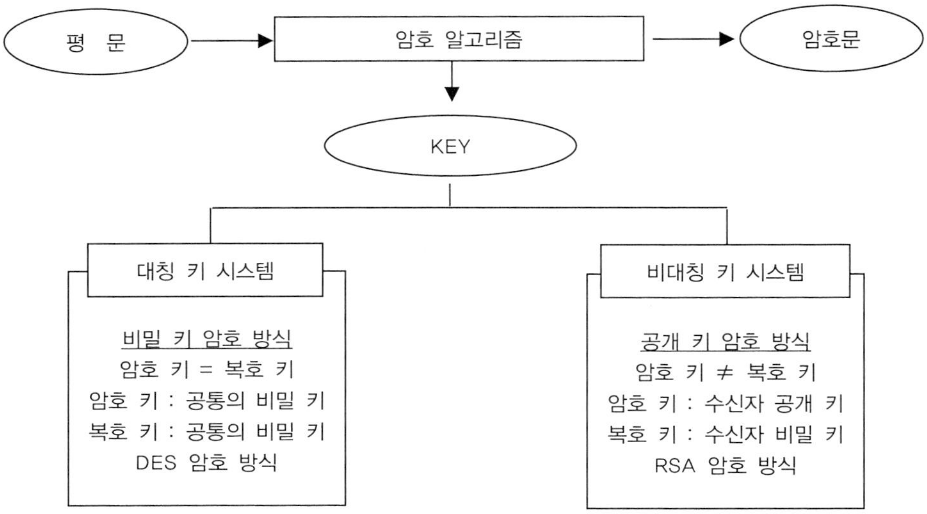

그림 10.3 암호 방식의 분류 체계

그림 10.3에 나타낸 바와 같이 암호 방식은 암호 키와 복호 키의 동일 여부에 따라 대칭 키 암호와 비대칭 키 암호로 구분된다.

그림 10.4에 나타낸 바와 같이 대칭 키 암호는 암호 키와 복호 키가 동일하기 때문에 붙여진 명칭이다. 대칭 키 암호는 암호 방법 그 자체를 숨김으로써 암호의 비밀성을 유지하는 방식이다. 그러나 암호 방법이 밝혀지면 생명은 끝나고 만다. 「열려라 참깨!」 하면 동굴문이 열리는데, 도적의 두목이 외치거나 꼬마가 외치거나 아무나 「열려라 참깨!」라고 외치면 동굴문이 열리는 것과 같은 이치이다.

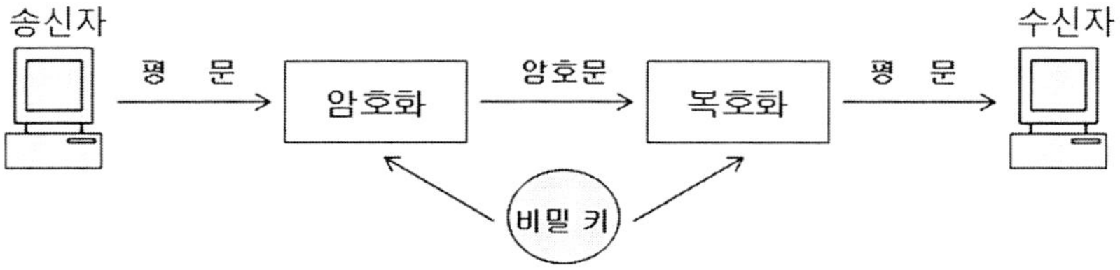

그림 10.4 비밀 키(대칭 키) 암호 방식

대칭 키 암호의 단점은 비대칭 키 암호 즉 공개 키 암호가 탄생되는 계기가 되었다. 공개 키 암호 방식에서는 암호방법을 공개하고 키로서 비밀성을 보장한다. 현관문에 사용되는 자물쇠의 경우, 자물쇠를 만드는 방법이나 규격 등은 이미 다 알려졌지만, 단지 키의 모양이 집집마다 다르므로 옆집이 똑같은 자물쇠를 샀다고 해도 옆집의

잠긴 문을 나의 집 열쇠로는 열 수 없고, 반대로 나의 현관문을 옆집 아저씨가 열 수 없는 것과 같다.

대칭 키 암호에서는「그 많은 송신자와 수신자에게 어떻게 그 많은 비밀 키를 모두에게 분배할 것인가?」이것이 커다란 문제였다. 이러한 키 분배 문제를 멋지게 해결한 것이 공개 키 암호 방식이다. 그림 10.5에 나타낸 바와 같이 공개 키 암호에서는 암호 키와 복호 키가 다른 경우로서 암호 키는 공개하고 복호 키는 비밀을 유지한다. 이용자 A는 자신이 비밀로 관리하는 비밀 키 SA와 공개하는 공개 키 PA의 쌍을 정해진 방법으로 생성하고, A는 자신의 공개 키 PA를 공개 키 디렉터리에 등록한다. 공개 키 디렉터리는 전화부와 같은 것으로서 A의 이름에 대응되는 전화번호 대신에 공개 키 PA가 기록된 것이다.

다른 이용자 B가 A에게 암호화된 메시지를 송신하는 경우, B는 공개 키 디렉터리에서 A의 공개 키 PA를 검색하고, 이를 이용해서 메시지를 암호화하여 송신한다. 암호문을 받은 A는 A만이 알고 있는 비밀 키 SA를 이용해서 암호문을 복호화한다. 이 절차에서의 핵심은 B는 A와 일면식이 없어도 전화부와 같은 공개 키 디렉터리를 보는 것만으로 A에게 안전하게 메시지를 암호화해서 송신할 수 있다는 것이다. 그리고 이 암호문을 해독할 수 있는 사람은 이 세상에서 비밀 키 SA를 알고 있는 A뿐이라는 것이다.

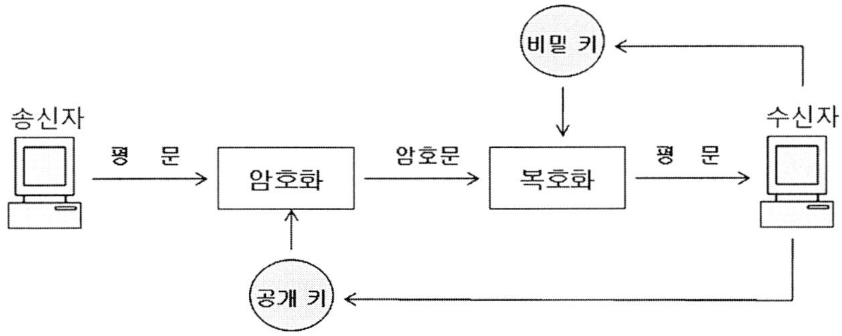

그림 10.5 공개 키(비대칭 키) 암호 방식

Diffie와 Hellman의 공개 키 암호에 관련된 아이디어는 1976년 논문지에 게재되자 많은 연구자들의 관심을 모았다. 그 가운데에서도 MIT의 Rivest, Shamir, Adleman은 1977년에 소인수분해의 곤란성을 이용하는 것으로 공개 키 암호를 실현하는 방법을 제안하였다. 이것이 3인의 머리글자를 따서 명명되어진 RSA 암호이며, 현재 가장 널리 알려진 공개 키 암호 방식이다.

RSA 암호는 단순히 최초의 구체적인 공개 키 암호 기술이라는 것뿐 아니라 정수론에서 오래전부터 알려진 소인수분해를 이용한 것으로도 많은 사람의 주목을 받았다. 소인수분해와 같은 정수론의 문제를 푸는 알고리즘이나 그 계산량에 대해서는 극히 한정된 수학자에 의해 연구되어 왔기 때문이다.

10.3 인증, 무결성, 부인 방지와 전자서명 기술

최근 인터넷을 이용한 전자상거래가 급속히 증가하면서 인터넷에서의 정보보호에 대한 필요성이 높아지고 있다. 전자상거래와 같은 응용 분야에서 요구되는 정보보호 기술로는 개최에 대한 인증, 메시지에 대한 무결성 보장, 송신자의 메시지 전송 부인 방지 기술 등을 들 수 있다. 현재 인증, 무결성, 부인 방지 기능을 제공하는 대표적인 기반기술로는 공개 키 암호 방식의 전자서명 기술을 들 수 있다. 공개 키 암호 방식의 전자서명 기술에서는 사용자의 공개 키에 대한 정당성을 검증할 수 있는 메커니즘이 필요한데, 이에 대한 해결 방안이 바로 공개 키 기반 구조(PKI : Public Key Infrastructure)이다.

공개 키 기반구조에서의 전자서명 기술은 그림 10.6에 나타낸 바와 같이 송신 측에서는 전송하고자 하는 메시지에 해시함수를 적용하여 다이제스트(메시지의 요약본)를 생성한 다음, 송신자의 비밀 키로 암호화(전자서명)하여 메시지와 함께 전송한다. 한편 수신 측에서는 송신자의 공개 키로 다이제스트를 복호화하여 얻은 평문의 다이제스트와 수신한 메시지에 송신 측과 동일한 해시함수를 적용하여 얻은 다이제스트를 비교하여 동일하면 수신하는 방식이다.

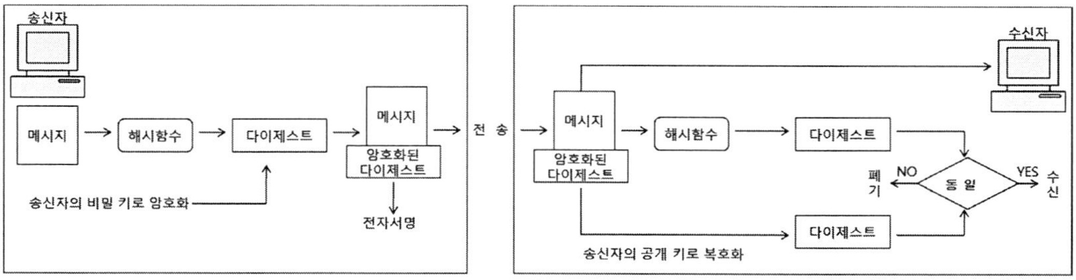

그림 10.6 디지털 전자서명 방식

다이제스트 즉 전자서명이 일치한다는 것은 곧 메시지를 보낸 송신자가 확실하고, 메시지가 전송 도중에 위변조되지 않았으며, 송신자가 메시지를 보내고도 자기는 보내지 않았다고 오리발 내미는 전송 부인 방지가 불가능하다는 것을 의미한다. 부인을 할 경우에는 송신자의 공개 키를 이용하여 만든 평문의 다이제스트를 제시하면서 "너의 키로 만든 문장이니 너가 보낸 것 맞잖아!"라고 하면 되기 때문이다.

공개 키 기반구조를 이용해서 전자상거래가 안정적으로 활성화 될 수 있도록 하기 위해서는 서로 믿고 거래할 수 있는 기술적·제도적 장치가 우선적으로 구축되어야만 한다. 이를 위해 세계 각국에서는 전자서명 인증기술의 도입 및 전자서명법 제정 등을 통해 전자상거래 활성화를 위한 기반을 구축하고 있다. 우리나라에서도 1999년 2월 전자서명법을 제정하고, 이에 따라 공인 인증기관을 지정하는 등 전자서명 인증체계 구축에 만전을 기하고 있다. 최근 정부를 중심으로 인터넷을 통한 민원서류 발급 서비스 등 효율적인 전자정부 구축에 박차를 가하고 있으며, 아울러 민간 분야에서도 전자서명 인증 기반의 인터넷 뱅킹, 사이버 증권거래 등 전자서명 인증 서비스의 활용 범위가 점차 넓어지고 있다.

10.4 인터넷 보안 응용기술

10.4.1 침입 차단 시스템

일반적으로 방화벽으로 불리는 침입 차단 시스템은 인터넷과 같은 외부 네트워크에 연결된 내부 네트워크를 외부의 침입으로부터 안전하게 보호하기 위한 정책을 비롯하여 이를 지원하는 하드웨어 및 소프트웨어를 총칭하는 것이다. 방화벽의 원래 의미는 건물에서 발생한 화재가 더 이상 번지는 것을 막는 것이다. 이 의미를 인터넷에 적용하면 네트워크의 보안사고나 위협이 더 이상 확대되지 않도록 막고 격리하는 것이라고 할 수 있다. 즉 방화벽은 특정기관의 내부 네트워크를 보호하기 위한 목적으로 외부의 불법적인 접근을 막고, 인증된 접근만 허용하는 적극적인 방어 대책이라고 할 수 있다. 그림 10.7에 방화벽의 기능을 나타냈다.

대부분의 방화벽 제품에는 기본기능인 네트워크 접근 차단 기능 외에 바이러스 차단, 콘텐츠 필터링 등 다양한 보안 기능들이 포함되어 있다. 최근에는 단독으로 운용되기보다는 침입 탐지 시스템과 연동되어 동작하는 경우가 많다.

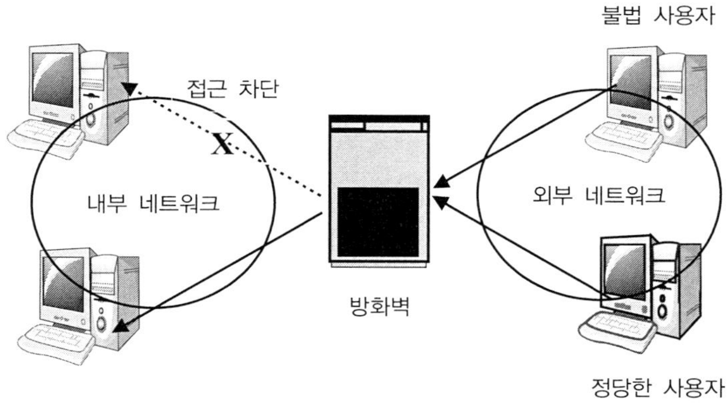

| 그림 10.7 | 방화벽의 기능

10.4.2 침입 탐지 시스템

패킷 분석이 불가능한 방화벽과는 달리 침입 탐지 시스템(IDS : Intrusion Detection System)은 네트워크 패킷을 분석하고, 해킹의 징후가 있는 패킷을 발견한 경우 경보 메일 전송, 공격 세부사항 로깅, 접속 단절 등 다양한 대응 옵션을 제공한다. 그러나 대부분이 패킷 패턴의 일치 여부를 탐지하는 경우가 주된 기능이므로 이를 벗어난 경우의 탐지가 어렵다는 단점이 있다. 최근 들어 공격 패턴 기반의 네트워크 침입 탐지 한계를 지적한 침입 방지 시스템(IPS : Intrusion Prevention System)이 출현함에 따라 업체 간에 침입 탐지 시스템과의 비교 논쟁이 되고 있다.

침입 탐지 시스템도 침입 차단 시스템과 마찬가지로 고속화와 지능화를 위한 발걸음이 빨라지고 있다. 고속 프로세서를 채택한 하드웨어 장비에 탑재하여 고속화를 꾀하거나, 보안 ASIC(Application Specific Integrated Circuit) 칩 업체에서 개발한 IDS 칩을 장착하여 패킷 탐지율을 높이고 있는 상황이다.

10.4.3 가상 사설 망 VPN

지금까지의 기업들은 지사나 영업소 또는 이동 근무자가 지역적으로 제한 없이 업무를 수행할 수 있도록 통신 사업자로부터 전용회선을 임대하여 원격지까지 연결하는 방식으로 사설 망(Private Network)을 확대했다. 사설 망이 가진 장점은 네트워크를 직접적으로 통제함으로써 네트워크 운영에 유연성과 독립성을 제공하고, 네트워크 장비를 독점적으로 사용함으로써 인증되지 않은 접근에 대해 수준 높은 보안을 구현한다는 것에 있다. 그러나 사설 망에 의존하면 각종의 통신 장비와 소프트웨어 투자에 초기 비용이 많이 소요될 뿐만 아니라 전용회선 요금도 비싸고, 네트워크를 운영하고 관리하는 데에도 많은 인적·물적 자원이 요구된다.

사설 망을 도입할 것인가의 여부를 결정하는 요소로 많은 기업들은 운영의 유연성과 보안성을 중요 기준으로 삼기도 하며, 이와는 반대로 설비투자 및 운영 비용이 부담되는 회사들은 통신 서비스를 아웃소싱하기도 한다. 그러나 대부분의 회사들은 비용이 싼 공중 망을 활용하면서도 사설 망의 장점인 운영의 유연성과 독립성 및 보안성을 원하고 있다. 이와 같은 요구에 따라 기존 사설 망의 고비용과 비효율적인 관리를 해결하기 위한 방법으로 인터넷을 마치 전용회선으로 사설 망을 구축한 것처럼 사용하는 방식이 개발되었는데, 이를 가상 사설 망(VPN : Virtual Private Network)이라 한다.

VPN이란 공중 망인 인터넷상에서 물리적인 네트워크의 구성과는 무관하게 논리적으로 폐쇄된 유저그룹을 구성하여 다양한 기능의 서비스를 제공하는 네트워크의 또 다른 형태이다. VPN을 사용하는 가장 큰 이유는 보안 때문이다. VPN 솔루션은 터널링 기법과 같은 특수한 기술을 이용하여 공중 망을 통해 전송되는 데이터를 암호화함으로써 인터넷상의 악의의 공격자로부터 내부 망(LAN)을 보호하고, 제3자에 의한 가로채기, 정보 유출, 위변조 등의 위협을 막을 수 있다. 그림 10.8에 가상 사설 망의 개념도를 나타냈다.

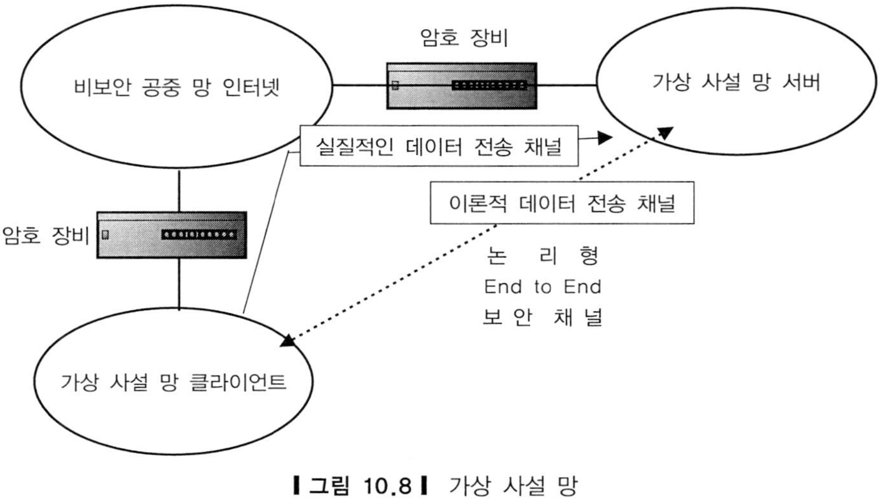

그림 10.8 가상 사설 망

가상 사설 망은 기업의 통신 망과 인터넷 서비스 제공자와 연결만 하면 되기 때문에 별도로 값비싼 장비나 소프트웨어를 구입하고 관리할 필요가 없어 기존의 사설 망 연결 방식보다 비용이 대폭 절감되는 효과를 기대할 수 있다. 또한 공중 망인 인터넷을 이용하기 때문에 사용자가 늘어나거나 장소를 옮기더라도 유연하게 통신 망을 사용할 수 있어 본사와 지사, 지사와 지사 간의 정보 공유가 훨씬 쉬워진다.

10.4.4 취약성 분석 시스템

취약성 분석 시스템이란 시스템에 존재하는 알려진 버그나 공격에 이용될 수 있는 취약성을 진단하는 프로그램이다. 시스템상의 버그나 취약성은 악의적인 공격자에 의해서 언제든지 악용되어 정상적인 서비스를 제공하지 못하도록 시스템을 다운시키거나 시스템에 침입하기 위한 발판으로 사용되므로 시스템 내의 중요한 정보들을 훼손 또는 도용당할 수 있다.

취약성 분석은 주로 네트워크 서비스의 가동 상태 조사와 보안 허점(security hole) 분석이라고 하는 두 가지 목적을 달성하기 위해 수행된다. 취약성 분석은 침입자가 정보 수집을 목적으로 수행하는 경우도 있으며, 침입자 측의 입장을 상정하여 실시되는 침입 테스트에도 이용된다. 한편, 취약성 분석은 침입자가 공격 대상의 네트워크에 관한 정보를 입수하기 위해 실행하는 경우도 있다.

10.4.5 바이러스 백신

컴퓨터 바이러스는 시스템 또는 네트워크에 악영향을 주는 컴퓨터 프로그램의 일종으로서 생물학적인 바이러스처럼 자기복제 능력을 가지고 있다. 컴퓨터에 침입하여 컴퓨터 프로그램이나 실행 가능한 부분을 변형시켜 시스템을 파괴하고, 작업을 지연시키는 등 정상적인 작동을 방해한다. 새로운 바이러스가 나오게 되면 이것을 모방한 변형 바이러스가 다양하게 쏟아져 나오고 있으며, 자신을 암호화하여 은폐시키는 기법을 이용하는 등 사용자가 쉽게 발견하지 못하도록 더욱 지능화되고 있다. 이러한 바이러스를 퇴치하기 위한 백신의 이용은 인터넷 보안에서 필수적인 사항이다.

점차 늘어나는 과도한 트래픽의 증가와 다양하고 지능적인 공격 유형에 보다 효율적으로 대응하기 위해서는 현재의 지역적인 보안 환경에서 한 걸음 나아가 광역 망이나 백본 망 환경에 적용할 수 있는 글로벌 네트워크 보안 제어에 관련된 기술이 필요하다. 향후 전개될 인터넷 보안 시스템들의 양상은 보다 편리하고 안전한 정보보호 환경이 구현될 수 있는 능동형 네트워크로 진전될 것으로 전망된다.

10.5 지갑 속의 혁명 전자카드

「지갑 속의 IT 혁명이 시작된다」 일명 똑똑한 카드, 즉 스마트 카드로 불리는 IC 카드가 생활 속에 대중화되고 있다. 금융기관들은 현행 자기띠 방식의 신용카드와 현금카드를 단계적으로 IC 카드로 교체해 나간다는 계획을 진행하고 있다. IC 카드는 카드에 반도체칩을 내장해 위변조를 막고 전자화폐나 신분증 기능까지 가능하게 하는 지능형 카드이다. 이같은 IC 카드가 신용·현금카드로 보급될 경우 일상생활에 획기적인 변화를 가져다 줄 것으로 예상된다.

아침에 지하철 요금 7백원, 쉬는 시간에 자판기에서 뽑은 커피 2백원, 점심에 먹은 우동값 2천원, 당구값 3천원, 소주 1병에 오뎅값 4천원, 집에 가는 길에 탄 마을버스 요금 4백 5십원...... 대학생인 최모군이 하루 동안 지불한 돈이다. 이러한 돈 대부분을 현금으로 사용하다보니 얼마를 썼는지 정확히 계산하기도 어려울 정도이다. 그러나 곧 이같은 불편은 없어지게 된다. 종이와 금속으로 만들어진 현금을 대체할 전자화폐 시대가 성큼 다가왔기 때문이다.

전자화폐란 돈을 IC 카드나 PC에 저장해놓고 사용하는 것이다. IC가 내장된 카드나 PC 등에 화폐가치를 전자적으로 저장했다가 상품이나 서비스를 살 때 사용하는 전자결제 수단이다. 전자화폐는 크게 IC 카드형과 네트워크형으로 구분된다. 네트워크형은 거래은행과 접속되는 PC 또는 인터넷상의 가상지갑 등에 화폐가치를 저장했다가 대금결제 때 돈을 넘겨주는 형식이다. 인터넷 상거래가 늘면서 네트워크형이 빠르게 확산되고 있지만 온라인에서만 사용할 수 있다는 단점이 있다. 반면 IC 카드형은 연결계좌에서 일정한 금액을 충전하는 것이 불편하지만 실생활의 모든 소액결제에 이용할 수 있어 주목받고 있다.

현금이나 수표를 내지 않는 점은 신용카드와 비슷하다. 그러나 IC에 신용카드는 물론 교통카드와 신분증, 전자인증서 등 여러 가지 기능을 담거나 뺄 수 있다는 점이 다르다. 또한 전자화폐는 신용카드를 쓰기 어려운 소액 결제에도 주로 사용된다.

금융계가 IC 카드 도입에 관심을 보이는 것은 자기띠 카드의 경우에는 취약한 보안성으로 인해 위조범죄가 자주 발생하기 때문에 이를 근본적으로 예방하기 위한 것이다. 정부조사에 따르면 신용카드 부정사용에 의한 피해액이 1년에 수백원에 달하는 것으로 집계되고 있다. 반면에 IC 카드는 내장된 정보가 암호화되어 있어 쉽게 해석하기 어렵다.

자기띠 카드의 경우 정보를 기록하는 방식이 천편일률적이기 때문에 일정한 규칙만 알고 있으면 손쉽게 정보를 읽어서 카드를 위조할 수 있다. 반면 IC 카드는 정보를 읽어도 무슨 내용인지 알 수 없도록 복잡하게 조작되어 있어 이를 해석하기가 매우 어렵다. 또한 IC 카드는 내부에 반도체가 장착되어 있어 설사 비밀번호를 알아낸다고 해도 카드를 위조하기가 사실상 어렵다는 것이 전문가들의 진단이다. 반도체 생산 공정을 만드는 데에 수조 원이 들어가는데 누가 위조카드를 만들려고 그 비용을 감당할 수 있는가?라는 측면에서 보면 현재의 기술로는 IC 카드의 위조가 사실상 불가능한 것이다.

IC 카드는 대용량의 기억이 가능하기 때문에 다양한 기능을 제공할 수도 있다. 현재 개발된 IC 카드는 자석띠 카드보다 최대 300배 많은 데이터를 저장할 수 있다. 은행들은 일단 IC 카드에 공통적으로 「전자화폐 서비스」와 「공인인증서」 기능을 장착하기로 했다. 전자화폐란 말 그대로 IC 카드를 돈처럼 쓰는 것으로 소지자들은 카드에 일정금액을 적립한 뒤 편의점, 자판기 등에서 물품을 구입할 때 사용할 수 있다. IC 카드의 전자화폐 기능은 동전을 들고 다니는 번거로움을 크게 줄일 수 있다.

「공인인증서」 기능은 인터넷을 통해 결제를 할 때 자신의 신분을 확인하기 위한 것으로 특히 온라인 주식거래에서 많이 쓰인다. 고객들은 IC 카드 1장만 들고 다니면 세계 어디서든 복잡한 절차 없이 곧바로 온라인 주식거래를 할 수 있게 된다. 이러한 기본 기능 외에도 고객을 끌어들이기 위해 은행들은 개별적인 부가 서비스를 추가할 계획이다. 현재 가장 주목받는 서비스의 하나는 의료카드 기능으로 이를 이용하는 고객들은 자기 건강에 관련된 기록들을 IC 카드에 저장해 놓으면 병원에 갈 때마다 진료카드를 찾아야 하는 번거로움을 피할 수 있다. 회사에서 단체로 출입증 기능을 추가하면 자동적으로 출퇴근 시간이 기록되어 야근수당을 일일이 신청하지 않아도 되며 그밖에 주민등록증, 면허증, 유료 텔레비전 카드, 주차요금 카드 등 다양한 용도로도 쓰일 수 있다.

이러한 장점에도 불구하고 금융기관들은 IC 카드의 비용 문제 때문에 골치를 앓고 있다. 자석띠 카드는 한 장에 수백원에 불과해서 은행들이 공짜로 발급해 주었으나 IC 카드는 반도체 칩이 내장되어 1장에 수천 원에 달한다. 금융권에선 관련 시스템 정비비용까지 합하면 총 비용이 수조 원에 달할 것으로 계산하고 있다. 따라서 은행들로서는 비용을 고객들에게 어느 정도 부담시켜야 할지가 큰 고민거리이다.

세계적으로 아직 전자화폐는 도입 단계 수준이다. 세계 신용카드 시장의 양대산맥인 비자와 마스터가 곧 모든 신용카드를 IC형으로만 발급할 계획이어서 빠른 시일 안에 보편적인 결제수단으로 자리잡을 전망이다. 우리나라의 경우 코엑스 몰에서 시범적으로 IC형 전자화폐를 사용하기 시작했다.

전자화폐에서 가장 큰 문제는 호환성과 표준화 문제이다. 현재 나름대로의 기술과 계획을 내세워서 제각각 전자화폐 사업을 추진하고 있기 때문에 자칫 서로 호환이 되지 않을 가능성이 있다. 최악의 경우 국민들이 여러 개의 카드를 들고 다녀야 할 상황이 빚어질 수 있다는 우려도 제기되고 있다. 인프라 구축도 큰 장애물이다. 전자화폐가 현금을 대체하려면 현금을 사용하고 있는 모든 곳에 전자화폐 판독기가 보급되어야 하는데, 그 비용이 만만치 않다.

예를 들어, 자판기에서 전자화폐를 사용하려면 모든 자판기를 바꿔야 하는 식이다. 만약 어느 곳에서는 전자화폐를 쓸 수 있고 다른 곳에서는 쓸 수 없다면 비상용 현금을 늘 갖고 다녀야 하기 때문에 전자화폐의 효용성이 크게 떨어지게 된다. 또한 씨티은행의 전자화폐 관련 사업모델에 대한 로얄티 지급 문제도 전자화폐 보급을 위해 해결해야 할 숙제로 등장할 전망이다.

전자화폐 시스템은 시스템 구성원들 사이에서 수행되는 프로토콜에 그 기반을 두고 있다. 즉 전자화폐 시스템을 설계하기 위해서는 시스템 구성원들 사이의 프로토콜을 설계하면 되는 것이다.

10.5.1 인출 프로토콜(Withdrawal Protocol)

사용자와 은행 사이에서 수행되는 프로토콜로 은행이 사용자에게 전자화폐를 발급해 주는 절차를 규정한 것이다. 전자화폐 시스템 설계에서 가장 중요한 부분이 된다.

10.5.2 지불 프로토콜(Payment Protocol)

사용자와 상점 사이에서 수행되는 프로토콜로 사용자가 구매대금으로 자신의 전자화폐를 상점에 지불하는 과정을 규정한 것이다.

10.5.3 예치 프로토콜(Deposit Protocol)

상점과 은행 사이에서 수행되는 프로토콜로 상점이 사용자로부터 받은 전자화폐를 은행이 결재하는 과정을 규정한 것이다.

전자화폐는 일반적으로 물리적 화폐와 비슷한 기능을 가지도록 설계하는 것이 기본 원칙이다. 그러나 완벽하게 물리적 화폐와 같은 기능을 갖는 전자화폐 시스템을 구축하는 것은 매우 어려운 일이다. 물리적 화폐의 다양한 기능성을 전자화폐가 수학적 방식으로 포용하기 어렵기 때문이다. 그럼에도 불구하고 전자화폐가 필요한 이유는 물리적 화폐가 1) 화폐의 제작, 유통, 관리 및 폐기에 수많은 인력과 자금이 소요되고, 2) 컬러복사기 및 프린터의 발달로 위조 화폐의 제작이 쉬우며, 3) 급속한 컴퓨터 네트워크의 발달에 따른 전자상거래 시대에 온라인 결제 수단으로서 사용하기가 곤란하다는 것이다.

제 11 장

광통신

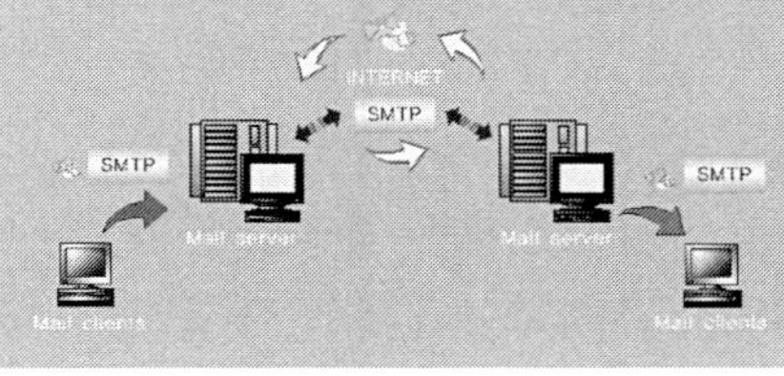

11.1 광통신 시스템

광통신은 종래의 동선을 이용하는 유선통신이나 전자기파를 이용하는 무선통신과는 달리, 빛에 실린 정보를 광섬유를 통해 전송하는 방식이다. 광통신에서는 전송하고자 하는 정보를 전기 신호로 변환하는데, 여기서 전기 신호가 사용되는 이유는 이미 전기통신기술이 모든 통신 분야에 적용되고 있기 때문이다. 전기 신호로 변환된 정보는 다시 광신호로 변환되어 광섬유를 통해 전송되고, 수신 측에 도달한 광신호는 전기 신호로 재변환되어 수신기에 전달된다. 이 과정을 그림 11.1에 나타냈다. 전기 신호를 광 신호로 변환하는 소자를 발광소자라 하고, 광신호를 전기 신호로 변환하는 소자를 수광소자라고 한다. 발광소자로는 발광 다이오드나 레이저 다이오드가 주로 사용되고 있고, 수광소자로는 포토 다이오드가 주로 사용되고 있다.

11.2 광통신의 특징

광통신의 특징은 전송 매체로서 이용되는 광섬유의 성질에 의해 좌우된다. 광섬유 케이블이 실제로 전송로에 사용되기 시작한 것은 1970년대 말경이다. 그때까지는

그림 11.1 광통신 시스템의 구성도

동선이 주로 사용되었고, 장거리의 대용량 전송로에만 동축 케이블이 사용되었다. 그러나 이 동축 케이블은 점차 광섬유 케이블로 대체되고 있다.

광섬유는 유리를 소재로 하는 것이기 때문에 동선 케이블과는 달리 절연성이 우수하므로 전자 유도에 의한 잡음 방해(번개나 전동차 및 자동차 등으로부터 발생하는 전파)를 받지 않고, 유리가 녹는 경우만 아니면 전송 매체로서의 특징이 그대로 유지되기 때문에 화재 등과 같은 재해에 강하다는 특징이 있다. 이러한 특징 때문에 광섬유는 전력계통의 감시 시스템이나 중공업 관련 공장의 제어 시스템에 가장 먼저 도입되었다.

광섬유는 그 외경이 대략 100~200 μm로 사람의 머리카락과 같은 정도의 굵기이다. 이처럼 광섬유는 극히 섬세하고 가볍다는 특징이 있기 때문에 선박, 항공기 등과 같은 이동체 내의 통신에도 응용되고 있다. 최근에는 자동차의 전자화가 진행되면서 전기 배선의 중량이 문제가 됨에 따라 가볍고 가는 특성을 가진 광섬유의 도입이 검토되고 있다.

전송 특성의 관점에서 광섬유의 특징을 살펴보기로 하자. 광섬유는 1Km당 약 0.2dB 정도의 매우 낮은 전송 손실 특성을 갖는다. 전송 손실이란 케이블을 통하여 신호가 전송되는 경우 에너지가 감소하는 현상이다. 동축 케이블에서는 주파수가 높아질수록 전송 손실이 커지는 경향이 있으나, 광섬유 케이블에서는 전송 손실이 증가하지 않으므로 중계기를 설치하는 간격이 80Km(동축 케이블의 경우 수 km 간격으로 설치) 이상이 된다. 또한 광섬유는 대역폭이 넓어 문자 정보는 물론 음성 및 영상 정보를 포함하는 광대역의 아날로그 신호는 물론 수Gbps 이상의 높은 전송 속도로 디지털 신호도 전송할 수 있다는 특징을 가지고 있다. 이러한 특성은 종래의 무선통신이나 동선 케이블을 이용한 유선통신에서는 실현될 수 없었던 것으로 공중통신 망을 비롯한 각종의 고속 광대역 통신 망에 응용되고 있다.

11.3 광변조

광통신에서도 광 반송파로 신호를 변조되는데, 현재 실용화되어 있는 광통신에서의 변조 방법은 신호의 크기에 따라 광의 강도를 변화시키는 강도 변조(IM : Intensity Modulation)이다. 광의 진폭 변조, 주파수 변조, 위성 변조 등에 관련된 기술은 아직 실용화 되지 않고 있다. 반도체 레이저의 개발로 높은 순도의 광이 추출되고 있으나, 광의 주파수 단일성과 안정성에는 개선할 점이 많기 때문이다. 그러나 이러한 변조 방법을 이용할 수만 있다면 광통신의 성능을 향상시킬 수 있다는 것이 이론적으로 증명되고 있다. 이러한 방식을 코히런트(coherent) 광통신이라고 하는데, 장래의 새로운 광통신 방식으로 활용하기 위한 기초 연구가 시작되고 있다.

11.4 광전송

광섬유는 가시광선이나 근적외선 영역의 빛을 전파하는 가늘고 유연한 유리이다. 이러한 광섬유는 그림 11.2에 나타낸 바와 같이 중심에 코어(core)가 있고, 그 주위를 클래드(clad)라고 하는 유리가 감싸고 있다. 빛이 코어에서 전반사를 일으킬 수 있도록 코어의 굴절률을 클래드의 굴절률보다 크게 하고 있다. 클래드의 외부를 감싸고 있는 코팅은 습기나 마모로부터 광섬유를 보호하고, 다른 인접한 광섬유 간의 혼선을 막는 역할을 한다.

광섬유에서는 코어의 굴절률이 클래드의 굴절률보다 크므로 코어로 입사한 광은 코어와 클래드의 경계면에서 전반사한다. 이 때문에 광은 코어 밖으로 달아나는 일이 없이 전반사를 반복하면서 코어를 전파한다. 광섬유를 전파하는 광을 세밀하게 관찰하면 다양한 모드로 전파하는 것을 알 수 있다. 현을 진동시키면 현의 길이에 따라 기본파 및 기본파와 진동수가 정수배인 고조파가 발생하는 것처럼 광섬유 내부의 광도 이와 유사한 형태로 전파한다.

광섬유에는 그림 11.3에 나타낸 바와 같이 코어 지름이나 굴절률 차이 등을 적당이 선택함으로써 기본 모드만을 전송할 수 있도록 설계한 단일 모드(SM : Single Mode) 섬유와 다양한 모드의 광을 전송할 수 있도록 설계한 다중 모드(MM : Multi-Mode) 섬유가 있다.

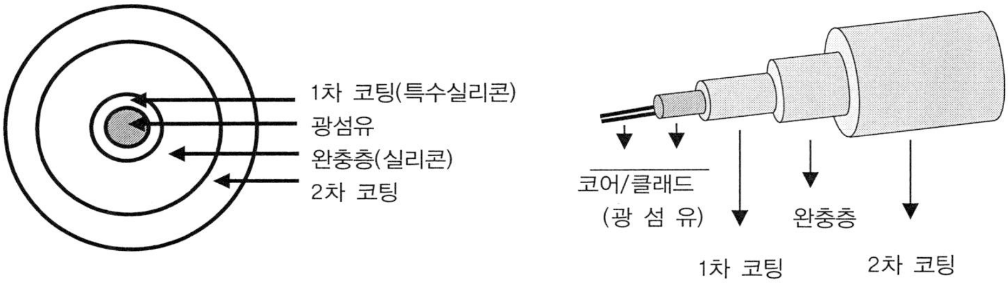

그림 11.2 광섬유 구조

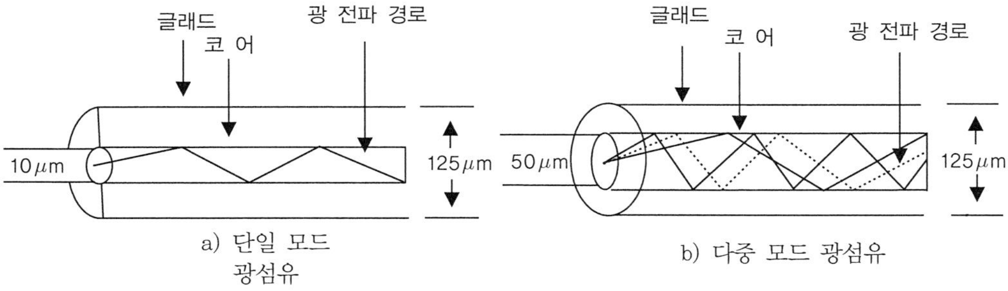

그림 11.3 단일모드 광섬유와 다중 모드 광섬유

다중 모드 광섬유에서는 다양한 모드의 광이 다양한 경로로 코어를 통해 전파한다. 광이 전파되는 모드가 많기 때문에 경로의 차이에 따라 전송 지연 시간의 차이가 발생하고, 지연 시간의 차이는 광펄스 폭의 확대를 초래하기 때문에 초고속의 디지털 전송에는 적합하지 못하다.

다중 모드 광섬유의 코어 지름은 50μm이지만 단일 모드 광섬유의 코어 지름은 10μm로 대단히 가늘어져 있다. 이처럼 코어 지름을 가늘게 하면 기본모드의 광밖에 전송하지 못한다. 단일 모드 광섬유에서는 기본 모드의 광만 전송되므로 전송 지연이 없기 때문에 초고속의 광신호 전송에 이용할 수 있다. 그러나 코어 지름이 작으므로 광섬유를 접속할 때 고도의 기술이 요구된다. 예전에는 Gbps 전송을 수행하는 중계 회선에는 단일 모드 광섬유가 사용되고, 가입자 회선에는 다중 모드 섬유가 사용되어 왔다. 현재는 광섬유의 접속점을 열로 녹여서 연결하는 자동 융착 접속 기술이 개발됨에 따라 단일 모드 광섬유를 가입자 케이블에 사용할 수 있게 되었다.

제 12 장 위성통신

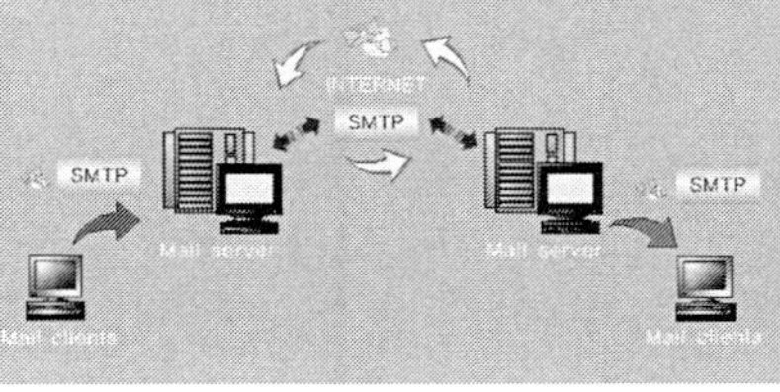

12.1 위성통신의 배경

「장래 나치 독일군이 만들었던 V2와 같은 강력한 로켓으로 적도 상공 36,000Km궤도에 물체를 쏘아 올릴 수 있는 시대가 온다면, 지상에서는 정지해 있는 것처럼 보이기 때문에 이것을 사용하면 대륙간 전화 중계나 라디오 방송이 가능할 수도 ……」

이 글은 영국의 SF 작가인 아서 C. 클라크가 제2차 세계대전 직후인 1945년에 「Wireless World」라는 무선잡지에 기고한 것으로 위성통신을 최초로 제안한 글로 유명하다. 이 글에서는 그림 12.1에서와 같이 120° 간격으로 물체(인공위성) 3개를 쏘아 올리면 전 세계를 커버할 수 있음을 시사하고 있는 것이다.

최초의 위성통신 실험은 1960년에 미국이 쏘아 올린 Echo 1호이다. Echo 1호는 풍선의 표면을 알루미늄 박막으로 만들어 지상에서 송출한 전파를 알루미늄 박막에서 반사시키는 수동형 통신위성이었다. 그러나 이것만으로는 반사되어 지상으로 되돌아온 전파가 너무 약해 실용성이 없었다. 그래서 위성에 중계기를 탑재하여 지상으로부터 전송된 전파를 증폭하여 다시 지상으로 재전송하는 능동형 통신위성이 실용화되었다. 1962년 미국의 벨연구소와 항공우주국(NASA)이 연속해서 쏘아 올린 Telstar 1호와 Relay 1호가 바로 그것이다.

Telstar 1호는 미국과 유럽 간의 텔레비전 신호의 전송과 다중 전화 신호의 전송에 성공하였고, Relay 1호는 미국과 일본 간의 텔레비전 신호의 전송 실험에 성공하였다. 특히 Relay 1호에 의해 일본으로 전송된 영상이 당시 미국 대통령이었던 John F. Kennedy의 암살 뉴스였다는 것은 너무나도 잘 알려진 사실이다. 이 2개의 위성은 모두 다 지구 주위를 3시간 정도에 회전하는 주회위성으로 이른바 정지위성은 아니었다.

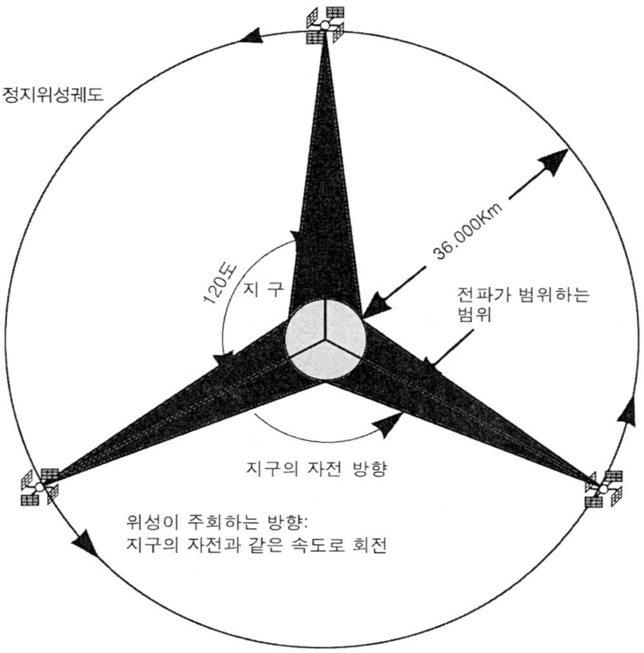

그림 12.1 클라크의 위성통신 모델

최초의 정지 통신위성은 1963년에 NASA가 쏘아 올린 Syncom 2호이다. 이어 1964년에 쏘아 올린 Syncom 3호는 도쿄올림픽을 전 세계에 중계하는데 사용되었고, 정지위성을 이용한 국제통신의 효과가 널리 인정됨에 따라 1965년에 쏘아 올린 Intelsat I호가 처음으로 상업 위성통신에 이용되게 되었다.

Intelsat은 각국의 전기통신 사업자에게 우주 부분(궤도상의 정지통신위성과 이를 제어하는 시설의 총칭)을 제공하는 국제기관으로서 「국제전기통신 위성기구」로 번역되고 있다. Intelsat의 설립은 1961년 7월 24일 미국의 John F. Kennedy 대통령의 제안으로 구체화되어, 1973년 2월 「Intelset에 관한 협정」 및 「운용협정」이 발효되어 항구적인 국제기관이 되었다.

초기에는 위성 제조 및 발사 비용이 높았기 때문에 주로 대륙 간의 국제통신에 사용되었다. 그러나 위성 발사 기술의 급속한 진보와 1년 6개월 정도였던 위성 본체의 수명이 10년 이상 늘어나면서 위성 제조 및 발사 비용이 대폭 내려갔다. 또한 Intelsat I호의 중량은 40Kg도 못되었으나, 최근의 Intelsat Ⅳ호는 1.8톤에 가깝다. 위성이 클수록 중계기를 많이 탑재할 수 있고, 회선 수도 많이 확보할 수 있으므로 회선당 비용이 감소한다.

이와 같은 기술 진보의 덕택으로 위성통신은 가까운 이웃 국가들과의 통신이나 국내 통신에도 널리 사용될 수 있게 되었으며, 현재 전화나 TV 중계, 데이터통신, 팩시밀리 전송, 영상회의 등에 다양하게 이용되고 있다. 위성통신 실험이 처음으로 성공하였을 때만 해도 과연 단기간에 이 정도로까지 보급될 것으로 그 누구도 생각하지 못했을 것이다. 제안자인 클라크도 「내가 그 논문에 특허를 받아둘 걸 그랬다. 내가 살아 있는 동안에 인공위성이 정말로 상업적으로 사용되리라고는 예측하지 못했다.」라고 고백한 적이 있다.

12.2 위성통신의 특징

현재 적도 상공 36,000Km의 정지궤도에는 세계 각국의 통신위성과 방송위성이 백수십 기 이상이나 돌고 있으며, 매년 새로운 위성이 발사되고 있다. 2개 이상의 위성이 같은 주파수대를 사용하는 경우 일정 간격으로 배치하지 않으면 전파 간섭이 일어나므로 위성의 정지 위치 및 사용 주파수를 국제적으로 조정하여 결정하고 있다.

정지위성은 정지 위치로부터 어느 범위 이상 벗어나면 위성의 로켓을 분사하여 원래의 위치로 되돌린다. 초기의 위성 수명은 1~2년 정도였지만, 최근에는 대량의 연료를 적재할 수 있기 때문에 수명이 10년 이상으로 늘어났다. 위성통신의 비용이 크게 감소한 것이다.

통신위성이나 방송위성에는 중계기가 탑재되어 있다. 지상으로부터의 전파를 위성의 안테나에서 수신하여 중계기에서 증폭하여 지상의 목적지로 재전송하는데, 1기의 통신위성에 탑재하는 중계기의 수가 많을수록 회선용량이 증가한다. 최초의 상업 통신위성인 Intelsat 1호(Early Bird)는 무게가 32Kg으로 전화 240회선 분의 용량이었으나, 최근에는 2톤급의 위성을 쏘아 올릴 수 있게 되어 수만 회선분의 용량을 갖추게 되었다.

지구국과 위성을 연결하는 전파의 주파수대는 6G/4GHz(C-band), 14G/11G, 12GHz(Ku-band), 30G/20GHz(Ka-band)가 주로 사용된다. 여기서 6G/4GHz란 지구국에서 위성(업링크)으로는 6GHz, 그리고 위성에서 지구국(다운링크)으로는 4GHz의 전파를 사용한다는 의미이다. 업링크에서는 높은 주파수의 전파를 사용하는 것이 가능하다. 주파수가 높을수록 감쇠는 크지만 지구국에서는 대전력으로 송신할 수 있기 때문이다. 다운링크에서는 위성 송신 전력의 제약 때문에 감쇠가 작은 저주파수의 전파를 사용한다. 위성통신의 특징을 요약하면 다음과 같다.

1) 위성에서 지상으로 발사되는 전파는 광범위한 서비스 영역을 포함할 수 있다(광역성).
2) 특정 지역의 여러 지구국이 동시에 전파를 수신할 수 있다(동보성).
3) 많은 지점으로부터의 정보를 수집할 수 있다(다중 접속성).
4) 지구국을 이동시킴으로써 어디에서든 자유로이 단시간에 회선을 설정할 수 있다(회선 설정의 신속성 및 유연성).
5) 1개의 위성이 커버할 수 있는 범위에서는 지상의 거리에 관계없이 전송 비용이 일정하므로 원거리 통신에서 경제적이다(경제성).

반면에 위성은 36,000Km 떨어져 있고 전자기파가 빠르다 해도 그 속도는 300,000Km 이므로 위성까지 갔다 오는데 약 0.24초 정도가 소요된다. 위성중계로 생방송을 할 때 이쪽의 TV 아나운서가 저쪽의 TV 아나운서에게 질문하면 일정시간 후에 대답하는 현상이 발생하고, 미국과의 국제전화가 답답한 것도 이 때문이다. 또한 위성통신에서는 서비스 지역의 누구라도 전파를 수신할 수 있으므로 보안을 위한 암호화가 필요한 것도 경우에 따라서는 또 다른 문제점이 될 수 있다.

12.3 위성통신 시스템의 구성

가장 기본적인 위성통신 시스템은 그림 12.2에 나타낸 바와 같이 신호를 업링크의 주파수로 변조하여 대전력으로 위성을 향해 전파를 전송하는 송신계, 그 전파를 수신하여 증폭한 후에 다시 지상을 향해 송출하는 통신위성, 위성으로부터의 전파를 수신하여 원래의 신호로 복조하는 수신계로 구성된다.

송신국은 위성을 향해 대전력의 전파를 전송하고, 수신국은 위성으로부터 송출되어 온 미약한 전파를 수신하여 증폭하는데, 송신계와 수신계를 가진 지상국을 지구국이라고 한다. 지구국 안테나는 송수신용으로 사용되는데, 송신 전파와 수신 전파의 분리는 안테나의 입구에 있는 분파기(branching filter)에서 주파수의 차이를 이용해서 수행한다.

위성에서의 전파 중계는 중계기가 수행하는데, 위성에 탑재된 수 대 혹은 수십 대의 중계기는 각각 다른 목적지로의 송신이나 서로 다른 용도로 구분하여 사용할 수 있다. 중계기도 기본적으로는 지구국과 마찬가지로 증폭기와 안테나로 구성된다. 위성에 탑재되는 대형 안테나는 반사경의 크기가 수 미터에 이르고 있어 반사경을 여러

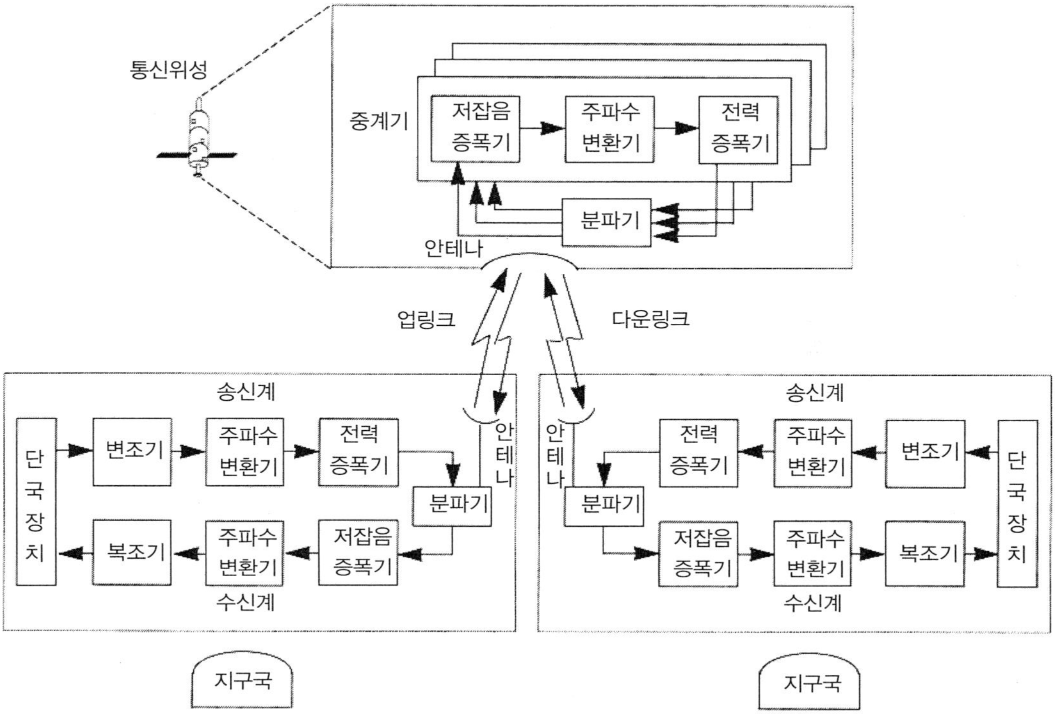

▎그림 12.2▎ 위성통신 시스템

겹을 접은 상태로 발사하여 궤도상에서 원래대로 펼쳐서 사용하는 방식이 이용되고 있다.

12.4 방송위성

위성방송은 적도 상공 36,000Km의 정지궤도에 있는 방송위성을 통해 지구 상에 있는 특정 지역에 방송 전파를 송신하는 것으로 지상의 전파가 미치지 않았던 도서 벽지 등에서도 방송을 수신할 수 있다는 커다란 장점이 있다. 방송위성과 통신위성은 기본적으로는 동일하나, 다른 점은 통신위성에서는 대형 안테나를 통해 전파를 수신하고 있으나 위성방송에서는 수신자가 일반 가정이기 때문에 직경 수십 cm의 소형 안테나를 통해 전파를 수신한다는 것이다. 따라서 통신위성의 송신 전력이 20~40W 인데 비해 방송위성은 120W 이상의 전파를 송신할 필요가 있다.

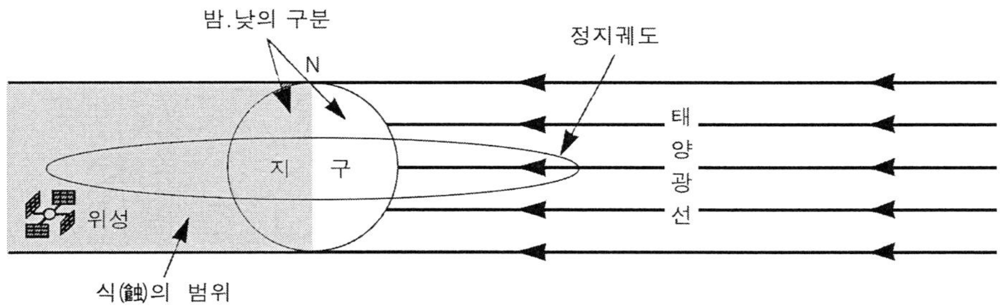

▌그림 12.3▐ 지구의 그림자

위성은 전력을 태양전지를 통해 공급받고 있으나 정지위성에서는 춘분과 추분을 중심으로 약 44일 간은 그림 12.3에 나타낸 바와 같이 지구의 그림자에 들어가 태양광이 미치지 않는 시간대가 발생한다. 이 시간대에는 태양전지로부터 전력을 공급받을 수가 없기 때문에 위성에 탑재되어 있는 전지만으로는 필요한 전력을 충당할 수 없어 방송이 중단되는 경우도 있다.

위성방송에서 사용하는 전파의 주파수는 지상국에서 위성으로는 14GHz, 위성에서 지상으로는 12GHz(8채널)이다. 매우 높은 주파수를 사용하기 때문에 감쇠가 크므로 지상에서 수신하는 전파도 매우 약하다. 따라서 수신 측에서는 지향성이 강한 파라볼라 안테나나 다수의 작은 안테나 소자를 접합시킨 평면 안테나를 사용하고 있다.

영상 신호는 지상파 방송과 같은 아날로그 전송이지만 상공으로부터 전파가 전송되기 때문에 건물이나 산 등에 의한 반사파의 영향이 없다. 따라서 같은 영상이 겹쳐 나타나는 고스트(ghost) 현상이 일어나지 않아 깨끗한 화면을 얻을 수 있다. 음성은 디지털로 전송되기 때문에 고품질이다. 최근에는 여러 지역에 산재해 있는 CATV 사업자를 대상으로 방송통신 위성을 이용하여 TV 프로그램을 전송하는 통신 망이 구축되어 CATV의 채널이 다양해지고 있다.

12.5 VSAT와 SNG

위성통신에서는 위성과 지구국의 고성능화가 진행되고 사용주파수가 C대역(4G/6GHz)에서 Ku대역(12G/14GHz)으로 바뀜에 따라 직경 1m 전후의 소형안테나로 전파를 수신할 수 있게 되었다. 이와 같은 소형안테나를 사용하는 지구국을 VSAT(Very Small Aperture Terminal : 초소형 위성통신 지구국)이라 한다. 그림 12.4에

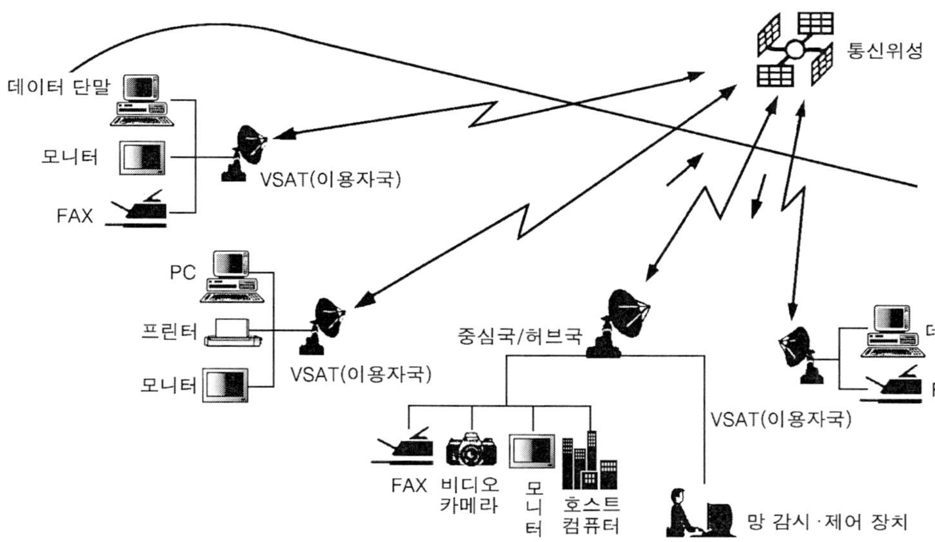

| 그림 12.4 | VSAT 시스템

나타낸 바와 같이 VSAT은 여러 지점으로 분산되어 설치되며, 대형 안테나를 갖춘 허브국이 통신위성을 경유하여 단방향으로 다수의 VSAT에 정보를 전송하는 방식 및 허브국과 VSAT 혹은 VSAT 상호 간에 통신위성을 경유하여 정보를 전송하는 방식 등으로 운영된다.

VSAT 시스템은 신용카드의 확인 및 조회나 온라인 단말과 호스트 컴퓨터와의 정보 전송, 호텔이나 렌트카 등에서의 예약 정보 전송 등에 사용되고 있으며, 미국을 중심으로 급속히 보급되고 있다. 일본에서는 센터의 스튜디오와 각지에 있는 원격교실을 위성통신 회선으로 접속하여 쌍방향 통신으로 수업을 진행하는 원격교육 등에 VSAT이 사용되고 있다.

소형 안테나를 사용함으로써 급속히 발전하고 있는 대표적인 분야는 SNG(Satellite News Gathering)이다. 그림 12.5에 나타낸 바와 같이 이동국을 차량 등으로 취재현장에 운반하여 영상뉴스를 위성을 통해 직접 TV 방송국에 전송하는 것이다. 위성통신에서의 회선 설정의 유연성과 신속성의 특징을 살림으로써 보도취재에 요구되는 속보성에 부응할 수 있다는 장점이 있다. SNG는 미국에서 1985년부터 시작되었으며, 이후 급속히 보급되어 현재는 미국 전역에서 활용되고 있다. 일본에서도 TV 방송회사가 민간 통신위성을 사용하여 지방총국을 포함한 SNG 망을 구성하는 등 그 활용범위가 넓어지고 있다.

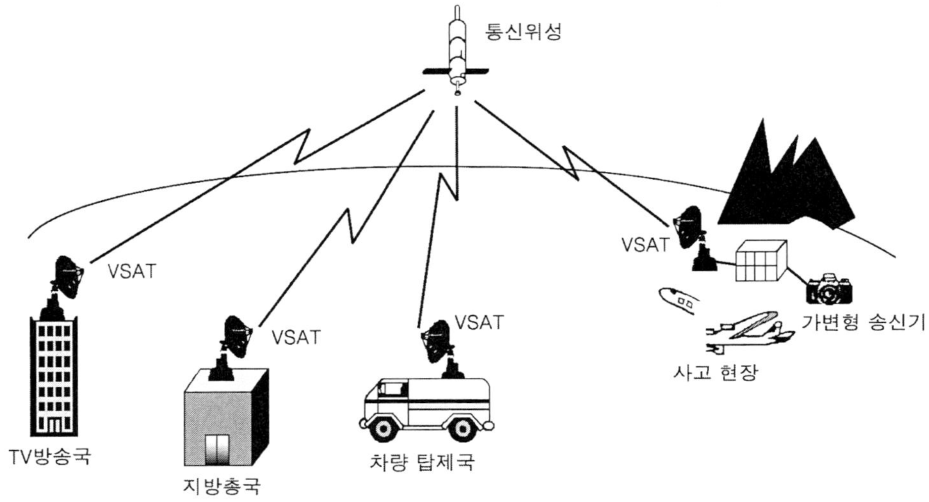

| 그림 12.5 | SNG 시스템

12.6 디지털 위성방송

위성방송은 기존의 지상파방송과는 달리 방송·통신용 인공위성을 이용하는 방식으로 우리나라의 위성방송은 36,700Km에 위치한 무궁화 위성을 이용하고 있다. 지상파 방송의 경우 산골짜기나 섬마을 같은 난시청 지역에서는 전파가 약해 TV를 시청하지 못하는 경우가 많다. 이러한 문제를 해결하기 위해서는 유선 케이블을 설치해야 하는데 경제적인 문제로 그 실현이 불가능하다. 그런데 위성을 이용하면 이러한 문제를 해결할 수 있다. 이것이 위성방송의 가장 큰 장점이다.

그러면 디지털 위성방송이라는 것은 어떤 의미를 갖는 걸까? 현재 우리가 시청하고 있는 TV방송은 아날로그 방식이다. 디지털 방식으로 바뀌면 현재의 방송과는 크게 3가지가 달라진다. 시청할 수 있는 채널 수가 많아지고(다채널화), TV를 통해 물건을 사는 등 그 기능이 다양해지며(다기능성), 일방적으로 시청하는 것이 아니라 서로 의견을 주고받을 수 있게 된다(쌍방향성).

우리가 현재 시청할 수 있는 TV 방송은 KBS 2개, MBC, SBS, EBS가 각각 1개씩 모두 5개이다. 케이블 TV를 시청한다고 해도 모두 수십 개 정도이다. 그런데 디지털 위성방송에서는 채널 수가 크게 늘어난다. 무궁화 위성에서는 2,000여 개의 채널을 운용할 수 있기 때문이다. 그리고 채널 수가 늘어나는 만큼 볼거리도 풍부해진다. 아마도 디지털 위성방송이 개시되면 날씨방송, 예약방송, 의료전문방송 등 다양한 채널이 출현할 것이다.

기능이 쌍방향성이라는 것은 무엇일까? 디지털 위성방송은 방송을 보기만 하는 것이 아니라 인터넷처럼 직접 참여할 수 있다는 것이다. 예를 들어 방송을 보면서 여배우의 옷이 마음에 들면 그 물건에 관련된 디자인, 생산회사, 가격 등에 관련된 정보를 리모컨을 눌러 확인하고 즉시 구매할 수도 있다. 축구중계에서 원하는 각도에서 골을 넣는 다양한 장면을 볼 수도 있다. 또 인터넷에 접속할 수도 있고 TV를 시청하면서 증권거래를 한다거나 영상전화, 원격교육 등에도 참여할 수 있게 된다. 보고 듣기만 하던 「바보상자」였던 TV가 우리생활에서 꼭 필요한 생활필수품이 된 것이다.

디지털 위성방송은 경제에도 새로운 활력소로 작용할 것으로 기대된다. 정보통신부는 서비스를 이용할 사람이 서비스 개시 수년 후 수백만 명이 될 것으로 예상하고 있다. 시장도 덩달아 커질 것이다. 서비스 개시 후 수년 동안 수조 원의 새로운 시장이 열릴 것으로 기대된다. 방송국 시설이 아날로그 방식에서 디지털 방식으로 모두 바뀌어야 하며, TV도 새것으로 교체되어야 하기 때문이다.

제 13 장 이동통신

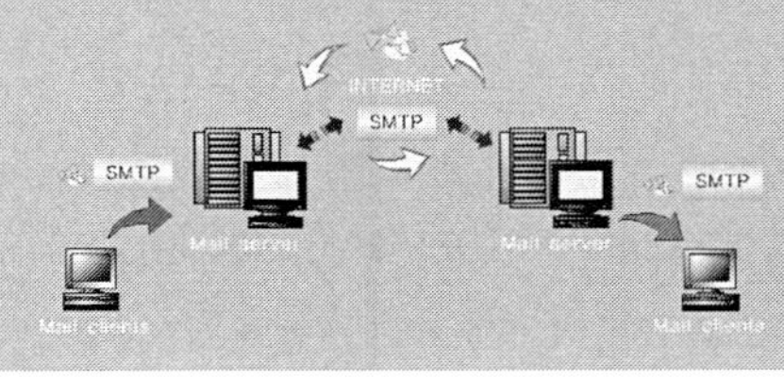

고정통신은 오랜 역사를 거치면서 기술적으로 완숙한 단계에 도달해 있고, 최근에는 일보 전진하여 디지털통신 방식으로 발전하고 있다. 고정통신에 대비되는 또 하나의 통신 방식으로 이동통신이 있는데, 이동통신 시스템도 오래전부터 전파를 이용하여 선박이나 항공기, 그리고 열차전화 서비스와 경찰 무선 등의 업무용 통신에 널리 활용되어 왔다. 그러나 자동차 전화로 대표되는 개인이 무선 장비를 소유하는 이동통신은 구미 각국에서 제2차 세계대전 이후에서야 비로소 서비스가 개시되었다.

한편, 시민밴드(생활무선)의 이용이 확대됨에 따라 개인 휴대전화가 개인의 국지통신 수단으로 널리 보급되어 자유로운 의사전달이 이루어지고 있다. 본격적인 이동통신의 발전은 최근 30여 년에 걸쳐서 이루어졌다. UHF대의 전파를 이용하여 운행 중인 항공기나 선박을 대상으로 통신위성을 이용하는 통신이 시작되었고, 육상에서는 800MHz나 혹은 900MHz대의 셀 방식에 의한 자동차 전화가 실현되면서 급속히 발전하고 있다. 이러한 혁신적인 기술은 휴대전화나 코드리스 전화, 주파수 공용 통신 시스템 등에 응용되고 있으며, 개인 소유인 통신 장비를 개인이 휴대하면서 통신하는 새로운 서비스 형태를 만드는데 까지 활용되고 있다.

이동통신은 언제 어디서나 누구와도 편안한 형태로 통신할 수 있어야 한다는 통신의 궁극적인 목표를 실현하기 위해 꼭 필요한 기술로 장래의 전 통신 망에서 중요한 부분을 차지하게 될 것이다. 이동통신의 응용 분야는 해상, 항공, 우주 등 여러 분야가 있지만 앞으로는 사회생활 속에서 특히 다양한 형태로 응용될 수 있을 것으로 예측된다.

13.1 이동통신에서 사용되는 전파의 주파수 특성 및 용도

이동통신은 문자 그대로 이동하면서 통신하는 것이므로 전파를 이용한 무선통신이 요구된다. 전파는 공간에 전파(propagation)되며, 누구나 그 전파를 수신할 수 있다. 그러나 같은 주파수의 전파를 동시에 같은 장소에서 다른 목적으로 이용하는 것은 원칙적으로 불가능하다. 일단 전파를 전송하면 그 주파수는 다른 사람의 사용을 제한할 수밖에 없으므로 전파의 이용은 주파수별로 그 용도를 엄격하게 규정하고 있다. 그림 13.1에 이동통신에서 사용되는 전파의 용도를 주파수별로 나타냈다.

전파는 주파수에 따라 그 특성이 다르다. 일반적으로 주파수가 낮은 쪽이 멀리까지 전파되고, 주파수가 높아지면 감쇠가 커져 도달 거리가 짧아진다. 예를 들면 라디오 방송은 넓은 범위를 대상으로 하므로 안정되게 멀리까지 전파되는 300KHz～3MHz의 중파를 사용한다.

전파의 주파수가 수 GHz 이상이 되면 건물, 산 등으로 차폐된 장소에서는 수신이 불가능하고, 비나 안개에 의해서도 전파가 감쇠하는 빛에 가까운 성질을 갖게 된다. 이처럼 높은 주파수는 사용하기 어려운 점은 있으나, 신호를 전송하는데 필요한 주파수 대역을 높일 수 있다는 장점이 있다. 예를 들면 음성보다 수백 배나 넓은 주파수 대역을 필요로 하는 텔레비전 방송은 라디오 방송보다 훨씬 주파수가 높은 100MHz대의 전파를 사용하고 있다. 그리고 주파수가 높아지면 전파가 멀리 도달하지 못하는 성질을 역으로 이용하면 멀리 떨어진 곳에서는 같은 주파수를 별도의 통신에 사용할 수 있게 된다. 자동차 전화가 처음 등장했을 때만 하더라도 미국이나 유럽에서 150MHz대를 이용하였으나, 곧 용량이 부족하게 되어 450MHz대로 변경하였다. 현재는 대용량을 확보할 수 있는 800MHz대가 주류를 이루고 있다.

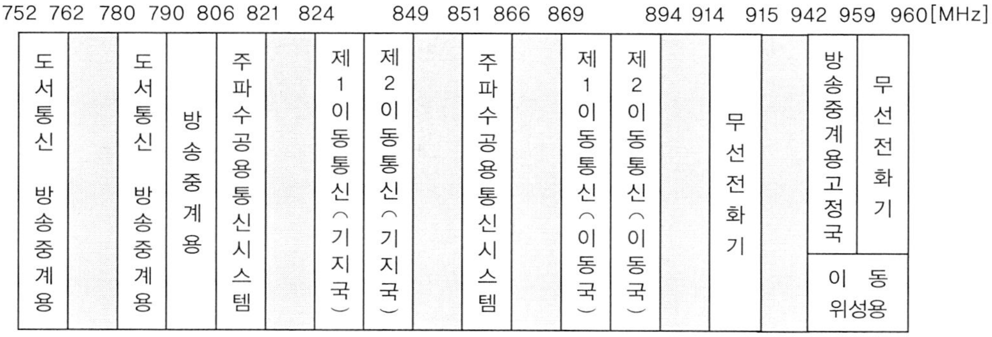

그림 13.1 이동통신에서의 전파의 용도

13.2 디지털 이동통신의 필요성

이동통신에서는 지금까지 한정된 주파수 대역에서 가능한 많은 채널을 확보하기 위한 목적으로 아날로그 방식이 주로 사용되어왔다. 그러나 앞으로는 고품질의 다양한 서비스를 실현할 수 있는 디지털 방식이 그 주류를 이룰 것으로 전망되고 있다.

현재의 이동통신에서 대상이 되는 정보 형태는 전화에서 사용되는 음성 신호가 대부분이지만, 최근의 고정통신과 마찬가지로 이동통신에서도 비음성 정보의 수요가 발생하고 있어서 문자나 영상 등에 관련된 통신 수요가 크게 증대될 것으로 예상되고 있다. 한편, 문자, 음성, 영상 등 다양한 정보를 디지털화 하여 광대역통신 망을 구성하고자 하는 광대역 종합정보통신 망(BISDN)의 구상은 고정통신 망의 장래 목표이긴 하지만, 앞으로는 이동통신 망도 BISDN의 구성요소로서 고정통신 망과 직접 자유로이 접속하는 방식으로 진행될 것이므로 고정통신 망과 동등한 수준의 디지털 방식으로 전환될 것이다.

고도의 정보통신 시대에서는 정보의 보안이 매우 심각한 문제로 등장할 것이다. 특히 전파를 이용하는 이동통신의 경우에는 아날로그 방식보다 디지털 방식이 훨씬 우수한 정보보안 능력을 갖고 있을 뿐 아니라 비교적 간단한 방법으로도 도청방지를 목적으로 하는 보안기능을 구현할 수 있다는 장점이 있다. 아울러 정보의 중요도에 따라 그 난이도를 선택할 수 있는 기술을 구사할 수 있다는 장점도 있다.

이동통신에서는 전파의 전파 상태가 복잡하고 열악하여 고품질의 신호를 확보하기 위해서는 페이딩(fading) 대책을 강구하여야 하며, 이동통신에서 사용되고 있는 셀 방식의 시스템에서는 회선 접속을 위한 고도의 제어기술이 필요하다. 디지털 방식은 이와 같은 기능을 구현하는데 높은 적응성을 갖는다는 특징이 있다.

13.3 셀룰러 전화

13.3.1 존 구성과 셀

가장 간단한 이동통신 시스템의 구성은 그림 13.2에 나타낸 바와 같이 서비스 지역의 중심에 안테나를 설치하여 자동차나 사람이 이동할 경우에도 전파가 미치는 범위 내에서 무선으로 통신할 수 있도록 하는 방식이다. 일반적으로 전파가 도달할 수 있는 범위를 존(zone)이라고 하는데, 하나의 서비스 지역을 하나의 존으로 구성하는 것을 대존(large zone) 구성이라고 한다. 미국이나 유럽에서 시작된 초기의 자동차 전화는 모두 이 방식이었다. 그러나 사용할 수 있는 주파수 대역이 한정되어 있어 수요가 증가하면 채널 수가 부족하여 항시 통화 중인 상태가 되고 만다.

최근의 자동차 전화 및 휴대전화에서 사용하고 있는 800MHz대와 같이 전파의 주파수가 높으면 안테나에서 멀어질수록 급속히 감쇠하여 일정 거리 이상에는 전파가 미치지 않는다. 이 경우 안테나로 부터 송신되는 전파의 송신 전력을 적게 하면 동일 서비스 지역 내에서 조금 떨어진 곳에서는 같은 주파수를 사용할 수 있게 된다. 전파의 도달 범위를 고려하는 방법이라 할 수 있다. 이렇게 함으로써 전체적으로는 보다 많은 채널 수를 확보할 수 있다.

그림 13.3에 나타낸 바와 같이 하나의 서비스 지역을 다수의 작은 존으로 나눈 것을 소존구성이라고 한다. 여기서 하나의 작은 존은 셀(cell)이라고 하고, 셀 방식으로 운영되는 이동전화는 셀룰러 전화(cellular telephone)라고 한다.

이동전화의 서비스 지역은 보통 반지름이 수십 km 정도가 되는 범위이다. 이것은 하나의 서비스 지역이 반지름이 수 km 정도인 소존으로 나누어진다는 것을 의미한다. 소존의 반지름을 작게 하면 할수록 같은 주파수의 이용률이 높아지기 때문에 전체적으로 채널 수가 증가하여 시스템의 대용량화를 실현할 수 있다. 일반적으로 교외에서는 7～10Km, 그리고 도심지에서는 2～3Km로 존을 구성하여 대용량화를 실현하고 있다.

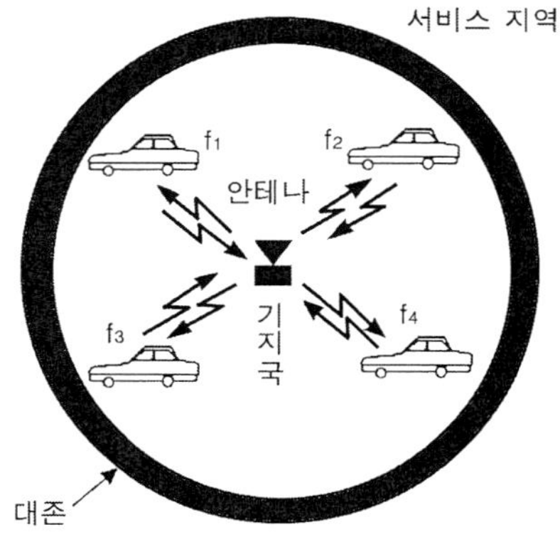

▎그림 13.2 ▎ 대존의 구성

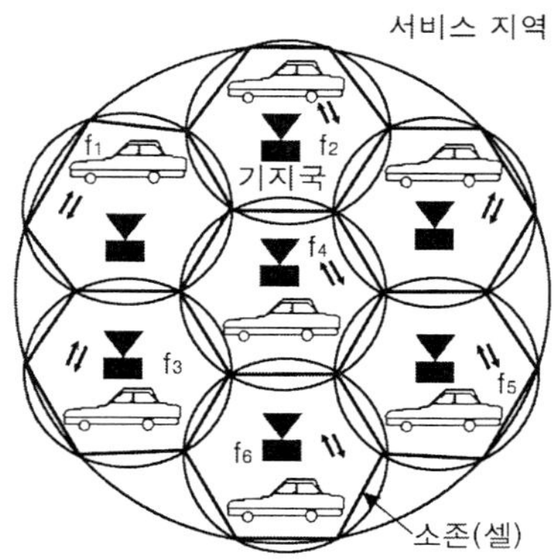

▎그림 13.3 ▎ 소존의 구성

존의 중심에 있는 기지국의 안테나를 통해 전파를 주고받는데, 대존 구성에서는 기지국이 하나로 충분하지만 소존 구성에서는 각 존마다 하나의 기지국을 설치해야 하기 때문에 기지국 수가 크게 증가한다. 따라서 3개의 존이 교차하는 지점에 기지국을 설치하고 전파가 120도의 범위로 방사되도록 한 지향성 안테나를 사용하여 각 존에 서로 다른 주파수의 전파를 전송하는 방법을 사용하고 있다.

대존 구성에서는 서비스 지역의 어디를 이동해도 같은 안테나로 전파를 송수신한다. 그러나 소존 구성에서는 통신 중에도 소존을 넘어서 이동하는 경우가 많으므로 가장 가까운 안테나를 사용하는 복잡한 제어 절차가 필요하다. 이러한 단점에도 불구하고 한정된 자원인 주파수를 가능한 효율적으로 사용할 수 있는 소존 구성이 주로 사용되고 있다.

13.3.2 접속 방식

전화기는 가입자선을 통해 교환기가 미리 정해 놓은 단자에 고정되어 있으므로 어느 교환기를 경유하면 상대방 전화기에 연결될 것인지 전화번호만 보면 알 수 있다. 그러나 휴대전화에서는 전화기가 존이나 서비스 지역을 넘어서 이동하기 때문에 전화번호만으로는 전화기의 위치를 알 수가 없다. 일반적으로 이동기가 존재하는 지역을 결정하는 데에는 2가지 방식이 있다.

하나의 방법은 번호에 해당 지역번호를 부여하여 발신자 자신이 상대방 이동기의 소재 지역을 지정하는 지역 지정 방식이다. 이 경우에는 이동기를 추적할 필요가 없으므로 통신 망 기능은 간단하다. 그러나 이용자의 입장에서 보면 상대방이 지정하는 지역에 없을 경우 별도의 지역을 추정하여 다시 다이얼을 돌려야 하므로 불편하다.

또 다른 방법은 지역번호를 사용하지 않고 발신자가 상대방의 휴대전화 번호를 다이얼링하면 통신 망이 메모리에 등록해 놓은 위치등록 정보로부터 이동기의 소재 지역을 자동 추적하여 접속하는 지역무지정 방식이다. 이용자에게는 편리하지만 통신 망의 접속 과정은 매우 복잡해진다.

이동기를 호출하는 경우, 여러 개의 존에 있는 각 기지국의 안테나에서 전파로 호출 신호를 일제히 전송하면 해당되는 이동기가 이에 응답한다. 이때 서비스 지역 전체에 호출 신호를 전송하는 것은 낭비이다. 따라서 서비스 지역을 대개「도」단위로 분할하여 호출 지역을 만들고 그 지역에서만 호출 신호를 전송한다.

소존 구성에서의 호출 지역은 여러 개의 존이 모여 형성된다. 지역에 있는 모든 존의 기지국에서 일제히 호출 신호를 전송하면 해당되는 이동기가 응답 신호를 전송한다. 각 기지국에서는 수신한 응답 신호의 레벨을 비교하여 가장 레벨이 높은 존에 이동기가 있다고 판단하여 그 존의 기지국에 접속된다. 통화 중에 존 Ⅰ에서 존 Ⅱ로 이동하면 존Ⅰ의 통화 신호 수신 레벨이 점차 내려간다. 자동차 전화 및 휴대전화 교환국은 기지국의 레벨 저하를 검출하면 주변 기지국의 수신 레벨과 비교하여 가장 레벨이 높은 기지국을 이동한 존으로 판단하고, 그 기지국으로 통화회선을 스위칭한다. 이처럼 항상 통화 신호를 감시하면서 회선을 제어하고 있기 때문에 이동기가 존을 벗어날 경우에도 통화가 계속되는 것이다.

13.4 코드리스 전화와 시티폰

현재 일반 가정에서 널리 사용되고 있는 아날로그 방식의 코드리스 전화(CT : Cordless Telephone)는 전화 가입자선의 잭 부분에 접속 장치를 설치하고 접속장치와 송수화기 사이를 전파로 연결하여 제한된 좁은 범위를 이동하면서 통화할 수 있도록 한 것이다. 그림 13.4에 아날로그 방식의 코드리스 전화 구조를 나타냈다.

코드리스 전화는 휴대전화에서의 기지국 역할을 실내의 전화기로 옮겨 전파의 송신 전력을 10mW 이하로 작게 하고, 존의 반경을 50～100m 정도로 축소했다고 생각하면 된다. 가정에서 사용하는 코드리스 전화는 40MHz/3mW의 코드리스 전화기와 40MHz/10mW의 고급 코드리스 전화기로 구분된다. 그리고 40MHz대의 15채널을 사용하는 무선전화기는 제조 시에 주파수가 고정되어 나오는 저가형과, MCA(Multi Channel Access) 방식에 의해 전화기를 켤 때마다 15채널 중 빈 채널을 찾아가는

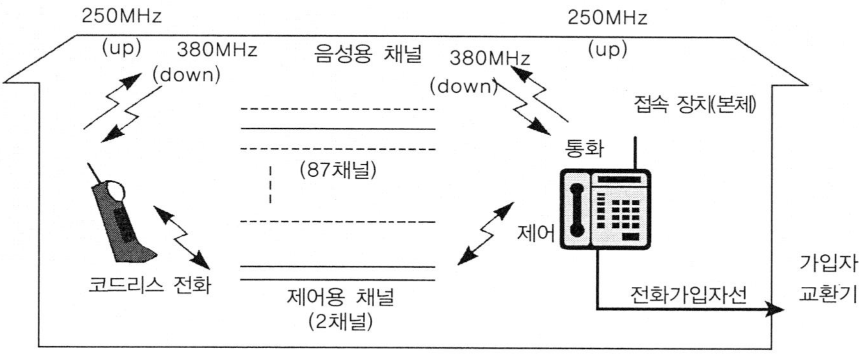

그림 13.4 코드리스 전화의 구조

고급형 2가지가 있다. 채널고정형은 주파수가 고정되어 있으므로 다른 집에서 동일한 주파수를 사용하는 경우, 그 집이 전화기를 사용하고 있으면 전화를 할 수 없거나 혼신이 되어 그 통화내용을 듣게 되는 경우가 있다. 이런 경우가 빈번하게 발생하면 휴대기와 본체의 딥스위치를 조정하여 채널을 바꾸어 주어야 한다. 한편, 900MHz 대의 코드리스 전화기는 대부분이 40채널의 MCA 방식으로 출력이 10mW이므로 이웃집이나 가까운 동네에서도 사용이 가능하다.

이상에서 설명한 제1세대의 코드리스 전화(CT 1 : Cordless Telephone 1st-Generation)는 사용 범위가 극히 작은 지역으로 제한되고, 보급률이 높아지면서 인근 사용자와의 혼신 등으로 통화 품질 및 보안성 등의 부분에서 많은 문제점이 있다. 이러한 문제점을 개선하기 위하여 1980년대 초부터 영국과 스웨덴을 중심으로 디지털 코드리스 전화의 개발이 시작되어 1989년 영국에서 제2세대 코드리스 전화(CT2 : Cordless Telephone 2nd-Generation)가 개발되었다.

CT2는 개인통신 서비스(PCS : Personal Communication System)로 가는 중간 단계의 통신 서비스로 가정에서는 일반 코드리스 전화기와 동일하게 사용되고, 실외에서는 보행 이동 중에도 통신이 가능한 새로운 형태의 통신 서비스이다. 우리나라에서도 1995년 3월부터 서울 여의도 지역을 시범 지역으로 선정하여 시험 서비스를 실시하는 과정을 거쳐 「시티폰」이라는 명칭으로 1997년 초에 발신 전용 휴대전화 서비스가 개시되었었다.

시티폰에 이어 차세대 이동전화로 주목받고 있는 「PCS」라는 명칭의 코드리스 전화가 등장해서 이동전화 시장에 새로운 바람을 불러일으키고 있다. 현행의 휴대전화보다 요금이 저렴하면서도 양질의 서비스를 제공하는 것이 「PCS」의 기본 목표이다. 여기서의 「PCS」는 상품명을 의미하는 것으로 이해하기 바란다. PCS, 즉 개인휴대통신의 궁극적인 모습에 관해서는 다음 절에서 설명하기로 한다.

13.5 주파수공용통신 TRS

1960년대 미국에서 무선통신에 대한 수요가 급격히 증가하여 주파수 자원의 효율적인 관리에 대한 문제가 제기됨에 따라 1972년 최초의 상용서비스가 시작된 주파수공용통신 시스템(TRS : Trunked Radio System)은 현재에는 미국, 일본, 유럽 등에서 활발하게 운용되고 있다. 우리나라에서도 1991년 12월부터 부산 지역을 중심으로 한

항만 TRS, 1993년 6월 서울시민의 공안통신용으로 개시된 서울 경창청의 112 지령통신, 1994년 12월 개시된 한국전력의 전력선 유지 보수 TRS 등이 운용되고 있다.

주파수공용통신 시스템이란 용어는 공중교환 망에서 전화교환국 간에 연결된 접속선로를 다수의 전화 사용자가 시분할 방식으로 공용하는 선로인 중계선(trunk line)에서 인용되었다. 이 중계선은 시분할 방식에 의해서 많은 사용자들이 사용하고 있지만 각각의 사용자들은 자신의 통화가 시분할되어 있다는 것을 전혀 느끼지 못하고, 자신이 그 회선을 전용하고 있는 것으로 알고 있다. 이와 마찬가지로 주파수공용통신 시스템에서도 특정주파수를 많은 사용자들이 공유하는데, 이때 하나의 주파수가 많은 사람들에 의해 공유되는 상태를 주파수공용이라 한다. 그리고 이와 같은 개념의 통신을 주파수공용통신이라고 한다.

주파수공용통신은 한마디로 일반 업무용 무전기와 셀룰러 전화를 합쳐 놓은 것과 같다. 업무용 무전기의 가장 큰 장점은 PTT(Push To Talk)를 누르면 통화가 바로 이루어진다는 것이다. 셀룰러 전화는 몇 마디의 간단한 통화가 필요한 경우에도 번호를 눌러야 하고 또 받을 때까지 기다려야 한다는 단점이 있는 반면에 동시에 듣고 말하기가 가능하다는 장점이 있다.

주파수공용통신은 셀룰러 전화와 같이 여러 곳에 중계기를 설치하여 넓은 지역을 송수신 지역으로 확보하면서 일반 업무용 무전기처럼 PTT를 누르는 즉시 0.5초 이내에 말할 수 있고, 언제나 수신이 가능하다는 장점을 살리기 위한 방식으로 주파수자원의 효율적인 이용을 위하여 통신할 때마다 빈 주파수를 찾아 사용한다.

이러한 기능이 가장 요긴하게 활용되는 분야는 경찰, 소방, 의료, 철도 등에 관련된 각종의 공공기관과 유통 비용의 절감을 통한 생산성 향상의 수단으로 이용이 가능한 운송, 제조판매, 수리관계, 토목건설 등의 분야이다.

TRS 시스템은 그림 13.5에 나타낸 바와 같이 하나의 중계국과 다수의 가입자군으로 구성되는데, 각 가입자군은 다시 지령국과 다수의 이동국으로 구성된다. 중계국은 주파수공용 중계 장치를 이용하여 가입자군 내의 지령국과 이동국 간이나 이동국 상호 간의 통신을 중계한다. 지령국은 이용자의 사무실 등에 설치하는 무선국으로 가입자군마다 하나씩 설치되며, 각 이동국은 중계국을 통하여 지령국이나 다른 이동국과 통신한다. 우리나라의 TRS 시스템에서는 800MHz대의 주파수가 할당되었으나, 지역 사업자 및 자가통신 망 구축에 대한 요구가 증가함에 따라 주파수 범위의 확대가 요구되면서 추가로 380MHz대의 주파수가 새롭게 설정되었다.

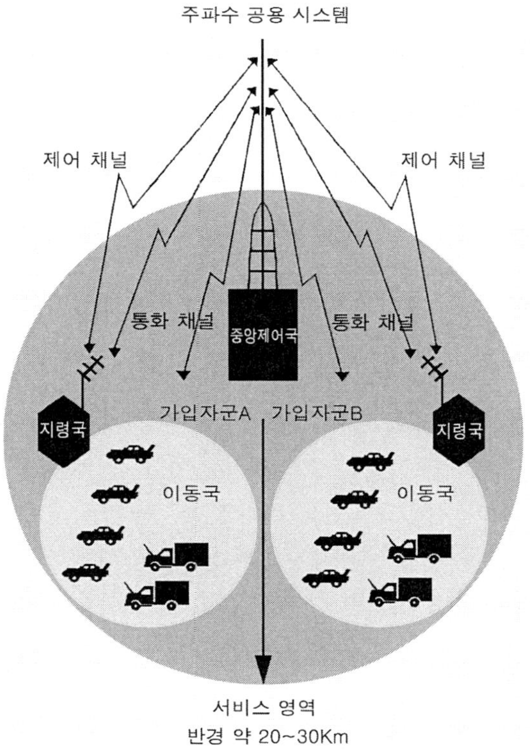

그림 13.5 TRS 시스템의 구성도

주파수공용통신 시스템의 가장 큰 특징은 일대 다수의 그룹통신이나 혹은 지령통신 방식이라는 것이다. 여기서 각 그룹은 업무내용에 관련된 유사한 목적을 가진 사용자들의 단말기로 구성된다. 사용자들을 그룹화하여 지정된 무선 채널을 다수의 가입자가 공동으로 이용함으로써 시스템 및 주파수의 사용효율을 극대화할 수 있기 때문이다. 그리고 채널당 가입자 수를 최대화하기 위하여 단순한 대화 형태 즉 1~3분 정도로 통화시간을 제한하고 있으며, 전화 접속 통화를 제외한 부분에서는 PTT를 이용한 단방향통신 방식을 사용한다. 서비스 반경은 약 20~30km 정도이다.

13.6 다원 접속 방식

휴대전화기 등의 이동 단말기에서는 기지국을 매개로 다른 이동 단말기와 통신하고 있다. 이것은 여러 개의 이동 단말기가 하나의 기지국에 접속할 수 있기 때문에 가능한 것이다. 그러나 이동 단말기와 기지국을 연결하는 무선 채널의 수는 한계가 있다. 그러므로 제한된 채널을 효율적으로 활용하기 위해서는 주어진 채널을 분할하여 이동 단말기에 할당하는 기술이 필요하다. 이처럼 주어진 채널을 분할하여 각 이동 단말기에 할당하는 통신 형태를 다원 접속(multichannel access)이라고 한다. 분할 대상이 되는 것은 주파수, 시간, 부호인데, 이 3가지 중에서 어떤 것을 분할하는가에 따라 주파수분할 다원 접속(FDMA : Frequency Division Multiple Access), 시간분할 다원 접속(TDMA : Time Division Multiple Access), 부호분할 다원 접속(CDMA : Code Division Multiple Access) 방식으로 분류된다.

주파수분할 다원 접속 방식이나 시간분할 다원 접속 방식, 그리고 부호분할 다원 접속 방식 모두 기본적으로는 하나의 정보 전달 통로를 통해서 독립적인 다수의 정보를 전달하기 위해 고안된 다중화 방식들이다. 이해를 돕기 위해서 정보가 전달되는 통신로를 하나의 파이프로, 그리고 각각의 음성을 서로 다른 액체로 비유해 보기로 하자. 이렇게 서로 다른 액체를 하나의 파이프를 통해 보낼 수 있는 방법은 그림 13.6(a)에서와 같이 기존의 파이프 안에 다시 작은 직경의 파이프를 설치하여 액체를 각각의 작은 파이프를 통해서 보내는 방법(FDMA)과 그림 13.6(b)에서와 같이 시간 차이를 두고 각 액체를 교대로 보내는 방법(TDMA), 그리고 그림 13.6(c)에서와 같이 모든 액체를 섞어서 보낸 후 받는 쪽에서 이를 다시 분리하는 방법(CDMA)을 생각할 수 있다. CDMA 방식에서는 각각의 음성을 서로 구별이 가능한 코드에 섞어서 전송함으로써 받는 쪽에서 코드에 따라 분리할 수 있도록 하고 있다.

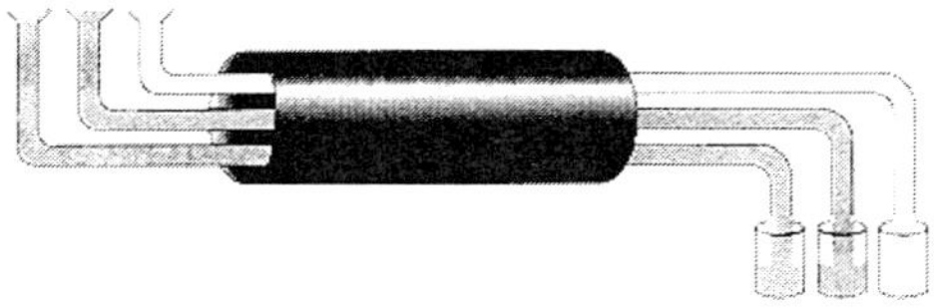
(a) FDMA

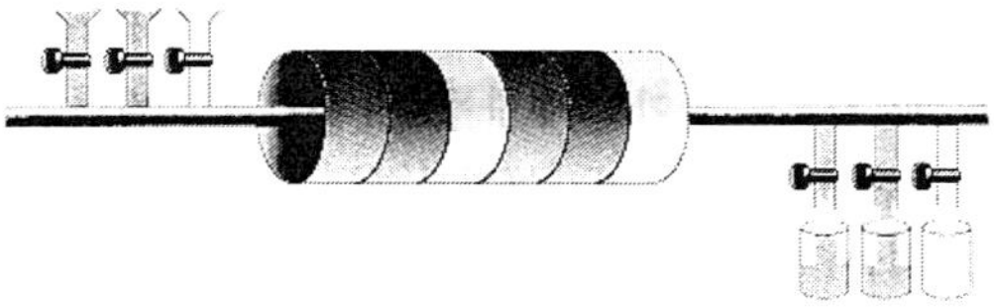
(b) TDMA

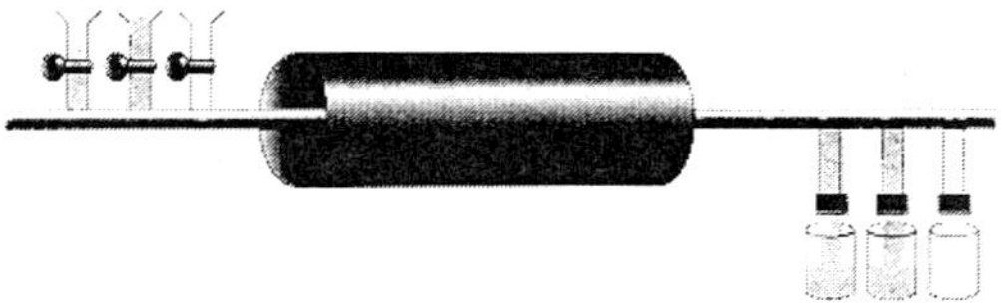
(c) CDMA

그림 13.6 다원 접속 방식

13.6.1 주파수분할 다원 접속

FDMA는 현재의 아날로그 이동통신 시스템에서 사용되고 있는 방식으로 주파수분할 다중화(FDM) 방식과 동일한 형태이다. 다른 점은 FDM의 경우에는 채널의 위치가 고정되어 있는데 반해, 다원 접속에서는 비어 있는 채널을 선택하여 사용한다는 것이다.

그림 13.7에 나타낸 바와 같이 FDMA는 주어진 주파수 대역을 12.5KHz 간격으로 분할하여 만든 복수 개의 무선 채널 중 일부를 가입자들이 할당받아 통화 시간 전체에 걸쳐 사용하는 방식으로 전파 사용효율이 가장 낮다. 이름은 거창하지만 결국 한 채널에 한 주파수라는 간단한 방법으로 여러 개의 주파수 중 빈 것을 찾는 것이다. 이미 무선전화기에도 사용되고 있는 가장 보편적인 방식이다.

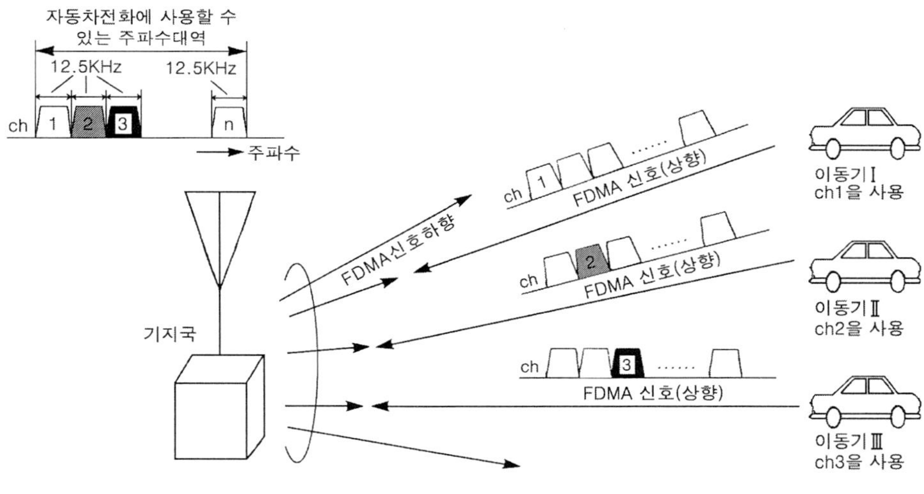

| 그림 13.7 | FDMA

13.6.2 시분할 다원 접속

수백 명이 모인 파티를 예로 들어보자. 제각기 떠들고 있어 주의를 기울이지 않으면 옆 사람의 얘기를 한마디도 알아듣기 힘들다. 어떻게 대화를 나눌 수 있을까? 여러 사람이 동시에 말하는 것을 제한하면 된다. 즉 시간을 잘게 쪼갠 다음, 각각의 시간을 사람들에게 할당하고, 각자에게 할당된 시간에만 말을 하게 하면 이러한 문제는 해결할 수 있다. 이와 마찬가지로 TDMA에서는 시간을 쪼개 사람들이 통화하는 내

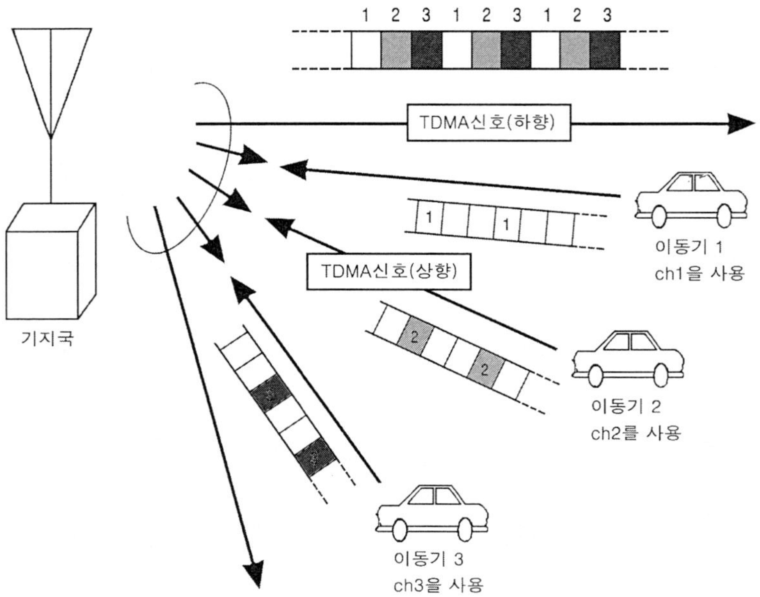

그림 13.8 TDMA

용을 서로 다른 시간대에 보낸다. 아주 짧은 간격으로 잘게 나누기 때문에 통화하는 사람은 자신의 대화 내용이 조각조각 분리되어 전송된다는 것을 눈치채지 못한다.

TDMA는 그림 13.8에 나타낸 바와 같이 주어진 주파수 대역을 먼저 50KHz 간격으로 분할하고, 그 50KHz 대역 안에서 디지털화한 음성 신호 3채널을 시간슬롯으로 분할하여 시분할 다중화(TDM) 방식으로 전송하는 방식이다. FDMA에서는 주파수 대역을 분할하는데 채널마다 정밀한 필터를 필요로 하지만, TDMA에서는 3채널에 모두 적용될 수 있는 1개의 필터로 충분하기 때문에 경제적이다.

미국이나 일본에서는 3채널, 유럽에서는 8채널을 사용하고 있다. 이 방식에서는 기지국이 같은 주파수를 사용하여 신호를 전송하지만 신호를 주고받는 시간을 달리하는 방식으로 기지국은 자신에게 할당된 시간에만 신호를 전송한다.

13.6.3 부호분할 다원 접속

CDMA는 사람마다 고유번호(코드)를 부여하고, 특정인이 얘기할 때마다 대화내용의 앞부분에 코드를 부가해서 다른 사람의 얘기와 구별하는 방식이다. 다시 말해서 CDMA에서는 이동 단말기마다 고유한 코드를 부여하여 식별하는 방식으로 통화 마디마디에 코드를 부가해서 전송한다. 이는 여러 나라 사람이 좁은 공간에서 각자 자기나라 말(코드)로 얘기해도 자신이 아는 언어가 더 확실히 들리는 것과 같다. 코드에 의해 구분되는 이동 단말기가 동일한 주파수 대역을 사용하므로 한 채널로 보다 많은 이동 단말기를 수용할 수 있고, 사용되는 코드가 4조 4천억 개나 되어 혼선방지와 높은 보안성을 유지할 수 있다는 장점이 있다.

아날로그 방식에서는 음성주파수를 변조하여 다중화하는 편이 쉽기 때문에 FDMA 방식을 사용하고 있다. 반면에 디지털 방식에서는 음성을 디지털화하여 사용하기 때문에 펄스의 시간 위치를 변조하는 것이 쉽다는 이유로 TDMA 방식이 사용되어 왔다. TDMA와 더불어 CDMA는 디지털 이동통신을 대표하는 2가지 기술 방식이다. 디지털 이동통신은 TDMA 방식으로 먼저 실용화되었다. 특히 유럽은 TDMA의 일종인 GSM 방식으로 통일해서 미국, 일본, 중국 등 세계시장으로 활발하게 진출하고 있다. 미국식 TDMA와 일본의 PDC도 TDMA 방식이지만 GSM에 비해 열세다.

CDMA는 미국의 벤처기업인 퀄컴사에 의해 처음 개발된 기술로 지난 1993년 우리나라와 미국이 기술표준으로 정하면서 부각되었다. 그 후 우리나라에서 상용 서비스에 성공하여 GSM의 강력한 라이벌로 등장했다. CDMA는 아날로그에 비해 20배까지 가입자를 수용할 수 있어 세계적으로 채택하는 국가가 급격히 늘어나고 있는 추세다.

13.7 개인휴대통신 서비스와 미래 공중 육상 이동통신 시스템

꿈의 개인 휴대통신기로 불리는 PCS(Personal Communication Services : 개인 휴대통신 서비스)는 음성통신만을 생각하면 디지털 셀룰러 전화와 동일하다. 800MHz 대를 사용하고, 수 km의 셀 반경을 가지며, 단말기의 출력이 0.6W인 기존의 셀룰러 전화와 달리 PCS는 수 GHz대의 주파수를 마이크로 셀이라고 하는 작은 셀로 나누어 사용하고, 단말기 출력을 0.1W 정도로 낮추어 소형 경량화를 추구하며, 디지털통신이라는 것이 대충의 개요이다.

PCS는 저렴한 가격으로 음성통신은 물론 데이터 송수신 등을 자유자재로 하는 만능의 수단이 되고 있다. 그러나 현재는 전 세계적으로 PCS 정의 및 규격이 일정하지 않아 사람들의 혼란을 가중시키고 있다. PCS의 의미가 개인통신 서비스를 의미하기 때문에 이미 수년 전부터 많은 통신 단말기의 모델명이나 제품명으로 너무 많이 사용되었기 때문이다. 이렇게 PCS도 그 틀을 잡지 못하고 있는 가운데 이미 2000년대에 사용할 FPLMTS의 이야기가 나오고 있으니 통신 분야의 끝은 어디일까? 의문을 가질만하다.

아날로그 휴대전화, 디지털 휴대전화, PCS로 발전해온 공중 육상 이동통신 분야에서는 이미 2000년대 통신으로 FPLMTS(Furture Public Land Mobile Telecom munication System : 미래 공중 육상 이동통신 시스템)을 논하고 있다. 아날로그 이동통신과 디지털 이동통신을 각각 제1세대와 제2세대 통신으로 부른다면 FPLMTS는 제 3세대 통신이라고 할 수 있다. 2000년대의 육상 이동통신은 셀룰러 전화와 코드리스 전화의 장점을 살리면서 음성은 물론 문자, 영상 정보까지 통합하여 송수신할 수 있는 FPLMTS로 발전할 것이며, FPLMTS로 이행되는 과정에서 탄생한 PCS는 1990년대 후반 이후 2000년대 초까지 육상 이동통신의 성장을 주도할 것이다. 1986년부터 검토되기 시작한 FPLMTS는 1992년 개최된 세계전파주관청 회의(WARC-92)에서 지상계통 주파수로 1.885~2.025GHz, 위성계통으로 2.11~2.20GHz 주파수를 전 세계 FPLMTS용 공통주파수로 할당함으로써 구체화되었다.

플림스로 발음되는 FPLMTS는 발음이 정확하지 않고, 일반인에게 의미를 전달하는 것도 어렵다. 따라서 최근에는 2,000MHz 대역의 주파수가 사용되고, 서비스 도입 목표 시기도 2000년대이며, 전송률이 2,000Kbps라는 의미에서 IMT-2000(International Mobile Telecommunication-2000)으로 불리고 있다. IMT-2000은 PCS에서 거론하지 못한 다른 망과의 완벽한 접속 및 가입자 지역 이외에서도 서비스를 받을 수 있는 국제적인 로밍(roaming) 등을 해결하면서 육상, 해상, 공중 어디에서나 사용이 가능하며, 국경에 관계없이 어느 나라에서나 통화가 가능하고, 음성, 데이터, 영상 등 멀티미디어를 모두 서비스할 수 있으며, 고품질이면서도 소형 경량이므로 어디든지 가지고 다닐 수 있는 완벽한 통신을 의미하는 것이다. 세계 어느 곳에서나 통신이 가능하다는 것은 지구 상의 모든 사용자가 각기 다른 사용자 번호를 부여받는 것을 의미한다. 한다. 사람 각각에 번호가 부여되는 날도 멀지 않은 것 같다.

다시 말해서 IMT-2000은 전 세계가 동일 주파수 대역을 할당하고 국제적인 통합 기준을 마련하여 하나의 단말기로 글로벌 로밍과 2Mbps까지 초고속 무선 접속 속도를 보장하여 영상전화, 무선인터넷, 차세대 지능망 등과 같은 다양한 서비스를 제공할 수 있는 유무선 통합 이동 멀티미디어 서비스를 의미한다. IMT-2000이 중요한 이유는 무엇보다도 다양한 서비스가 가능함에 따라 서로 다른 분야의 산업에도 그 파급 효과가 크기 때문이다. 즉 글로벌 로밍을 통한 세계의 서비스 영역권 통합과 다양한 무선 멀티미디어 통신의 구현은 단지 서비스 부문뿐만 아니라 단말기, 시스템, 콘텐츠 부문 등 연관 산업 전 분야에 걸쳐 그 생산 파급 효과가 전 세계적으로 나타날 것으로 기대된다.

로밍이란 걸어 다닌다는 의미로 가입자 이외의 지역 즉 자신이 가입한 사업자의 서비스 지역이 아닌 지역에서도 통화를 가능하도록 하는 것이다. 통상적으로 관할구역을 각각 달리하는 2개의 사업자가 존재하는 경우 자기가 가입한 구역을 떠나 통화를 시도하면 가입자는 자기의 등록 지역 사업자로부터 서비스를 받을 수 없다. 따라서 로밍 서비스가 가능하도록 하려면 우선 관련 사업자 간에 협정이 체결되어야 하고, 상호 동일한 방식의 시스템이어야 한다.

IMT-2000의 기술표준은 크게 동기식과 비동기식으로 양분화되어 있다. 동기식은 미국이 쏘아 올린 GPS(Global Positioning System : 위치, 속도, 시간 측정 시스템) 위성을 이용해서 송신 측과 수신 측을 동기시켜 데이터를 전송하는 방식이다. 반면 비동기식에서는 위성을 이용하지 않고 기지국과 중계국만을 거쳐 데이터를 주고받는 방식이다. 흔히 동기식을 미국식, 그리고 비동기식을 유럽식이라고 한다. 동기식 원천기술은 미국의 퀄컴사가, 그리고 비동기식 원천기술은 에릭슨, 노키아 등 유럽 업체들이 갖고 있기 때문이다.

우리나라는 CDMA 방식의 동기식에 강점을 갖고 있다. 원천기술은 퀄컴사가 소유하고 있지만 모뎀 칩을 비롯한 핵심부품에서는 선진국 업체들과 견줄만한 수준이다. 단말기 시스템 및 운용기술 분야에서는 선진국들보다 앞서 있다. 세계시장 전망에서는 비동기식이 단연 앞선다. 비동기식이 동기식에 비해 8 : 2의 우위를 점하고 있다. IMT-2000 서비스가 본격화되는 2005년 후에도 비동기 우위는 변하지 않을 전망이다.

한편, 미국에서 일기 시작한 위성을 활용한 PCS 열풍이 전 세계 사업자들의 지대한 관심 속에서 추진되었다. 1994년 국제전기통신연합(ITU) 보고서에서 처음으로 GMPCS (Global Mobile Personal Communication System)라는 용어를 사용하기 시작하면서 알려진 이 서비스는 지구 상공 비정지궤도(저궤도 혹은 중궤도 : 지구 상공 780Km~2,903Km)에 수십여 개의 위성으로 이동통신 서비스를 제공하는 범세계 위성 이동통신 시스템이다. GMPCS는 세계의 거대 통신 사업자들이 주축이 되어 범국가적인 규모로 추진되고 있으며, PCS와 연계해서 통신 망이 없는 산간 벽지, 도서 지역 등 지구촌 구석구석까지 국경 없는 이동통신 서비스를 제공한다는 구상이다. 이리듐(Iridium)과 글로벌스타(Global Star) 및 오딧세이(Odyssey) 프로젝트 등이 GMPCS의 대표적인 예이다.

휴대전화로 전 세계 어디에서나 원하는 곳으로 전화를 걸 수 있는 위성휴대전화 (GMPCS) 시대가 열리고 있다. 위성휴대전화 국제 컨소시엄 중 세계 최초로 상용 서비스를 제공하는 이리듐이 그 서막을 연 것이었다. 위성휴대전화란 인공위성을 통해 지구 전체를 단일 통신 지역으로 하는 국경 없는 지구촌 통신 서비스이다.

GMPCS의 첫 번째 주자는 미국 모토롤라 등 전 세계 15개국 20여 업체의 참여로 시작된 이리듐 서비스이다. 이리듐 프로젝트는 이리듐 원자번호가 77이므로 지구를 원자핵으로, 그리고 핵 주위를 도는 77개의 전자를 위성으로 가상해서 지은 이름이다. 현재는 66개의 위성을 사용하는 것으로 수정되었다. 그림 13.10에 66개의 인공위성으로 연결된 이리듐 위성 망을 나타냈다. 이리듐 서비스는 소비자 만족도를 높여주는 대신 단말기 가격과 사용요금은 기존 휴대전화에 비해 비싼 편이다.

이처럼 명실상부하게 지구촌 시대를 열어갈 GMPCS에 대해 낙관적인 전망과 함께 미래시장의 불투명에 대한 견해도 없지 않다. 비관론의 근거로는 GMPCS의 단말기와 서비스 이용요금이 너무 비싸다는 것이다. 위성을 통해 세계를 단일 통화권으로 연결한다는 거창한 목표를 들고 나온 이리듐은 잦은 고장으로 통화 단절이 빈번하고, 단말기 가격과 서비스 요금이 너무 비싸기 때문에 이용자로부터 외면당해 파산신청 전단계인 채무조정 신청에 들어갔다.

GMPCS의 차세대 주자는 국제해상기구를 중심으로 44개국 46개 업체가 참여하는 ICO와 미국 로럴사와 퀄컴사의 주도로 우리나라의 데이콤 등 6개국 11개 사업자가 참여하고 있는 글로벌스타이다. 글로벌스타에서는 위성 수를 줄여 사용료를 낮게 책정하는 방향으로 GMPCS 서비스를 준비하고 있다.

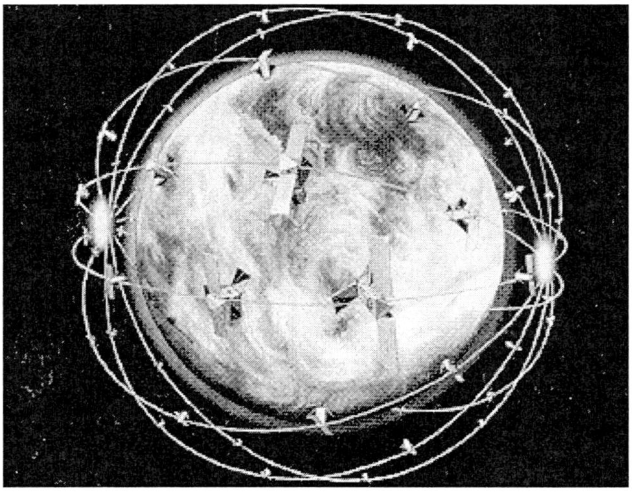

그림 13.9 66개의 인공위성으로 연결된 이리듐 위성 망

새로운 통신 서비스

제 14 장

14.1 영상 혁명을 이끄는 디지털 데이터방송

1990년대부터 디지털기술이 방송에 적용되기 시작하여 이제는 방송계 전반에 걸쳐 커다란 변화를 가져오고 있다. 지난 1970년대 이후 디지털기술은 통신과 컴퓨터의 융합을 가능하게 하여 이른바 C&C(Computer & Communication) 혁명을 이루어 냈고, 정보통신 산업을 획기적으로 변화시켜 왔다. 이제는 디지털기술이 방송 부문에서도 활용할 수 있게 됨에 따라 방송 환경을 변화시키는 가장 주요한 요인으로 부각되고 있다.

방송의 디지털화는 TV프로그램과 같은 영상 콘텐츠도 데이터통신 방식으로 전송할 수 있다는 것을 의미한다. 특히 디지털 압축기술을 적용하면 기존의 방송과는 질적으로 다른 방송 환경을 만들어 낼 수 있다.

디지털방송은 먼저 위성방송에서 채택되어 지상파 방송으로 확대되고 있다. 디지털 위성방송의 위력은 이미 미국, 일본, 유럽 등 주요 선진국에서 실증된 바 있다. 수백 개의 채널을 제공함으로써 방송계 전반을 바꾸어 놓고 있다. 미국의 경우 케이블 TV가 확고한 위치를 차지하고 있어서 다른 뉴미디어의 진입이 어려웠으나 디지털 위성방송이 급속하게 성장하여 케이블 TV 시장을 잠식하고 있으며, 일본에서도 디지털 위성방송이 성공적으로 연착륙하고 있다. 그러한 디지털기술이 지상파 방송에 적용되기 시작한 것이다.

디지털 지상파방송은 위성방송의 디지털화보다 커다란 파장을 일으킬 수 있다. 디지털 지상파방송은 21세기 멀티미디어 시대의 근간을 마련하여 방송 혁명의 완결판의 성격을 띠고 있기 때문이다. 더욱이 지금까지의 지상파방송은 몇 개의 채널밖에 되지 않는 한정된 주파수 자원을 사용하기 때문에 뉴미디어와는 달리 공적 책임을 갖는 방송을 구현해 왔다.

대부분의 국가에서 지상파방송은 공영방송 제도로 유지되어 왔다. 따라서 지상파방송은 상업적인 이익을 추구하지 않고 전체 국민의 정보복리와 여론조성의 역할을 책임지는 것으로 인식되어 왔다. 그런데 이 지상파방송이 디지털화의 물결에 휩싸이게 되는 상황에 직면한 것이다. 지상파방송의 디지털화는 위성방송과 케이블 TV의 디지털화와 비교할 때 향후 경쟁력이 취약해질 것으로 보이는 지상파방송의 새로운 시대를 열어 갈 것으로 전망된다. 따라서 세계 주요국은 디지털 지상파방송에 심혈을 기울이고 있다. 향후 10년에서 15년 이내에 전 세계 방송산업 체계는 근본적인 변화를 경험하게 될 것이다. 이에 우리나라도 뒤늦게 지상파방송의 디지털화 정책을 추진하고 있다. 정부는 디지털 지상파 TV방송을 2010년까지 현재의 아날로그 시스템에서 디지털 시스템으로 완전히 전환한다는 계획을 발표하였다.

디지털방송은 위성방송에서 가장 먼저 구현되어 다채널을 주도하고 있다. 그러나 디지털방송의 완결점은 지상파방송에 있다고 해도 과언이 아니다. 디지털 지상파방송 개념은 나라마다 조금씩 다르게 사용하고 있다. 미국에서는 DTV(Digital Television)라는 개념을 사용하고 있으며, 영국에서는 DTT(Digital Terrestrial Television)가 사용된다. 일본에서는 DTTB(Digital Terrestrial Television Broadcasting), 독일 등에서는 DVB-T(Digital Video Broadcasting - Terrestrial Television) 개념을 사용하고 있다. 디지털방송의 장점은 다음과 같다.

14.1.1 다채널화

디지털화는 다채널 방송 서비스를 가능하게 한다. 예컨대, 현재 아날로그 텔레비전 서비스를 전송하는 채널당 주파수는 비트율로 환산하면 18~24Mbps이다. 그런데 디지털 방식으로 프로그램을 전송할 경우에는 채널당 4Mbps 정도가 요구된다. 따라서 종전의 지상파 주파수를 디지털화하면 4~6개의 채널 서비스가 가능한 것이다.

디지털화는 혼선 문제를 방지함으로써 주파수 대역의 손실을 크게 줄일 수 있다. 현재 아날로그 텔레비전에서는 채널 간 혼선을 피하기 위해 일정 주파수 대역을 보호밴드로 비워 놓고 있다. 그러나 디지털 서비스에서는 그러한 혼선의 문제가 없기 때문에 하나의 주파수 대역만으로 송출이 가능하여 혼선 방지를 위해 남겨두었던 보호대역에 해당하는 여분의 주파수를 활용할 수 있다. 따라서 아날로그 전송을 디지털화 하면 현재 5개의 채널로 운용되고 있는 지상파방송을 크게 늘릴 수 있다.

14.1.2 고품질화

디지털화는 고품질 방송을 가능하게 한다. 아날로그에서는 일단 잡음이 섞이면 이를 제거할 수 있는 방법이 없다. 정보가 파형의 모양에 담겨져 있기 때문에 잡음이 섞여 파형의 모양이 변화면 잡음도 정보의 일부로 간주된다. 그러나 디지털에서는 잡음이 섞여 파형의 모양이 변하더라도 원래의 파형을 쉽게 복원할 수 있으므로 잡음의 영향을 최소화할 수 있다. 빌딩이나 산과 같은 장애물에 의한 화면 흔들림이나 고스트 현상도 일어나지 않는다. 디지털방송은 CD와 같은 음질을 보장하며, 돌비나 서브우퍼 등 특수 음향효과도 가능하다.

14.1.3 데이터방송의 촉진

디지털방송은 방송프로그램 외에도 각종의 쌍방향 서비스를 통해 정보고속도로의 실현을 촉진하는 역할을 수행할 수 있다. 디지털 셋톱박스나 디지털 수상기는 정보의 집적과 이용을 가능하게 하는 메모리를 갖고 있다. 따라서 이를 이용하면 쌍방향 서비스 즉 데이터방송, 홈쇼핑, 홈뱅킹, 주문형 비디오, 영상회의, 게임 등과 같은 다양한 부가 서비스를 제공할 수 있다.

데이터방송에 대한 정의의 핵심은 방송 망을 이용한다는 개념 외에도 단말기를 TV 수상기로 국한시키지 않는다는 것에 있다. 즉 데이터방송의 단말기는 PC가 될 수도 있고, 일대다 혹은 일대일 형태로 수신할 수도 있다는 점에서 방송과 통신의 성격을 모두 가지고 있다고 정의할 수 있다. 따라서 디지털 시대의 데이터방송이란 방송 망을 이용하여 디지털 멀티미디어 콘텐츠를 다양한 단말기에 전송하는 것으로 정의할 수 있다.

데이터방송은 다양한 기준들에 의해 다양한 방식으로 분류될 수 있는 서비스로, 향후 서비스와 기술의 발전에 따라 그 개념은 변할 수 있다. 따라서 일반적으로 사용되는 기준인 상향 채널의 유무와 프로그램 연동성 여부를 포괄적으로 고려하는 것이 바람직하다. 이러한 이유에서 최근에는 데이터방송을 프로그램 연동형 데이터방송, 프로그램 독립형 데이터방송, 대화형 서비스 등으로 분류하는 것이 일반적인 경향이다.

TV를 통해 인터넷 서비스를 쉽게 받을 수 있다면 현재 정보 서비스의 소외계층인 어린이, 주부, 노인들도 다양한 정보를 손쉽게 접할 수 있을 것이다. 즉 TV를 통한 인터넷 시대에서는 모든 사람이 양질의 정보에 쉽게 접근할 수 있어 계층 간의 정보

격차가 완화될 것이고, 대화형 서비스를 통해 시민의 의견을 수렴할 수 있으므로 데이터방송은 정보사회 발전의 초석으로 작용할 것이다.

데이터방송의 조기 도입은 산업적인 측면에서 일차적으로 데이터방송 네트워크 사업자와 콘텐츠 제공업자에게 새로운 수익기회를 제공하고, 이차적으로는 관련 산업에 대한 전후방 효과를 발생시킨다. 더 나아가 데이터방송 서비스를 이용하는 사업자들에게도 유통 비용의 감소와 정보의 관리 및 운용에 있어 효율성을 제고시켜 경제적 이익을 발생시킬 것이며, 궁극적으로는 산업전반의 경제적 효율성을 제고시킬 것으로 예측된다.

데이터방송의 도입은 전통적인 미디어 산업뿐만 아니라 관련 산업에도 상당한 전후방 효과를 미칠 것이다. 데이터방송은 방송, 통신, 가전 및 컴퓨터 산업의 다양한 기술과 서비스가 접목된 복합적 서비스이므로 데이터방송이 활성화된다는 것은 방송, 통신, 가전 및 컴퓨터 산업의 발전을 필연적으로 동반한다는 것을 의미한다.

데이터방송의 표준은 미국과 유럽을 중심으로 양분되어 발전하고 있다. 디지털방송의 표준은 유럽의 DVD(Digital Video Broadcasting) 방식과 미국의 ATSC (Advanced Television Systems Committee) 방식이 주도하고 있다. 데이터방송 표준도 이와 마찬가지로 유럽의 DVB-MHP(Multimedia Home Platform)와 미국의 ATSC-DASE(Digital TV Application Software Environment)로 양분되어 발전하고 있으며, 현재 국제적으로 통일된 데이터방송 규격은 없는 상황이다.

14.1.4 비용의 경제성

디지털화는 전송 비용을 줄이는데 크게 기여한다. 디지털 전송에 필요한 출력은 아날로그 전송시의 출력에 비해 크게 낮으므로 전송에 필요한 비용을 크게 줄일 수 있다. 또한 디지털 지상파방송은 디지털 위성방송이나 디지털 케이블방송에 비해 비용의 측면에서 유리하다. 그것은 지상파방송을 디지털화할 경우 송출 시설이나 송출탑 등 기존 아날로그 지상파방송 기반 시설을 그대로 사용할 수 있기 때문이다. 이에 비해 디지털 위성방송은 기존 아날로그 송출 기반을 사용할 수 없으며, 케이블방송의 경우에는 아날로그에서 디지털로 변환하거나 새롭게 디지털 케이블을 구축해야 하는데 이 비용은 대단히 높다. 디지털 케이블 방송에서는 새롭게 디지털 망을 구축하는 것이 더 경제적인 것으로 분석되고 있다.

전송에서만이 아니라 수신에 있어서도 경제성이 있다. 셋톱박스나 디지털 수상기 구입 비용은 지상파든 위성이든 큰 차이가 없지만 추가 수신 장비 비용에 있어 차이가 크다. 디지털 위성방송에서는 수신안테나, 디지털 케이블방송에서는 댁내 망설치 등에 관련된 추가 비용이 소요된다. 그러나 디지털 지상파방송에서는 이러한 추가 비용이 요구되지 않는다.

14.1.5 주파수의 효율적인 활용

디지털방송에서는 제한된 주파수를 효율적으로 활용할 수 있기 때문에 여분의 주파수를 이용하면 다양한 서비스를 제공할 수 있다. 디지털방송의 도입으로 남는 주파수에 대한 직접적인 경제적 가치를 추측하기는 쉽지 않다. 이는 주파수 재산권의 완전 자유경쟁 시장이 존재하지 않기 때문이다. 주파수의 효율적인 사용과 미래의 상황에 대비한 주파수 경매 및 주파수 가치평가 등을 논의하고 있는 상황에서 미국은 주파수 경매를 시도하고 있다.

14.2 언제 어디서나 유비쿼터스

유비쿼터스(ubiqitous)는 「언제 어디서나 존재하는」을 의미하는 라틴어로 사용자가 시간과 장소에 구애받지 않고 자유롭게 차세대 컴퓨터 네트워크에 접속하는 것을 의미한다. 최근 새로운 IT 패러다임인 유비쿼터스 컴퓨팅이 화두로 등장하고 있다. 유비쿼터스라는 단어가 유비쿼터스하게 여러 매체에 등장하고 있고, 많은 사람들이 유비쿼터스 컴퓨팅이 미래 정보통신 시장의 판도를 바꿀 새로운 패러다임이라는데 동의하고 있다. 이미 미국, 일본 등은 유비쿼터스 컴퓨팅 관련 분야의 선점을 위해 야심찬 프로젝트를 진행하고 있고, 우리나라에서도 최근 U-코리아 계획을 수립하였다.

스며드는(pervasive) 컴퓨팅, 사라지는(disappearing) 컴퓨팅, 보이지 않는(invisible) 컴퓨팅, 자율(proactive) 컴퓨팅 등 일일이 기억하기도 어려운 용어들이 유비쿼터스 컴퓨팅의 미래를 합창하고 있다. 유비쿼터스라는 용어를 처음으로 사용한 제록스 PARC(Palo Alto Research Center)의 연구원 마크 와이저(Mark Weiser)는 사람을 포함한 현실공간에 존재하는 모든 대상물들을 기능 및 공간적으로 연결해서 사용자에게 필요한 정보나 서비스를 즉시에 제공할 수 있는 기반 기술로서 유비쿼터스 컴퓨팅을 정의하고, 유비쿼터스 컴퓨팅이 메인프레임과 PC에 이은 제3의 정보혁명의 물결을 이끌 것이라고 주장하고 있다.

마크 와이저의 생각에 따르면 미래에는 컴퓨터들이 현실공간 전반에 걸쳐 사용되고, 이들 사이는 유무선 통신 망을 통해 연결되어 사용자가 필요로 하는 정보나 서비스를 즉시에 제공하는 환경이 구현되는 것이다. 이를 위해서는 거부감이나 불편함을 느끼지 않고서 언제 어디서나 편리하게 컴퓨팅 자원을 활용할 수 있도록 현실세계와 효과적으로 결합되어야 한다.

유비쿼터스 네트워크를 위해서는 모든 전자기기에 컴퓨팅과 통신 기능이 부가되어야 한다. 이를 위해서는 각 전자기기가 고유한 주소를 가져야 하며, 유선 혹은 무선을 통해 광대역 네트워크에 접속될 수 있어야 한다. 이와 같은 문제는 최근 관심을 끌고 있는 IPv6 기술이나 홈 네트워크 기술 등을 통해 해결이 가능할 것으로 기대된다.

마쓰시타는 홈네트워크의 구성을 통한 가정 내 유비쿼터스 구축에 주력하고 있으며, 히타치는 유비쿼터스의 관건이 정보보호라고 판단하여 정보보안 기술 분야에 집중하고 있다. 소니는 각종 기기 간의 호환성 구축을 통한 자유로운 정보 교환의 측면에서 관심을 보이고 있으며, 마이크로소프트사는 가정용 정보 단말기인 「미라」라는 개념을 설정하여 유비쿼터스 컴퓨팅의 가능성을 타진하고 있다. 농업 혁명, 산업 혁명, 정보 혁명과 맞먹는 제4의 혁명이라고 할 수 있다.

과거의 농업 혁명이나 산업 혁명은 인류문명의 기반인 물리공간의 혁명이었고, 웹 서비스가 확대되면서 절정기를 맞은 정보화 혁명은 가상공간의 혁명이었다. 이에 반해 유비쿼터스 혁명은 물리공간과 가상공간의 지능적 결합을 통한 통합공간에서 이루어진다. 가상공간이 자연스럽게 생활공간과 결합되어 새로운 통합공간을 창출하는 것이며, 그 공간은 아직까지 인류가 경험하지 못한 미지의 세계이자 무한한 기회의 공간인 것이다

이제 막 기지개를 켜는 유비쿼터스 컴퓨팅 기술은 우리 일상생활에 어떤 변화를 가져올 것인가? 우선 첫 번째 유비쿼터스 컴퓨팅 개념이 적용될 수 있는 분야는 대부분의 여가시간을 보내는 홈 환경이다. 홈 자동화에 대한 연구는 이미 오래전부터 시도되었지만 성공적이지 못했던 주된 이유 중에 하나가 일반 사용자들이 느끼는 신기술에 대한 거부감 때문이었다. 사용자가 컴퓨터의 존재를 인식하지 않으면서도 컴퓨터 또는 복잡한 기술과 자연스럽게 상호작용을 할 수 있도록 해주는 유비쿼터스 컴퓨팅 기술이야말로 미래형 스마트 홈의 핵심기술이다. 손목시계를 이용하여 인터넷에 접속해서 날씨를 알아보고, 집안에 있는 난방기의 온도를 원격으로 조절한다. 이와 같은 일은 더 이상 공상과학 영화에서나 접할 수 있는 환상이 아니다. 반도체와 이를 내장한 전자기기의 성능은 하루가 다르게 향상되는 반면, 가격은 급격히 떨어지고

있는 데다 무선 인터넷의 보급도 활성화되는 등 유비쿼터스 컴퓨팅 구현을 위한 환경이 점차 구축되고 있기 때문이다.

수년 내에 가정 내 가전기기 간의 연계는 일단락될 전망이다. PC가 홈서버 역할을 하면서 모든 기기를 제어하는 모습을 그려볼 수 있다. 다음은 정보가전의 네트워크화를 넘어 도로, 건물 전체로 유비쿼터스 컴퓨팅이 확산될 전망이다. 이르면 오는 2010년쯤 언제 어디서나 모든 자원을 끌어쓸 수 있는 진정한 의미의 유비쿼터스 시대가 열릴 것으로 전문가들은 예측하고 있다. 유비쿼터스 시대에서는 1) 집안에 설치된 감지기가 각 방의 온도와 습도는 물론 방안에 있는 사람의 위치와 신체 상황을 파악할 수 있고, 2) 옷과 신발, 식료품 등 모든 물품에 RFID 태그가 붙어 상태와 경로 등을 알 수 있으며, 3) 인체에도 칩이 장착되어 건강 상태를 수시로 체크하는 단계에 이른다. IBM은 유비쿼터스 혹은 퍼베이시브 컴퓨팅은 생활 패턴을 완전히 바꾸어 놓을 것이라며 꿈의 시대가 멀지 않았다고 언급하고 있다.

일본의 트론(TRON) 프로젝트를 주도해서 세계의 주목을 받은 바 있는 도쿄대 사카무라 켄 교수는 저서 「유비쿼터스 컴퓨팅 혁명」을 통해 선진국의 경우 저성장 사회로의 이행이 가속화되고 있는데, 유비쿼터스 컴퓨팅은 지속적 성장이 가능한 순환형 시스템의 정착을 가능하게 할 것으로 전망하고 있다. 유비쿼터스 환경에서는 정보 습득과 활용이 최적화되어 소모성 자원의 효율적인 사용이 가능하다는 것이다. 일례로 지능형 도로와 지능형 자동차 간의 효율적인 정보 교환이 이루어지면 가솔린의 낭비를 최소화할 수 있을 것으로 기대된다. 이밖에도 최적의 냉난방 및 조명 시스템 가동, 기능형 쓰레기통 등을 이용한 자원 재활용 및 폐기물의 최소화, 낭비적인 노동의 감소로 인한 경제활동의 효율성 제고 등을 예로 들 수 있다.

사카무라 교수는 유비쿼터스 컴퓨팅이 대량생산의 획일적인 「하드와이어드」 사회를 개개인의 다양성에 적절하게 대응할 수 있는 「프로그래머블」 사회로 탈바꿈시킬 것으로 예견하고 있다. 예를 들면, 각 개인이 자신의 신체 조건에 관한 정보를 담은 휴대기기나 RFID 카드를 소지하면 컴퓨터가 이를 인지해 최적의 정보와 환경을 제공하기 때문에 노약자, 장애인, 환자 등 신체적 약자들도 큰 불편없이 사회생활을 영위할 수 있게 된다는 것이다.

1988년부터 미국 제록스사 PARC에서 컴퓨터와 네트워크에 대한 근본적인 모습에 대한 연구를 통하여 다음과 같은 광의의 유비쿼터스 컴퓨팅의 특징을 언급하였다. 첫째, 인간화된 인터페이스는 눈에 보이지 않아야 한다. 둘째, 가상공간의 컴퓨팅이 아닌 현실세계 어디서나 실제 컴퓨터의 사용이 가능해야 한다. 셋째, 네트워크에 연결되지 않은 컴퓨터는 유비쿼터스 컴퓨팅이 아니다.

위의 3가지 특징을 오늘날의 기술 진화 추세를 감안하여 살펴보면, 첫째 특징은 기존의 키보드나 마우스 등을 사용하는 인터페이스가 지능을 가진 자동인터페이스로 전환되는 것을 예고하고 있다. 둘째 특징은 리얼 컴퓨팅의 출현이다. 여기서 유무선 인터넷 기반의 컴퓨팅 영역은 가상 컴퓨팅에 해당하며, 리얼 컴퓨팅은 비인터넷 영역에 속한다. 비인터넷은 인터넷에 연결되지 않은 음료수 자판기, 버스요금 지급기 등으로 블루투스나 적외선통신 등의 근거리 무선통신 토폴로지에 의하여 형성되는 네트워킹 영역이다. 셋째 특징은 인터넷과 비인터넷의 통합을 예고하고 있다. 인터넷과 비인터넷이 하나가 됨으로써 모든 전자장치와 전자적 사물이 연결됨을 예고하고 있다.

유비쿼터스 컴퓨팅이 다루어야 할 장기적 이슈는 다음과 같다.

(1) 개인 정보보호(Privacy)

센서와 상황 모델의 적용에 따라 개인의 사적활동에 대한 정보가 노출되며, 자동지원 시스템이 증가할수록 개인 정보의 노출도 심각하게 된다. 어떻게 하면 필요한 정보만 활용하고 개인 정보는 보호할 수 있을까?

(2) 시스템 혼란방지(Complexity)

사용자에게 의존하지 않고 정보를 제공하는 인간적 컴퓨팅(calm computing)은 유비쿼터스 컴퓨팅에 있어 아주 중요한 의미를 가진다. 그러나 센서와 상황 모델로부터 생성되는 의미 있는 정보와 무의미한 정보가 구별되지 않은 상태에서 자동지원 시스템이 폭주하게 되면 시스템의 정상적 대응은 어렵다. 어떻게 하면 무의미한 정보로부터의 혼란을 방지할 수 있는 시스템을 구현할 수 있을까?

(3) 확장성(Extensibility)

유비쿼터스 컴퓨팅 시스템은 여러 장소에 분산된 하드웨어와 소프트웨어로 구성될 것이다. 어떻게 하면 상위의 응용 수준에서부터 하위의 통신수준까지 함께 동작할 수 있게 할 수 있을까?

(4) 보안(Security)

모든 네트워크화된 장치나 시스템이 서로 연결된다면 인증되지 않은 소프트웨어나 하드웨어의 공격을 어떻게 막고 제한할 수 있을까?

최근 들어 유비쿼터스 컴퓨팅의 실생활 응용 분야로 각광받고 있는 것이 유비쿼터스 센서 네트워크(USN : Ubiquitous Sensor Network)이다. USN은 어느 곳에나 부착된 센서로부터(Ubiquitous), 시각 및 청각 정보는 물론 빛, 온도, 습도, 냄새 등 다양한 사물 및 환경 정보를 감지/저장/가공하여 전송함으로써(Sensor), 사물과 사물, 사물과 인간을 무선으로 연결해 주는 환경(Network)을 의미하는 것이다. 특히 RFID/USN 분야에서는 무선으로 정보를 읽어 낼 수 있는 초소형 태그 RFID(Radio Frequency ID)가 바코드를 대체할 기술로 주목받고 있다. 슈퍼마켓에서 마음에 드는 물건을 골라 카트에 담아 계산대로 가면 계산원이 물건을 하나하나 꺼내서 바코드에 기록된 물건 값을 리더기로 읽어 계산하는 모습은 더 이상 보기 힘들 것 같다. RFID가 부착된 물건을 카트에 실고 나오면 계산원의 개입없이 자동으로 계산되는 모습으로 바뀔 것이기 때문이다.

14.3 GPS 및 GIS와 텔레매틱스

14.3.1 GPS

GPS(Global Positioning System)는 범지구적 위치 결정 체계로 지상, 해상, 공중 등 지구 상의 어느 곳에서나 시간제약 없이 인공위성에서 발신하는 정보를 수신하여 정지 또는 이동하는 물체의 위치를 측정하는 시스템이다.

1970년대 초반 미 국방성에 의해 개발되기 시작하여 1990년대 중반부터 본격적인 가동이 시작된 위성항법 시스템은 시간 및 기상 상태에 관계없이 지구 전역에서 사용 가능한 가장 이상적인 항법 시스템으로서 초기에는 군사적인 용도를 위해 개발되었지만, 경제성 및 유용성으로 인해 급속도로 민간용으로 확장되어 현재에는 가장 일반적인 항법 시스템으로 자리 잡고 있다. 특히 2000년 5월 1일 당시 미국 대통령이었던 빌 클린턴 대통령의 GPS 활용 계획 발표를 계기로 미 국방성의 고의적인 오차요인이었던 고의잡음이 사라짐으로써 민간용 항법 시스템의 성능이 비약적으로 향상되어 활용 가능성이 더욱 높아지게 되었다. 현재의 GPS 시스템은 크게 나누어 위성부문, 지상관제 부문, 사용자 부문 등 3부문으로 구성되어 있다.

위성 부문은 6개의 궤도면에서 4개의 위성이 회전하는 형태로 총 24개의 위성으로 구성되어 있다. 지상관제 부문은 전 세계에 걸쳐 5개소의 지상 제어국이 있는데, 이곳에서 위성으로부터 송출되는 신호의 품질점검에서부터 위성궤도의 추적, 위성에 탑재된 각종 기기의 동작 상태 점검, 위성 제어 등의 업무를 담당한다. 그리고 사용자 부문은 지상에서 위성의 신호를 수신하여 위치를 파악하기 위한 수신기 시스템이다.

GPS를 이용하여 위치를 파악하는 원리는 GPS 위성에 탑재되어 있는 정밀한 원자시계를 사용해서 위성으로부터 관측 지점까지의 전파 도달 시간을 측정함으로써 공간적인 위치를 구하는 방식이다. 그림 14.1에 나타낸 바와 같이 지구 상의 임의의 점에서는 항상 4개의 위성이 보이도록 설계되었다. 각각의 위성에서 보내온 전파가 지상의 GPS 수신기에 도달한 전파 도달 시간과 전파 속도(3×10^8m/s)로부터 각각의 위성에서 임의의 점까지의 거리를 계산할 수 있다. 그 거리를 지름으로 하는 원 4개가 만나는 점이 곧 지구 상의 임의의 점이다.

GPS는 세계 어디에서나 사용자 수에 제한을 받지 않고 사용할 수 있다는 장점을 가지고 있으나, 터널이나 지하공간과 같이 전파가 도달하지 못하는 곳에서는 수신이 어렵다는 문제점이 있다. 과거에는 미국이 SA(Selective Availability) 관점, 즉 군사적인 이유로 100m 정도의 오차를 인위적으로 유발시켰으나, 클린턴 대통령의 상용화 발표를 계기로 현재는 오차범위가 20~30m 정도로 축소됨에 따라 측량, 항법, 군사, 과학, 구난구조 분야 등을 중심으로 GPS 시장이 크게 확대되고 있다.

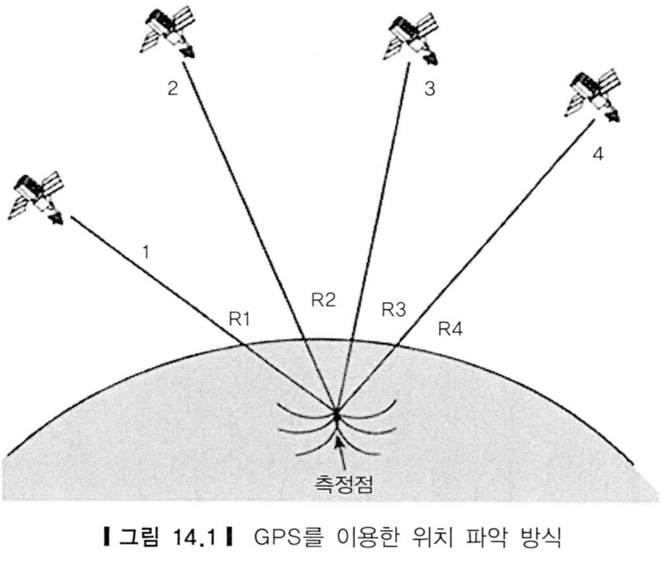

그림 14.1 GPS를 이용한 위치 파악 방식

14.3.2 GIS

GIS(Geographic Information System : 지리정보 시스템)은 「공간상 위치를 점유하는 지리 데이터(Geographic data)와 이에 관련된 속성 데이터(attribute data)를 통합하여 처리하는 정보 시스템」이다.

GIS가 발전하면서 다양한 형태의 수치 지도(Digital Map)가 만들어지고 있고, 이렇게 만들어진 지도는 GIS 확산 및 발전에 중요한 역할을 하고 있다. GIS의 기본은 지도라고 할 수 있다.

GIS는 과거 인쇄물 형태로 이용하던 지도 및 지리 정보를 컴퓨터를 이용해 작성 · 관리하고, 여기서 얻은 지리정보를 기초로 데이터를 수집 · 분석 · 가공하여 지형과 관련되는 모든 분야에 적용하기 위해 설계된 종합정보 시스템을 말한다.

토지정보 시스템, 도시정보 시스템, 도면 자동화, 시설물 관리 분야로 크게 분류되지만 토지 · 자원 · 환경 · 도시 · 해양 · 수산 · 군사 · 교통 · 통신 · 상하수도 등 광범위한 분야에서 이용되고 있다. 지리정보 시스템이 구축되면 다양한 공간 분석이 가능하고, 그래픽 정보나 관련 데이터베이스 등 각종 지형 정보를 상세히 알 수 있을 뿐 아니라 처리 도구와 조작 도구를 이용해 방대한 공간 자료를 효율적으로 관리할 수 있다.

국내에 GIS가 도입된 것은 20년 전이다. 초창기 GIS 사업은 대학 중심으로 토지, 환경, 수질, 교통 등의 의사결정을 원활하게 수행하고 정량화된 결과물을 얻기 위한 수단으로 도입되었다. 그 후 대구 가스폭발 사건, 성수대교 붕괴사건 등 국가 차원의 정보인프라 구축의 부재에 대한 심각성이 인식되면서 GIS의 도입은 불가피하게 되었다. 이에 국가에서는 1995년부터 전국을 중심으로 수치지도 제작을 시작하였으며 국립지리원, 국토연구원, 건설기술연구원, 전산원, 정통부, 건교부, 과학기술부 등을 중심으로 국가차원의 지원 사업이 적극적으로 진행되고 있다. 그러나 국내 GIS 시장은 아직까지 대부분 선진국의 기술력에 의존하고 있으며, 고가의 소프트웨어를 구입해야 하는 문제점이 있다.

인터넷의 발전과 더불어 이제 세상은 하나가 되어 가고 사람들은 자신이 위치하는 곳에서 세계의 어떤 곳이든 원하는 정보를 신속하게 얻기를 원할 것이다. 이러한 의미로 볼 때 공간 정보와 밀접한 관련을 가지는 GIS 기술은 미래 정보화 사회로 발전하기 위한 중요한 수단이라고 할 수 있다.

14.3.3 텔레매틱스

텔레매틱스(telematics)란 용어는 1980년의 CCITT(국제전신전화자문위원회)의 총회에서 인정된 용어로 어원은 프랑스어로 전기통신(telecommunication)과 컴퓨터에 의한 정보 처리(informatique)를 합성한 것이다. 현재는 자동차, 컴퓨터, 통신이 융합된 복합기술을 지칭하는 것으로 널리 사용되고 있다.

텔레매틱스는 수년 전 미국의 TV 드라마에서 방영되었던 「전격 Z작전」의 지능형 자동차인 「키트」와 같은 서비스가 현실화된 것이라고 할 수 있다. 텔레매틱스 환경에서는 냉난방기 및 A/V 장치 등 차량에 장착된 기기들을 음성을 통해 조정할 수 있고, 무선 네트워크를 통해 인터넷 서비스도 이용할 수 있다.

국내에서는 2001년 후반 처음으로 텔레매틱스 상용 서비스가 시작된 이래, 도로교통 정보를 제공하는 CNS(Car Navigation System) 분야가 가장 활성화되고 있다. 이는 복잡한 국내 도로환경과 면적대비 자동차 보급률이 높은 상황을 반영하는 것이다.

CNS는 GPS 위성 신호를 이용해서 도로 상의 차량 위치를 전자지도에 표시하고 운전자가 원하는 목적지까지 운전 경로를 찾아 경로 안내를 하는 시스템이다. 텔레매틱스 시장이 지금까지는 자동차 특화적이며 운전자를 위한 서비스(Safety, Security, Navigation, Fleet Management)를 중심으로 성장하였으나, 향후에는 탑승자를 위한 멀티미디어 서비스 위주로 발전할 것으로 예견된다. 이것은 서비스가 진보함에 따라 서비스 수요가 단순 교통 정보에서 엔터테인먼트 서비스로 확대되는 것을 의미한다.

14.4 가정의 혁명 홈네트워크

아날로그 TV가 디지털 TV로, 비디오 테이프 플레이어가 DVD 플레이어로, 필름카메라가 디지털 카메라로, 그리고 카세트 플레이어가 MP3 플레이어로 대체되는 등 가정용 기기 분야에서 아날로그 제품이 디지털 제품으로 빠르게 대체되고 있다. 또한 출입자 지문을 인식하여 현관문을 개폐하는 디지털 도어처럼 단순한 기능의 가정용 기기들이 정보인식 및 정보 처리 기기로 변신하고 있고, 초고속 인터넷을 통해 온라인 서비스를 받는 가정이 급증하고 있는 등 1990년대에 성숙기로 접어든 디지털 혁명이 가정으로 침투하고 있다.

현재 PC는 인터넷에, TV는 방송국 및 케이블 망에, 그리고 유무선 전화는 통신 사업자 등에 연결되어 가정 내 기기들이 독립적으로 외부 정보통신 망 및 사업자에 연결되어 필요한 서비스를 제공받고 있으나, 향후에는 유무선 정보통신기술의 발달에 힘입어 가정 내 기기들이 서로 네트워크를 구축하고 정보를 공유하는 방식으로 바뀔 것이다.

홈네트워크는 가정 내의 모든 정보가전 즉 컴퓨터는 물론 디지털화된 백색가전, A/V 가전, 조명, 커튼, 변기 등을 가정통신 망인 홈네트워크로 연결하여 정보를 공유하고 제어하는 시스템이라고 할 수 있다. 이는 언제, 어디서나, 누구에게나 통신이 가능한

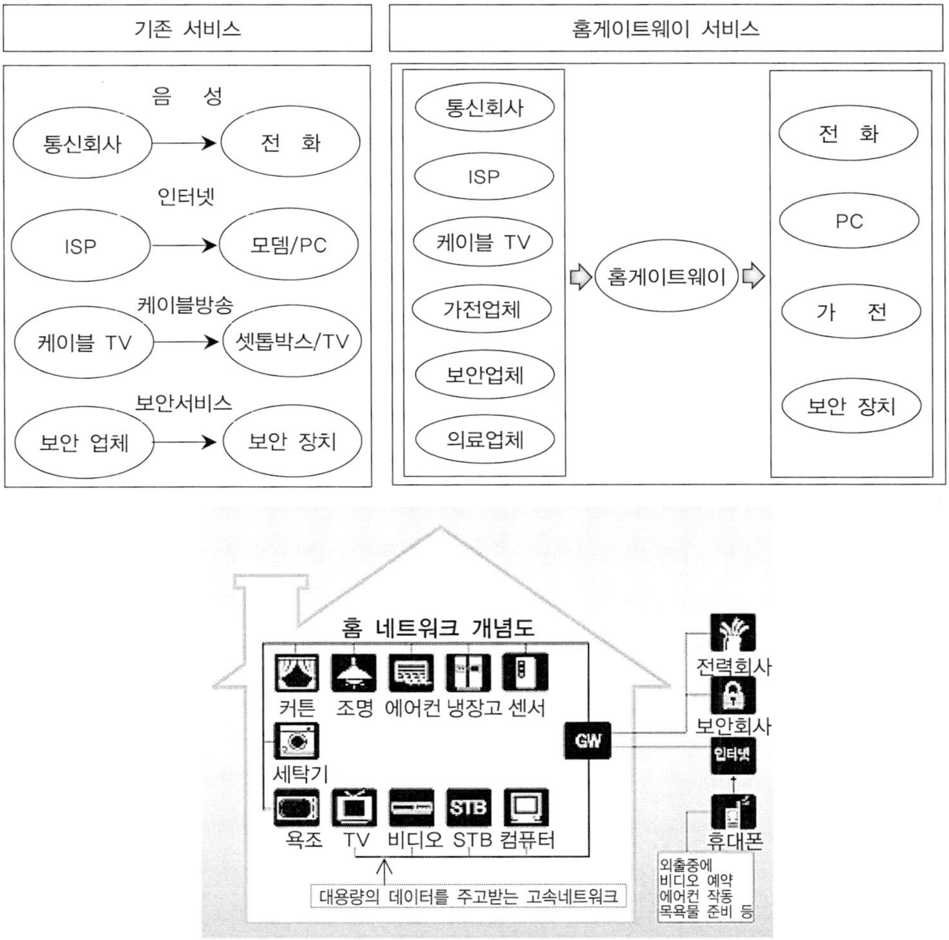

| 그림 14.2 | 홈게이트웨이 서비스

단계를 뛰어 넘어 가정 내 모든 기기들에서 통신이 가능하고, 원격지에서 네트워크를 통해 가정내 모든 기기들을 제어하고 관리할 수 있는 통신 서비스 환경으로 변모해 가고 있음을 의미하는 것이다.

홈네트워크 기술의 발전과 함께 홈게이트웨이는 최근에 새로 생겨난 장치의 한 형태로서 미래의 가정정보화 실현을 위한 통신구조에 큰 영향을 미칠 것이다. 궁극적으로 홈네트워크 장비는 홈게이트웨이로 통합될 것이므로 홈게이트웨이는 모뎀 등 초고속 인터넷 장비와 셋톱박스 등 방송 수신 장비의 역할을 수행하면서 그 상위 계층에 미들웨어 기술을 부가하여 가정의 사용자에게 다양한 멀티미디어 서비스를 제공하기 위한 클라이언트 장치로 정의할 수 있다. 기존 서비스 방식과 홈게이트웨이를 통한 서비스 방식의 차이를 그림 14.2에 나타냈다.

초고속 통신 망과 케이블 망이 보급된 현재의 환경에서 비싼 장비 가격 등 때문에 홈게이트웨이가 단기간 내에 거대한 시장을 형성하기는 쉽지 않다. 홈게이트웨이는 단순한 모뎀 형태에서 시작하여 다양한 장치들을 연결하고 중재하는 통합 서비스형의 지능적 홈게이트웨이로 진화할 것으로 예상된다. 홈네트워크 관련 업체들은 그동안 선보였던 기술이 실제로 가정에서 사용될 수 있도록 상용화된 제품을 일부 출시하고 있다. 현재는 유선 기반 홈네트워킹 기술들이 시장을 주도하고 있으나, 무선 기반 홈네트워킹 기술이 안정화되고 가격이 하락하기 시작하면 향후에는 무선 기반의 제품들이 시장을 주도할 것으로 예상된다.

14.5 근거리 무선 데이터 전송기술

14.5.1 블루투스(Bluetooth)

푸른이빨이란 이름은 무엇인가? 10세기경 스칸디나비아 국가인 덴마크와 노르웨이를 통일한 유명한 바이킹 헤럴드 블루투스의 이름에서 유래된 것이다. 블루투스는 헤럴드 블루투스가 스칸디나비아를 통일한 것처럼 블루투스 기술이 서로 다른 통신 장치들을 무선으로 연결(통일)한다는 의미를 갖고 있다.

음악광인 순자의 취미는 지하철을 타고 출퇴근길에서 음악을 듣는 것이다. 출퇴근시에 항상 MP3를 갖고 다니면서 헤드폰을 쓰고, 메모리에 저장된 음악을 듣는다. 그러나 요즘은 연봉제니 뭐니 너무 바빠서 사무실에서는 최근 히트차트에 올라온 음악을 다운로드받을 시간도 없다. 걸리면 회사도 그만두어야 한다. 이러한 고민은 블루투스를 이용하면 간단히 해결할 수 있다. 출근할 때 지하철 안에서도 다운로드받을 수 있기 때문이다.

휴대전화기에는 블루투스 기능이 탑재되어 전송받은 MP3 파일을 다시 블루투스 기능이 탑재된 MP3에 무선으로 전송한다. 순자의 헤드폰에는 카세트와 연결하는 선도 없다. 헤드폰에도 블루투스 기능이 탑재되어 있기 때문이다. 「디지털 카메라에서 버튼을 누르는 것만으로 촬영된 영상을 노트북으로 즉시 전송한다」 이러한 것들이 바로 블루투스의 미래 모습이다.

블루투스는 각종 전자기기 간의 통신에서 유선 케이블을 사용하지 않고 무선으로 데이터를 빠르게 송수신할 수 있는 규격이다. 이처럼 각종의 전자기기를 케이블 없이 무선으로 연결하는 표준규격을 규정하는 것을 목표로 에릭슨, 노키아, IBM, 도시바, 인텔 등 5개사가 중심이 되어 1998년 5월 블루투스 SIG(Special Interest Group)라는 컨소시엄을 구성하고, 1999년 6월 영국에서 개최한 1차 포럼에서 「Bluetooth 1.0」 규격을 제정하였다. 블루투스 1.0에서 데이터 전송 속도는 1Mbps, 전송 거리는 10~100m로 규정하고 있다.

블루투스가 2000년대에 휴대전화, 노트북 컴퓨터, 디지털 카메라, 휴대게임기 등을 생산하는 휴대기기 제조업체는 물론 자동차 업체 등이 포함된 전 세계 1,300여 개의 업체로부터 지지를 받으며 무선인터페이스의 실질적인 주력으로 자리 잡아가고 있는 가운데, 앞으로 그 대응제품도 대거 쏟아져 나올 것으로 예상된다. 그동안 블루투스 진영 참여에 애매한 태도를 표명한 마이크로소프트사를 비롯해서 모토롤라, 3COM 등 세계 유력 IT 업체들도 현재는 블루투스 SIG의 주도기업으로 참여하고 있다.

14.5.2 HomeRF

HomeRF는 1998년 3월 컴팩, 에릭슨, HP, IBM, 인텔 등 19개 첨단 통신 사업자들이 결성한 그룹명으로 가전제품과 PC 등 지능화된 기기 등을 연결하여 하나의 통합된 네트워크를 구축함으로써 무선 멀티미디어 통합 환경을 제공하기 위한 가정용 네트워킹 표준이다. 블루투스(BlueTooth)와의 차이점은 전송 거리가 길다는 것이다. Home RF는 최장 45m의 거리에서 최고 1.6Mbps 속도로 데이터를 전송하기 위한 것이다. 여기서 45m의 거리는 업무용으로는 이용 범위가 너무 좁은 수준이지만 가정용으로는 충분한 거리이다.

14.5.3 IrDA

IrDA(Infrared Data Association)는 적외선을 이용해서 데이터를 무선으로 송수신할 수 있는 통신표준을 만들기 위해 1993년 결성된 비영리단체이다. 최근에는 무선으로 적외선을 이용하여 데이터를 송수신하는 기술을 통칭하는 것으로 사용되고 있다. 적외선 통신기술이 처음으로 적용된 분야는 TV, 오디오, 에어컨 등을 무선으로 제어하는데 사용하는 리모콘이다. TV 리모콘 앞부분에는 적외선 송신 모듈이 부착되어 있고, TV 본체에는 적외선 수신 모듈이 내장되어 있어 리모콘을 누르면 TV가 이를 인식한다. 최근에는 노트북과 데스크톱, 그리고 프린터 간 통신과 휴대폰에도 접목되어 사용되고 있다. IrDA는 전파가 아닌 빛을 사용하기 때문에 주파수 사용허가가 필요 없고, 보안성이 우수하며, 소비전력이 적고, 부품의 가격이 저렴하며, 전자파 장애가 없다는 장점을 갖고 있으나 한정된 거리에서만 사용이 가능하다는 문제점이 있다.

14.5.4 지그비(Zigbee)

홈네트워크와 유비쿼터스 시대에 가장 적합한 것으로 주목받고 있는 지그비는 근거리 통신을 지원하는 IEEE 802.15.4 표준의 하나로 가정 및 사무실 등의 무선 네트워킹 분야에서 10~20m 내외의 근거리 통신을 지원하는 무선 네트워크 기술이다. 지그비는 블루투스에 비해 전송할 수 있는 데이터의 양은 적지만 하나의 배터리로 1년을 사용할 정도로 저전력 규격이며, 관련 부품들을 최소화해서 블루투스의 2분의 1로 원가를 낮추었기 때문에 제어와 센서를 기본으로 하는 홈 네트워크에 적합한 무선통신기술로 각광받고 있다.

14.6 가입자 망에 전파를 사용하는 무선 가입자 망

무선 가입자 망(WLL : Wireless Local Loop)은 전화국과 가입자 단말을 연결하는 가입자 회선을 유선선로 대신 무선 시스템을 사용하여 구성하는 방식이다. 이 기술은 농어촌 지역과 같이 인구 밀도가 희박한 지역에 전화선을 가설할 경우 가설비를 줄이기 위한 방편으로 1970년대 초 미국 벨연구소에서 처음 고안되었지만 무선 주파수의 확보가 쉽지 않고, 안테나와 무선 송수신 장치의 제조 및 설치 비용이 과다하여 상용화 단계에까지 이르지 못하였다. 그러나 최근 전자통신기술의 급격한 발달과 더불어 여러 제조업체에서 경제성 있는 제품을 시장에 속속 출시해 통신 사업자들도 이 무선 가입자 망의 상용화에 지대한 관심을 보이고 있다.

WLL은 인구 밀도가 희박한 지역에서 활기를 띠고 있다. 예를 들면, 인도네시아, 영국, 남아프리카, 브라질 등의 시장에서 저가로 가입자 간의 접속을 제공할 것으로 예상되고 있다. 일시적으로 후진국에서 근간을 이루던 WLL사업은 이제 선진시장에서도 진보적이고 영구적으로 수용할 수 있는 기술로 평가받고 있다. 그림 14.3에 WLL의 구성도를 나타냈다.

무선 가입자 망은 가입자 망에 전파를 사용한다는 아이디어에서 출발하였지만 그동안은 회선 품질의 불안정성으로 인하여 큰 매력이 없었다. 그러나 최근 들어 기술이 발달하면서 무선기술로도 유선품질의 서비스가 가능하게 되었고, 인터넷 사용에 따라 사용자들의 고속 접속에 대한 요구가 급속히 커지고 있으나 기존의 전화선을 통한 아날로그 방식의 전송 속도에는 한계가 있기 때문에 이에 대한 대체기술이 필요하게 되었다.

고속 서비스를 제공할 수 있는 대체기술로 디지털 가입자회선(DSL), 동축 케이블, 광섬유 등 다양한 매체의 이용이 가능하나 무선 가입자 망은 비교적 저렴한 비용으로 빠르게 설치할 수 있다는 장점이 있다. 특히 통신시장 자유화에 따른 신규 통신 사업자의 경우 무선 가입자 망은 비싼 접속료를 피할 수 있는 대안이 되고 있는 것이다. 또한 인구밀도가 상대적으로 낮은 농어촌 지역에서는 가입자당 설치 비용이 유선에 비교해서 상대적으로 저렴하다는 장점이 있다.

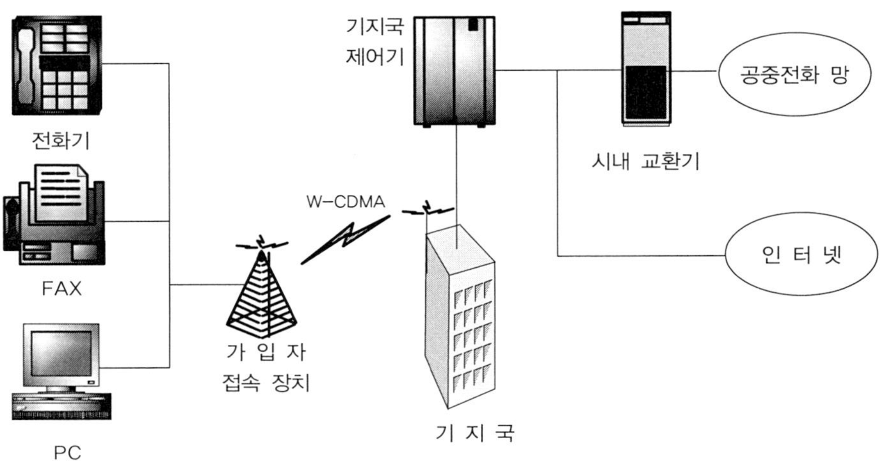

무선 가입자 망용으로 개발된 제품으로는 통신위성을 이용하는 시스템, 고정용 마이크로파를 이용하는 시스템, 셀룰러 기술을 응용하는 시스템, 코드리스 기술을 응용하는 시스템 등이 있는데, 가장 많이 사용되고 있는 것은 셀룰러 기술을 응용하는 시스템이다. 셀룰러 기술을 응용하는 시스템은 기존의 PCS 망을 공동으로 사용할 수 있으면서 더 넓은 지역을 커버할 수 있으므로 경제적인 망을 구성할 수 있다.

WLL 시스템은 앞으로 기술의 진보에 따른 경제성의 향상과 통신 망 구성의 용이성이나 유연성 때문에 활용 분야가 많을 것으로 전망되지만 무선주파수 확보 등의 문제가 선결되어야 한다.

14.7 보안 감시용 영상 장비로 주목받고 있는 DVR

DVR(Digital Video Recorder)은 디지털 영상 저장 및 전송 장치를 의미하는 것으로 보안용 DVR과 가정용 DVR(일명 : PVR)로 구분할 수 있다. 우리나라에서는 일반적으로 DVR은 보안감시용 DVR로, 가정용 DVR은 PVR(Personal Video Recorder)로 구분하여 사용하고 있다. 보안감시용 DVR은 보안감시를 필요로 하는 지역에 다수의 영상카메라를 설치하여 보안 상태를 점검하는 데 사용된다. 용도 측면에서는 일반 VCR과 비슷하나 작동 방식에는 큰 차이가 있다. DVR은 마그네틱 테이프에 영상 신호를 아날로그 방식으로 기록하는 VCR과는 달리 하드 디스크에 영상 데이터를 디지털 방식으로 저장하고 인터넷 등의 디지털통신 망을 통해 전송하는 새로운 개념의 보안감시 시스템이다.

보안감시용으로 현재까지 주로 사용되고 있는 시스템은 CCTV(Closed Circuit TV)로부터 촬영된 영상을 비디오 테이프에 녹화하여 VCR을 통해 판독하는 시스템이다. 이에 반해 DVR은 CCTV로부터 촬영된 영상을 디지털 저장 매체에 저장하고 저장된 영상을 컴퓨터, PDA, 핸드폰 등을 통해 검색하는 시스템이다.

DVR은 원격지에서의 실시간 감시와 검색 및 카메라 제어가 가능하고, 영상열화가 적어 화질이 우수하며, 유무선 전송 방식으로 인터넷과 연결할 수 있어 차세대 보안 장치로 각광을 받고 있다. 최근에는 고선명 DVR은 물론, 얼굴을 인식할 수 있는 기기까지 개발되어 모니터링되는 실시간 영상과 특정인물의 얼굴을 데이터베이스로 확인하고 비교할 수 있는 기능이 추가되어 경찰서나 공항 등에서도 보안용으로 다양하게 사용되고 있다.

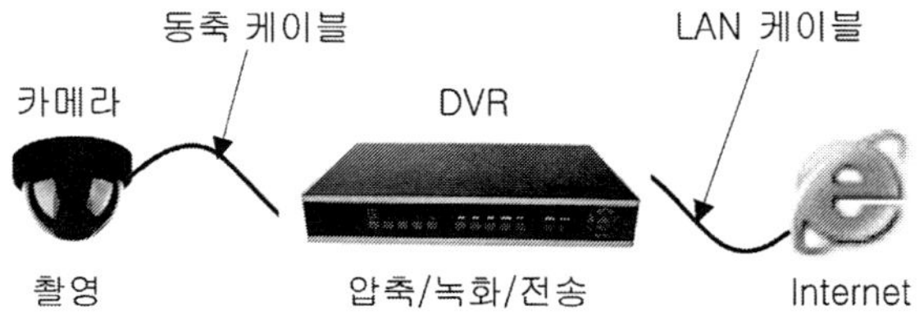

(a) 압축/녹화/전송을 위한 별도의 장비를 사용하는 방식

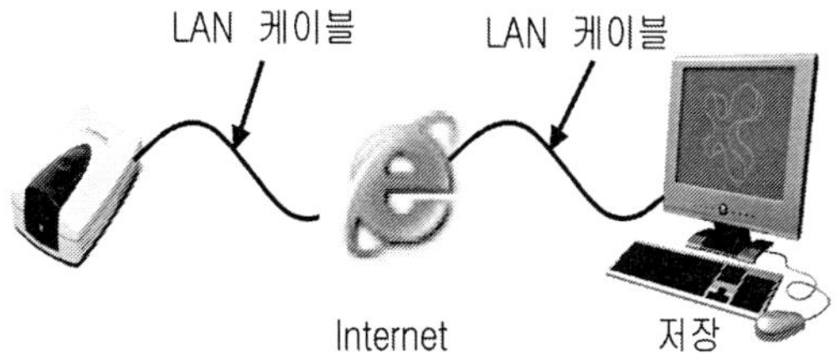

(b) 압축/녹화/전송 기능을 카메라에 내장시킨 방식

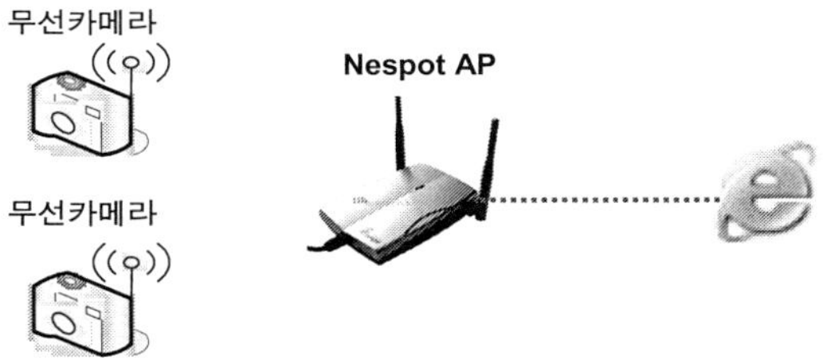

(c) 무선 LAN 이용한 무선 전송 방식

▌그림 14.4▐ DVR 시스템의 구성

기존의 VCR은 네트워크 기능과는 관계없는 독립적인 보안 시스템이기 때문에 제품 자체의 노후화에 따른 고장으로 사용이 불가능할 때까지 사용할 수 있었으나, DVR 시스템은 네트워크의 진화에 따라 제품의 교체주기가 결정되므로 수요가 꾸준하게 증가하고 있다. DVR은 1997년 우리나라가 최초로 상용화한 세계 일류상품으로 국내 기업들은 세계시장에서 최고의 기술 및 서비스 품질을 인정받고 있다. 그림 14.3에 DVR 시스템 구성도를 나타냈다. 그림 14.4(a)는 압축·녹화·전송을 별개의 장비를 사용하여 수행하는 방식이고, 그림 14.4(b)는 압축·전송 기능을 카메라에 내장한 방식이며, 그림 14.4(c)는 무선 카메라와 무선 인터넷 서비스를 사용하는 방식이다.

VCR은 영상카메라로부터 촬영된 영상를 아날로그 방식으로 마그네틱 테이프에 저장하여 사용하는 방식이므로 마그네틱 테이프 교체의 불편함과 반복 사용에 따른 화질의 열화, 화면떨림, 잡음 등과 같은 많은 문제점이 있다. 표 14.1에 VCR과 DVR

시스템의 특성을 비교해서 나타냈다.

| 표 14.1 | VCR과 DVR의 특성 비교

구 분	VCR	DVR
녹화 방식	아날로그 레코딩	디지털 인코딩
저장 매체	비디오 테이프	HDD
매체 사용 기간	6개월	3~5년
화질의 열화 정도	반복 사용에 의한 열화	열화가 거의 없음
데이터 검색 기능	되감기로 검색	일시별 즉시 검색
Overlay 화면	끊어짐	연속 화면
화면 분할	별도 장치 필요	자유로움
카메라 제어	통신 장치 필요	자유로움
카메라 입력	제한적임(8개)	자유로움(16개)
영상 전송 기능	없음	자유로움
움직임 저장 기능	없음	움직임이 있을 때 저장
프린터 기능	없음	검색 후 즉시 인쇄
센서 입력	별도 장치 필요	통합 시스템으로 구축
유지 보수 비용	지속적 비용 증가(테이프)	HDD 용량 추가
장비 구성	개별 시스템으로 복잡	통합 시스템으로 간편

14.8 지문인식으로 대표되는 생체인식(BioMetric Recognition)

우리가 어렸을 때 읽었던 「알리바바와 40인」의 도적이라는 소설에서는 성실하게 살아온 알리바바가 우연히 「열려라 참깨!」라는 암호를 이용해서 도둑굴에 들어감으로써 부자가 되었다는 일화를 전하고 있다. 만약 도둑의 두목이 조금 더 자금을 투자하여 고급제품을 문에 설치했다면 알리바바는 그 문을 열지 못했을 것이다.

사회가 점차 고도화되고 복잡하게 변화면서 다양한 정보보안 기술이 개발되고 있는 상황에서 그중 하나의 방법으로 신체의 특성을 이용하는 생체인식은 매우 중요한 기술로 발전되고 있다. 인간의 신체에는 여러 개의 특징이 있으나, 그중에서도 얼굴, 지문, 손, 얼굴, 홍채, 성문, 서명, DNA 등이 주로 인식에 사용되고 있다. 이러한 얼굴, 지문 등 신체적인 특징이 바로 개개인의 고유한 비밀번호가 되면 이는 지금까지 우리가 자신임을 증명하기 위해 사용하였던 모든 부가적인 도구들이 사라지게 되는 것이다. 생체인식 분야가 급속도로 발전하는 현상은 보안, 감시 등의 분야에서

더 편안하면서 더 안전하게 생활을 영위하고자 하는 욕망이 원동력으로 작용하였기 때문이다. 향후에는 1개의 특징에 국한된 생체인식 시스템에서 벗어나 얼굴과 지문 등 2개 이상의 통합된 생체인식 시스템이 보급될 것으로 예상된다.

정보보안 부문에서 가장 중요한 요소는 정보가 부당한 상대에게 전달되지 않아야 하는 기밀성(confidentiality), 정보의 소실 및 변조를 방지해야 하는 완전성(integrity), 필요할 때 이용이 가능해야 하는 가용성(availability) 등이다. 이에 더하여 최근 들어 중요한 정보보완 요소로 등장한 것이 바로 인증(authenticity)이다.

인증은 신원 확인에 관한 것으로 제3자에 의한 대리인 행세와 거래 후 부인 등을 방지하는데 유효하다. 일반적으로 신원을 확인하는 방법은 사용자가 소지하고 있는 도장, 열쇠, 신분증과 같은 물건을 이용하는 방법과 ID, 암호, 사원번호, 주민등록번호 등과 같은 사용자 자신의 기억을 통해 수나 문자로 표현하는 방법으로 분류할 수 있다. 그러나 개인이 소지한 물건 또는 기억은 소실, 망각, 도난, 도용 등의 단점이 있다. 이와 같은 단점을 극복하기 위해 최근 들어 인증의 방법으로 널리 사용되고 있는 것이 바로 지문, 얼굴, 홍채 등과 같은 생체 정보이다.

생체인식 분야에서 널리 사용되고 있는 생체 정보를 그림 14.5에 나타냈다. 생체 정보는 크게 신체적 특징과 행동적 특징으로 구분할 수 있는데, 여기서 지문, 손모양, 얼굴, 홍채 등은 신체적 특징이고 성문이나 서명 등은 행동적 특징이다.

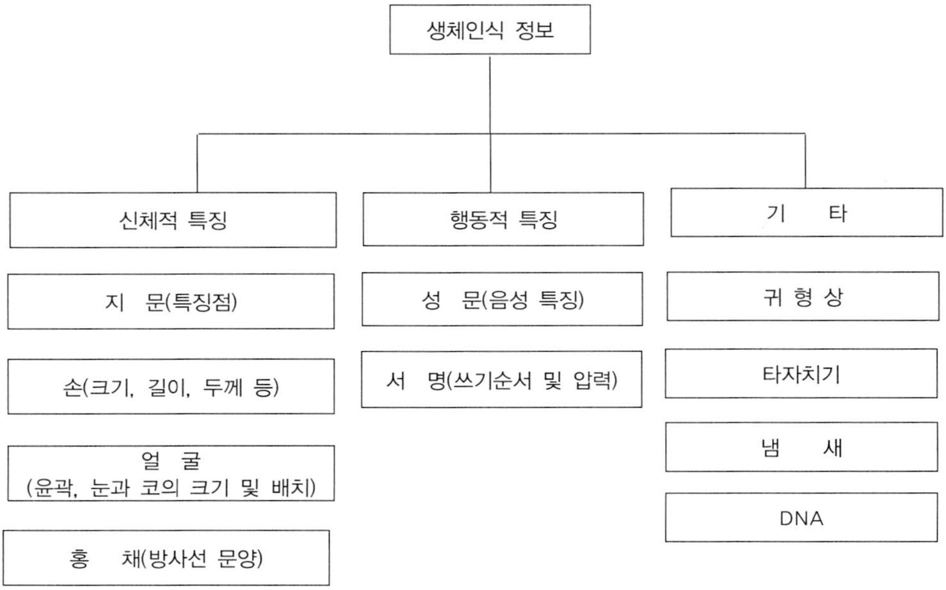

▌그림 14.5▐ 생체인식 정보

신체적 특징은 행동적 특징에 비교하여 상대적으로 안정적이며 사용자 자체의 고유한 변화가 작으나, 사용자가 시스템에 대한 거부감을 가질 수 있다는 단점이 있다. 행동학적 특징은 사용자의 심리적 상태에 따른 변화가 수시로 발생할 수 있다는 단점이 있으나, 시스템에 대한 거부감은 적은 편이다.

생체인식 시스템의 기능은 크게 등록(enrollment), 인증(verification), 인식(identification)으로 구분할 수 있다. 등록은 자신의 정보를 사용하고자 하는 시스템에 등록하는 과정이고, 인증·인식은 등록된 정보와 현재 정보를 비교하여 가·부 또는 유사도에 대한 결과를 취득하는 과정이다.

생체인식 시스템의 성능은 시스템 인증에 걸리는 시간도 중요하지만 대부분의 장치 응용 분야가 보안과 관련된 만큼 인식오율로 결정된다. 인식오율은 등록되지 않은 사람을 등록된 사용자로 인식하는 오인식률(FAR : False Acceptance Rate)과 등록된 사용자를 거부하는 오거부율(FRR : False Rejection Rate)로 구분된다. 보안용 생체인식 시스템에서는 FRR보다는 FAR 성능이 중요하다. 거부된 경우 사용자가 다시 인식을 시도할 수 있지만, 일단 오인식이 되면 이미 보안 시스템으로서의 의미는 없어지기 때문이다.

14.9 선택이 아닌 필수요소 IPv6

인터넷은 현재 전 세계적으로 1억 개가 넘는 컴퓨터들이 연결되어 있는 거대한 네트워크로 마치 블랙홀처럼 모든 것을 흡수하고 있다. 인터넷으로 사람들은 자료를 검색하고, 메일을 주고받는 것은 물론 메신저로 채팅하고, 영화를 본다. 게임을 하거나 물건을 사고팔고, 티켓을 예매할 때도 인터넷으로 한다. 이제 현대인에게 인터넷이 없는 생활은 상상하기 힘들 정도가 되었다.

거대한 네트워크인 인터넷이 본래의 기능을 수행하기 위해서는 구성된 컴퓨터가 각기 독립된 특성을 가져야 한다. 즉 IP 주소가 부여되어야만 비로소 네트워크의 일원이 되는 것이다. IP 주소가 없는 컴퓨터는 성능 좋은 계산기나 문서편집기 역할은 할 수 있어도 인터넷의 주체가 될 수는 없다. 그런데 문제는 인터넷에 연결된 컴퓨터의 수가 늘어나면서 각각에게 부여할 IP 주소가 바닥이 나기 시작했다는 점이다. 자동차에 고유의 번호를 부여하다가 자동차 수가 너무 증가하자 가 나 다 라, 10, 21 등 또 다른 기준을 붙여서 번호 체계를 늘리는 것과 같은 이치로 지금까지 IP 주소를 부여해오던 방식인 IPv4를 IPv6(IP version 6)로 변환하는 작업이 빠르게 진행되고 있다.

현재 사용되고 있는 IPv4로 부여할 수 있는 IP 주소는 43억 개가 한계다. 처음 IPv4가 만들어질 무렵에는 이 정도의 IP 주소로도 충분할 것으로 생각했다. 어린아이, 노인 할 것 없이 모두를 포함한 세계 인구가 60억 정도이기 때문에 43억 개로 충분하다고 판단했을 것이다. 그러나 인터넷의 확산은 믿을 수 없을 정도의 빠른 속도로 진행되었고, IPv4 주소로는 더 이상 이를 감당할 수 없는 수준이 되었다.

이른바 유비쿼터스 시대에는 사람만 컴퓨터를 갖는 것이 아니다. 세상의 모든 사물 속에 컴퓨터가 들어간다. 자동차나 가전제품에는 물론 길거리의 가로등, 도로, 건물의 벽, 심지어 좌변기에도 컴퓨터가 들어가게 된다. 이렇게 되면 이들 모두에게 IP 주소를 부여해야 하는데 43억 개로는 턱없이 부족하다.

국가 간의 협의로 우리나라가 확보한 IPv4 주소 수는 3천748만 개다. 그러나 이미 우리나라 인터넷 이용 인구는 3천만 명을 넘어섰다. 한 사람당 1개의 주소를 부여하고, 각종 인터넷 서비스를 제공하는 서버에 주소를 부여하면 거의 바닥이 난 셈이다. 따라서 IPv6는 선택이 아닌 필수요소가 되었다. 특히 유비쿼터스 사회에서는 다른 대안이 있을 수 없다. IPv6는 유비쿼터스 사회의 기본적인 인프라라고 할 수 있는 것이다.

차세대 인터넷 주소 체계인 IPv6의 가장 큰 특징은 IPv4의 32비트 주소 체계를 128비트로 확장했기 때문에 거의 무한대에 가까운 주소를 만들 수 있다는 점이다. IPv6에서는 16비트로 구성되는 8개의 부분으로 IP 주소를 표현한다. 각각의 구분도 IPv4와는 달리 콜론(:)으로 한다. 이에 따라 부여할 수 있는 IP 주소는 약 3.4×1,038개이다. 이 숫자는 지구 상의 모든 물체에 IP 주소를 부여할 수 있을 만큼 사실상 무한대에 가깝다. 이에 더하여 IPv6를 사용하면 인터넷에서의 통신품질 보장도 쉽고 보안에서도 훨씬 유리하다는 장점이 있다.

14.10 인터넷과 휴대전화의 결합

국가간의 무역장벽이 사라지고 인적·물적 교류가 커지면서 세계화의 물결이 밀려오고 이러한 물결은 인터넷이라는 새로운 매체를 통하여 더욱 확대 증폭되고 있으며, 생활 무선의 이용이 확대됨에 따라 휴대전화의 이용 또한 폭발적으로 증가하고 있다. 이제 명함에 전자메일 주소가 없는 사람은 이상한 사람으로 취급당하고, 홈페이지 없는 회사는 회사취급도 못 받으며, 휴대전화가 없으면 각종의 업무 처리는 물론 데이트조차 할 수 없는 시대에 우리는 살고 있다. 이처럼 21세기 통신 매체의 쌍두마차로 각광받고 있는 「인터넷」과 「핸드폰」이 드디어 결혼을 하게 되었다. 이러한 결합은 무선통신기술의 눈부신 발전에 힘입은 것이다.

개인 휴대전화를 이용한 인터넷 서비스는 1996년 AT&T Wireless가 PocketNet 서비스를 시작하면서 널리 알려 졌다. 이러한 기술을 공급한 회사는 언와이어드 플래닛(UP : Unwired Planet, 이후 Phone.com으로 개명)이었는데, PocketNet은 최초의 상용 서비스로 관심을 끌긴 하였으나 수익성 및 시장 개척이라는 측면에서는 그리 성공적이지 못했다. 이러한 상황에서도 언와이어드 플래닛은 자신들의 기술을 계속 발전시켜 HDML 2.0 (Handheld Device Markup Language)을 공표하며 시장을 주도하고자 하였다.

특정회사의 독점적인 규격을 전 세계의 이동통신회사들이 수용한다는 것에는 한계가 있었다. 이러한 한계를 극복하기 위하여 개방형국제 표준을 만들고자 에릭슨, 모토롤러, 노키아와 함께 1997년 6월에 WAP(Wireless Application Protocol) 포럼을 결성하였다. 이후 WAP 포럼은 전 세계의 이동통신, 단말기 제조, 네트워크 등에 관련된 유망 업체들이 참가함으로써 사실상 표준으로 자리 잡고 있다.

WAP 포럼은 홈페이지 첫머리에서 WAP은 「디지털 이동전화, 페이저, PDA에서 인터넷 통신과 진보된 전화서비스를 제공하기 위한 사실상의 세계표준」으로 정의하고 있다. 기존의 표준을 활용하면서 새로운 개방형 표준의 개발을 지원하고, 무선 인터페이스 및 단말기에 독립적이어야 한다는 원칙에 따라 CDMA, TDMA, GSM 등 다양한 무선 인터페이스를 모두 지원하는 것을 목표로 하고 있다.

WAP에서의 서비스 구조를 그림 14.6에 나타냈다. 왼쪽의 클라이언트는 핸드폰에 해당하고, 오른쪽의 네트워크 응용 서비스는 웹사이트에 해당하며, 게이트웨이는 이들

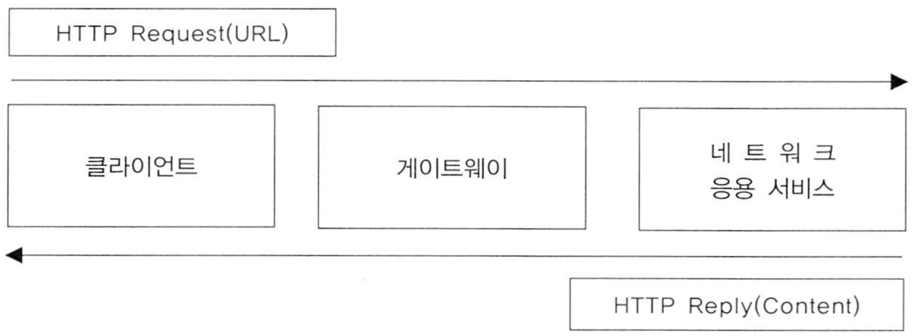

| 그림 14.6 | WAP 서비스 구조

양단을 연결하기 위한 인터페이스이다. 여기서 클라이언트를 웹 브라우저라고 가정하면 기존의 웹 서비스와 완전히 같은 것이 된다. 이는 WAP 규격 그 자체가 기존의 웹 장비, 소프트웨어, 개발인력, 개발 노하우 등을 최대한 활용하려는 의도에서 출발하였기 때문인 것이다. 게이트웨이는 클라이언트가 유선이 아니라 이동이 가능한 무선단말기이기 때문에 양쪽을 매개하는 인터페이스로서 필요한 것이다.

WAP(Wireless Application Protocol) 기반의 무선 인터넷 환경의 운영 원리를 이해하기 위해서는 WAP을 구성하는 기본요소들과 이들 사이의 상호 작용에 대한 이해가 요구된다. WAP의 기본 구성요소는 다음과 같다.

(1) WAP 장치

WAP를 지원하는 휴대폰 및 PDA 등

(2) CP(Content Provider) 서버

CP 서버는 사용자가 접하는 콘텐츠를 가공해서 생성하는 역할을 담당하는 것으로, 콘텐츠는 WAP 장치가 인식할 수 있도록 WML(Wireless Markup Language) Deck의 형태로 변환되어 사용자의 단말로 전송된다. WML Deck은 서버와 단말기 사이의 전송의 기본 단위로서 유선 인터넷상의 HTML 페이지와 유사한 것으로 생각하면 된다.

(3) 마이크로 브라우저

마이크로 브라우저는 단말기에 장착되어 CP로부터 전송되는 콘텐츠의 브라우징을 지원하는 소프트웨어로 마이크로소프트사의 ME(Mobile Explorer)와 NTTDocomo사의 I-mode 계열 브라우저 등이 있다.

(4) WAP 게이트웨이

WAP 게이트웨이는 WAP 기반 무선 인터넷을 구성하는 핵심 요소이다. 휴대폰, PDA 기반의 무선 인터넷은 단말기와 네트워크의 제한 때문에 많은 데이터의 전송에는 한계가 있다. 그러나 WAP의 설계목표 중 하나는 불필요한 데이터 전송의 방지를 통한 효율적 데이터 전송이다. 결국 데이터를 압축해서 최소한의 데이터만을 전송하는 것이 필요하다. 이러한 역할을 담당하는 것이 바로 WAP 게이트웨이이다. 대부분의 무선 인터넷 사용자는 이동통신사가 운용하는 WAP 게이트웨이를 통해서 무선 인터넷 사이트에 접속하는데, CP나 서비스의 특성에 따라서는 독립적인 WAP 게이트웨이의 운용이 필요한 경우도 있다.

(5) Bearer

Bearer는 WAP 게이트웨이와 휴대폰을 연결하는 통신 망 또는 전송 방식을 의미하는 것이다. 국내의 이동통신 방식은 CDMA 방식이고, 유럽의 경우에는 GSM 방식이다. 이러한 이동통신 방식도 Bearer의 일종으로 볼 수 있다. 서비스 지역과 기술에 따라 여러 가지 Bearer 타입이 존재하는 것이다.

그렇다면 실제 서비스를 위한 구성은 어떻게 이루어질까? 이를 개략적으로 그림 14.7에 나타냈다.

클라이언트가 음성통화가 아닌 무선 인터넷 서비스를 요청하면 WAP 게이트웨이는 그 요청을 받는다. 여기서 요청이 가능한 서비스는 크게 두 가지로 분류할 수 있다. 첫 번째는 통신 사업자가 제공하는 서비스에 대한 요청이다. 이 경우에는 통신 사업자의 내부망을 통하여 WAP 사이트로 연결되어 WAP 페이지(HTML이 아닌 WAP용 기술언어 WML로 작성된 페이지)가 WAP 게이트웨이를 통하여 클라이언트에게 전달된다.

두 번째는 기존의 웹 사이트가 제공하는 서비스에 대한 요청이다. 이 경우에는 통신 사업자의 내부망이 아닌 인터넷에 접속하는 경우이므로 HTML 문서를 WML 문서로 변환하여야 한다. 콘텐츠 변환 서버가 이를 담당한다.

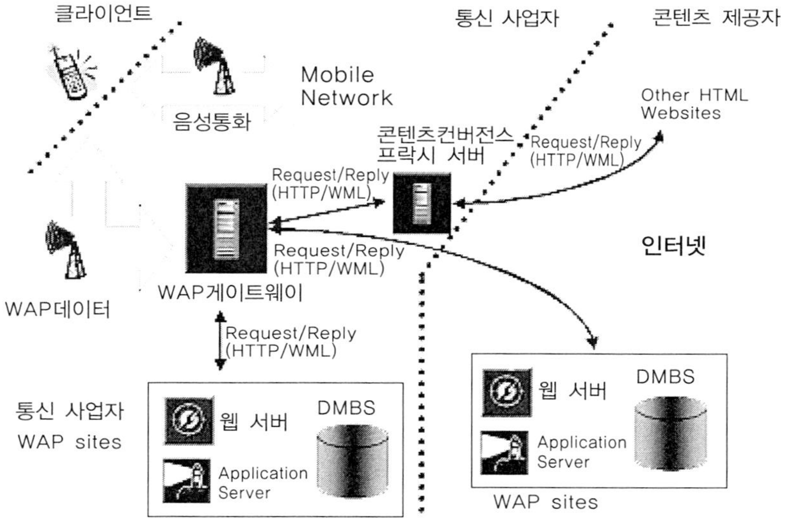

그림 14.7 WAP 서비스 구상도

이상에서 살펴본 바와 같이 WAP은 기존의 웹의 개념을 수용하면서 출발하였다. 즉 콘텐츠를 사용자가 꺼내오는 풀(pull) 방식의 서비스이다. 그렇다면 역으로 사용자에게 콘텐츠를 능동적으로 제공하는 푸시(push) 방식의 서비스는 어떻게 수용할 것인가 하는 것이 차세대 WAP 규격에 포함되어야 할 내용이다.

14.11 인터넷 전화 VoIP

인터넷 전화(Internet Phone)는 이스라엘의 보칼텍사가 1995년 3월 세계 최초로 개발한 것으로 인터넷을 이용한 음성통화용 소프트웨어의 이름이다. 초기에는 「PC to PC」 형태의 통화이거나 「Phone to PC」 형태의 통화이었으나, 현재의 인터넷 전화 기술은 더욱 발전하여 「Phone to Phone」 형태로 이용되고 있다.

인터넷 전화의 핵심은 VoIP(Voice Over Internet Protocol)기술이다. VoIP는 음성전화를 기존의 전화 망이 아닌 인터넷을 통해서 이용할 수 있는 새로운 통신기술로 국제전화나 장거리 전화와 같은 고가의 서비스를 저렴한 시내 전화요금으로 이용할 수 있다는 장점이 있다. VoIP는 전 세계 어디에서나 누구와도 연결이 가능한 인터넷을 통해 원하는 지역의 가입자와 통화가 가능한 서비스이다.

14.12 가상기업의 탄생을 예고하는 CALS

CALS(Commerce At Light Speed)는 1982년 미국 국방장관 와인버거의 무기 체계 획득 및 운영유지비의 절감 방안을 강구하라는 지시에 따라 수행한 연구 결과에서 열악한 통신 체계와 서류에 의한 업무 처리가 비용 낭비의 주요요인임이 밝혀지면서 탄생되었다. 미국이 연간 조달하는 병기나 후방지원 시스템은 방대한 양에 달하는데, 이에 첨부되는 매뉴얼들은 기술이 고도화될수록 두께와 양이 점점 늘어나고 있는 것이다. 미 국방부의 담당자가 창고에 쌓여 있는 방대한 서류더미를 보고 어쩔 줄 몰라 한숨만 쉬었다는 얘기도 전해지고 있다.

미국은 무기 하나를 관리하는데 산더미 같은 서류 매뉴얼과 씨름을 해야 했다. 예를 들면, 미 육군의 M47형 전차는 1만 쪽의 매뉴얼을 사용했다. M1형의 전차는 M47형의 4배인 4만 쪽이 넘었고, 도면도 8천 장 이상이다. 해군의 경우에도 고도기술의 결정체인 이카스 함대의 기술 매뉴얼은 자그마치 23.5톤이나 되었으며, 공군 F-16 전투기의 경우는 매뉴얼 수만 3천 5백 종류나 되었다. 이러한 많은 기술자료들을 관리하는 데는 엄청난 비용이 소요되었으며, 과다한 기술 자료 관리 이외에도 미 국방 규격서의 25% 정도가 부정확했으며, 이의 수정에 소요되는 비용도 천문학적이었다.

수많은 기술자료를 복사하고, 책자로 만드는데 소요되는 출판 비용도 너무 많이 소요되었다. 이와 같은 문제점 해결을 위해 국방 분야에서 CALS라는 개념이 도입되고 추진되기 시작하였다. 이 시기의 CALS는 군의 무기획득 및 군수지원을 위한 전산화 개념이었다.

CALS(Continuous Acquisition and Life-cycle Support, Commerce At Light Speed)의 개념은 많은 변모를 거듭해 왔다. 현재의 CALS는 「제품의 생산에서부터 유지보수까지의 모든 자료를 CALS 표준에서 정의한 대로 데이터베이스에 전자적으로 보관하여 관리하고, 관련자들이 이를 공유하는 것」을 의미한다. 이렇게 하면 엄청난 문서를 보관하고 서로 교환하는데 필요한 문서 비용과 유지 비용을 절약할 수 있고, 이러한 직접적인 효과는 개발 시간 단축 및 품질 향상 등과 같은 부가가치를 창출한다.

CALS의 기대 효과는 3가지 측면으로 구분할 수 있다. 첫 번째, 문서 및 각종 정보의 디지털화로 인한 전자적인 방식의 업무 환경이 구축된다. 즉 전자문서 거래 환경과 데이터베이스 및 네트워크의 구축을 통하여 신속하게 정보를 제공받을 수 있다. 두 번째, 통합정보 시스템을 통한 각종 제품 및 장비의 성능, 재원 등에 관련된 정보 공유와 검색이 가능하고, 개발지원 관리 업무가 전산화되어 업무량이 감소된다. 이러한 업무량의 감소는 인력절감 효과를 유발하며, 제품의 생산 및 개발 시간을 단축시키고, 제품의 품질을 향상시킨다. 세 번째, 제품생산 주기에 관계하는 모든 구성원이 통합정보 시스템을 이용하여 변화하는 환경에 즉각적으로 반응하고 동일 선상의 다른 구성원과 공동으로 대응함으로써 글로벌 경영 환경에서 일어나는 변화에 즉각적이며 유효적절하게 대처할 수 있으며, CALS 표준과 인터넷 등을 통하여 국경을 초월한 데이터 공유가 가능하고, 각 구성원이 공통된 이익을 위해 협력하게 됨으로써 기업의 통합, 나아가서는 가상기업으로 발전할 수 있다.

최근 들어 CALS와 함께 논의되고 있는 것은 전자상거래(EC : Electronic Commerce)와 EDI(Electronic Data Interchange)이다. 제품의 설계에서 제품의 조달, 제조, 판매에 이르기까지의 모든 업무를 CALS를 통해서 이루었다고 해도 궁극적으로는 실제로 물건을 팔아야 하는 과제가 남는데, 여기서 등장한 것이 전자상거래이다. 한편,

EDI는 기업 또는 공공기관이 서로 합의한 표준화된 양식의 전자문서를 네트워크를 통해 교환할 수 있게 함으로써 서류 없는 상거래를 지원하는 시스템이라고 할 수 있다. EDI가 발주와 수주 등 거래 데이터를 대상으로 하는 것에 비해, CALS는 모든 기업정보의 디지털화를 지향하고 있다. 상호보완적으로 이용될 수 있다. EDI는 CALS나 EC를 구현하기 위한 가장 기본적이고 핵심적인 기술이라고 할 수 있다. EDI 기술은 크게 EDI 문서표준(국내・국제 표준서식), EDI 변환처리(통신 망에 적합한 데이터 표준 포맷), 통신처리(통신 망을 통한 문서교환 절차 관련 프로토콜) 등 3가지 요소로 구분할 수 있다. 우리나라의 대표적인 EDI로는 종합무역자동화 망, 철강 VAN, 자동차 VAN, 금융 VAN, 유통 VAN 등을 들 수 있다.

14.13 TV 전자상거래

TV 전자상거래(TV-Commerce/T-Commerce)는 전자상거래 기술과 TV의 융합으로 TV 시청자를 대상으로 하는 전자상거래이다. 단순하게 보면 단말을 TV로 하는 전자상거래라고 할 수 있으나, 기존의 전자상거래와는 기술 및 이용 행태 등의 측면에서 많은 차이가 있다. 이 때문에 비즈니스 모델에 있어서도 차별화된 독특한 형태를 갖는다.

현재 수익성이 있는 T-Commerce의 모델로 평가받는 것들에는 1) 생중계되는 스포츠 경기에서의 온라인 배팅, 2) 생방송 중인 프로그램에 관련된 제품의 구매, 3) 온라인 게임, 4) 기존 TV 광고의 보강을 통한 소비자 유인 등이 포함된다.

T-Commerce의 특성은 단말이 TV라는 것에서 찾아야 한다. TV는 미국이라는 나라만 놓고 보더라도 광고주들에 의해 매년 500억 달러 규모의 방송광고가 이루어지는 창이다. 그 어느 시장보다도 규모가 큰 상거래 창구이자 커뮤니케이션의 장이기도 하다. 그뿐만 아니라 TV는 소위 Potato Couch 미디어이다. 가장 친숙하고 보급이 많이 되어 있으며, 무방비 상태로 노출되는 성격의 미디어인 것이다.

전기 신호 기초

부록 1

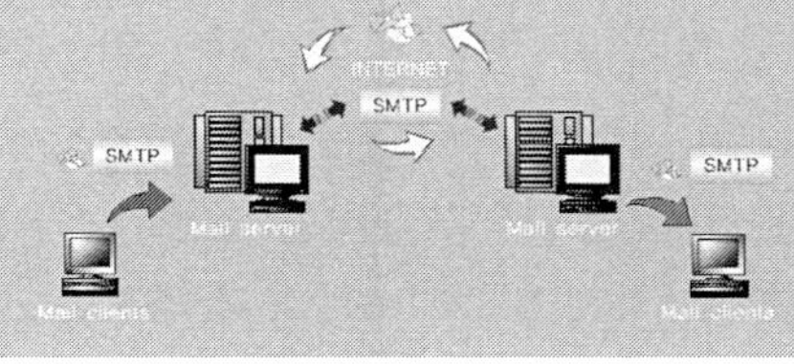

A1. 1 전자현미경으로도 볼 수 없는 전기의 정체

전기가 처음으로 알려진 것은 보석의 일종인 호박(amber)이 작은 물체를 끌어당기는 현상을 발견한 고대 그리스 시대의 일이다. 호박은 색채의 아름다움으로 그 당시 귀인들이 장신구로서 널리 이용하였던 보석이었다. 장신구를 가공하는 과정에서 우연히 호박이 종이나 털과 같이 전기가 통하지 않는 물질을 끌어당기는 현상을 발견한 것이었다. 호박과 종이 또는 호박과 털과 같은 서로 다른 종류의 물체를 마찰시키면 전기가 발생하는 현상은 마찰전기 때문이었음에도 불구하고 전기를 몰랐던 그리스 사람들은 호박 속에 신이 머물러 있다고 믿어 호박을 호신을 위한 부적으로 몸에 달고 다녔다. 이러한 이유로 호박은 마법의 돌로서 주목받기도 했다.

16세기말 영국의 의학자 길버트(William Gilbert : 1540~1603)는 양전기와 음전기가 서로 끌어당기는 마찰전기를 실험적으로 증명한 학문적 성과를 저서 「De Magnete」로 발간하고, 마찰전기를 「electrica」로 명명하였다. 현재 사용되고 있는 전기(electricity)라는 용어의 유래라고 할 수 있다.

길버트는 마찰전기에 관한 연구에 몰두했으나, 양전기와 음전기 사이에 작용하는 흡인력을 정량적으로 설명하지는 못했다. 그 후 프랑스의 쿨롱(Coulomb : 1736~1806)은 양전기와 음전기가 서로 끌어당기는 현상이 뉴턴이 발견한 만유인력의 법칙과 유사한 현상이라는 가설 아래 실험을 통해 그 가설의 타당성을 확인하고, 1785년 쿨롱의 법칙을 발표하였다.

쿨롱의 법칙에 지배되는 모든 전기 현상은 전기가 시간적으로 변화하지 않는 것을 전제로 하는 정전기 현상이었다. 1799년 이탈리아의 물리학자인 볼타(Volta : 1745~

1827)에 의해 현재 일상생활에서 사용하고 있는 전지와 같은 원리로 작동하는 전기발생 장치가 탄생함에 따라 전류를 연속적으로 사용할 수 있게 되었다. 동전기 시대가 시작된 것이다.

전기에 두 종류가 있다는 것은 길버트에 의해 밝혀졌다. 이후 두 종류 전기의 본질적인 차이는 과연 무엇인가? 호기심이 집중되었다. 영국의 화학자 데이비(Humphery Davy : 1978~1829)는 전기를 물질 속을 이동할 수 있는 양전기와 음전기로 설명하면서 전기에는 두 종류가 있으며, 흐름도 있다는 것을 명백하게 밝혔다. 이후 데이비의 연구실에서 조수로 고용된 영국 스코틀랜드의 오지 출신 패러데이는 「전류는 양의 전기가 양전극에서 음전극으로 이동하는 것이다」라고 정의하였다.

A1.2 전자와 전하

모든 전기 현상의 근원에는 전자가 있다. 전자가 갖는 전기적 성질을 전하라고 하는데, 전자와는 항상 같이 생각해야 한다. 전하는 모든 전기 현상의 근원이 되는 실체로 그 성질이 전기량에 의해 규정되는 것이다. 전하는 전기와 거의 유사한 의미로 사용되고 있으나 각각의 물체나 입자 등이 지닌 전기를 지칭할 때 주로 사용하는 용어이다.

전자는 이동하는 성질이 있어서 외부로부터 열이나 마찰 등의 에너지를 받으면 쉽게 떨어져 나가기도 하고 다른 원자에 달라붙기도 한다. 그리스의 철학자 탈레스가 그랬던 것처럼 천으로 물체를 문지르면 전기가 발생하는 이치이다. 전자가 이동하면 당연히 전하도 함께 이동하므로 전자가 이동하면 전류가 흐른다.

전자의 존재가 밝혀지기 전까지는 전류에 대해서 잘 몰랐지만 1897년 영국의 톰슨이 전자의 흐름이 전류라는 것을 증명하였다. 전자는 음전하를 가진 소립자이므로 +쪽으로, 즉 −극에서 +극으로 이동하는 것은 당연한 이치임에도 불구하고 물이 높은 곳에서 낮은 곳으로 흐르는 것처럼 +를 높은 곳으로 생각해서 전류는 +극에서 −극으로 흐른다는 종래의 생각이 현재까지 계속 사용되고 있다. 전류는 전자의 흐름과 방향이 반대라고 생각해도 문제 해결에는 별 지장이 없기 때문에 크게 신경 쓸 일은 아니다.

A1.3 원자 구조

물질의 성질을 지니고 있는 가장 작은 분자를 다시 잘게 쪼갠 것을 원자라고 한다. 원자는 +전기를 띤 원자핵과 원자핵을 중심으로 일정한 궤도를 도는 −전기를 띤 전자로 구성되어 있다. 태양의 주위를 지구나 다른 위성들이 돌고 있듯이 전자들이 원자핵 주위를 돌고 있다고 생각하면 원자의 모양을 쉽게 상상할 수 있다. 전자는 음전기를 띤 소립자로서 전자의 음전하량과 핵의 양전하량은 같다. 따라서 원자는 전기적으로 중성이다. 전자의 전하량은 $e = -1.60203 \times 10^{-19}$ Coulomb이고, 질량은 $m = 9.1066 \times 10^{-31}$ Kg이다.

그림 A1.1에 나타낸 바와 같이 원소에 따라 원자핵 주위를 도는 전자의 수는 다르다. 원자 구조에서 원자핵에 가까운 안쪽의 궤도에서 회전하는 전자는 원자핵에 강하게 구속되어 있어 원자핵에서 벗어 날 수 없지만, 원자핵으로부터 가장 먼 최외곽 궤도를 도는 전자는 원자핵과의 결합력이 그다지 강하지 않으므로 어느 정도의 에너지를 인가하면 원자핵의 영향력에서 자유로이 벗어나 물질 속을 이동할 수 있는 자유전자가 된다.

절대온도 0°K 이상의 온도에서는 에너지의 변화가 유발되기 때문에 공유 결합의 균형이 깨져 가전자가 핵의 구속으로부터 이탈할 수 있다. 이러한 의미에서 최외곽 궤도를 도는 전자를 의미 있는 전자라는 의미에서 가전자(valence electron)라고 한다. 가전자의 수는 원소의 화학적 성질을 결정하는 가장 중요한 요소이므로 가전자의 수를 원자가라고 한다. 반도체 재료로 널리 사용되고 있는 게르마늄이나 실리콘에서는 4개의 가전자가 그림 A1.1에 나타낸 공유 결합의 형태로 존재한다.

공유 결합은 최외곽 궤도를 도는 가전자 수의 수가 8개일 경우가 가장 안정된 상태 즉 안정옥텟을 유지하기 위하여 4개의 가전자를 인접한 원자들이 서로 공유함으로써 8개의 가전자를 만드는 결합이다. 우리도 서 있다 보면 앉고 싶고 또 앉아 있다 보면 눕고 싶듯이 원자들도 가장 안정된 상태를 유지하기 위하여 서로의 도움을 받아 공유 결합을 하는 것으로 이해하면 쉬울 듯하다. 누이 좋고 매부 좋은 이상적인 결합인 것이다.

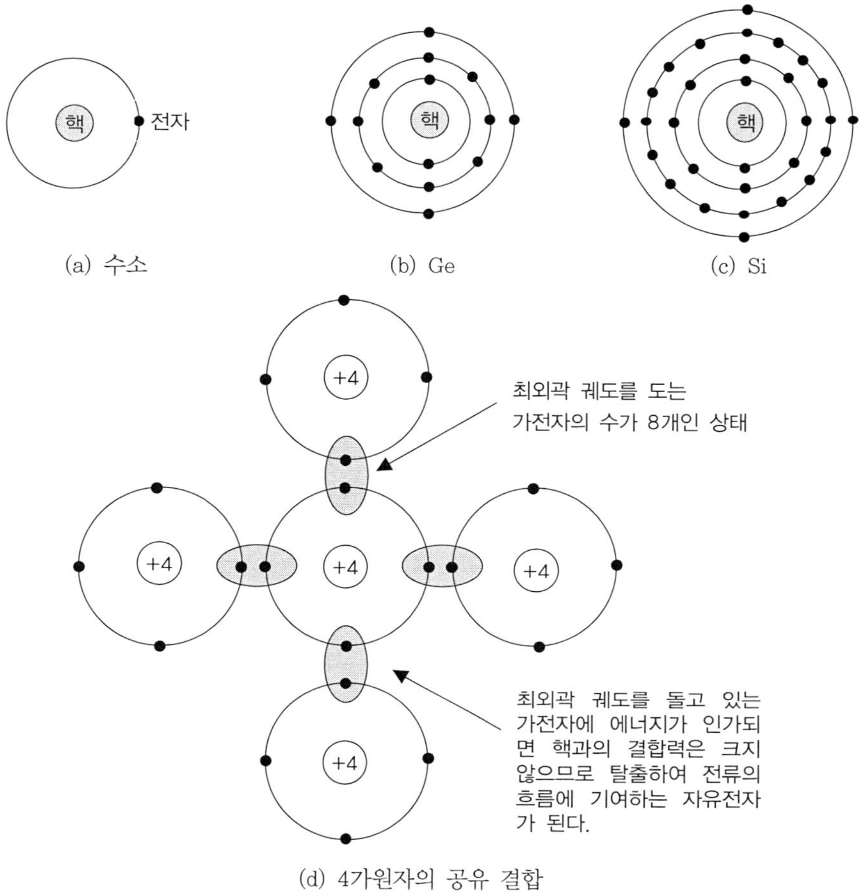

| 그림 A1.1 | 원자모형과 공유 결합

A1.4 에너지대

핵주위의 전자는 그림 A1.2에 나타낸 바와 같이 특정궤도상에서 회전하고 있다. 이 경우 전자가 작은 궤도로부터 큰 궤도로 이동할 경우에는 핵의 인력을 이겨내기 위한 에너지가 필요하다. 따라서 전자의 궤도가 크면 클수록 핵에 대한 에너지 준위는 높으므로 에너지 준위는 궤도의 반지름에 비례한다.

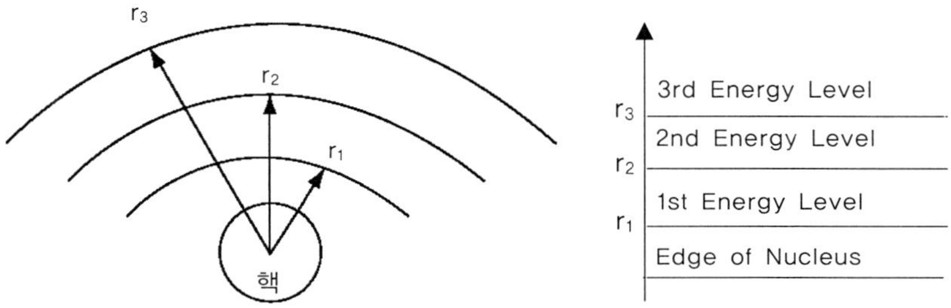

▌그림 A1.2▐ 원자의 에너지 준위

최외각 궤도를 돌고 있는 전자는 그 원자의 화학적 성질을 결정하므로 가전자라고 하는데, 가전자들이 존재하는 에너지대를 가전자대라고 한다. 가전자에 에너지가 인가되면 생성되는 것이 자유전자이다. 따라서 자유전자가 존재하는 전도대는 가전자대보다 에너지 준위가 높다. 그림 A1.3에 금속, 반도체, 절연체의 에너지대를 나타냈다. 여기서 전자가 존재하지 않는 전도대와 가전자대 사이의 폭을 에너지 갭 또는 금지대라고 한다.

절연체와 반도체에서 가전자대는 가전자들로 가득 채워져 있지만 전도대에는 자유전자가 존재하지 않는다. 절연체와 반도체의 차이는 에너지 갭의 크기에 있는데, 절연체보다는 반도체에서 에너지 갭이 훨씬 작다. 대표적인 절연체인 다이아몬드에서는 에너지 갭이 5[eV]인데 반해 반도체인 실리콘에서는 1.1[eV] 정도에 불과하다. 따라서 반도체에서는 비교적 작은 에너지 갭 때문에 약간의 에너지만 인가되면 가전자대의 전자가 전도대로 올라가 전류의 흐름에 기여하는 자유전자가 된다.

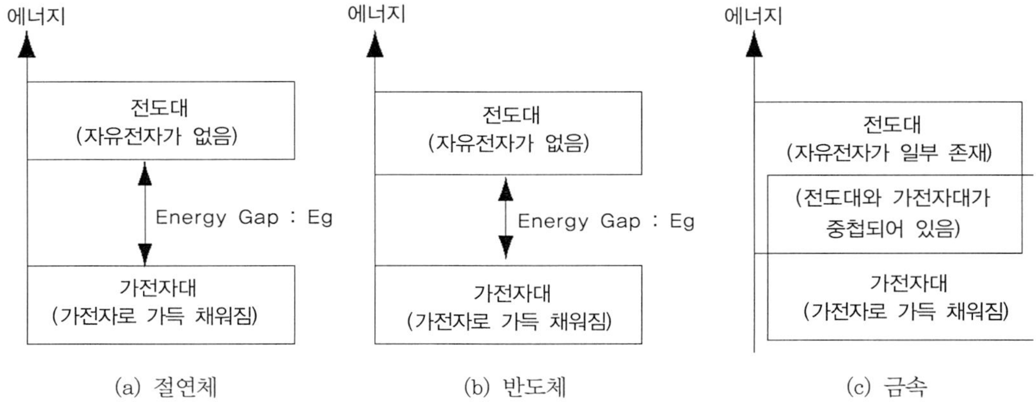

▌그림 A1.3▐ 에너지대

금속의 경우에는 핵의 인력에 크게 영향받지 않는 큰 궤도를 돌고 있는 가전자가 전도대에 존재한다. 이는 가전자대와 전도대가 일부 중첩되어 있기 때문에 자유전자가 항상 존재한다는 것을 의미한다. 이러한 측면에서 반도체는 그 명칭에서 알 수 있는 바와 같이 「훌륭한 절연체도 훌륭한 도체도 아니다」라는 것을 알 수 있다.

A1.5 자유전자와 홀

자유전자는 금속 내에서 자유롭게 돌아다닐 수 있다. 그러나 이러한 자유전자의 이동은 그림 A1.4에 나타낸 바와 같이 자유전자의 의지와는 전혀 관계없는 열에너지에 의한 불규칙적인 랜덤 열 운동(random thermal motion)이므로 전류의 흐름에 전혀 기여하지 못한다. 그러므로 일정한 방향으로 자유전자를 이동시키기 위해서는 동기가 부여되어야 한다. 자유전자의 운동은 동기부여 방식에 따라 드리프트 운동과 확산 운동으로 구분되는데, 드리프트 운동은 외부에서 인가한 전압에 의해 형성된 전기장의 방향(전자는 −에서 +로 이동, 홀은 +에서 −로 이동)에 따라 자유전자가 이동하는 현상이다. 그리고 확산 운동은 잉크를 종이에 떨어트리면 주위로 번져가는 것과 같은 농도차에 의한 운동으로 전자나 홀이 농도가 높은 곳에서 낮은 곳으로 이동하는 운동이다.

반도체에서는 금속에서 볼 수 없는 특이한 성질이 있다. 공유 결합 상태에서 가전자가 자유전자가 되면서 생긴 빈자리, 즉 공유 결합의 공백이 +e의 전하를 가진 자유입자처럼 행동한다는 사실인데, 이러한 가상적 입자를 홀이라고 한다. 공유 결합 상태에서 가전자가 자유전자가 되면서 원자가 +e로 대전된다는 것은 놀랄만한 것은 아니다.

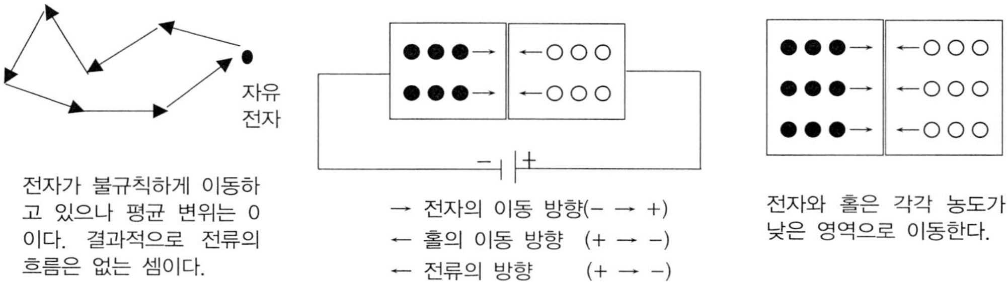

(a) 랜덤 열 운동 (b) 드리프트 운동 (c) 확산 운동

| 그림 A1.4 | 전자의 운동

공유 결합 상태에서 전기적으로 중성이었던 원자에서 −e가 빠져나간다는 것은 바로 +e로 대전된다는 의미이기 때문이다.

원자에는 양전하를 갖는 원자핵이 있고 그 바깥쪽에는 같은 양의 음전하를 갖는 전자가 있다. 전기적으로 중성인 셈이다. 만일 전자가 원자로부터 떨어져 나가거나 다른 원자에서 들어오면 원자는 양이온이나 음이온이 된다. 물체가 전기를 띠는 것은 물체의 전자가 남거나 부족하기 때문이다. 이온화된 원자 자신은 움직이지 못하는데도 불구하고 +e의 전하를 가진 가상 입자가 움직인다는 것은 놀랄만한 일이다. 이러한 운동을 그림 A1.5에 개념적으로 나타냈다. 홀의 운동은 한 원자에서 다른 원자로의 이온화 이동이라고 생각해도 좋을 것이다. 자유전자의 운동과 홀의 운동과는 하등 관련성이 없으므로 전자와 홀이 서로 독립적으로 행동한다는 것을 특별히 명심할 필요가 있다.

그림 A1.5에서 가전자가 전도대로 이동하면서 생긴 가장 오른쪽에 생성된 홀 A는 인접한 가전자 B를 잡아당긴다. 따라서 약간의 에너지 변화로 B는 홀 A로 이동한다. 본래의 홀은 소멸되고 새로운 홀 B가 생성되는 것이다. 이러한 현상은 실제로는 가전자가 B에서 A로 이동한 것이지만, 홀이 A에서 B쪽으로 이동한 것으로 가상해도 무방하다. 새로운 홀 B는 다시 인접한 가전자 C를 끌어당기고, 홀 C가 새롭게 생성되는 현상이 반복된다. 즉 실제로는 가전자가 G→F→E→D→C→B→A 경로를 따라 이동하는 것이지만, 이는 홀이 A→B→C→D→E→F→G 경로를 따라 이동하는 것과 같은 현상이다.

반도체에서 홀은 전류의 흐름에 기여한다. 이것이 금속과 반도체가 다른 점이다. 다시 말해서 반도체에는 전도대(자유전자에 의한 전류)에서의 전류와 가전자대(가전자

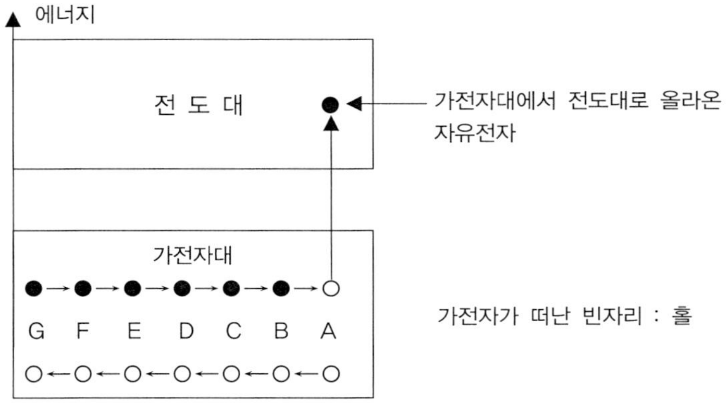

그림 A1.5 홀에 의한 전류

또는 홀에 의한 전류)에서의 전류가 존재한다. 이것은 금속은 1차선 도로이고 반도체는 2차선 도로라는 의미이다.

A1.6 도체와 절연체

물질은 크게 전기가 잘 통하는 것과 통하지 않는 것으로 구분할 수 있다. 전기가 잘 통하는 물질을 도체라고 하는데, 금속이 대표적인 예이다. 특히 구리는 전기가 잘 통하기 때문에 전선의 재료로 가장 널리 사용된다. 반대로 비닐, 고무, 설탕처럼 전기가 통하지 않거나 통하기 어려운 물질을 부도체 혹은 절연체라고 한다.

물질은 원자로 구성되어 있는데 도체와 절연체로 구분할 수 있을까? 도체 내부에서는 전자가 자유롭게 이동할 수 있기 때문에 전류가 잘 흐르는데 반해서 절연체에서는 전자를 원자핵 주위에 확실히 묶어 놓기 때문에 전자가 이동할 수 없으므로 전류도 흐르지 않는다. 외부에서 큰 에너지를 인가하면 절연체의 전자도 이동할 수는 있으나, 그 양은 매우 적다.

A1.7 반도체

도체와 절연체의 중간 성질을 갖는 물체를 반도체라고 하는데, 그 중심에는 4가 원소인 게르마늄과 실리콘이 있다. 게르마늄이나 실리콘 그 자체에서는 전기가 잘 통하지 않지만 약간의 불순물을 첨가하면 어느 정도의 전기가 통하기 때문에 반도체 재료로 널리 이용되고 있다.

반도체 중에서 순도가 매우 높은 반도체를 진성반도체라고 하고, 여기에 소량의 인과 같은 5가 원소나 알루미늄과 같은 3가 원소를 주입한 것을 불순물 반도체라고 한다. 불순물 반도체는 N형 반도체와 P형 반도체로 분류된다.

실리콘 결정에 소량의 인을 주입하여 만든 N형 반도체의 경우를 생각해보자. 그림 A1.6(a)에 나타낸 바와 같이 실리콘 원자에는 최외곽 궤도를 도는 가전자 4개가 존재하고 인 원자에는 가전자 5개가 존재하는데, 공유 결합에 참여하는 전자는 8개이므로 1개의 전자가 남는다. 이처럼 공유 결합에 참여하지 않은 여분의 전자에 약간의 에너지가 인가되면 전류의 흐름에 기여하는 자유전자가 된다. 따라서 N형 반도체에서의 다수 캐리어는 전자이다.

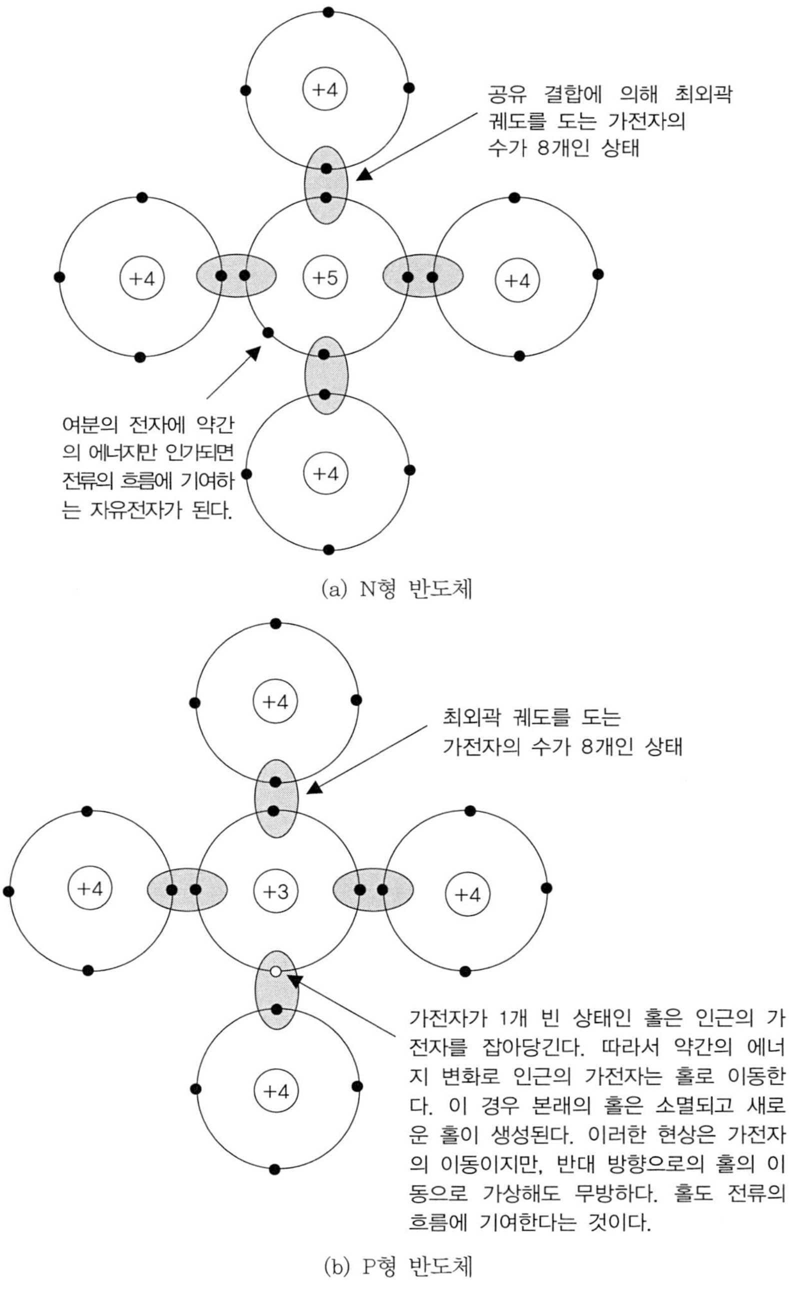

▍그림 A1.6 ▍ N형 및 P형 반도체 구조

실리콘 결정에 소량의 알루미늄을 주입하면 P형 반도체가 된다. 실리콘 원자는 가전자가 4개이고 알루미늄 원자는 가전자가 3개이므로 공유 결합에서 전자 1개가 부족하다. 전자가 부족한 부분을 홀이라고 한다. 그림 A1.6(b)에 나타낸 바와 같이 홀도 역시 자유전자와 마찬가지로 전류의 흐름에 기여하는 입자이다. 따라서 P형 반도체에서의 다수 캐리어는 홀이다.

A1.8 전기의 친구 자기

자철광에는 작은 금속을 끌어당기는 힘이 존재하는데, 이를 자기력이라고 한다. 이러한 자기력의 존재는 마찰전기와 마찬가지로 기원전에 알려졌다. 자기와 전기가 비슷한 점은 양쪽 모두에 두 종의 극성이 있다는 것과 흡인력과 반발력이 존재한다는 것이다. 전기에 양전기와 음전기가 있듯이 자기에는 N극과 S극이 있다.

전기와 자기가 서로 다른 점은 유리와 모포를 마찰시키는 경우 유리는 양전기를, 그리고 모포는 음전기를 띠는 것처럼 전기는 양과 음의 전기를 독립적으로 발생시킬 수 있으나, 자기에는 N극 또는 S극이 독립적으로 존재하지 않는다는 것이다. 그림 A1.7에 나타낸 바와 같이 자석은 쪼개고 또 쪼개도 항상 N극과 S극은 동시에 존재한다. N극과 S극은 애인이 아닌 부부이기 때문에 이별이라는 것은 없다.

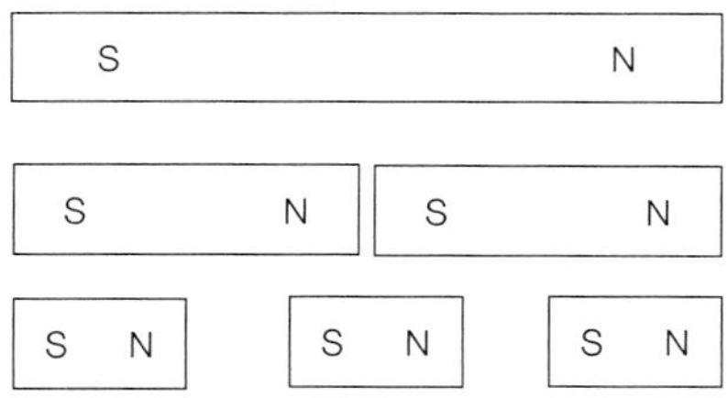

그림 A1.7 자석의 구조

A1.8.1 전류가 근원인 자기

1820년에 전기 현상과 자기 현상을 연결하는 역사적인 실험이 덴마크의 물리학자 외르스테드(Orsted : 1777~1851)에 의해 수행되었다. 도선에 직류 전류를 흘리면 그 도선 주위에는 동심원 모양으로 자기장이 발생하는 현상을 발견한 것이었다. 그림 A1.8(a)에 나타낸 바와 같이 도선을 얇은 종이의 아래에서 위로 수직으로 배치한

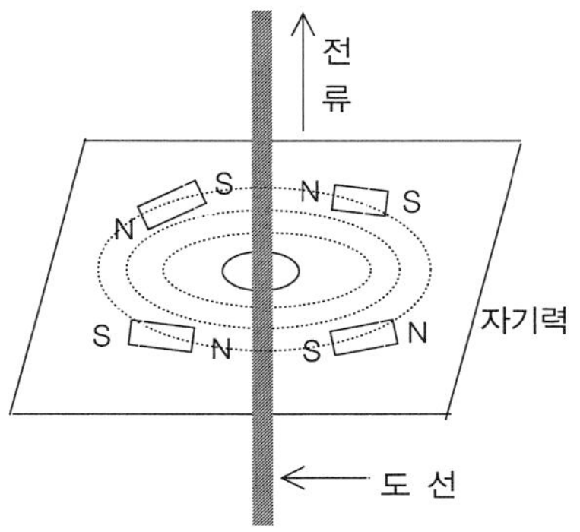

(a) 선 전류와 자기장

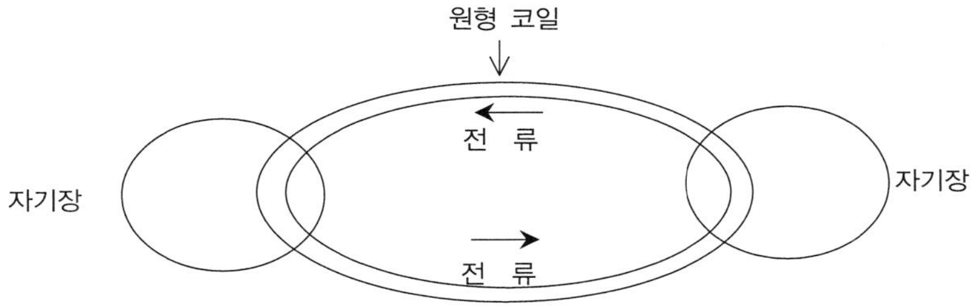

(b) 원 전류와 자기장

┃그림 A1.8┃ 전류와 자기장

후에 이 도선에 직류 전류를 흘리면 도선을 중심으로 종이 위에 불규칙하게 놓아두었던 소형 자침이 동심원 모양으로 배열한다. 이것은 자기력이 아니라면 있을 수 없는 일이다. 자기력이 발견된 것이다. 그렇다면 직선 모양의 도선을 원형으로 만든 후에 도선에 전류를 흘리면 어떠한 일이 생길까? 이 경우에도 그림 A1.8(b)에 나타낸 바와 같이 자기력은 도선의 주위에 동심원 모양으로 발생한다.

A1.8.2 전자기 유도

전류가 만드는 자기장의 방향에 관해서는「전류의 방향과 오른나사가 진행하는 방향을 일치시키면 오른나사를 돌리는 방향이 그 전류에 의해서 만들어진 자기장의 방향이다.」라고 하는 유명한 앙페르의 오른나사 법칙이 있다. 자기력을 자기력선으로 묘사하면 그림 A1.9와 같다. 원의 반지름에 반비례하는 양이 그 지점의 자기력의 크기이며, 화살표 방향이 자기력의 방향이다.

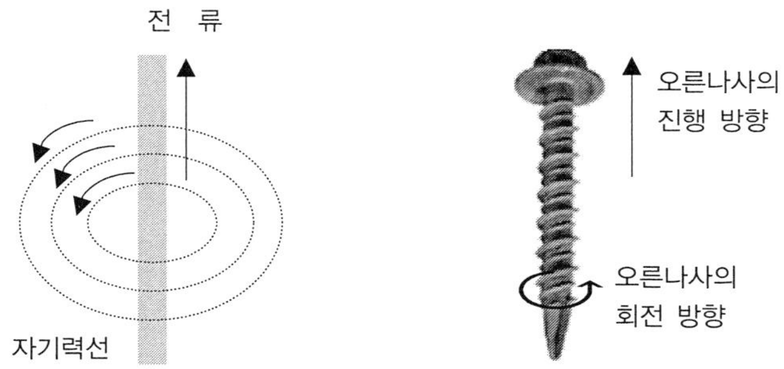

그림 A1.9 자기력선의 방향

전류가 자기장의 원천이라는 현상이 외르스테드에 의해 발견되고 11년이 지난 1831년 패러데이는 자기장을 변화시키면 전류가 발생하는 전자기 유도 현상을 발견하였다. 이것은 전기 분야에서 가장 중요한 발견의 하나로 발전기가 만들어지는 기초가 되었다. 루프 모양의 도선과 자석을 그림 A1.10과 같이 배치하고 자석의 N극을 루프면에 수직이 되도록 하여 루프 코일에 접근시키면 루프선을 통과하는 자기력선의 수는 증가한다.

N극에서 루프 코일을 통과하는 자기력선의 수가 증가하면 루프 코일에는 자기력선이 증가한 만큼 감소시키고자 하는 방향으로 전류가 흐른다. 반대로 N극을 멀리하면 루프 코일에는 반대 방향으로 전류가 흐른다. 감소한 만큼의 자기력선을 보충하고자 하는 전류인 것이다. 자기장이 감소하는 경우와 증가하는 경우의 전류의 방향은 반대이다.

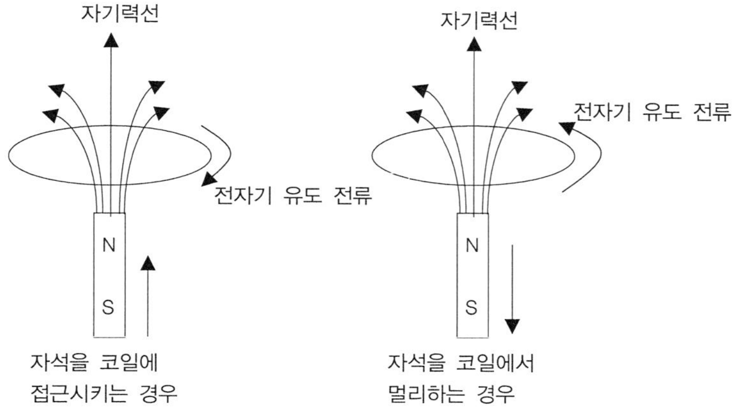

그림 A1.10 전자기 유도 실험

A1.9 전압

전압으로 들어가지 전에 먼저 수압을 생각해 보자. 그림 A1.11(a)에 나타낸 바와 같이 오목한 용기에 물을 넣으면 물은 높은 쪽에서 낮은 쪽으로 흐르고 높이의 차이가 클수록 물을 밀어내는 압력도 커진다. 이 높이 차(수위 차)와 물을 밀어내는 압력(수압)의 관계를 전기에 비유할 경우, 수위 차에 해당하는 것은 전위 차이고 수압은 전압에 해당된다. 수위 차가 크면 클수록 물을 밀어내는 압력 즉 수압이 커지듯이 전기에서도 전위 차가 크면 전기적 압력 즉 전압이 커진다. 전압의 단위는 볼트[V : Volt]이다.

그림 A1.11(b)에서 전지에 대응되는 것은 낮은 곳에서 높은 곳으로 물을 퍼 올리는 펌프이다. 그리고 전구에 대응되는 것은 댐이고, 전류에 대응되는 것은 수류이다. 물론 전압 및 전위 차에 대응되는 것은 수압과 수위 차이다.

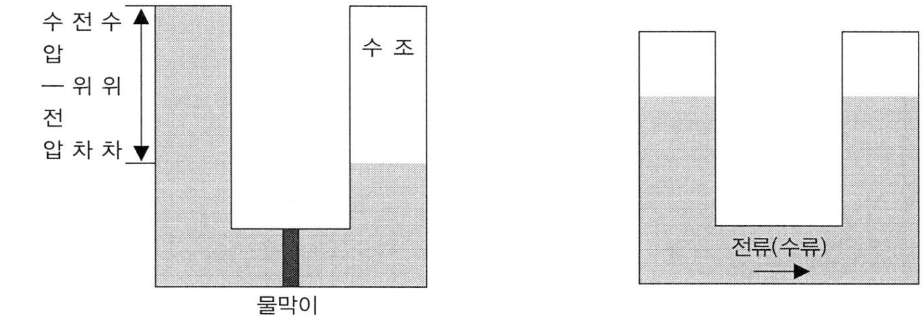

(a) 수압과 전압

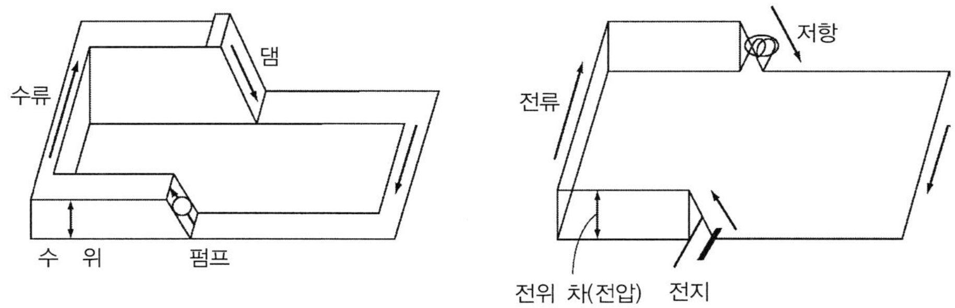

(b) 펌프와 전압

▌그림 A1.11▌ 전압과 수위

A1.10 전류와 전력

전류는 전자의 흐름이다. 다시 말해서 전자가 이동하면 전류가 흐르는데, 전자를 일정한 방향으로 이동시키기 위해서는 전압이 필요하다. 전압에 의해 전기적 에너지가 가해지면 전자는 -에서 + 방향으로 움직이기 시작한다. 이 경우 전류의 방향은 전자의 이동 방향과 반대인 +에서 - 방향이다. 전자의 흐름이 전류인 것을 감안하면 전류의 방향은 -에서 + 방향인 것은 당연한 이치임에도 불구하고 물이 높은 곳에서 낮은 곳으로 흐르는 것처럼 +를 높은 곳으로 생각해서 전류는 +에서 - 방향으로 흐른다는 종래의 생각이 현재까지 계속 사용되고 있다. 전자의 흐름과 전류의 방향이 반대라고 생각해도 문제 해결에는 별지장이 없기 때문에 크게 신경 쓸 일은 아니다.

전류는 단위 시간 즉 1초에 이동한 양전하량으로 정의된다. 전하량을 나타내는 단위는 쿨롬[C]이다. 매초 몇 쿨롬의 전하량이 이동하였는지를 나타내는 전류의 단위는 암페어(A : Ampere)로, 1[A]는 1초에 이동하는 전하량이 1[C]인 경우이다.

전력을 나타내는 단위는 W(와트 : Watt)로 매초 전류가 한 일의 양이다. 전력은 전류와 전압의 곱으로 구할 수 있다. 전력량은 부하에서 소모되는 에너지의 양으로 전력(W)과 시간(h)의 곱으로 구할 수 있다. 따라서 1KW의 전력을 1시간 사용하면 전력량은 1KWh가 된다.

A1.11 전기저항과 초전도체

도선의 양끝에 전지를 연결하면 도선에 전류가 흐르는 것은 삼척동자도 아는 사실이다. 이때 전지와 도선 사이에 커다란 저항을 집어넣으면 전류는 흐르기 어렵게 되고, 전지에 있는 전기를 오랜 시간 이용할 수 있게 된다. 저항이 전류의 흐름을 방해하는 작용을 하는 것은 확실하지만 금속에 전기저항 성분이 존재한다는 의미는 무엇일까? 금속은 원자로 구성되어 있고 원자의 최외곽 궤도를 도는 가전자는 외부에서 에너지가 인가되면 자유전자가 된다. 자유전자는 금속을 이동하면서 많은 금속 원자와 부딪치게 되는데, 이것이 바로 전자의 흐름을 제한하는 저항인 것이다.

금속의 원자는 항상 외부 온도로 진동한다. 이것은 공기를 데우면 기체 분자가 심하게 운동하는 것과 같이 고체의 경우에도 그 물질에 에너지가 인가되면 물질을 구성하고 있는 원자가 진동하는 것이다. 온도가 높은 금속에서 자유전자가 이동하는 경우에는 열 진동을 하고 있는 금속 원자와 충돌하게 된다. 이러한 열 진동이 아무리 미세한 경우라도 전자의 이동에 제동을 가하는 것은 당연한 이치이다.

금속의 온도가 상승하면 금속 원자의 열 진동이 활발해지고 원자와 원자의 거리가 부분적으로 넓어져 자유전자가 인접한 원자로 이동하기 어렵기 때문에 전기저항도 커진다. 금속의 온도를 상승시키면 전기저항이 커진다는 것이다. 반대로 금속의 온도를 낮추면 원자의 열 진동이 작아지고 전기저항이 작아질 것인가? 그렇다. 0°K로 가까이 가면 열 진동의 효과가 소멸되어 전기저항이 극히 적어지는데, 이러한 현상을 초전도 현상이라고 한다.

전동차가 고속으로 달리는 경우 바퀴의 회전으로 생기는 마찰저항에 의한 손실이 생기는데, 전동차가 빨리 달리면 달릴수록 손실은 커진다. 이러한 문제의 해결 방법으로 자기력을 사용하여 차체를 선로에서 부상시키는 방법을 생각할 수 있다. 이것은 자기력의 원천인 전류를 크게 하는 것으로 직결된다.

전류를 크게 하기 위해서는 저항을 작게 하는 방법뿐이 없는 것 같다. 다행스럽게도 이 문제는 금속의 온도를 0°K로 하면 전기저항이 0이 되는 초전도 현상을 이용해서 해결할 수 있다는 것을 알았다. 그러나 전동차의 일부라 할지라도 금속 물체를 0°K로 하기 위해서는 냉매인 액체 헬륨을 다량으로 사용해야 하므로 큰 문제가 아닐 수 없다. 액체 헬륨은 비싸기 때문에 경제적으로 설명할 수 있는 일이 아니다. 최근에는 저항을 0으로 만든다는 개념보다는 최소화한다는 실용화 측면에서 다년간의 연구결과를 토대로 자기부상형 초고속 전동차가 경제적으로도 성립할 수 있는 단계에 이르렀다.

A1. 12 다이오드

다이오드는 P형 반도체와 N형 반도체를 접합시킨 것으로, 각각의 반도체 끝에는 전압을 인가하기 위한 전극을 연결한다. 이 경우 P형 반도체에 연결된 전극을 애노드(anode), N형 반도체에 연결된 전극을 캐소드(cathode)라고 한다. 다이오드에서는 전류가 한쪽으로만 흐른다는 것이 매우 중요한 동작 특성이다.

그림 A1.12에 나타낸 바와 같이 다이오드의 P형에 +, 그리고 N형에 −의 전압 즉 순방향 전압을 인가하면 P형의 홀은 N형 쪽으로, N형의 전자는 P형 쪽으로 이동한다. 그리고 접합면에서는 홀과 전자가 한 쌍씩 결합하여 +와 −의 전기가 서로 제거되어

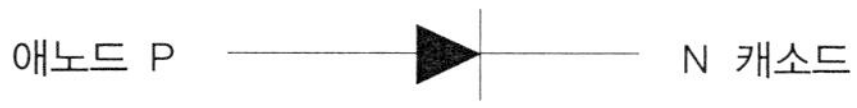

(a) 다이오드의 회로 기호

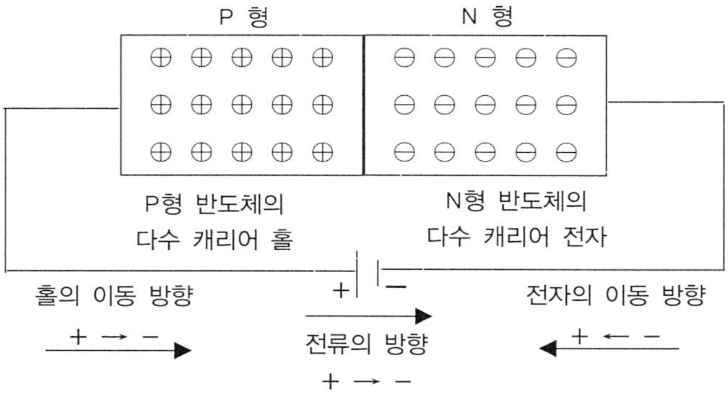

(b) 순방향 전압에 의한 다수 캐리어의 이동

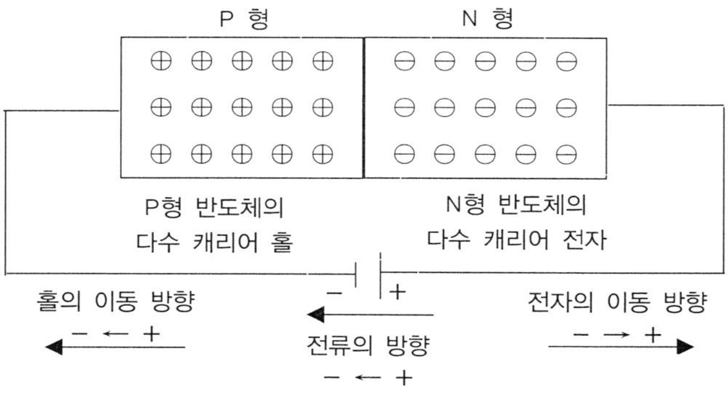

(c) 역방향 전압에 의한 전자와 홀의 이동

| 그림 A1.12 | 다이오드의 순방향 전압과 역방향 전압

없어진다. 양끝의 전극에서는 연속해서 홀과 전자가 공급되므로 계속해서 전류가 흐르게 된다. 이것이 순방향 전압에 의한 전류이다.

반대로 P형에 −, 그리고 N형에 +의 전압 즉 역방향 전압을 인가하면 홀은 P형의 전극 쪽으로 이동하고, 전자는 N형의 전극 쪽으로 이동하여 접합면 근처에는 홀과 전자 모두 존재하지 않는다. 전류가 흐르지 않는 것이다. 순방향 전압을 인가할 때만 전류가 흐르는 특성을 이용하면 시간에 따라 극성이 바뀌는 교류를 직류로 변환할 수 있다. 이것을 정류 작용이라고 한다.

다이오드는 순방향으로는 도통이 잘되고 역방향으로는 도통이 되지 않는다. 이상적인 다이오드는 순방향 전압을 인가하였을 때에는 완전한 도체처럼 동작하고 역방향 전압을 인가하였을 때에는 완전한 절연체처럼 동작한다. 이러한 특성 때문에 다이오드는 On- Off 스위칭 소자로도 널리 이용되고 있다.

A1.13 트랜지스터

A1.13.1 트랜지스터 구조

트랜지스터는 1948년 벨연구소의 쇼클리, 바딘, 브래튼이 공동으로 발명했다. 처음에는 실리콘 결정표면에 2개의 바늘을 세운 모양이었지만 현재는 N형과 P형 반도체를 샌드위치 모양으로 접합한 모양이다. 트랜지스터는 그림 A1.13에 나타낸 바와 같이 접합순서에 따라 NPN형 트랜지스터와 PNP형 트랜지스터로 구분된다. 트랜지스터에는 컬렉터(C), 베이스(B), 이미터(E)라는 세 개의 단자가 있는데, 이미터는 「방출」, 컬렉터는 「수집」이라는 의미로서 이미터에서 방출한 자유전자(NPN 트랜지스터)나 홀(PNP 트랜지스터)을 컬렉터에서 모은다는 의미이다. 컬렉터와 이미터 사이에 있는 베이스의 역할은 이미터에서 방출된 자유전자나 홀이 컬렉터로 이동하는 것을 제어하는 것이다.

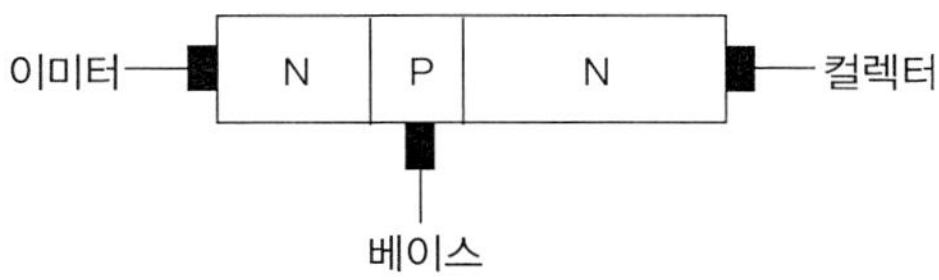

(a) NPN 트랜지스터

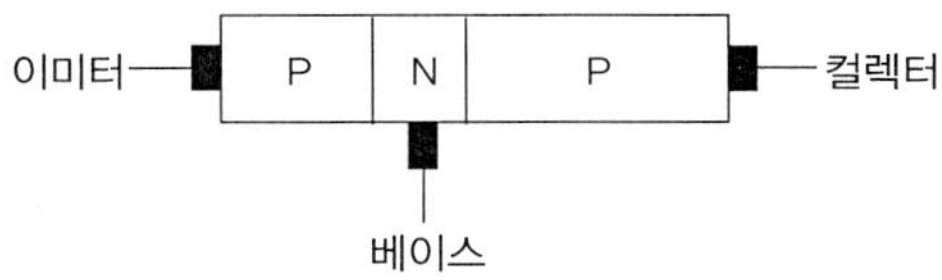

(b) PNP 트랜지스터

▎그림 A1.13▎ 트랜지스터 구조

A1.13.2 트랜지스터의 스위칭 및 증폭 작용

그림 A1.14(a)에 나타낸 바와 같이 전극 E와 전극 B 사이와 전극 B와 전극 C 사이에 순방향 전압을 인가하면 전자는 전극 E의 N형 반도체에서 전극 B의 P형 반도체(전자의 이동 방향 : −→+)로, 그리고 전극 C의 N형 반도체에서 전극 B의 P형 반도체로 주입된다. 즉 다수 캐리어인 자유전자는 트랜지스터의 이미터와 컬렉터에서 이동하여 베이스에서 합쳐져서 공통선으로 이동하게 되므로 이미터와 컬렉터 전류는 매우 크다.

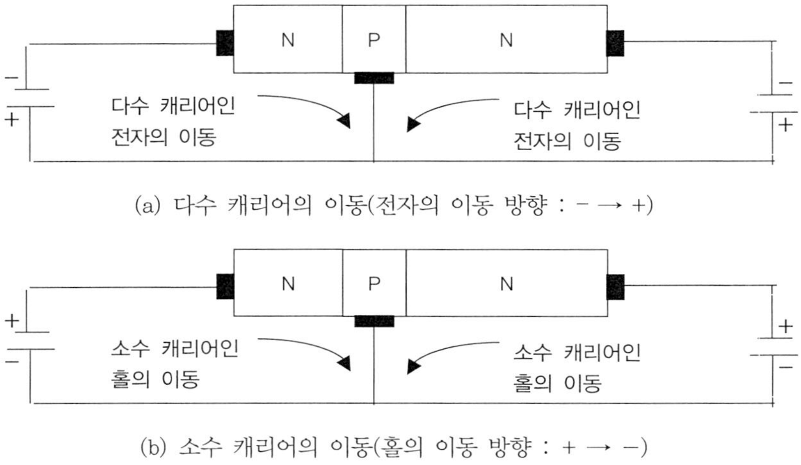

▎그림 A1.14▎ 트랜지스터의 스위칭 작용

그림 A1.14(b)에 나타낸 바와 같이 만약 전극 E와 전극 B 사이와 전극 B와 전극 C 사이에 각각 역방향 전압을 인가하면 N형 반도체에 존재하는 극소수의 홀 즉 소수 캐리어인 홀만이 이동하므로 전류는 거의 흐르지 않는다. 극성을 바꿈으로써 전류를 많이 흐르게 할 수도 있고, 전류를 적게 흐르게 할 수도 있다는 것이다. 트랜지스터를 이용해서 전류가 흐르게 하거나 흐르지 않게 할 수 있다는 것은 곧 트랜지스터를 스위칭 소자로 사용할 수 있다는 의미이다. 스위칭 소자는 2가지 상태만을 대상으로 하는 디지털 소자의 기본이다. 따라서 전류가 흐르거나 흐르지 않는 특성을 이용하면 트랜지스터를 이용해서 다양한 디지털 반도체 소자를 만들 수 있는데, 이것이 바로 IC로 불리는 반도체 칩이다.

그림 A1.15에 나타낸 바와 같이 전극 E와 전극 B 사이에는 순방향 전압을, 그리고 전극 B와 전극 C 사이에는 역방향 전압을 인가하면 예기치 못한 일이 일어난다. 이

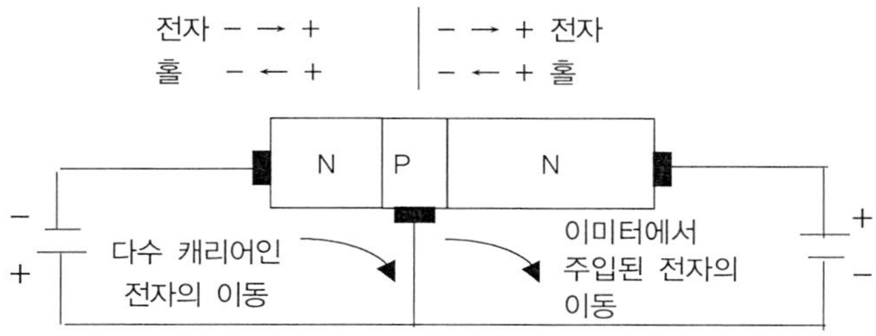

▎그림 A1.15▎ 트랜지스터의 증폭 작용

미터에는 순방향 전압이 걸려 있기 때문에 전류가 많이 흐르지만 컬렉터 쪽은 역방향 전압이 걸려 있기 때문에 많은 컬렉터 전류는 기대할 수 없다. 그럼에도 불구하고 컬렉터 전류는 이미터 전류의 크기와 거의 같게 된다. 그 이유는 다음과 같다.

순방향 전압이 이미터와 베이스에 인가되는 순간 이미터 내의 전자는 베이스 영역으로 이동하게 된다. 베이스 영역에서 전자들은 두 방향 중에서 어느 한쪽 방향으로 이동할 수 있는데, 하나는 베이스 선을 통해서 흘러나가는 것이고, 다른 하나는 컬렉터 영역으로 들어가는 것이다. 그러나 제조 공정에서부터 불순물을 약하게 주입하고 폭을 작게 한 베이스 영역의 홀의 수는 그리 많지 않으므로 자유전자와의 재결합 메커니즘을 통해 이동하는 홀로 인한 재결합 전류는 매우 적다.

따라서 대부분의 자유전자들은 컬렉터 영역으로 이동하게 되는 것이다. 이미터에서 주입된 전자의 95% 이상이 컬렉터에 도달하게 된다. 이것은 컬렉터 전류가 이미터 전류와 거의 같다는 것을 의미한다.

그림 A1.16에 나타낸 공통 이미터 접지 회로는 베이스 대신에 이미터를 공통선으로 이용하는 접속 방식이다. 이 경우 입력 단자는 베이스이고 출력 단자는 컬렉터인데, 입력전류인 베이스 전류보다 출력 전류인 컬렉터 전류가 훨씬 더 크다. 이것이 바로 트랜지스터의 증폭 작용이다.

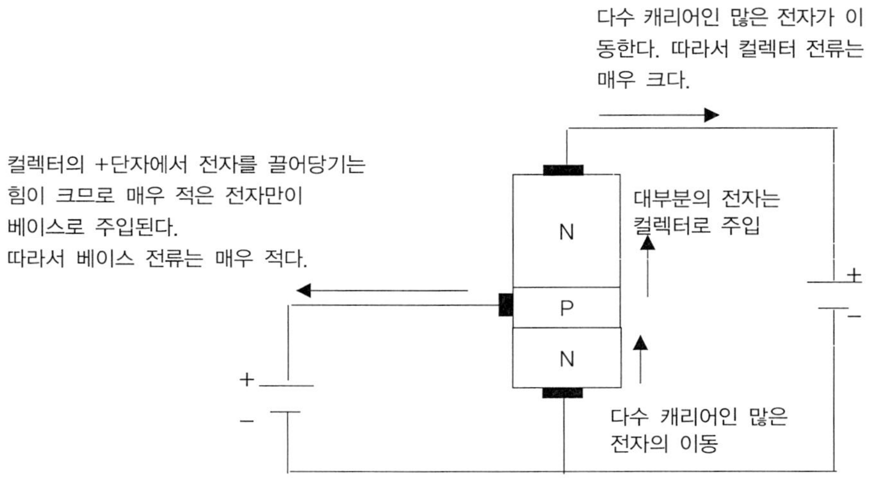

▌그림 A1.16▐ 트랜지스터의 증폭 작용

A1.14 전계 효과 트랜지스터 MOS-FET의 스위칭 및 증폭 작용

A1.14.1 MOS-FET의 구조

트랜지스터는 홀과 전자에 의해 동작하므로 쌍극성 트랜지스터(bipolar transistor)라고 한다. 그러나 전계 효과 트랜지스터(FET : Field Effect Transistor)는 단극성 트랜지스터(unipolar transistor)로 홀이나 전자 중 하나에 의해서만 동작한다.

MOS(금속산화물 반도체 : Metal Oxide Semiconductor)-FET는 그림 A1.17에 나타낸 바와 같이 그 구조에 따라 N 채널 MOS와 P 채널 MOS로 구분된다. P 채널 MOS에서는 홀이, 그리고 N 채널 MOS에서는 자유전자가 소스에서 드레인으로 이동한다. 여기서 P 채널과 N 채널 MOS의 동작 특성은 상보적이므로 N 채널 MOS에 관해서만 설명하기로 한다.

그림 A1.17(a)에서 p형 영역을 기판이라고 하는데, 이는 물리적으로 전자가 이동하는 채널 폭을 좁게 만든다. 소스에서 드레인으로 이동하는 자유전자는 이 좁은 채널을 통과해야만 한다. 여기서 중요한 것은 MOS-FET에 흐르는 전류의 크기는 채널 폭으로 결정된다는 것이다. 이로부터 소스는 자유전자를 공급하는 원천이고, 드레인은 소스에서 공급하는 자유전자를 끌어당기며, 게이트는 자유전자의 흐름을 제어하는 관문의 역할을 한다는 것을 알 수 있다.

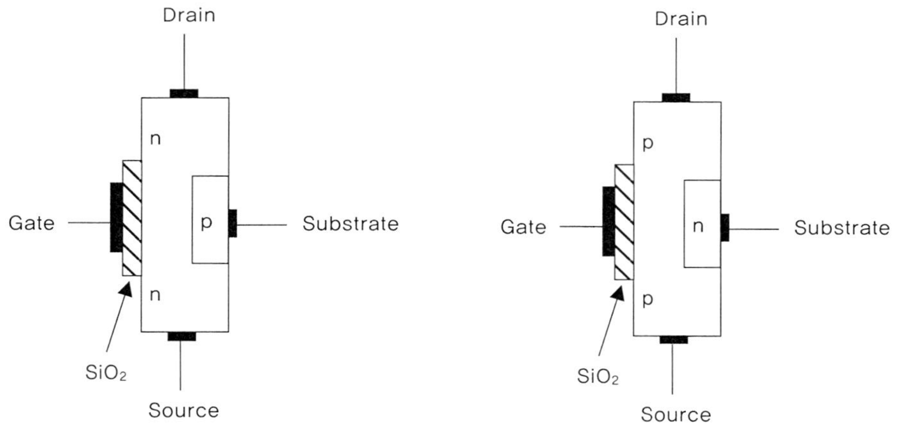

(a) N 채널 MOS (b) P 채널 MOS

| 그림 A1.17 | MOS-FET의 구조

게이트 단자에 있는 이산화규소(SiO_2)는 절연체이므로 채널과는 전기적으로 절연 상태에 있다. 따라서 게이트에 +전압을 인가해도 게이트 전류는 전혀 흐르지 않는다. MOS-FET는 그 동작 방법에 따라 공핍형(depletion type)과 증가형(enhancement type)으로 구분된다.

A1.14.2 공핍 모드

그림 A1.18에 공핍형 MOS FET를 나타냈다. 여기서 전압 V_{DD}는 자유전자를 소스에서 드레인으로 이동시키는 역할을 하고, 게이트에 인가되는 음전압 V_{GG}는 채널 폭을 제어함으로써 전류의 흐름을 조절하는 역할을 한다.

게이트의 음전압이 크면 클수록 홀을 게이트 쪽으로 끌어당기는 힘이 강해서 전자 채널의 폭과 드레인 전류는 적어지는데, 최종적으로 드레인 전류는 차단된다. 따라서 음의 게이트 전압에 의한 동작은 채널 내 자유전자의 감소를 좌우하고, 최종적으로는 자유전자를 공핍시키므로 음의 게이트 전압에 의한 동작을 공핍 모드라고 한다. 이와 같은 공핍형 MOS-FET는 입력인 게이트 전압을 조정하여 출력인 드레인 전류를 제어할 수 있기 때문에 증폭기 구성에 주로 사용된다.

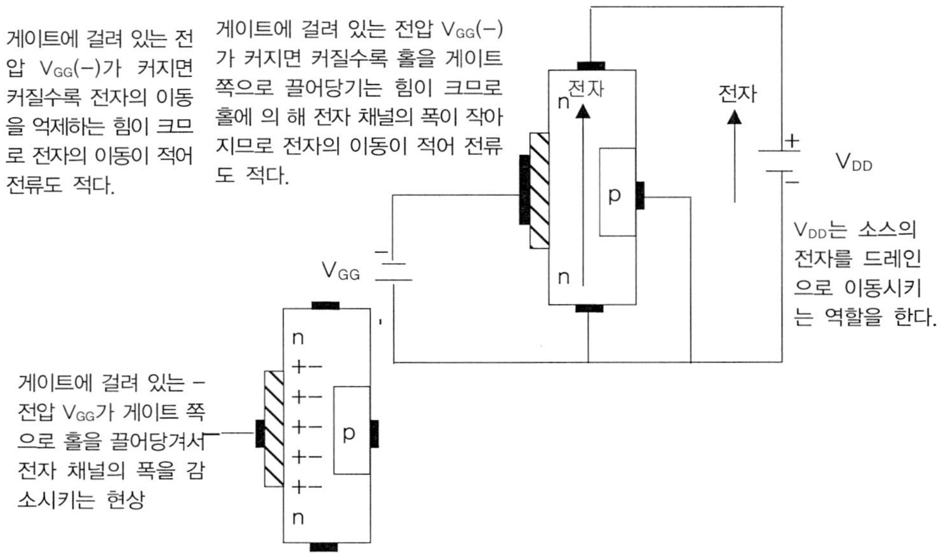

| 그림 A1.18 | 공핍형 MOS FET

A1.14.3 증가 모드

그림 A1.19에 증가형 MOS-FET를 나타냈다. 기판인 p형 영역이 SiO_2 영역까지 확장되어 있어 구조적으로는 소스와 드레인 사이에 n 채널이 존재하지 않는다. 따라서 V_{GS}가 0이면 소스 단자가 있는 n형 영역의 전자가 p형 영역으로 이동할 수 없다. 즉 전자 채널이 존재하지 않기 때문에 전류가 흐르지 않는 것이다. 그러나 V_{GS}가 어느 정도 커지면 소스 영역의 자유전자가 기판으로 유입되고, 이러한 자유전자는 V_{DD}에 의해 드레인으로 이동하게 된다. 이처럼 V_{GS}가 0인 경우와 V_{GS}에 전압을 인가할 경우로 구분하면 전류가 흐르지 않거나 흐르는 상태 즉 2가지 상태를 표현할 수 있다. 따라서 증가형 MOS는 스위칭 회로 즉 디지털 회로의 구성에 적합하다.

증가형 MOS-FET는 쌍극성 트랜지스터보다 소비전력이 적고 IC로 생산할 때 점유면적이 적다는 점, 즉 집적도가 높기 때문에 디지털회로 설계에 많은 변화를 일으켰다. MOS-FET는 마이크로프로세서나 기억소자 등의 LSI 및 VLSI 제조에 널리 사용되고 있다.

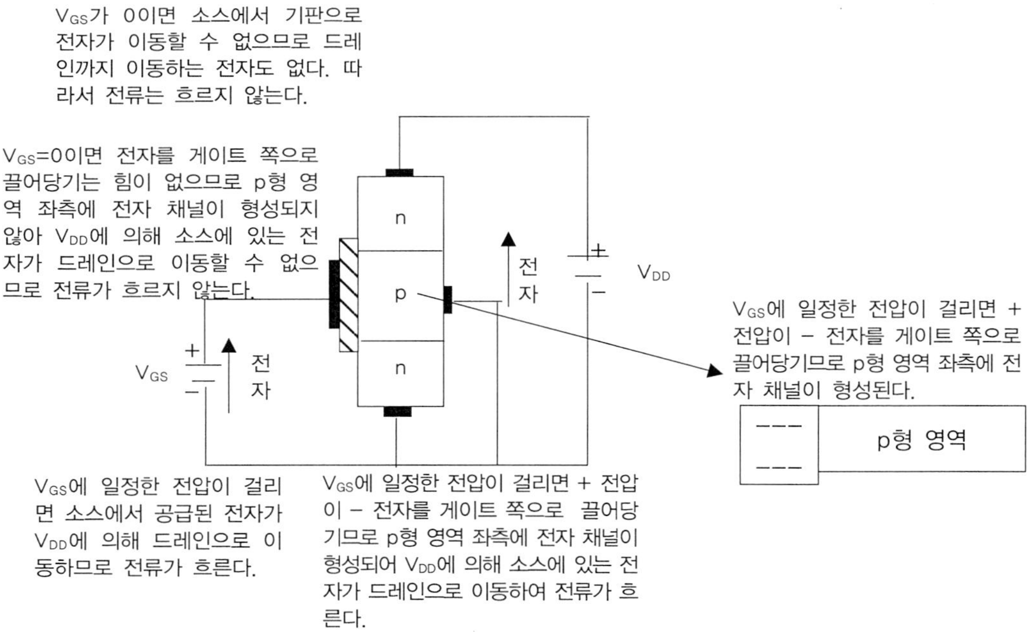

그림 A1.19 증가형 MOS FET

A1. 15 집적회로

IC는 「Integrated Circuit」, 즉 집적회로의 약자로 전체회로를 하나의 집약된 부품으로 구성하는 것을 의미한다. IC는 실리콘 단결정 위에 사진기술을 이용하여 회로의 패턴을 만들고 트랜지스터와 전극을 접촉하는 방식으로 제조한다. IC의 특징은 신뢰도가 높은 회로를 저가로 대량생산할 수 있다는 점이다. 트랜지스터를 하나하나 기판 위에 배선하는 것은 많은 수작업이 요구되고, 접속점이 늘면 접촉불량과 잡음의 문제가 발생하기 때문에 대부분의 회로가 IC의 형태로 제조되고 있다.

LSI(Large Scale Integration)는 IC를 고밀도화한 것으로 수 밀리미터의 면적에 수천 개에서 수만 개의 트랜지스터가 장착된다. VLSI(Very Large Scale Integration)는 LSI를 소형 경량화한 것으로 1개의 칩에 수십만 개 이상의 트랜지스터가 장착된 IC이다. 최근에는 트랜지스터 수천만 개에 해당하는 ULSI(Ultra Large Scale Integration)도 생산되고 있다. 이 분야에서 가장 진보가 두드러진 것 중의 하나는 DRAM(Dynamic Random Access Memory) 분야이다.

▌표 A1.1▐ IC의 분류

분 류	능동소자 수	개발 시기
SSI(Small Scale Integration)	100개 이상	1960년대 전반
MSI(middle Scale Integration)	100~1,000개	1960년대 후반
LSI(Large Scale Integration)	1,000~십만 개	1970년대 전반
VLSI(Very Large Scale Integration)	십만 개~천만 개	1970년대 후반
ULSI(Ultra Large Scale Integration)	천만 개 이상	1980년대 전반

영상 정보통신

부록 2

A2.1 꿈의 영상 콘텐츠 산업

A2.1.1 21세기 지식정보사회의 핵심이 되는 미래형 첨단 산업

21세기 선진국 경제의 패러다임이 자원기반에서 지식기반으로 변화함에 따라 멀티미디어 콘텐츠 산업은 그 성장가능성이 무궁무진할 뿐 아니라 문화·예술 관련 산업에 미치는 파급 효과가 높은 21세기 전략산업으로 각광받고 있다. 특히 초고속통신 및 위성통신 시대의 개막은 멀티미디어 콘텐츠 산업이 지식상품의 창출이 무한한 21세기 미래형 산업으로 발전할 수 있다는 것을 예고하고 있다.

멀티미디어 콘텐츠는 문자, 음성, 영상 등 여러 가지 형태로 구성된 정보의 내용물을 지칭하는 것으로 이러한 콘텐츠들을 생산·유통·소비하는 정보 산업 전반을 멀티미디어 콘텐츠 산업이라고 한다. 여기서 미디어란 「매체」, 「수단」을 의미하는 것으로 종래의 통신 분야에서는 「메시지의 운반물」이라는 개념으로 사용되어 왔다. 그러나 최근에는 「정보의 표현 수단」이라는 비교적 넓은 의미로 사용되고 있다. 미디어에는 문자, 음성, 영상 등 여러 종류가 있고, 이들은 표현할 수 있는 정보의 양, 정확도, 이해도 등의 측면에서 각각 서로 다른 특성을 갖고 있다. 그러므로 정보를 효율적으로 전달하고 이해하기 쉬운 형태로 표현하기 위해서는 최적의 미디어를 선택하는 것이 매우 중요하다. 또한 멀티미디어 즉 복수의 미디어를 사용하면 정보의 전달이 정확해지고 보다 깊고 쉽게 이해할 수 있다.

「백문이불여일견」이라는 속담에도 나타나 있듯이 정보의 대부분은 시각에 의존하기 때문에 멀티미디어의 활용 목적은 다양한 정보를 포함하고 있는 영상미디어를 중심으로 복수의 미디어를 장점으로 살려 필요한 정보를 이해하기 쉬운 형태로 빠른 시간에 입수하여 활용하는 데에 있다. 이러한 특성을 감안하면 멀티미디어 콘텐츠 산업의 핵심은 영상 콘텐츠 산업이라고 할 수 있다.

오늘날 정보화 사회를 살아가는 우리는 21세기 디지털 콘텐츠 혁명의 물결 속에서 엔터테인먼트 시대의 미디어 문화를 향유할 수 있는 제2의 영상르네상스 시대를 맞이하고 있다. 특히 멀티미디어 시대에서의 영상 콘텐츠는 인간의 마음속에서 보다 강렬한 이미지를 심어 주는 감성적인 작품으로서의 역할을 수행할 것으로 예상되고 있다. 현재 세계 영상 콘텐츠 산업은 매년 급속하게 성장하고 있으며, 선진 외국에서는 영상 콘텐츠에 관련된 연구・개발 사업을 이미 산업디자인, 애니메이션, 게임, 캐릭터, 광고, 방송, 영화, 비디오 등의 분야에서 진행하고 있다. 그리고 이와 관련된 산업체에서도 영상 콘텐츠를 무형의 고부가가치 자산으로 평가하여 투자를 확대하고 있으며, 최근에는 이미 신제품 개발 단계에 접어들고 있다. 이러한 흐름으로부터 인간의 감성과 공학기술이 접목된 영상 콘텐츠는 21세기 디지털 영상시대의 큰 축으로 자리매김할 것으로 예상된다.

A2.1.2 타분야로의 파급 효과가 매우 큰 기술집약형의 고부가가치 산업

영상 콘텐츠 산업은 문화 산업, 창조 산업, 벤처 산업의 특성이 조화된 독특한 산업적 특성을 지닌 분야로서 위험성이 크지만 성공할 경우에는 엄청난 고부가가치를 창출할 수 있는 산업으로 21세기를 주도할 미래형 첨단산업으로 평가받고 있을 뿐 아니라 정보통신 산업과 더불어 경제를 주도할 기간 산업으로 각광받고 있다.

최근에 미국의 폭스사와 파라마운트사가 공동으로 제작한 영화 〈타이타닉〉이 제작비를 훨씬 뛰어 넘는 흥행 수입을 기록함으로써 영상 콘텐츠 산업의 고부가가치성이 입증된 바 있다. 1998년 3월 9일 전국인민대표대회에 참석한 장쩌민 국가주석이 「동지들도 미국 영화 타이타닉을 한번 보기 바란다」라고 피력했을 정도이다.

정보통신 및 뉴미디어 기술의 비약적인 발전에 힘입어 영상 콘텐츠 산업은 다단계의 유통시장을 거치면서 고부가가치성을 발휘하게 된다. 그 예로써 특정 영화가 극장에서 흥행에 성공하게 되면 비디오, 케이블 TV, 지상파 방송, 위성방송 등과 같은 다단계 시장을 거치면서 고부가가치를 창출하게 된다. 공공재의 성격을 갖는 영상 콘텐츠는 1회의 사용으로 그치지 않고 다양한 창구를 통하여 활용됨으로써 부가이윤을 창출한다. 영상 콘텐츠가 캐릭터 및 게임 등의 분야에 응용되면서 새로운 수요자들에게 새로운 모습의 상품으로 등장하면 시간이 흐름에 따라 시장을 계속 확대할 수 있기 때문에 영상 콘텐츠 산업은 지속적인 부가가치를 창출하는 산업으로 평가받고 있다.

예컨대 성공과 실패를 예견하기가 힘든 위험 요소가 상대적으로 많기는 하지만 애니메이션의 경우 캐릭터, 팬시, 완구, 문구 시장 등과 연계되어 막대한 시장규모를 형성하고 있다. 캐릭터의 산업적 가치는 비슷한 여러 제품들 중에서 특별히 한 제품에 대하여 소비자들이 친숙함을 느끼게 하고, 그 결과 특정상품을 구매하도록 유인하는 특성에 있다. 즉 캐릭터라는 요소로 인해 단순한 제품에 부가가치가 더해져 단순한 상품이 아닌 이미지 상품으로 변모하는 효과가 나타나는 것이다. 애니메이션의 경우는 특히 중간의 가공을 거치지 않더라도 캐릭터 산업과 직접 연결될 수 있는 장점을 가지고 있다. 애니메이션의 캐릭터는 그 자체가 이미 사용 가능한 이미지이고, 작품을 통해 소비자들과 친숙해져 있기 때문이다. 이런 점 때문에 캐릭터의 산업적 응용 가치는 기획 단계부터 애니메이션에 큰 영향을 미치는 요인으로 등장하였다.

A2.1.3 엔터테인먼트 업계를 지배하는 영상 콘텐츠의 원천 영화

「동지들도 미국영화 타이타닉을 한번 보기 바란다.」 1998년 3월 9일 중국 전국인민대표대회에 참석한 장쩌민 주석이 광동성 대표단에게 한 말이다. 주석은 「2억 5천만 달러를 들여 이미 10억 달러 넘게 벌었다는데, 이게 바로 벤처 비즈니스가 아닌가?」라고 강조했다. 그는 「영화가 참 재미있더라!」라는 말도 덧붙였다. 제임스 카메론 감독이 만든 할리우드 영화는 미국의 경쟁 상대인 중국의 국가지도자에게 조차 경탄의 대상이 되고 있다. 즐기고 끝나는 것으로만 여겼던 문화 산업이 이젠 수십만 톤의 선박, 수만 대의 자동차나 전자제품을 능가하는 고부가가치를 창출하며 세계를 뒤흔들고 있다.

영화 산업은 뉴미디어 시대의 핵심 산업으로서 중추적인 위치를 차지하고 있다. 영화 산업은 비디오 산업, 케이블 및 공중파 텔레비전과 위성방송 산업, VOD 산업 등에 이르는 영상 산업 부문에 오리지널 상품을 공급하는 주요 산업으로서의 역할을 수행하고 있다. 영화 산업이 차지하는 비중은 새로운 미디어 기술을 바탕으로 한 새로운 형태의 영상 매체가 등장하면 할수록 보다 증대될 것으로 예상되고 있다. 이러한 측면에서 영화 산업은 뉴미디어 기술을 근간으로 한 다채널 다매체 시대가 몰고 오고 있는 엄청난 규모의 문화상품 시장에 원료를 공급하는 기간 산업이라고 할 수 있다.

문화 산업 영역에서 가장 중심적인 위치를 차지하고 있는 것이 영상 콘텐츠 산업이라면 영상 콘텐츠 산업의 핵심은 영화 산업이라고 할 수 있다. 앞으로 본격화될 국경없는 소프트웨어 유통시대에서는 영상 콘텐츠의 확보 및 안정된 유통망의 구축 여부가 국제경쟁력을 좌우할 것이다.

영화 산업은 원소스 멀티유즈 개념의 다창구화 전략과 연계되어 있어 다채널 멀티미디어를 통해 많은 수익을 올릴 수 있는 산업적인 구조를 형성하고 있다. 20세기 후반 TV방송의 영향으로 사양화되었던 영화 산업은 최근에 1970년대의 디오에 이어 DVD라는 뉴미디어가 등장함에 따라 제 2의 영상르네상스 시대를 맞이하여 새로운 변화와 성장을 거듭하고 있다.

금세기 최대의 흥행대작인 〈타이타닉〉의 의미는 엄청난 블록버스터라는 점뿐만 아니라 잘 만든 영화 한편이 돈벌이를 넘어 감독은 물론 출연진, 촬영진, 엑스트라 등 영화제작에 직접 참여한 1만여 명의 고용창출과 인력시장의 재편이라는 점도 간과할 수 없을 것이다. 미국 할리우드 영화업계는 콘텐츠 창출을 위해 컴퓨터 그래픽, 가상현실, 시뮬레이션 등 첨단 특수효과 전문가를 유입함으로써 1993년부터는 영화 산업 종사자가 군수 산업 종사자를 능가하고 있다. 1997년에는 24만 명의 고급인력이 영화업계에 진출했을 정도로 창의력이 살아 숨쉬는 영상 콘텐츠 산업으로 옮겨간 엔지니어들이 세계를 휩쓰는 미국 영화 산업의 주역이 되고 있다.

미국의 컬럼니스트 윌리엄 파프는 엔터테인먼트 산업에 대하여 「지금 미국에는 쿠테타가 일어나고 있다. 군부나 급진주의자가 아니라 엔터테인먼트 산업이 일으키는 쿠테타이다」라고 말하면서 미국의 영상 산업이 항공우주 산업 다음으로 21세기 국가전략 산업으로 자리잡고 있음을 역설하였다. 엔터테인먼트 산업의 원천인 영화는 오늘날 가장 비전 있는 영상 산업 분야로서 아무리 강조해도 지나치지 않을 것이다.

A2.1.4 배우 및 무대가 컴퓨터로 들어가는 디지털화

현재 전개되고 있는 복합영상 시대의 디지털 콘텐츠 혁명은 아날로그에서는 실현하지 못했던 영상 콘텐츠 제작을 가능하게 하였다는 점에서 커다란 의미를 지니고 있다. 최근 들어 컴퓨터 그래픽에 의한 특수효과, 영상미디어 프로세스의 합리화, 영상 콘텐츠의 축적 및 재이용 등 디지털화의 목적이 다양해짐에 따라 영상 콘텐츠 산업 전반에 막대한 영향을 초래하고 있다. 할리우드가 낳은 대표적인 영화 〈쥬라기공원〉, 〈인디펜던스데이〉, 〈스타워즈〉, 〈타이타닉〉 등은 특수효과 같은 디지털 하이테크를 구사하여 영화제작비의 10배 이상을 벌어들이는 고부가가치를 창출하면서 세계시장을 석권했다.

영화사 드림웍스 창설자 스티븐 스필버그 감독과 제프리 카젠버그, 데이브드 게펜, 그리고 〈아폴로 13호〉, 〈너티프로세서〉 등을 만든 이메진 영화사의 론 하워드 감독과 제작자인 브라이언 브레이저, 마이크로소프트사의 공동설립자로 벌칸 엔터테인먼트를 운영하고 있는 거부 폴 앨런 등이 손을 잡았다. 아이디어, 디지털기술, 자본이 결합해 기존의 엔터테인먼트 산업을 완전히 디지털화하는 새로운 인터넷 문화 산업에 착수한 것이다. 이 회사의 출현에 대해 뉴욕타임스는「미래의 영화제작이 온라인 디지털화하는 경향을 맞아 기술 및 내용 면에서 시대를 선점하기 위한 것」이라고 분석했다.

스필버그는「기존의 할리우드 영화사들은 아무리 경쟁력이 있다 하더라도 디지털화가 늦으면 결국에는 도태될 것」이라고 단언했다. 이들이 제공할 인터넷 엔터테인먼트 콘텐츠 목록은 지금까지 영화관이나 공연장 및 TV에서 보던 기존 문화상품을 인터넷으로 옮겨 놓은 것이다. 인터넷을 즐기다 중간에 잠시 쉬면서 볼 수 있는 짤막한 인터넷 전용프로그램인 에피소드 극을 새롭게 도입했으며, 캐릭터 상품 등 다양한 문화상품에 대한 광고와 인터넷 전자상거래까지도 본거지를 인터넷으로 옮겨 놓자는 것이다.

1990년대 후반 들어 할리우드 문화 산업은 디지털기술을 적극적으로 수용해서 영화·방송·음악 등에 대거 활용함으로써 미디어 및 정보 산업과 결합할 준비를 이미 마쳤다. 현재 전체 영화의 50％가 필름이 없는 디지털 카메라로 촬영할 정도이다. 조지 루커스 감독의 〈스타워즈 4편〉은 컴퓨터 그래픽 사용률이 95％로 이는 모두 매킨토시 컴퓨터에서 생성된 화면들이다.

21세기 영화는 컴퓨터 그래픽, 인터넷, 디지털 카메라 등과 결합해서 혁명적 변화를 경험할 것으로 전망된다. 미국 디지털 엔터테인먼트 네트워크(DEN)사는 이미 30여 편의 디지털영화 시제품을 만들었다. 디지털 영화는 촬영 단계부터 필름대신 컴퓨터용 기억 장치에 영상을 담는다. 그리스 출신 랜달 클레이서 감독은 아서왕자의 모험을 담은 영화 〈로열 스탠더드〉를 제작했다. 그는 중세를 배경으로 한 영화를 캘리포니아주 알레타의 소규모 스튜디오에서 촬영했다. 배우들은 무대세트도 없는 곳에서 연기를 했다. 모든 배경은 컴퓨터 그래픽 전문가들이 제작하였다. 제작비는 20만 달러에 불과했으나 영화의 화질은 할리우드의 거대한 세트장에서 만든 작품과 비슷하였다.

영화전문가들은 21세기 전반기에 컴퓨터가 배경뿐만 아니라 배우까지 만들어 낼 것으로 예상하고 있다. 컴퓨터 그래픽으로 입체적인 캐릭터를 만들어 내는 3차원 애니메이션 기술이 빠르게 발전하고 있기 때문이다. 이미 컴퓨터게임 분야에서는 〈라라 크로프트〉 등의 정교한 애니메이션 캐릭터들이 실제 배우만큼의 인기를 얻고 있다. 영화전문지 엔터테인먼트 위클리는 클라크 게이블, 비비언 리 등을 닮은 애니메이션 캐릭터로 〈바람과 함께 사라지다〉를 다시 만들 수도 있을 것이라고 예상하고 있다.

A2.1.5 마술적 속성을 지닌 특수효과(SFX)

영화 초기 프랑스의 영화개척자 중 한 사람이었던 멜리에스가 거리에서 촬영을 하던 중 카메라가 갑자기 고장이 나서 카메라를 수리한 후 다시 촬영을 계속했다. 그런데 촬영한 필름을 현상하여 영사하자 돌연 여자가 남자로 변화고 전차가 자동차로 바뀌어 카메라맨 자신도 깜짝 놀랐다고 한다. 이 행운의 사고는 그 후 영화에 응용되어 1인 2역을 만들기도 하고 사람이 공중을 날아가는 촬영을 할 수도 있게 된 것이다. 멜리에스는 이러한 트릭을 이용하여 이미 90년 전에 〈달나라 탐험〉이라는 공상과학 영화를 만들어 사람들을 놀라게 했다. 이렇게 시작된 영화의 특수효과는 이제 더욱 발전해서 오늘날에는 컴퓨터 그래픽을 활용함으로써 특수효과 영화라는 새로운 장르를 만들어내기에 이르렀다.

영화가 표현할 수 있는 영역은 어디까지 확장될 것인가?「꿈의 공장」할리우드는 무한영역으로 발전하고 있다. 1977년 〈스타워즈〉가 종합선물세트식의 특수효과를 선보인 이래 할리우드의 첨단기술은 끊임없는 자기복제와 확장을 거듭하고 있다. 그렇다면 충무로는 어떠한가. 〈퇴마록〉이 충무로에 특수효과의 등장을 알린 후 〈쉬리〉, 〈유령〉, 〈자귀모〉, 〈용가리〉 등의 영화가 줄줄이 특수효과를 셀링 포인트로 내세우고 있다. 충무로에도 특수효과의 신호탄이 터진 것이었다.

디지털기술의 위력이 가장 대중적으로 빨리 인식된 것은 후반 작업에서의 특수효과 분야라고 할 수 있다. 발전의 성과가 가장 높은 분야이기도 하다. 특히 1980년대 후반과 1990년대 초반에 이르러 컴퓨터기술은 고유한 표현 양식의 위치로까지 격상되었다. 이제 특수효과는 단순한 수단이 아니라 새로운 매체로 발전하고 있다. 특수효과의 사용이 빈번해지고 그 용도 또한 다양하게 확장되어 후반 작업이라는 표현과 특수효과라는 표현의 구분이 점점 모호해지고 있다. 메이저 스튜디오는 블록버스터의 메커니즘에 힘을 불어넣는데 이러한 현란한 특수효과만큼 적합한 것은 없다고 판단했고 돈을 벌 가능성이 있다고 생각해서 아낌없이 거액을 투자했다.

특수효과의 모든 단계를 놀랄 만큼 바꾸어 버린 컴퓨터 그래픽과 디지털 개념은 특수효과의 미래를 어깨에 짊어진 쌍두마차라고 할 수 있다. 디지털영상 시대에서는 컴퓨터 그래픽 및 디지털 특수효과 기술을 사용하면 아날로그 환경에서 불가능했거나 힘들었던 제작이 가능하기 때문에 디지털 영상이 활발하게 사용될 것이다. 영화산업에서 〈스타워즈〉 이래 영화제작에서 주목받기 시작한 컴퓨터 그래픽 기술은 〈터미네이터 2〉, 〈쥬라기공원〉 등의 시장 성공을 거치면서 현재는 없어서는 안될 기술로서 인식되고 있다.

A2.1.6 창구 효과(Window Effects)를 지향하는 영상 콘텐츠 산업

영상 콘텐츠 산업은 침투성과 파급성이 가장 큰 고부가가치의 무공해 산업으로 불린다. 한편의 영화가 성공하면 비디오, 음반, 게임, 캐릭터, 테마파크 등 관련 업종으로 파급돼 창구 효과를 일으키며 막대한 이익을 창출하기 때문이다.

영화사들의 새로운 추세는 기존의 영화제작과 배급 사업에만 국한하지 않고 복합기업화의 형태로 점차 발전하고 있다는 것이다. 이러한 복합기업의 선두주자인 디즈니사에서는 이미 오래 전부터 디즈니랜드, 디즈니월드 등의 테마파크 및 디즈니호텔 등을 운영하면서 한편으로는 그들이 제작한 만화영화의 주인공인 미키마우스, 미니, 도널드, 구피, 백설공주와 일곱 난장이, 인어공주 등의 캐릭터를 상품화한 완구사업, 라이센스를 받고 그들의 캐릭터를 타상품에 사용하게 하는 캐릭터 사업, 만화영화를 책으로 출판하는 출판사업, TV프로그램 제공, 홈비디오 및 CD-ROM 타이틀 제작, 캐릭터게임 개발 등의 멀티미디어 사업 등을 운영하고 있다. 원소스 멀티유즈의 개념에 바탕을 두고 기존 영상 콘텐츠 산업의 핵심인 영화를 중심으로 타분야로 영역을 넓혀 감으로써 흥행의 불확실성에서 수반되는 위험을 줄이고 과감하게 투자한 만큼의 열매를 거두고 있는 대표적인 예라고 할 수 있다.

A2.2 새로운 추구 인터랙티브 영상미디어

미디어의 역사적 발전과정과 각 미디어에 감각이 개입되는 과정 즉 시각미디어의 진화 과정을 그림 A2.1에 나타냈다. 시각미디어의 뿌리는 회화이다. 알타미라나 라스코동굴 벽화의 예에서 보듯이 적어도 1만 년 전부터 인간은 그림을 그리기 시작하였다. 회화는 주로 사실성 추구를 중심으로 발전하였는데, 19세기에 이르러 사진이 등장하면서 시각미디어의 사실성이 크게 높아졌다. 그러나 이때까지의 미디어는 미리 제작된 것을 단순하게 사실적으로 재현하는 것에 불과하였다. TV의 등장은 인간의 표현에 실시간성을 더해 주었다. 원거리 실시간 통신이 20세기에 접어들면서 시각미디어와 결합하게 되었다. TV에 이르기까지의 미디어의 한계는 미디어를 받아보는 사람은 정보를 수동적으로 받아 볼 수밖에 없었다는 것이다.

한편, 1980년대에는 디지털기술의 비약적인 발전으로 정보를 보내고 받는 사람이 자유롭게 정보를 제작·가공·선택할 수 있는 멀티미디어가 등장하였다. 미디어에 능동성이 포함되기 시작한 것이다. 이어서 컴퓨터 그래픽, 가상현실 등이 등장함에 따

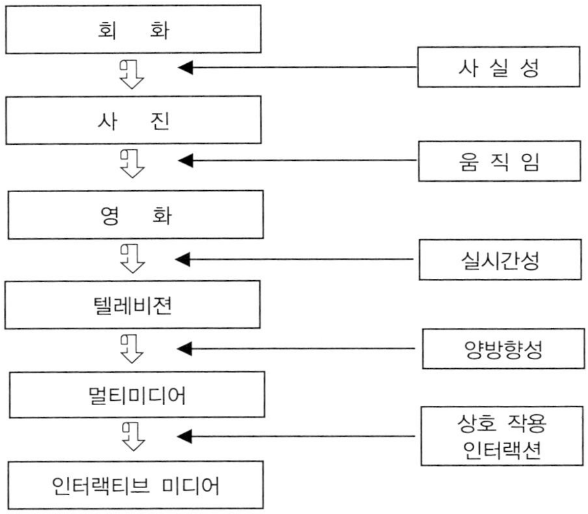

❙ 그림 A2.1 ❙ 시각미디어의 진화 과정

라 인간의 오감을 자극하여 실제로는 존재하지 않는 세계를 마치 현실에 존재하는 세계처럼 표현하고 그 안에서 사용자와의 상호 작용을 유도하는 형태로 발전하게 되었다. 이것은 새로운 현실세계의 창조라고 할 수 있다. 이와 같이 미디어 진화의 큰 흐름은 사실성과 현실성의 향상에 이어 상호 작용 증대 및 자율성 확보를 목표로 발전하고 있다는 것이다.

최근의 통신, 방송 매체 및 컴퓨터의 빠른 융합 덕택에 전자 매체의 범위와 규모가 확장되면서 쌍방향성 통신이 실질적으로 가능하게 되는 시대가 도래했다. 그렇다면 새로운 기술로서의 「인터랙티브」는 무엇인가? 「인터랙티브」는 한마디로 쌍방향성(interactivity) 혹은 대화형을 의미하는 것으로 정의할 수 있다.

컴퓨터와 인터랙티브 TV는 어떻게 다른 것이며, 과연 TV가 현재 사용하고 있는 컴퓨터와 똑같이 되는 것을 원하는 것인가에 관한 문제는 인터랙티브 TV 산업에서 매우 중요한 문제이다. 인터랙티브 TV의 기능은 크게 세 가지 범주로 분류할 수 있다.

첫째로는 우리가 무엇을 볼 것인가를 관리해 주는 도구의 기능이다. 가장 쉽게는 EPG(Electronic Programme Guide)를 들 수 있는데, 수백 개가 넘는 채널 중에서 우리가 보고 싶은 것을 찾아서 볼 수 있는 기능을 제공한다. 또한 PVR(Private Video Recorder)이나 VOD(Video On Demand) 등도 우리가 보고 싶은 것을 원하는 때에 언제든지 볼 수 있도록 해주는 시스템이다.

PVR 등을 통해 광고를 제외하고 프로그램만 녹화하여 시청자들이 광고가 아닌 프로그램만을 보게 되는 것이 일반화된다면 어떻게 될 것인가? 기존의 광고 방식과는 완전히 다른 보다 혁신적이고 개인화된 광고 방식 즉 특정회사의 소비제품을 TV 방송이나 영화에 삽입함으로써 브랜드 및 업체의 이미지 또는 명칭 등을 노출시켜 무의식중에 관객들에게 홍보하는 PPL(Products in PLacement) 및 Pay-per-View 등이 도입될 것이다.

두 번째 범주로는 우리가 인터넷에 연결된 컴퓨터를 통해 할 수 있는 일들을 인터랙티브 TV로 하는 일이다. e-메일, 웹서핑, 채팅, 인터넷 쇼핑, 은행업무, 주식거래, 게임, 음악 다운로드, 영상회의 등 이루 셀 수 없는 많은 일들이 있다. 세 번째 범주로는 가장 독창적인 것으로서 쌍방향적 TV 프로그램을 들 수 있다. 시청자가 텔레비전을 보면서 프로그램에 직접 참여하는 방식으로 TV가 창조적인 매체로서 거듭날 수 있음을 시험하는 가장 큰 도전이다.

인터랙티브 TV는 아주 서서히 다가오지만 결국은 우리의 TV를 대체하게 될 것이다. 인터랙티브 TV가 많은 사람들의 관심 대상이 되는 이유는 오랫동안 지속되어 왔던 일방향 아날로그 TV가 바보상자로서의 위상에 종지부를 찍으며 쌍방향이고 똑똑한 디지털 TV로 발전함으로써 도래하는 이상적 세상이 그만큼 심오하고 거대하기 때문일 것이다.

A2.3 디지털 영상처리

인간은 오감, 즉 물리적 감각인 시각, 청각, 촉각과 화학적 감각인 미각과 후각을 통해서 외부세계로부터 데이터를 취득하고, 필요한 경우에는 이를 의사결정에 도움이 되는 정보로 변환하여 행동을 결정한다. 이 경우 시각을 통해 외부세계로부터 취득하는 데이터가 전체 데이터양의 70%~80% 정도이다. 이로부터 오감에서도 시각은 가장 중요한 부분이라는 것을 알 수 있다. 옛말에 백문이불여일견, 즉 백번 듣는 것보다 한번 보는 것이 더 낫지 않을까? 라는 말이 있다. 맞는 말이다. 실제로 시각은 청각에 비해 초당 100배 정도의 데이터를 취득하고 있다.

초등학교 시절의 동창생 이름을 들으면 누군가 잘 모르는 경우가 있지만 사진을 보면「아, 그놈이구나!」곧바로 생각나는 것도 시각정보의 중요성을 말해주는 것이다. 전자제품의 설명서를 볼 때 설명글 보다는 먼저 그림을 보고 이해하는 것과 글자 투성이의 일반 책보다는 만화를 좋아하는 것 또한 같은 맥락이다.

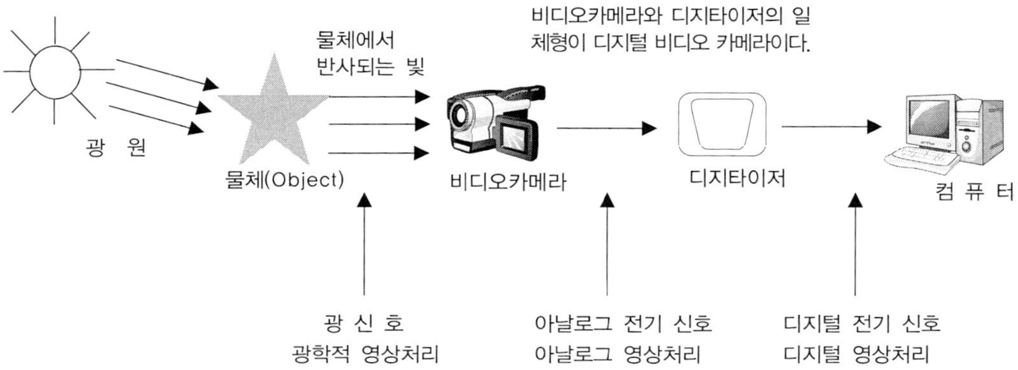

그림 A2.2 영상처리 시스템

이처럼 영상처리는 인간이 보고 느끼고 행동하는 것을 공학적으로 취급하는 분야로 영상 데이터를 처리해서 인간의 의사결정에 도움이 되는 영상 정보를 취득하는 것에 그 목적이 있다. 다시 말해서 영상처리란 의사결정에 도움이 되는 영상 정보를 취득하기 위해 영상을 생성하고, 영상을 개선하며, 영상을 복구하고, 영상을 해석하고 인식하며, 영상을 저장하고 전송하기 위한 처리라고 할 수 있다.

외부세계에 존재하는 대부분의 영상들은 광학적인 형태로 존재하나, 비디오 카메라 등을 사용하면 전기 신호로 변환할 수 있다. 광학적인 형태의 영상 신호는 1차로 아날로그 형식의 전기 신호로 변환되고, 최종적으로는 디지털 형식의 전기 신호로 변환되는데, 아날로그 영상 신호를 디지털 영상 신호로 변환할 때 사용되는 일종의 A/D 변환기(Analog/Digital converter)를 영상처리 분야에서는 디지타이저(digitizer)라고 한다. 따라서 영상처리는 그림 A2.2에 나타낸 바와 같이 광학적 영상 신호를 대상으로 하는 광학적 영상처리, 아날로그 영상 신호를 대상으로 하는 아날로그 영상처리, 디지털 영상 신호를 대상으로 하는 디지털 영상처리로 구분된다. 디지털 컴퓨터를 사용하고 있는 우리의 관심사는 디지털 영상처리일 수밖에 없다.

A2.4 영상 압축 및 복원

영상은 1-D 신호가 아닌 2-D(정지영상) 또는 3-D(동영상) 신호이므로 문자나 음성 등과는 달리 그 데이터양이 방대하다. 따라서 영상을 저장하고 전송하는 데에는 막

대한 메모리 용량과 통신회선 용량이 요구된다. 이러한 문제를 물리적으로 해결하는 것은 경제적으로 불가능한 것이므로, 영상 저장 및 영상 전송 분야에서의 가장 중요한 키는 중복성(redundancy)을 이용하는 영상 압축(image compression / image coding) 및 복원(image decompression / image decoding) 분야이다.

2-D(정지영상) 또는 3-D(동영상) 신호로 구성되는 디지털 영상의 데이터양은 매우 방대하다. 영상의 데이터양을 간략하게 살펴보면 다음과 같다.

- 256개의 밝기로 표현되는 1,024×1,024 영상 : 1,024 [화소]×1,024 [라인]×8 [비트/화소] 비트
- 1,024×1,024 컬러 영상 : 1,024 [화소]×1,024 [라인]×24 [비트/화소] 비트
  (Red : 8비트, Green : 8비트, Blue : 8비트)
- 초당 30프레임으로 표현되는 1,024×1,024 컬러 동영상 :
  1,024 [화소]×1,024 [라인]×24 [비트/화소]×30 [프레임] 비트/초

이상에서 살펴본 바와 같이 영상의 데이터양은 매우 방대하나, 영상을 저장하기 위한 메모리나 영상을 전송하기 위한 통신회선의 용량에는 한계가 있다. 따라서 영상 데이터를 저장하거나 전송하기 위해서는 영상 압축이 필수적이다. 영상 압축의 주된 용도는 영상 저장과 영상 전송이다. 그림 A2.3에 영상 압축 및 복원 시스템을 나타냈다.

영상 압축 기법은 원 영상과 복원 영상이 완전하게 같게 되는 경우의 무손실 압축(lossless compression)과 원 영상과 복원 영상이 완전하게 같지는 않은 경우의 손실 압축(lossy compression)으로 구분된다. 얼핏 보기에는 무손실 압축 기법이 우수한 것으로 생각할 수도 있으나, 무손실 압축 기법은 손실 압축 기법보다 압축률이 낮다는 단점이 있다. 따라서 일반적으로 원 영상 데이터와 복원 영상 데이터가 다르더라도 시각적으로 크게 문제되지 않는 것을 요구하는 대부분의 응용 분야에서는 압축률이 높다는 장점 때문에 손실 압축 기법이 널리 사용된다.

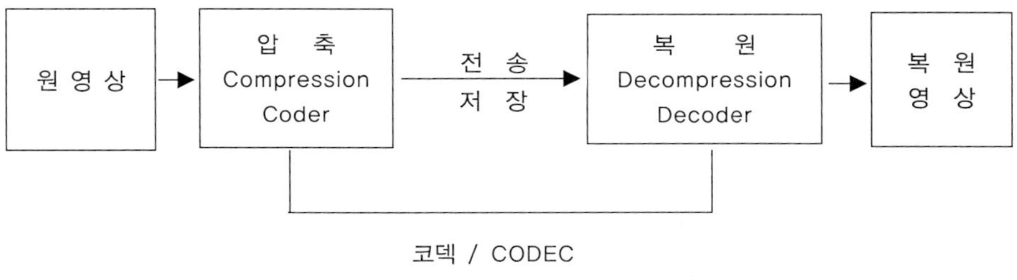

▎그림 A2.3▎ 영상 압축 및 복원 시스템

A2.4.1 데이터의 중복성(Image Redundancy)

영상 압축 기법은 영상 데이터의 중복성에 기초를 두고 있다. 영상 데이터의 중복성은 영상에 존재하는 반복되는 패턴이나 공통의 밝기를 갖는 다수의 화소 그룹이다. 영상 압축은 이러한 중복성을 특징화하여 보다 적은 양의 데이터로 부호화하는 것이다. 중복성이 극대화된 영상의 경우를 생각해보자.

그림 A2.4에 나타낸 영상의 데이터양은 640 [화소] × 480 [라인] × 8 [비트/화소] = 307,200 바이트이다. 이 영상은 「16개의 수직 검정색 라인과 16개의 수직 흰색 라인이 반복되고 각 라인의 폭은 10화소이다.」라는 52개의 문자(공백포함)로 구성된 문장으로 압축해서 표현하는 것이 가능하다. 이 문장을 이용하면 다시 원 영상을 복원할 수 있기 때문이다.

이 경우 한글 1자당 2바이트를 할당하는 것으로 가정하면 데이터양은 104바이트이다. 따라서 이 경우의 압축률은 약 3,000 : 1정도이다. 비록 일반적인 경우는 아니지만 영상의 중복성을 이용하면 데이터양을 크게 줄일 수 있다는 것을 알 수 있다.

그림 A2.4 화소 수가 640×480이고 화소당 비트 수가 8비트인 256 밝기 영상

A2.4.2 영상 압축 기법

(1) Run-Length 부호화

Run-Length 부호화는 영상에서 이웃한 화소 간에는 통계적으로 동일한 밝기 값을 가질 확률이 높다는 사실에 근거한다. 이러한 중복성이 존재하면 동일한 밝기 값을 갖는 화소들을 1개의 밝기 값과 반복횟수로 묶어 표현함으로써 데이터양을 감소시킬 수 있다. 물론 각각의 밝기 값을 반복횟수만큼 다시 표현하면 복원할 수도 있다. 그림 A2.5는 Run-Length 부호화의 예이다. 여기서 콜론은 편의상 표현한 문자이다.

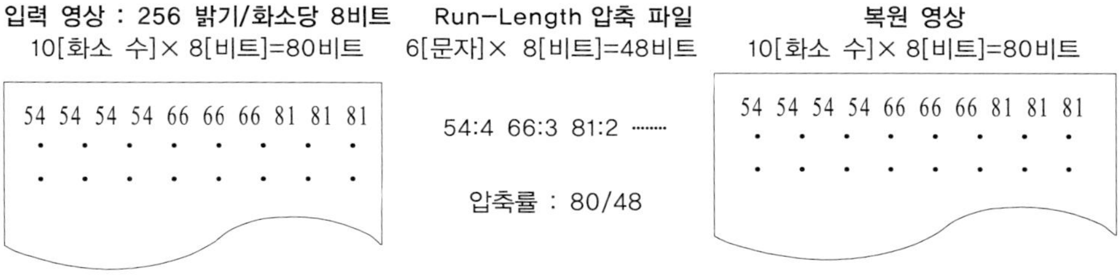

▌그림 A2.5▐ Run-Length 부호화

Run-Length 부호화를 이웃하는 화소의 밝기 값이 동일할 확률이 낮은 영상에 적용하면 오히려 데이터양이 증가하는 데이터 폭발(data explosion) 현상을 일으킨다. 그림 A2.6은 데이터 폭발의 예이다.

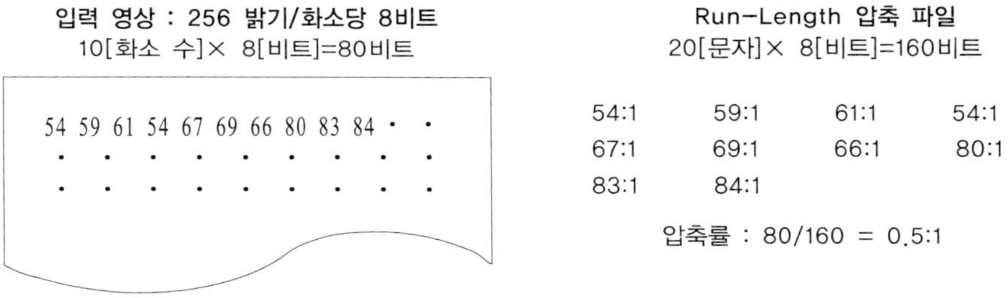

▌그림 A2.6▐ 데이터 폭발

이처럼 불규칙성이 강한 즉 중복성이 적은 영상에 Run-Length 부호화를 적용하면 데이터양이 오히려 증가하게 된다. 이러한 경우를 보완하기 위해서는 밝기의 변화가 빈번한 경우에는 그림 A2.7과 같은 통과 모드(pass-through mode)를 사용해야 한다. 통과 모드는 반복되지 않은 화소의 밝기 값은 원래의 값을 그대로 표현하고, 반복되는 밝기 값에만 Run-Length 부호화를 적용하는 방법이다. 물론 이 둘을 구분하기 위해서는 전치문자를 사용하여야 하는데, 여기서는 전치문자를 *로 가정하였다. 이 경우 밝기 값을 반복횟수에 따라 표현하는 복원처리는 전치문자가 있는 경우에만 수행한다.

Run-Length 부호화를 2진 영상에 적용하면 압축률은 더 높아진다. 2진 영상에서의 밝기 값은 0 또는 1 즉 흑색 아니면 백색이기 때문에 밝기 값의 반복 확률이 높을 뿐 아니라 데이터 즉 0과 1은 표현하지 않아도 되기 때문이다. 밝기 값이 0으로 시작한다고 가정하고 0의 반복횟수와 1의 반복횟수 차례로 표현하면 된다. 밝기 값이 1로 시작하는 경우에는 부호화의 첫 번째 값은 0이 될 것이다.

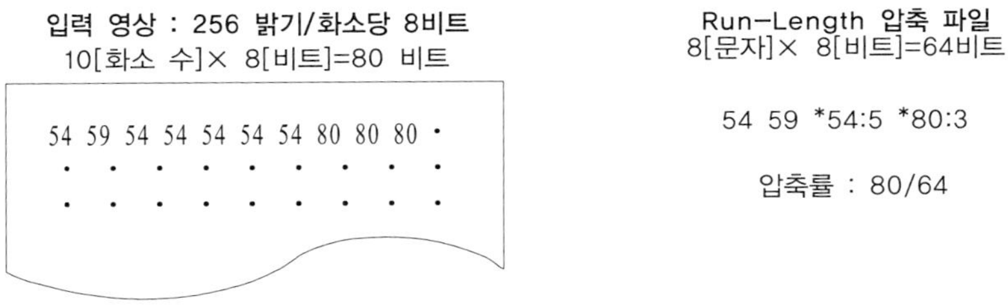

❙ 그림 A2.7 ❙ 통과 모드를 이용한 Run-Length 부호화

(2) Huffman 부호화

Huffman 부호화는 영상 내에 존재하는 밝기 값들의 빈도 수를 계산한 다음, 발생 빈도수가 많은 밝기 값은 적은 비트로 표현하고 발생 빈도 수가 적은 밝기 값은 많은 비트로 표현하는 방법이다. 이렇게 하면 전체적으로는 데이터양이 감소하게 된다.

Huffman 부호화는 2진트리를 통해 수행된다. 다시 말해서 Huffman 부호화는 원 영상 내에 존재하는 화소들의 밝기 값을 발생 빈도순으로 정렬한 다음, 발생 빈도 수가 가장 적은 두 개의 밝기 값에 각각 0과 1을 할당하고, 이 두 개의 발생 빈도 수를 합친 후에 다시 발생 빈도 수가 가장 적은 두 개의 밝기 값에 각각 0과 1을 할당하는 과정을 반복하는 처리이다. 그림 A2.8에 Huffman 부호화의 예를 나타냈다.

(3) DPCM 부호화

DPCM(Differential Pulse Code Modulation) 부호화는 이웃하는 화소 간의 밝기 값의 차이를 부호화하는 방법이다. 화소 간의 밝기 값의 차이를 구하면 그 수의 범위가 축소되기 때문에 적은 비트 수로 부호화할 수 있기 때문이다. 다음은 DPCM 부호화의 예이다.

```
256개의 밝기 값을 갖는 원 영상의 밝기 값 : 23, 48, 76, 56, 83, …
밝기 값의 차분 값 : 23, 48-23=25, 76-48=28, 56-76=-20, 83-56=27, …
```

첫 번째 데이터인 23은 다음 데이터인 48을 예측하기 위해 사용되었고, 다음 데이터인 48은 그 다음 데이터인 76을 예측하는데 사용되었으므로 DPCM 부호화는 가장 간단한 예측 부호화의 한 예이다.

밝기 값	발생 빈도 수
0	1,387
36	34,990
73	69,980
110	67,181
146	41,988
183	32,891
219	30,791
255	27,992

(a) 발생 빈도 수를 계산한다.

밝기 값	발생 빈도 수
73	69,980
110	67,181
146	41,988
36	34,990
183	32,891
219	30,791
255	27,992
0	1,387

(b) 발생 빈도 수 순으로 정렬한다.

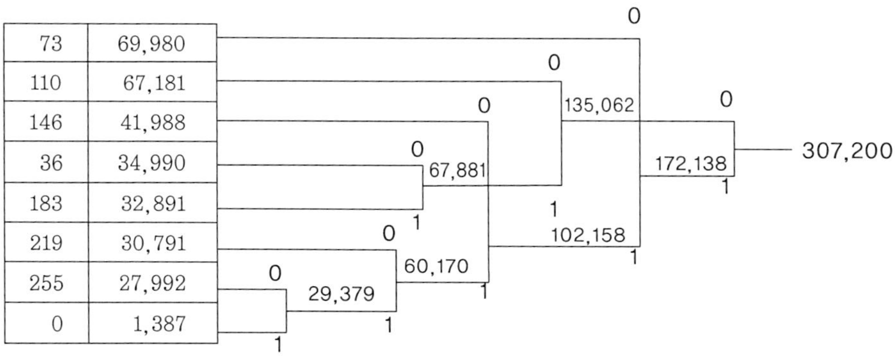

(c) 가장 적은 두 개의 밝기 값에 0과 1을 할당하는 과정을 반복한다.

밝기 값	Huffman 코드
73	10
110	00
146	110
36	010
183	011
219	1110
255	11110
0	11111

(d) 2진트리에 할당된 0과 1을 우측에서 좌측으로 읽어서
각각의 밝기 값에 Huffman 코드를 부여한다.

▌그림 A2.8▐ Huffman 부호화

```
밝기 값의 범위 : 0 ~ 255 → 각각의 밝기 값을 8비트로 표현
차분 값의 범위 : -20 ~ +28 → 6비트로 표현 가능한 수의 범위는 -32 ~ +31이므로
                각각의 차분 값을 6비트로 표현 / 차분 값의 범위가 축소되면 압축률
                은 높아진다.
```

```
원 영상의 데이터양 : 5[밝기 값 수]×8[비트] = 40[비트]
DPCM의 데이터양 : 5[밝기 값 수]×6[비트] = 30[비트]
압축률 : 40/30
```

위의 예에서와 같이 차분 값이 −32 ~ +31 안에 모두 포함될 수도 있지만 그렇지 않은 경우가 있을 수 있다. 다음은 오버로드가 존재하는 경우이다.

```
256개의 밝기 값을 갖는 원 영상의 밝기 값 : 23, 48, 86, 56, 83, …
밝기 값의 차분 값 : 23, 48-23=25, 86-48=38, 56-86=-30, 83-56=27, …

밝기 값의 범위 :   0~255 → 각각의 밝기 값을 8비트로 표현
차분 값의 범위 : -30~+38 → 6비트로 표현 가능한 수의 범위는 -32~+31이므로 38을
6비트로 표현하는 것은 불가능

-38을 표현하는 방법 : (6비트의 오버로드 코드) (8비트의 밝기 값 86)

원 영상의 데이터양 : 5[밝기 값 수]×8[비트] = 40[비트]
DPCM의 데이터양 : 4[밝기 값 수]×6[비트]+오버로드 코드 6[비트] + 86 밝기 값
8[비트] = 38[비트]
압축률 : 40/38
```

위의 예는 오버로드가 존재하는 경우 오버로드 코드와 함께 밝기의 절대 값을 표현하는 방법이다. 복원 시 오버로드 코드가 있는 경우에는 6비트가 아닌 8비트를 취하여 그 값 자체를 밝기 값으로 복원한다. 원래의 영상과 같은 복원 영상을 얻을 수 있는 무손실 압축 기법이다.

손실 압축 기법에서는 오버로드의 원인이 되는 86을 인위적으로 76으로 변환하여 그 차분 값이 6비트로 표현할 수 있는 수의 범위에 포함되도록 차분의 최대 값이 31이 넘지 않도록 하는 방법을 사용한다. 이 경우 86−76=10이라는 오차 때문에 복원된 영상과 원래의 영상은 차이가 있으나, 시각적으로 문제가 되지 않는 경우에는 압축률을 높일 수 있다는 장점이 있다.

(4) 블록 부호화

블록 부호화는 서로 다른 영상인 경우에도 동일한 화소 그룹이 다수 존재한다는 것에 기반을 두고 있다. 화소 그룹은 일반적으로 블록으로 언급되는데, 8×8 블록이 널리 사용되고 있다. 다수의 영상에서 빈번하게 나타날 것으로 예상되는 화소 블록은 미리 코드북(code book)이라고 하는 메모리에 인덱스와 함께 저장된다. 일종의 사전인 셈이다.

블록 부호화에서 압축은 원 영상에서 코드북에 정의된 블록과 동일한 블록을 탐색한 다음, 탐색한 블록에 해당하는 인덱스만을 코드북을 참조해서 표현하는 방식으로 수행된다. 복원은 이의 역과정으로 인덱스에 해당하는 블록을 표현하는 방식으로 수행된다. 그림 A2.9는 블록 부호화의 예이다.

256개의 밝기 값을 갖는 영상의 경우, 초기의 코드북에서는 1개의 화소가 1개의 블록이 되는데, 각각의 블록은 0에서 255까지의 값을 갖는다. 이러한 경우의 압축률은 물론 1:1이지만 좋은 출발점인 것만은 확실하다.

초기의 코드북을 참조하여 영상의 중복성을 분석하는 과정에서 반복되는 새로운 큰 패턴이 발견되면 코드북에 그 패턴을 블록으로 포함시킨다. 코드북의 크기는 점점 커질 것이다. 그러나 코드북의 크기는 한계가 있으므로 크기 및 활용 빈도 수가 적은 블록은 코드북에서 제거된다. 무손실 압축에서는 코드북을 참조할 경우 동일한 패턴의 블록만을 탐색한다. 그러나 손실 압축에서는 동일한 패턴의 블록은 물론 유사한 패턴의 블록까지를 탐색한다. 따라서 블록 부호화에서의 주요한 키는 코드북 설계 및 유사 패턴 블록 탐색 알고리즘을 구현하는 일이다.

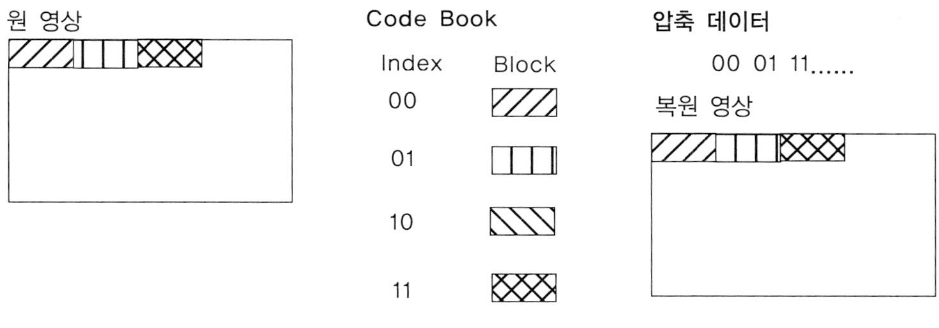

그림 A2.9 블록 부호화

(5) 변환 부호화

변환 부호화는 화소 블록을 부호화하는 손실 압축 기법 중의 하나이다. 화소 블록을 부호화한다는 측면에서는 블록 부호화와 동일하나, 변환 부호화에서는 코드북을 사용하지 않는다. 변환 부호화에서는 공간 영역의 화소 블록을 주파수 영역으로 변환하여 부호화하기 때문이다.

공간 영역의 데이터를 주파수 영역의 데이터로 변환하면 영상 내의 이웃한 화소 간에는 그 밝기 값의 차이가 크지 않다는 통계적 특성 때문에 저주파 성분으로 에너지가 집중된다. 이 경우 미약한 고주파 성분을 제거해서 부호화하면 데이터양은 감소한다. 에너지가 미약한 고주파 성분을 제거한다고 해도 그 영향은 크지 않으므로 복원 과정에서 다시 공간 영역으로 역변환한 결과는 데이터 자체는 원 영상과는 다르지만 시각적으로는 느끼지 못하는 정도이다.

변환 부호화에서는 일반적으로 8×8 블록이 사용된다. 공간 영역의 데이터를 주파수 영역으로 변환하는 데에는 FFT(Fast Fourier Transform)보다는 DCT(Discrete Cosine Transform)가 주로 사용된다. DCT를 적용하면 FFT보다 저주파 성분으로 에너지가 집중되는 정도가 더 높기 때문이다.

1974년은 오늘날 멀티미디어 혁명을 가능케 한 기념비적인 해이다. 미국 텍사스 대학의 라오교수를 비롯한 3명의 연구진이 DCT라는 새로운 직교변환에 관한 논문을 발표한 것이다. 이 DCT는 특히 영상 압축에 탁월한 성능을 갖는 것으로 현재의 멀티미디어 관련 국제표준인 JPEG과 H.26x, MPEG 등의 핵심요소로 자리잡고 있다.

영상은 시간 영역 차원의 2-D 신호이나 2-D 신호라는 차원에서 일반적으로 공간 영역 신호라고 한다. 그리고 공간 영역 신호를 주파수 영역 신호로 변환한 것을 공간 주파수 영역 신호라고 한다. 그렇다면 공간 영역 신호를 공간주파수 영역 신호로 변환한다는 것은 무엇인가? DCT를 이용해서 영상에 포함된 주파수 성분을 추출하는 것을 의미하는 것이다.

「어떠한 모양의 파형이라도 정현파들의 합으로 표현할 수 있다」는 1-D 푸리에 변환에서와 마찬가지로 DCT는 「어떤 모양의 영상이라도 주파수 성분이 서로 다른 블록들의 합으로 표현할 수 있다」라는 기본 개념으로부터 출발한다.

그림 A2.10에 나타낸 바와 같이 화분 영상은 주파수 성분이 서로 다른 블록들의 합으로 표현할 수 있는데, 여기서 계수 bi는 화분 영상에 포함된 각 블록의 양 즉 블록에 해당하는 주파수 성분의 크기를 의미하는 것이다.

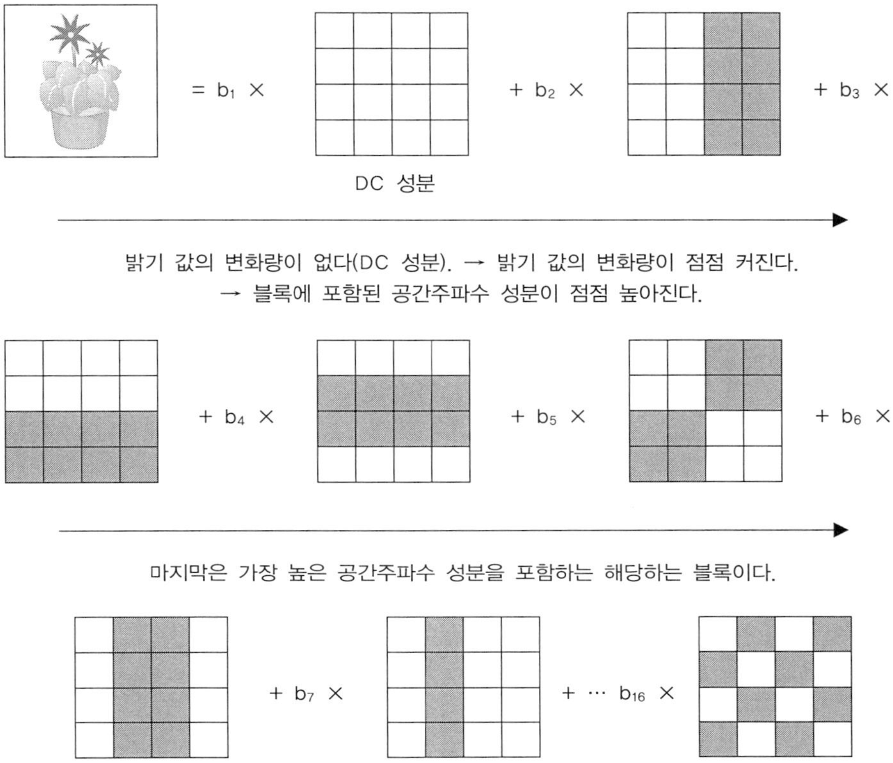

┃그림 A2.10┃ DCT 변환

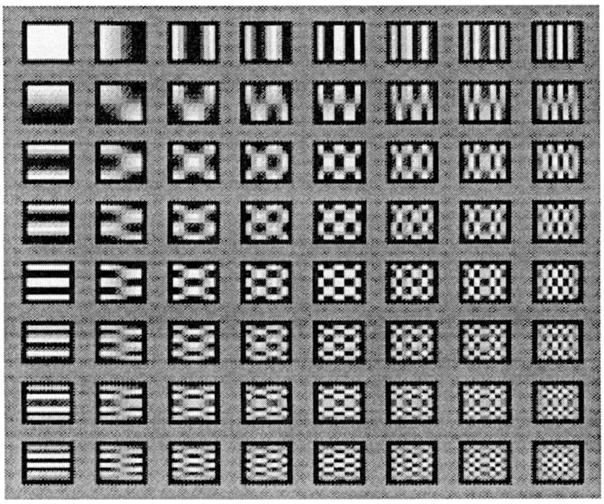

┃그림 A2.11┃ DCT 기저함수

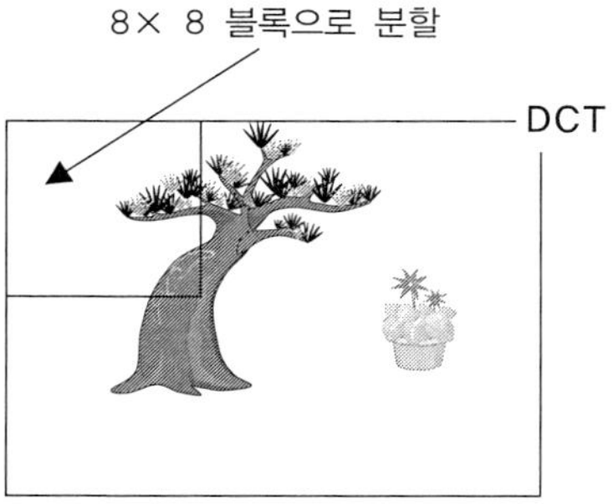

8× 8 블록 데이터(원 영상)

a1	a2	a3	a4	a5	a6	a7	a8
a9	a10	a11	a12	a13	a14	a15	a16
a17	a18	a19	a20	a21	a22	a23	a24
a25	a26	a27	a28	a29	a30	a31	a32
a33	a34	a35	a36	a37	a38	a39	a40
a41	a42	a43	a44	a45	a46	a47	a48
a49	a50	a51	a52	a53	a54	a55	a56
a57	a58	a59	a60	a61	a62	a63	a64

D C T

DCT에 의한 공간주파수

저주파성분

b1	b2	b3	b4	b5	b6	b7	b8
b9	b10	b11	b12	b13	b14	b15	b16
b17	b18	b19	b20	b21	b22	b23	b24
b25	b26	b27	b28	b29	b30	b31	b32
b33	b34	b35	b36	b37	b38	b39	b40
b41	b42	b43	b44	b45	b46	b47	b48
b49	b50	b51	b52	b53	b54	b55	b56
b57	b58	b59	b60	b61	b62	b63	b64

고주파성분

양자화

DCT계수/Q

양자화 데이터

d1	d2	0	0	0	0	0	0
d9	d10	0	0	0	0	0	0
d17	0	0	0	0	0	0	0
0	0	0	0	0	0	0	0
0	0	0	0	0	0	0	0
0	0	0	0	0	0	0	0
0	0	0	0	0	0	0	0
0	0	0	0	0	0	0	0

역 양자화

양자화 데이터 × Q

역 양자화 데이터

c1	c2	0	0	0	0	0	0
c9	c10	0	0	0	0	0	0
c17	0	0	0	0	0	0	0
0	0	0	0	0	0	0	0
0	0	0	0	0	0	0	0
0	0	0	0	0	0	0	0
0	0	0	0	0	0	0	0
0	0	0	0	0	0	0	0

역 DCT

역 DCT 데이터(복원 영상)

e1	e2	e3	e4	e5	e6	e7	e8
e9	e10	e11	e12	e13	e14	e15	e16
e17	e18	e19	e20	e21	e22	e23	e24
e25	e26	e27	e28	e29	e30	e31	e32
e33	e34	e35	e36	e37	e38	e39	e40
e41	e42	e43	e44	e45	e46	e47	e48
e49	e50	e51	e52	e53	e54	e55	e56
e57	e58	e59	e60	e61	e62	e63	e64

양자화 간격을 10으로 한 경우	
65 ～ 74	7
55 ～ 64	6
45 ～ 54	5
35 ～ 44	4
25 ～ 34	3
15 ～ 24	2
5 ～ 14	1
−4 ～ 4	0
−5 ～ −14	−1
−15 ～ −24	−2
−25 ～ −34	−3

Q의 간격으로 양자화한다는 것은 데이터를 Q로 나눈 결과와 같다. 따라서 양자화 데이터는 DCT계수를 Q로 나눈 후에 반올림하여 정수화한 값이다. Q값이 크면 클수록 압축률은 높아지나 화질은 저하된다.

그림 A2.12 DCT 변환 부호화 및 복호화

그림 A2.10에서는 DCT에 관련된 개념을 가능한 쉽게 설명하기 위하여 블록을 4×4로 가정하고 블록의 형태도 간단하게 예시하였다. 그러나 실제로는 8×8 크기를 갖는 64개의 블록이 사용되는데, 각각의 블록을 일반적으로 기저함수(basis function)라고 한다. 여기서 각각의 블록에 해당하는 데이터의 수는 64개이다. 그림 A4.11에 DCT에서 실제로 사용되는 기저함수 64개를 나타냈다.

DCT의 핵심은 공간적으로 높은 상관도를 갖는 공간 영역의 신호를 공간주파수 영역의 신호로 변환하면 DC 성분으로부터 고주파 성분에 이르기까지 여러 주파수 성분이 존재하는데, 신호의 에너지가 저주파 성분에 집중되므로 그 크기가 미약한 고주파 성분을 제거하면 데이터양이 매우 적어지므로 압축률을 높일 수 있다는 것이다.

8 × 8 블록 데이터(원 영상)

-4	-4	-1	0	1	1	0	-2
1	2	3	2	-1	-3	-6	-3
6	6	4	-4	-9	-5	-6	-5
10	8	-1	-4	-6	-1	2	4
7	9	-5	-9	-3	0	8	13
0	3	-9	-12	-8	-9	-4	1
-1	4	-9	-13	-8	-16	-18	-13
14	13	-1	-6	3	-5	12	-7

DCT

DCT에 의한 공간주파수

-13.50	20.47	20.20	2.14	-0.50	-10.48	-3.50	-0.62
10.93	-11.58	-10.29	-5.17	-2.96	10.44	4.96	-1.26
-8.75	9.22	-17.19	2.26	3.83	-2.45	1.77	1.89
-7.10	-17.54	1.24	-0.91	0.47	-0.37	-3.55	0.88
19.00	-7.20	4.08	5.31	0.50	0.18	-0.61	0.40
-13.06	3.12	-2.04	-0.17	-1.19	1.57	-0.08	-0.51
1.73	-0.69	1.77	0.78	-1.86	1.47	1.19	0.42
-1.99	-0.05	1.24	-0.48	-1.86	-1.17	-0.21	0.92

양자화

DCT계수/12

양자화 데이터

-1	2	2	0	0	-1	0	0
1	-1	-1	0	0	1	0	0
-1	1	-1	0	0	0	0	0
-1	-1	0	0	0	0	0	0
2	-1	0	0	0	0	0	0
-1	0	0	0	0	0	0	0
0	0	0	0	0	0	0	0
0	0	0	0	0	0	0	0

역 양자화

양자화 데이터 × 12

역 양자화 데이터

-12	24	24	0	0	-12	0	0
12	-12	-12	0	0	12	0	0
-12	12	-12	0	0	0	0	0
-12	-12	0	0	0	0	0	0
24	-12	0	0	0	0	0	0
-12	0	0	0	0	0	0	0
0	0	0	0	0	0	0	0
0	0	0	0	0	0	0	0

역 DCT

역 DCT 데이터(복원 영상)

-3	-3	-1	1	-1	-1	-1	-3
5	3	2	0	-3	-4	-5	-6
9	6	1	-3	-5	-6	-5	-4
9	8	1	-4	-1	1	4	10
7	8	-1	-6	-1	2	5	14
2	3	-8	-15	-11	-11	-11	-2
2	5	-7	-17	-13	-16	-20	-11
12	16	3	-6	-1	-6	-11	-3

그림 A2.13 실제 데이터의 DCT 변환 부호화 및 복호화

이 경우 에너지가 미약한 고주파 성분을 제거한다고 해도 그 영향은 크지 않으므로 복원 과정에서 다시 공간 영역으로 역 DCT한 결과는 원 영상과 일치하지 않지만 시각적으로 크게 다르지는 않다. DCT 변환 부호화 및 복호화 과정을 그림 A2.12에 나타냈다. 그리고 그림 A2.13에 실제의 데이터를 이용해서 수행한 DCT 변환 부호화 및 복호화 결과를 나타냈다.

A2.5 표준 영상 압축 기법 JPEG과 MPEG

영상 압축 기법은 매우 다양하고, 동일한 기법에서도 다양한 조건을 설정할 수 있다. 따라서 다양한 제조업체에서 생산되고 있는 각종의 하드웨어나 소프트웨어를 누구나 손쉽게 이용할 수 있도록 하기 위해서는 영상 압축 알고리즘의 표준화가 필수적이다.

A2.5.1 CCITT 그룹3/4와 JBIG

CCITT(국제전신전화자문위원회 : International Telegraph and Telephone Consultative Committee) 그룹 3/4는 2진 영상의 전송을 위한 목적으로 표준화된 영상 압축 기법으로, 이 표준은 Run-Length 부호화로 압축한 결과를 다시 Huffman 부호화로 압축하는 방식이다.

CCITT 그룹 3/4를 2진 영상이 아닌 256개의 밝기 값을 갖는 영상에 적용할 경우에는 압축률이 1보다 적어지는 데이터 폭발 현상이 발생하는 경우가 종종 있다. 이러한 문제점을 개선하기 위한 새로운 표준이 ISO(국제표준화기구 : International Organization for Standardization), IEC(국제전기기술표준협회 : International Electrotechnical Commission), CCITT가 공동으로 제정한 JBIG(Joint Bi-level Image Experts Group)이다. 이 모두는 현재 사용되지 않는 역사에 묻혀 있는 방식이다.

A2.5.2 JPEG

ISO/IEC와 CCITT에서 공동으로 제정한 JPEG(Joint Photographic Experts Group) 표준은 1990년대의 가장 중요한 영상 압축 표준 중의 하나로 정지 영상에 적용되는 압축 기법이다. JPEG은 영상 데이터의 공간적 중복성과 인간 시각의 비선형 특성을 이용하는 방식이다. JPEG은 인간의 시각 특성을 최대한 이용하기 위하여 밝기가 급격히 변화는 고주파 성분보다는 밝기가 서서히 변하는 저주파 성분을, 그리고 컬러보다는 밝기를 중시하는 압축 기법이다. 인간의 눈은 고주파 성분보다는 밝기가 서서히 변하는 저주파 성분에, 그리고 컬러의 변화보다는 밝기의 변화에 더 민감하다. JPEG에서는 DCT 변환 부호화 결과를 다시 양자화하고 Huffman 부호화 함으로써 압축률을 높이고 있다. 그림 A2.14에 나타낸 JPEG 부호화 과정을 요약하면 다음과 같다.

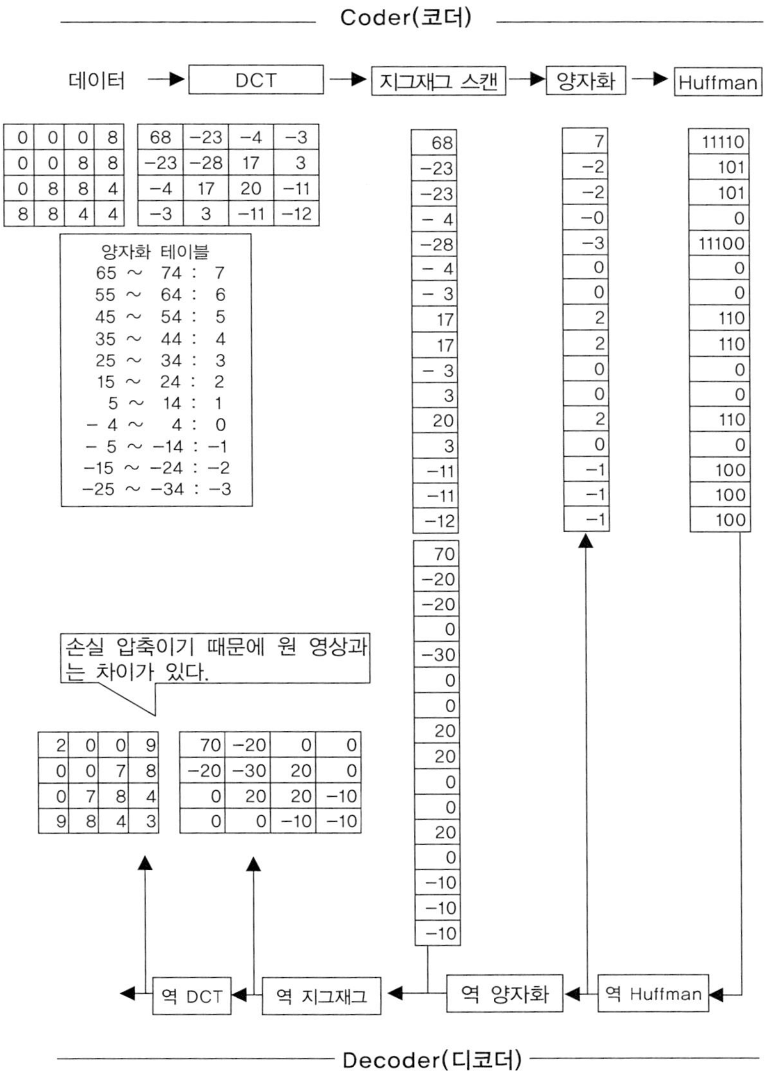

| 그림 A2.14 | JPEG 알고리즘

(1) 입력 영상을 8×8 블록으로 분할한다(그림에서는 편의상 4×4 블록을 가정).

(2) 8×8 블록을 DCT한다.

(3) DCT 결과를 주파수가 증가하는 순으로 지그재그 스캔하여 1-D 배열로 변환한다.

(4) 불균일 양자화한다. 불균일 양자화에서는 고주파 성분에 비해 중요한 저주파 성분의 양자화 간격을 작게 하여 많은 비트를 할당하고, 고주파 성분은 양자화 간격을 크게 하여 적은 비트를 할당한다. 이 예에서는 편의상 양자화 간격을 균일하게 10으로 가정하였다. 양자화 간격을 10으로 하여 양자화한 결과는 각각의 데이터를 10으로 나눈 후에 반올림하여 정수화한 결과와 같다. 따라서 역 양자화 결과는 양자화 결과에 10을 곱한 결과와 같다.

(5) Huffman 부호화한다.

(6) 복호화는 부호화의 역연산이다.

A2.5.3 H.26x와 MPEG

ITU에서 제정한 H.261은 종합정보통신 망인 ISDN을 이용한 p×64Kbps(p=1~30)의 영상전화 및 영상회의를 위한 동영상 압축 방식이다. 일반적으로 영상전화에서의 p값은 1~2이고, 영상회의에서는 6 이상이다. ITU에서 H.261의 표준화를 이끈 사람은 일본 NTT의 오쿠보인데 이 표준화 과정에서 그가 사용한 기법은 소위 「Reference Model」로 불리는 모델을 만들어 회의 때마다 이를 개선하는 것이었다. 참여기업들이 이 모델과 새롭게 제안하고자 하는 기술을 비교하여 객관적 우수성을 검증한 후에, 그 기술을 모델에 추가하고, 이 과정을 반복함으로써 많은 요소기술들을 단시간에 수렴하여 우수한 알고리즘을 만드는 과정이었다.

H.261은 MPEG(Moving Picture Experts Group)에서도 채택되었으므로 동영상 압축의 기술적 내용뿐 아니라 표준화를 이끄는 프로세스로서 MPEG 탄생의 모태 역할을 하였다. H.261은 DCT 변환 부호화와 Huffman 부호화에 기반을 두고 있는데, 저속의 ISDN 서비스용 영상 전송이 그 목표이었기 때문에 저속에서 우수한 동영상 압축 표준이라고 할 수 있다. H.261에서 유럽 방식인 DCT가 채택된 것은 「일본이 양보할테니 미국도 양보하시오. 프랑스 안으로 통일합시다」라고 JPEG에서 제안한 일본측 의견이 H.261에도 그대로 적용되었기 때문이다.

MPEG은 1988년 ISO와 IEC가 공동으로 설립한 JTC(Joint ISO/IEC Technical Committee)에서 디지털 저장 매체에서의 음성 및 영상의 저장과 검색을 목표로 제정하였다. 그 후 1990년 JTC1/ SC2 WG11(SC : 전문부위원회, WG : 작업그룹)과 1991년 JTC1/ SC29 WG11을 결성하여 MPEG에 관련된 본격적인 표준화 작업을 진행하였다. JTC1은 1Mbps, 5Mbps, 10Mbps(각각 MPEG-1, MPEG-2, MPEG-3로 명명)에서 40Mbps까지의 부호화를 목표로 설정하고 표준화 작업을 진행하였으나, MPEG-2에서 이미 40Mbps까지 수용됨에 따라 1992년 MPEG-3는 동영상 압축 분야에서 삭제되었다.

이후 이동통신 망 등과 같은 대역폭이 적은 저속의 통신 망에서 원하는 화질로 영상을 전송하는 것이 이슈가 되어 1993년 MPEG-4가 활동을 개시하였다. MPEG-4에서는 차세대 TV나 이동통신과 같은 저속의 통신 망에서 영상의 보편적인 접속성과 인식성을 지원할 수 있는 기능을 추가하고자 하였다.

이후 1995년 달라스에서 개최된 MPEG 정기회의에서는 MPEG-4를 쌍방향 TV에 까지 확대하여 적용하기로 결정하였다. MPEG-4는 화소 단위의 압축이 아닌 영상의 의미있는 부분을 객체로 인식해서 압축하는「객체 지향형 압축부호화 기법」으로 동영상을 200 : 1로 압축하는 기술을 적용했기 때문에 대역폭이 적은 저속의 무선통신에서도 동영상의 전송이 가능하므로 무선통신 서비스의 핵으로 주목받고 있다.

다양한 멀티미디어 정보가 등장함에 따라 이를 이용하고자 하는 수요도 급격히 증가하고 있다. 멀티미디어 정보를 이용하려면 웹상에서 정보를 검색해야 하는데, 정보의 홍수 속에서 어떤 것이 유용한 정보인지 판단하기는 매우 힘들다. 특히 음성이나 영상의 내용을 미리 확인하는 방법은 없다. 일례로 어떤 영화의 특정장면을 찾는 것은 현재의 웹에서는 불가능하다. 이들 정보의 내용에 관한 기술이 되어 있지 않기 때문이다.

영상에 포함된 물체의 색이나 색감(texture) 또는 형상 정보 등을 이용해서 영상 정보를 검색하거나 특정 멜로디로 노래를 검색하는 등 다양한 검색기술이 요구되고 있다. MPEG 위원회는 이러한 기술적 문제를 해결하기 위해 새로운 작업그룹을 결성하였는데, 이것이 바로 MPEG-7이다. 표 A2.1에 ISO 표준 및 ITU 표준의 용도별 특징을 나타냈다.

❙표 A2.1❙ MPEG의 용도별 특징

ISO 표준	용 도	ITU 표준	용 도
MPEG-1	저장 미디어용 영상 부호화	H.261	ISDN 및 통신용 영상 부호화
MPEG-2	고품질 범용 영상 부호화(디지털 TV)	H.262	고품질 범용 영상 부호화
MPEG-4	객체 지향형 영상 부호화	H.263	저속통신용 영상 부호화
MPEG-7	내용 기반 정보 검색	H.264	인터넷 방송용 영상 부호화

A2.5.4 MPEG

H.26x와 MPEG은 동영상을 부호화하기 위한 손실 동영상 압축 표준이다. 동영상은 정지영상에 해당하는 여러 개의 프레임(초당 24프레임~30프레임)으로 구성되므로 프레임 내 화소 간 중복성 즉 공간 영역의 중복성만 존재하는 정지 영상과는 달리 프레임 간 중복성 즉 시간 영역의 중복성도 함께 존재한다. 여기서 공간 영역의 중복성은 이웃한 화소 간의 상관성을, 그리고 시간 영역의 중복성은 시간적으로 인접한 프레임 간의 상관성을 의미하는 것이다.

프레임 내 화소 간 중복성 즉 공간적 중복성을 제거하기 위한 프레임 내 예측 부호화는 앞에서 설명한 JPEG과 유사하므로 여기서는 동영상 부호화에서 널리 사용되고 있는 프레임 간 중복성 즉 시간적 중복성을 이용하는 프레임 간 예측 부호화에 관해서만 알아보기로 한다.

프레임 간 예측 부호화에서는 일반적으로 이전 프레임이 다음 프레임의 예측을 위해 사용되는데, 가장 간단한 방법은 그림 A2.15에 나타낸 바와 같이 동일한 위치에 있는 화소 값의 차분을 이용하는 방식이다. 이는 프레임 간 DPCM이라고 할 수 있다. 이 경우 현재 프레임과 과거 프레임과의 차분으로 구성되는 예측 프레임은 현재 프레임의 데이터양보다 매우 적다. 이것은 현재 프레임 대신에 예측 프레임을 이용하면 데이터를 압축할 수 있다는 의미이다. 압축은 과거 프레임과 현재 프레임 간에는 배경이 같다는 시간적 중복성이 존재하기 때문에 가능한 것이다. 물론 예측 프레임과 과거 프레임을 더하면 현재 프레임이 되므로 복원에도 문제는 없다.

과거 프레임(f_{i-1})
(예측 참조 프레임)

현재 프레임(f_i)
(예측 대상 프레임)

예측 프레임

| 그림 A2.15 | 예측 프레임

그림 A2.16에 나타낸 바와 같이 영상에 빠른 움직임이 있는 물체가 있는 경우, 단순하게 프레임 간의 차분을 구하면 두 프레임 간에 대응되는 화소 관계가 무너져 데이터 폭발이 유발된다. 따라서 이러한 경우에는 움직임 보상이 요구된다.

▌그림 A2.16▐ 움직임 보상과 움직임 벡터

움직임 보상(motion compensation)은 동영상에서 연속된 프레임 간의 높은 상관관계를 이용하여 압축률을 높이는 기법으로 움직임 추정(motion estimation)을 기본으로 하고 있다. 움직임 추정은 그림 A2.17에 나타낸 바와 같이 프레임을 정사각형 모양의 블록들로 분할하는데서 출발한다.

예측 대상 프레임인 현재 프레임 내 특정 블록이 예측 참조 프레임인 이전 프레임 내의 특정 블록과 일치하는 경우, 현재 프레임의 블록 위치와 이전 프레임의 블록 위치의 변위 차이 즉 움직임 벡터만을 표현하여도 현재 프레임의 영상 데이터를 복원할 수 있다. 이처럼 움직임 벡터의 형태로 움직임을 추정한 다음, 그 움직임이 있었음을 고려하여 프레임을 예측하는 것을 움직임 보상이라고 한다. 그림 A2.18에 움직임 보상의 예를 나타냈다.

위의 예에서는 현재 프레임의 특정 블록이 과거 프레임의 특정 블록과 완전하게 일치하는 경우를 가정하여 설명하였으나, 실제로는 일치하지 않는 블록이 더 많이 존재한다. 따라서 실제로는 이전 프레임에서 현재 프레임에 대응되는 블록을 탐색하는 경우 가장 유사한 블록(best matched block), 즉 블록 내 화소 값들의 차이가 가장 적은 블록을 탐색하여 매칭된 블록의 위치를 움직임 벡터로 설정한다. 완전하게

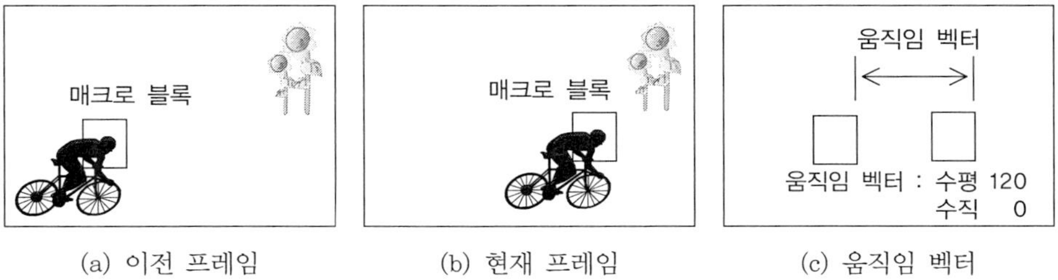

▌그림 A2.17▐ 움직임 벡터 산출

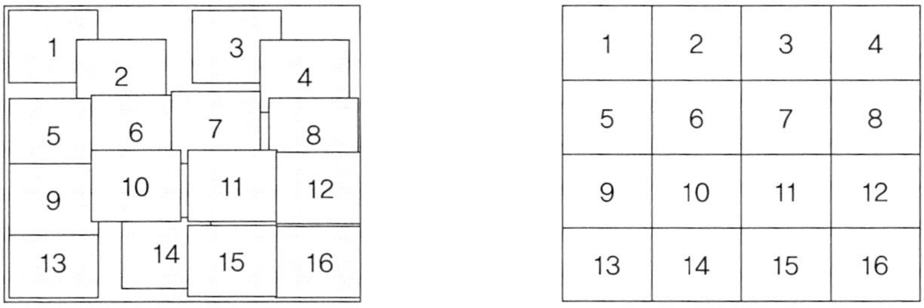

(a) 블록 탐색 결과(이전 프레임 f_{i-1})　　(b) 블록 분할(현재 프레임 f_i)

그림 A2.18 움직임 보상

일치한다는 것은 현재 프레임의 블록과 이전 프레임의 블록 데이터가 같다는 의미이다. 이러한 경우에는 움직임 벡터만을 부호화하면 된다. 그러나 완전하게 일치하지 않는 유사 블록인 경우에는 움직임 벡터와 두 블록 간의 차분 데이터를 부호화하는 것이 필요하다. 완전하게 일치하지 않는 경우라도 블록 간의 차분을 구하면 데이터의 변화량이 적어지므로 압축률은 높아진다.

현재 프레임과 유사한 블록을 이전 프레임에서 탐색하기 위한 가장 일반적인 방법은 이전 프레임의 전 영역을 1화소 단위로 수평 및 수직 방향으로 이동하면서 탐색하는 전 영역 탐색 블록 매칭 기법이다. 그러나 이 기법은 최적의 블록을 탐색할 수는 있으나, 많은 계산량을 필요로 한다는 단점이 있다. 따라서 계산량을 줄이면서 최적의 블록을 탐색하기 위한 고속 블록 매칭 기법들이 새롭게 제안되고 있다.

MPEG에서는 Intra-Picture(I 픽쳐), Predicted Picture(P 픽쳐), Bidirectional Picture(B 픽쳐)가 그림 A2.19에 나타낸 GOP(Group of Picture) 구조로 주기적으로 반복되는데, GOP를 구성하는 픽쳐의 수는 응용 분야에 따라 10~15픽쳐로 구성된다. 여기서는 12개의 픽쳐로 구성되는 GOP를 대상으로 하였다.

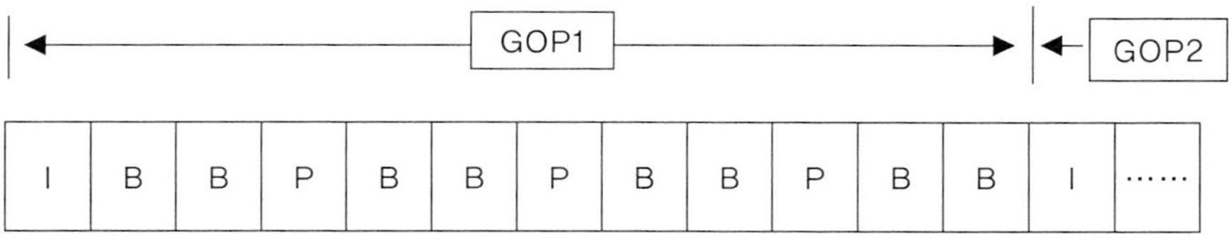

그림 A2.19 GOP 구조

I 픽쳐는 영상의 시간적 상관도를 고려하지 않고 정지 영상을 부호화하는 것과 동일한 방법 즉 JPEG과 유사한 방법으로 압축하는 픽쳐이다. MPEG에서는 P 픽쳐와 B 픽쳐를 사용해서 영상을 복원할 때 발생하는 에러가 계속적으로 누적되는 것을 방지하기 위하여 주기적으로 시간적 상관성을 전혀 고려하지 않은 I 픽쳐를 삽입하고 있다.

P 픽쳐는 영상의 시간적 상관성을 이용한 운동보상 기법을 사용하는 픽쳐로 순방향 예측 부호화 영상이다. 즉 P 픽쳐는 이전의 I 픽쳐 또는 P 픽쳐를 예측 참조 프레임으로 사용하여 현재 프레임을 예측한 픽쳐이다.

B 픽쳐는 이름이 의미하는 바와 같이 쌍방향 예측 부호화 영상이다. B 픽쳐에서는 이전 프레임은 예측 참조 프레임으로 이용하여 예측한 순방향 프레임 간 예측 부호화 방식과 미래 프레임을 예측 참조 프레임으로 이용하여 예측한 역방향 프레임 간 예측 부호화 방식을 모두 수행한다. 표 A2.2에 I, P, B 픽쳐의 특성을 요약해서 나타냈다.

▌표 A2.2▐ MPEG 픽쳐

구 분	특 징
I-Picture	- 프레임 내 부호화 영상으로 정지 영상과 유사한 방법으로 압축 - 독립적으로 복원이 가능 - 8×8 블록으로 분할 → 블록을 DCT 변환 → DCT 계수의 양자화 → 블록들의 DC 계수를 DPCM 부호화 → 블록 단위로 존재하는 AC 계수를 Run-Length 부호화 → Huffman 부호화
P-Picture	- 프레임 간 순방향 예측 부호화 영상 - 이전의 I 또는 P 픽쳐를 기준으로 예측 - 16×16 블록으로 분할 → 이전의 I 또는 P 픽쳐에서 베스트 매칭 블록 탐색 → 움직임 벡터 산출 및 부호화 → 매칭 블록 간의 차분 영상 산출 → 차분 영상에 대해서는 I 픽쳐와 같은 과정으로 부호화
B-Picture	- 프레임 간 쌍방향 예측 부호화 영상 - 이전과 이후의 I 또는 P 픽쳐를 기준으로 예측 - 16×16 블록으로 분할 → 이전과 이후의 I 또는 P 픽쳐에서 베스트 매칭 블록 탐색 → 움직임 벡터 산출 및 부호화 → 매칭 블록 간의 쌍방향 차분영상 산출 → 차분 영상에 대해서는 I 픽쳐와 같은 과정으로 부호화

그림 A2.20에 쌍방향 예측 부호화 방식을 나타냈다. B 픽쳐는 I 픽쳐와 P 픽쳐 또는 P 픽쳐와 P 픽쳐 사이에 들어가는 픽쳐로 이전과 이후의 I 픽쳐 또는 P 픽쳐를 예측 참조 픽쳐로 이용하여 쌍방향으로 예측하는 픽쳐이다. 따라서 B 픽쳐는 항상 이후의 I 또는 P 픽쳐보다 늦게 생성된다. 이것은 원래의 프레임 순서와 부호화 순서는 다르다는 것을 의미한다.

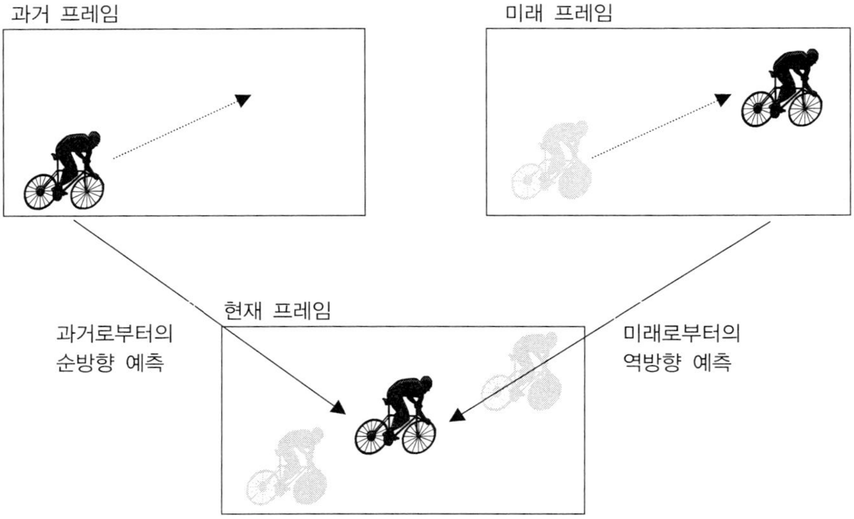

| 그림 A2.20 | MPEG 쌍방향 예측

그림 A2.21에 9개의 픽쳐로 구성되는 GOP를 대상으로 MPEG 압축 순서를 나타냈다. 프레임 순서와 부호화 순서가 다르기 때문에 복호화 및 재생 순서 또한 다르다.

프레임 1	프레임 2	프레임 3	프레임 4	프레임 5	프레임 6	프레임 7	프레임 8	프레임 9	프레임 10	……

(a) 원 영상

(b) GOP 구조

| 그림 A2.21 | MPEG 압축 및 복원 순서(계속)

1) 1/I : 프레임 1을 정지 영상으로 취급해서 JPEG과 유사한 방법으로 부호화한다.

1/I										……

2) 4/P : 프레임 1/I를 기준으로 순방향 예측 부호화한다.

1/I			4/P							……

3) 2/B : 프레임 1/I와 프레임 4/P를 기준으로 쌍방향 예측 부호화한다.

1/I	2/B		4/P							……

4) 3/B : 프레임 1/I과 프레임 4/P를 기준으로 쌍방향 예측 부호화한다.

1/I	2/B	3/B	4/P							……

5) 7/P : 프레임 4/P를 기준으로 순방향 예측 부호화한다.

1/I	2/B	3/B	4/P			7/P				……

6) 5/B : 프레임 4/P와 프레임 7/P를 기준으로 쌍방향 예측 부호화한다.

1/I	2/B	3/B	4/P	5/B		7/P				……

7) 6/B : 프레임 4/P와 프레임 7/P를 기준으로 쌍방향 예측 부호화한다.

1/I	2/B	3/B	4/P	5/B	6/B	7/P				……

8) 10/I : 프레임 10을 정지 영상으로 취급해서 JPEG과 유사한 방법으로 부호화한다.

1/I	2/B	3/B	4/P	5/B	6/B	7/P			10/I	……

9) 8/B : 프레임 7/P와 프레임 10/I를 기준으로 쌍방향 예측 부호화한다.

1/I	2/B	3/B	4/P	5/B	6/B	7/P	8/B		10/I	……

10) 9/B : 7/P 프레임과 10/I 프레임을 기준으로 쌍방향 예측 부호화한다.

1/I	2/B	3/B	4/P	5/B	6/B	7/P	8/B	9/B	10/I	…………

(c) 부호화 순서(1/I →4/P→2/B→3/B→7/P→5/B→6/B→10/I→8/B→9/B)

1/I	4/P	2/B	3/B	7/P	5/B	6/B	10/I	8/B	9/B	……

(d) 복호화 순서

프레임 1	프레임 2	프레임 3	프레임 4	프레임 5	프레임 6	프레임 7	프레임 8	프레임 9	프레임 10	……

(e) 재생 순서

▌그림 A2.21▐ MPEG 압축 및 복원 순서

A2.6 새로운 공간창조 가상현실

A2.6.1 가상현실과 증강현실

가상현실(VR : Virtual Reality)은 컴퓨터를 이용하여 구축한 가상공간에서 인간 감각계와의 상호 작용을 통해 공간적·물리적 제약으로 현실세계에서는 직접 경험하지 못하는 상황을 간접적으로 체험할 수 있도록 만든 새로운 멀티미디어 패러다임이다. 다시 말해서 가상현실은 말 그대로 현실은 아니지만 현실과 구별할 수 없을 정도로 정교하게 제작된 환경이나 물체를 인간에게 제시하여 현실세계와 가상세계를 혼동하도록 인간의 감각과 지각을 조정하는 것이다. 이렇게 가상으로 만들어진 환경이나 물체는 단편적이고 반복적인 경험만을 제시할 수도 있고, 고성능 컴퓨터와 다양한 분야의 지식 및 기술이 복합적으로 어우러져 현실처럼 상황에 따라 역동적으로 변화하는 다양하고 복합적인 현실감을 제공할 수도 있다.

가상현실의 궁극적인 목표는 다양한 입출력 방식을 사용하여 컴퓨터와 인간 간의 대화 능력을 높임으로써 컴퓨터와 현실적인 통신을 할 수 있는 환경을 제공하는 것에 있다. 가상현실에서는 시각, 청각, 촉각 등을 통해 인간의 감성을 자극하는 가상세계의 표현 및 인간과의 상호 작용 기술이 핵심이다. 인간의 인지 능력의 대부분이 시각과 청각에 의해 좌우되는 만큼 현재의 가상현실 기술에서는 3차원 그래픽 기술과 3차원 입체사운드 기술이 큰 목을 차지하고 있다.

가상현실은 차세대를 이끌 주요 패러다임 중 하나로서 여러 분야의 기술과 어떻게 접목되는가에 따라 그 가치와 파급 효과는 매우 커질 것으로 전망된다. 이는 가상현실의 구성이 복잡한 만큼 광범위한 응용 분야를 창출할 수 있고, 기술적인 면에서도 커다란 변혁과 전환을 몰고 올 수 있기 때문이다. 가장 빠른 성장을 보일 것으로 전망되는 3차원 게임을 위시한 오락분야가 앞으로 가상현실 시장을 이끌어 갈 중추적 역할을 담당할 것으로 예견된다. 전쟁, 스포츠, 액션, 연예 등 모든 장르의 게임 분야를 오감을 통해 실제로 느끼면서 대리만족을 경험할 수 있는 날도 멀지 않은 것 같다. 그림 A2.22에 가상현실 체험장면을 나타냈다.

가상현실의 응용 분야는 무궁무진하다. 일례로 시뮬레이션 기법을 이용하여 마치 비행기나 자동차를 조종하고 있는 것 같은 착각을 불러일으키는 가상현실은 교육, 오락, 그리고 나아가서는 무인조정에 까지도 응용될 수 있다. 건축도 중요한 응용 분야 중 하나이다. 건축하기 전에 2차원 조감도를 그리거나 또는 작은 집을 먼저 만들어 보더라도 준공 후의 느낌을 사전에 느끼는 것은 불가능하다. 그러나 가상현실 기술

▌그림 A2.22▐ 가상현실 체험장면

을 응용하면 준공될 건물의 안과 밖을 자유롭게 이동하면서 체험할 수 있을 것이다. 모델 하우스에 직접 가서 내가 살집을 둘러보는 일은 없을 것 같다. 또한 분자나 DNA 구조와 같은 미세한 조직도 가상현실로 구현하여 교육 및 실험용으로 활용할 수 있을 것이다. 이밖에도 가상현실은 다양한 분야에 다양한 모습으로 응용될 수 있을 것이다. 좋은 아이디어가 있다면 벤처 사업을 시작해보는 것도 좋을 듯하다.

가상현실은 실제로는 존재하지 않는 가상세계가 실재한다는 착각을 일으켜 인간과의 상호 작용이 가능하게 한 기술인 반면에, 증강현실(AR : Augmented Reality)은 실세계에 컴퓨터 그래픽으로 생성한 가상세계를 혼합함으로써 인간과의 상호 작용을 증강시키는 것을 의미한다. 실세계에는 컴퓨터로는 만들기 힘든 많은 정보가 내포되어 있다. 그러나 실세계에는 필요로 하지 않는 정보가 내포되어 있을 수도 있고, 또 원하는 정보가 부족한 경우도 있다. 목적에 따라 실세계와 가상세계를 적절하게 혼합하면 인간의 지각 능력에 큰 영향을 줄 수 있기 때문에 효율적인 정보 전달은 물론 현실감있는 가상세계를 만들어 낼 수도 있다. 그림 A2.23에 간단한 증강현실 구현 예를 나타냈다.

그림 A2.23에 나타낸 바와 같이 실세계와 가상세계가 공존하는 세계를 일반적으로 혼합현실(MR : Mixed Reality)이라고 한다. 즉 실세계와 가상세계의 중간에 위치한 증강현실과 증강가상은 혼합현실에 포함되는 것이다.

증강현실은 엔터테인먼트와 뉴스 분야에 널리 응용되고 있다. TV에서 기상예보를 하는 경우 기상 캐스터 앞의 날씨지도가 자연스럽게 바뀌는 것을 볼 수 있다. 기상 캐스터와 컴퓨터로 생성한 가상스튜디오 환경이 결합된 증강현실이다. 영화의 특수효과 또한 증강현실이나 엄밀히 말하면 실시간으로 처리되지 않기 때문에 증강현실이라고 말할 수는 없다.

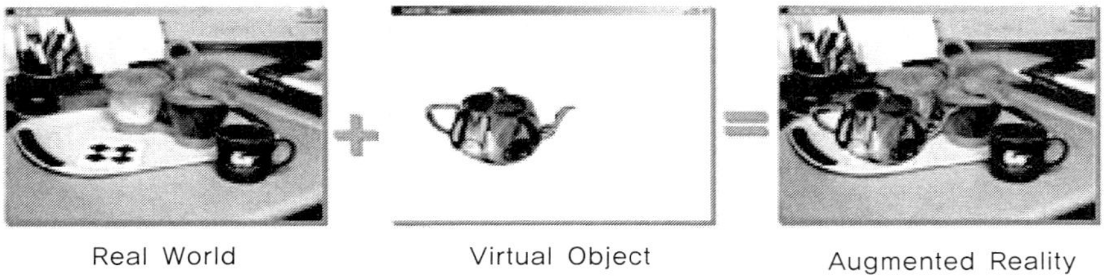

Real World인 야구경기장과 Virtual Object인 광고판이 혼합된 증강현실

▌그림 A2.23▐ 증강현실

증강현실은 외과수술의 시험도구나 가시화의 수단으로 사용될 수도 있다. 이 경우 자기공명 영상(Magnetic Resonance Image), 단층 영상(Computed Tomography Image), 초음파 영상 등의 형태로 취득한 환자의 3차원 데이터는 실시간으로 환자의 모습과 렌더링되어 표현된다. 이를 통해 의사는 환자의 모습은 물론 몸의 내부를 자연스럽게 볼 수 있으므로 수술로 인한 환자의 외상을 최소한으로 줄일 수 있을 것이다. 또한 주사의 삽입 방향 등 가상 지시가 가능하므로 초보의사가 수술 중에 자문을 구하러 환자 곁을 떠나는 일은 없을 것이다. 그림 A2.24에 증강현실을 이용한 외과수술 영상을 나타냈다.

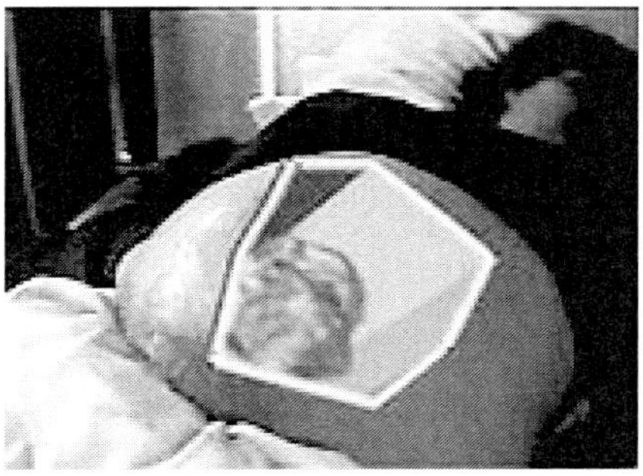

Real World인 환자의 몸에 Virtual Object인 장기가 혼합된 영상

▌그림 A2.24▐ 증강현실을 이용한 외과수술 영상

이외에도 조종사 헬멧이나 조종석의 방풍유리에 가상 영상을 디스플레이하여 조종사에게 조종에 필요한 정보를 알려줄 수도 있고, 디스플레이 장치가 탑재된 헬멧으로 무장된 군인들이 숨은 적들을 쉽게 볼 수도 있을 것이다.

엔지니어가 새로 또는 그들에게 익숙하지 못한 장비를 접했을 때 여러 개의 매뉴얼을 보는 것 대신 주석처리까지 포함하는 증강현실 디스플레이 장치를 사용할 수도 있다. 그리고 증강현실을 이용하면 물체나 주위 환경에도 주석을 달 수 있으므로 도서관 사용자가 책장에 있는 책들의 목차에 대한 정보를 가상 환경에서 미리 볼 수도 있을 것이다.

A2.6.2 가상현실 시스템

(1) 입출력 장치

1989년은 가상현실 분야의 기술 개발에서 중요한 전환기로 기록되고 있다. 가상현실이란 용어를 탄생시킨 Jaron Lanier가 1985년에 설립한 VPL Research사는 가상 환경을 구성하는 중요한 입력 장치인 데이터 글로브와 출력 장치인 아이폰을 개발하여 시판하였기 때문이다. 데이터 글로브는 가상 환경 속에서 가상의 물체를 잡거나 들 수 있는 등 가상 환경을 조작하는데 사용되어 가상 환경을 구현하는데 꼭 필요한 장비로 이후의 가상 환경 구성에 많은 공헌을 하였다. VPL Research사의 아이폰은 2개의 고선명 LCD 패널을 양쪽에 장착한 안경부와 머리의 움직임을 포착하는 센서부로 이루어진 HMD(Head-Mounted-Display)로 사용자가 입체로 영상을 볼 수 있게 하였다. 이후 기술 개발 및 장치 생산은 계속되어 미국의 Johns hopkins 병원 외과의사들이 HMD의 도움을 받아 담랑수술을 하는 단계에 이르렀다. 그림 A2.25에 각종의 가상현실 입출력 장치를 나타냈다.

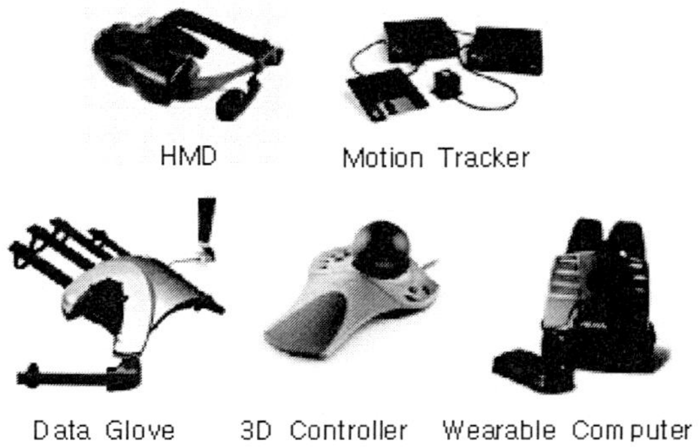

그림 A2.25 가상현실 입출력 장치

(2) VRML

VRML(Virtual Reality Modeling Language)은 3차원 가상세계를 표현하는데 사용되는 일종의 컴퓨터 언어이다. VRML은 컴퓨터로 가상의 장면을 렌더링하기 때문에 아직까지는 현실감이 떨어진다는 단점이 있으나, 인터넷에서도 3차원 가상세계를 직접 체험할 수 있다는 매력과 발전 잠재력 때문에 많은 사람의 주목을 받으며 성장하고 있는 추세이다. 그림 A2.26에 VRML을 이용한 가상세계 채팅 장면을 나타냈다.

1994년에 처음 등장한 VRML 1.0은 「Silicon Graphics」사의 Open Inventor 형식을 기반으로 탄생하였다. 이후 가상현실의 핵심인 상호 작용 기능이 부가된 VRML 2.0이 1996년에 발표되었다. 곧이어 VRML 3.0에서는 다중 사용자 기능을 포함시켰으며, 가상세계에 몰입하는데 필요한 HMD와 데이터 글러브를 사용할 수 있게 되었다. 또한 여러 사람이 가상회의실에서 동시에 회의할 수 있는 가상토론 기능도 첨가되었다.

VRML의 가장 큰 특징은 웹을 기반으로 하는 사용자와의 상호 작용이라고 할 수 있다. 웹을 통해 누구나 쉽게 접할 수 있으며, 단지 보는 것만이 아니라 사용자의 입력에 따라 3차원 가상세계를 탐색하거나 물체를 움직일 수 있는 등의 상호 작용성은 사람들의 흥미를 끌기에 충분하다.

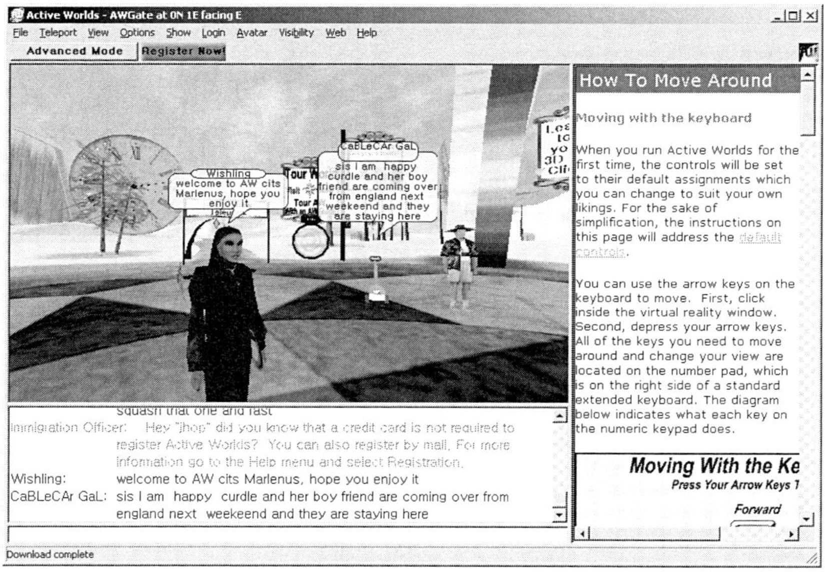

▌그림 A2.26▐ VRML을 이용한 가상세계 채팅 장면

VRML은 HTML과 마찬가지로 운영체제나 하드웨어에 독립적으로 사용되며, 텍스트 파일 형식이기 때문에 작은 데이터 크기로도 사실적인 영상을 만들어 낼 수 있고, HTML에 있는 하이퍼링크 기능도 이어 받았으므로 VRML 문서간 또는 HTML 문서간의 하이퍼링크도 가능하다.

(3) VRML 브라우저

HTML 문서를 보는데 웹 브라우저가 필요하듯이 VRML에서도 VRML 문서를 해석하여 표현할 수 있는 VRML 브라우저가 필요하다. VRML 브라우저라는 독립된 프로그램이 존재하기도 하나 인터넷 익스플로러나 넷스케이프의 플러그인(plug-in) 모듈로서 사용되는 경우가 대부분이다. 현재는 「Cosmo Player」, 「etscape Live3D」, 「Viscape, VRealm」 등이 사용되고 있다. VRML 뷰어인 Cosmo Player는 코스모 소프트웨어사의 홈페이지(http://www.cosmosoftware.com)에서 다운로드받아 설치할 수 있다. Cosmo Player의 예를 그림 A2.27에 나타냈다. VRML 창에 있는 각 버튼들에 마우스를 가져가면 각 버튼이 반전되면서 설명이 나타난다.

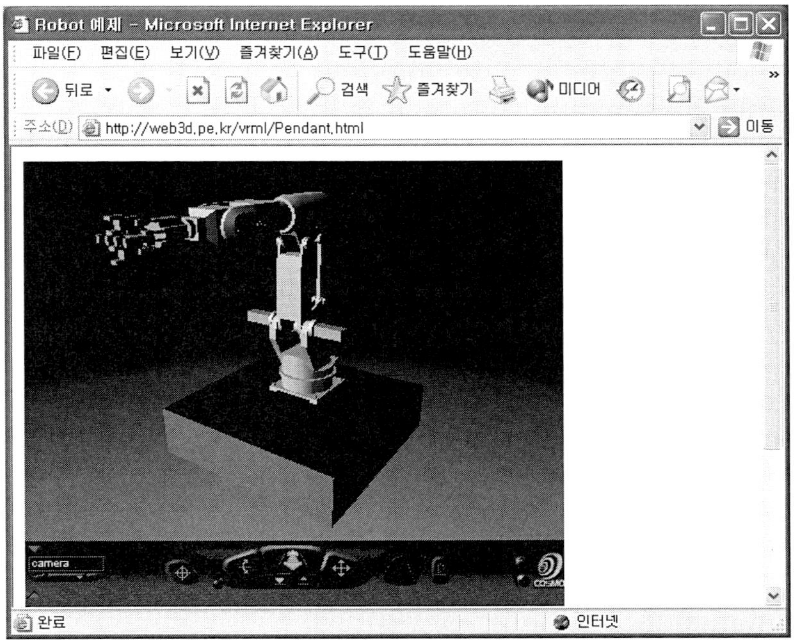

▌그림 A2.27▐ Cosmo Player

(4) VRML 저작 도구

VRML은 3차원 가상세계를 구현할 수 있는 컴퓨터 언어이다. VRML에서도 HTML과 마찬가지로 다양한 명령어를 사용해서 가상세계를 제작할 수도 있지만 많은 시간과 노력이 필요하기 때문에 HTML에서의 나모 웹에디터와 마찬가지로 VRML 저작도구가 개발되어 사용되고 있다. 현재 널리 사용되고 있는 가상현실 저작도구로는 HomeSpace Builder, TrueSpace2, Walk Through, ISB/ISA, V. Realm 등을 들 수 있다. 그림 A2.28에 VRML 저작도구의 사용 장면을 나타냈다.

현재의 VRML 저작 도구는 3-D 공간을 표현하는데 한계가 있다. 이는 하나의 장면 그래프에서 표현할 수 있는 폴리곤의 수가 제한되고, 계층적 모델과 장면 구조의 구현이 너무 복잡하며, 렌더링 라이브러리도 구현하기가 너무 복잡하기 때문이다.

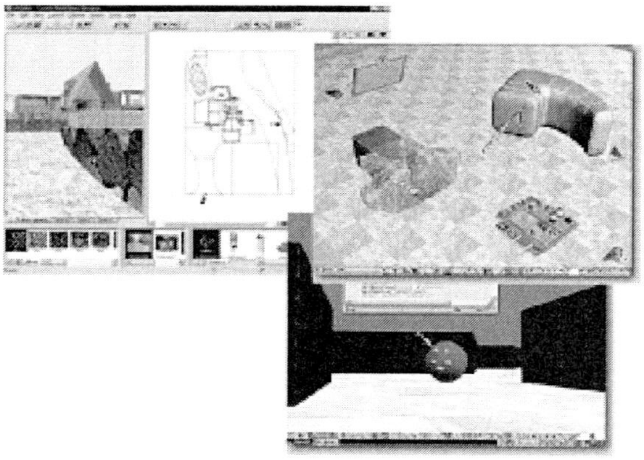

▌그림 A2.28▐ VRML 저작 도구의 사용 장면

홈페이지 HTML

부록 3

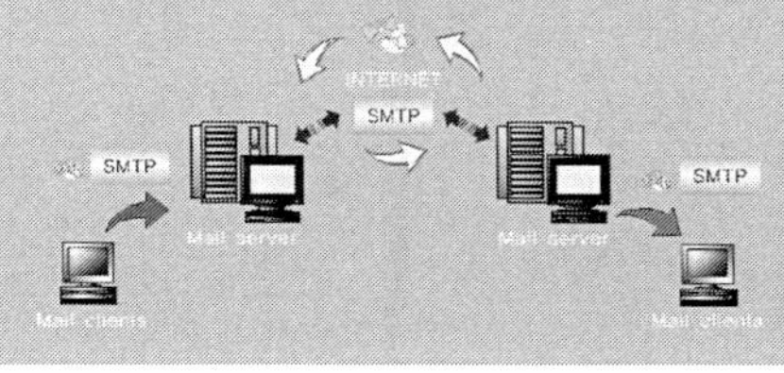

A3. 1 홈페이지

개인이나 각 기관에서는 자신이나 자사를 소개하고 다른 사람들에게 정보를 제공할 목적으로 웹 브라우저가 이해할 수 있는 문서를 만들어 웹상에 올리는데, 이러한 문서를 그 사람 혹은 그 기관의 홈페이지(homepage)라고 한다. 일례로 마이크로소프트사의 홈페이지는 마이크로소프트사에서 자사의 홍보 및 서비스 지원을 위하여 작성한 웹 페이지를 의미하는 것으로, 이 홈페이지가 바로 마이크로소프트사로의 여행을 시작하는 출발점이 되는 것이다.

A3. 2 HTML

웹 문서는 기본적으로 하이퍼텍스트 형식으로 작성되는데, 하이퍼텍스트(hypertext) 형식의 문서를 작성하고, 작성된 문서를 웹 브라우저가 연결(markup)할 수 있도록 사용하는 언어(language)를 HTML(Hypertext Markup Language)이라고 한다.

HTML 문서는 하드웨어, OS, 웹 브라우저의 종류 등에 관계없이 어디서나 볼 수 있다는 높은 호환성을 자랑한다. 웹 브라우저에서는 HTML이라는 공통의 문서형식만이 사용되고 있기 때문이다. 웹이 폭발적으로 확산된 이유를 어렴풋이나마 알 것 같다.

윈도즈에서 HTML 파일의 확장자는 .html과 .htm이다. 파일의 확장자로부터 HTML 문서인지의 여부를 알 수 있다. 여기서 중요한 것은 HTML은 「Markup」 언어이기 때문에 문서의 구조만을 기술할 뿐이지 형식에 대해서는 기술하지 않는다는 점이다.

일례로 혼글 등에서는 「글자크기는 12」 등과 같은 구체적인 정보가 파일에 포함되는 데 반해, HTML에서는 「글자크기는 몇 번째 크기」와 같은 방식으로 지정된다. 이 경우 구체적인 글자 크기는 웹 브라우저에서 할당한다. 동일한 HTML 문서라도 웹 브라우저에 따라 약간 다르게 보이는 것은 바로 이와 같은 이유 때문이다. 따라서 HTML 문서를 작성할 때에는 특정 웹 브라우저에서만 화려하게 디자인하는 것보다는, 누구나 보기 쉽게 문서를 디자인하는 것이 훨씬 더 바람직하다. 이 책에서는 인터넷 익스플로러를 대상으로 홈페이지의 작성법을 설명하고자 한다.

HTML 문서의 기본 구조를 다음에 나타냈다. 여기서 HTML 문서는 꼬리표를 의미하는 태그(tag) 형태로 기술하고 있다는 것을 알 수 있다. 태그는 명령의 앞뒤에서 시작과 끝을 알리기 위하여 1개의 쌍으로 구성되는 태그 「〈 〉……〈/ 〉」와 단독으로 사용되는 태그 「〈 〉」로 구분되는데, 단독으로 사용되는 태그에 관해서는 홈페이지 작성 과정에서 예문을 통하여 설명하고자 한다.

```
<HTML>                    □ HTML 문서의 시작을 알리는 태그

    <HEAD>                      △ 헤드 부분의 시작을 알리는 태그
          <TITLE>                     ○ 제목의 시작을 알리는 태그
           문서의 제목 기술
          </TITLE>                    ○ 제목의 끝을 알리는 태그
     </HEAD>                    △ 헤드 부분의 끝을 알리는 태그

     <BODY>                     ☆ HTML 문서 내용의 시작을 알리는 태그
      문서의 내용 기술
     </BODY>                    ☆ HTML 문서 내용의 끝을 알리는 태그
 </HTML>                  □ HTML 문서의 끝을 알리는 태그
```

A3. 3 HTML 문서의 작성법

인터넷 이용자들이라면 누구나 자신의 홈페이지를 갖는 것을 원하지만 초보자들은 섣불리 홈페이지를 만들 엄두를 내지 못할 것이다. HTML이라는 언어가 그리 간단한 것은 아니기 때문이다. 물론 초보자인 경우에도 열심히 노력하면 HTML이라는 언어로 홈페이지를 만드는 전문가가 될 수도 있다. 그러나 밥벌이가 아니라면 초보자들도 쉽고 빠르게 제작할 수 있는 홈페이지 제작 관련 소프트웨어를 이용해보는 것이 더 좋을 듯하다. 그럼에도 불구하고 HTML에 관한 기본적인 사항은 알아두는 것이 필요하다. 자신의 홈페이지 성능을 개선하기 위한 목적으로 자바스크립트나 자바애플릿 등을 이용할 때 꼭 필요하기 때문이다.

홈페이지 제작에 관련된 대표적인 소프트웨어로는 국산 소프트웨어로 그 성능을 크게 인정받고 있는 나모 웹에디터가 있다. 세중 나모인터랙티브사의 홈페이지(http://www. namo.co.kr)를 방문하면 나모 웹에디터의 사용법에 관련된 자료가 동영상 강의 등의 형태로 다양하게 게시되어 있으므로 독자 스스로도 충분히 학습할 수 있다. 따라서 나모 웹에디터의 사용법에 관해서는 생략하기로 한다. 여기서는 HTML에 관한 기초적인 사항만을 알아보기로 한다.

A3.3.1 HTML 문서의 문법

(1) 띄어쓰기는 1개만 인식하므로 2개 이상의 띄어쓰기는 1개로 간주한다. 여러 개의 공백을 띄기 위해 사용하는 탭 문자나 줄을 바꾸기 위해서 사용하는 엔터 키도 무시된다는 점에 유의해야 한다.
(2) 태그 안에 기록되는 문자에서는 대문자와 소문자를 구별하지 않는다. 일례로 〈title〉, 〈Title〉, 〈TITLE〉 등은 모두 같은 태그로 인식된다.
(3) 파일명과 디렉터리명을 지정할 때에는 소문자만 사용한다.
(4) HTML 파일의 확장자는 .html 또는 .htm이다.

A3.3.2 문서 편집기

HTML 문서는 윈도즈에 포함되어 있는 문서편집기(notepad : 메모장)를 이용하거나 HTML 전용 문서편집기를 이용할 수 있다. 이 책에서는 윈도즈에 포함되어 있는 메모장을 대상으로 하고자 한다. 윈도즈의 시작버튼에 이어 보조프로그램을 선택하면 나오는 메모장을 마우스로 클릭하면 다음과 같은 화면이 나타난다. 메모장의 사용법은 비교적 간단하므로 생략하기로 한다.

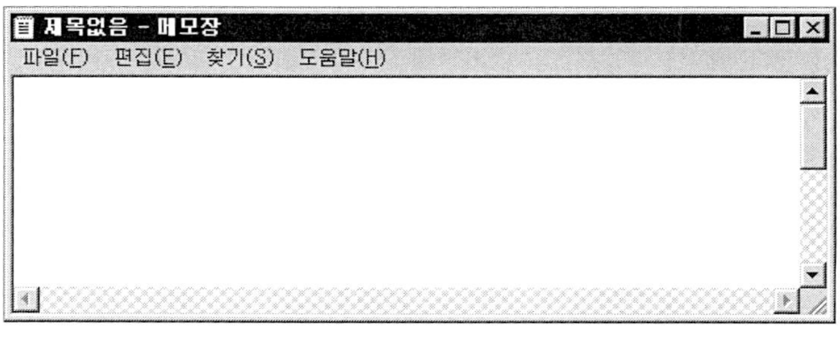

A3.4 HTML 문서 제목

〈HEAD〉 태그에 기술되는 내용은 문서에 관한 일반 정보들을 포함하고 있는 일종의 머리말로서 실제의 웹 브라우저 화면에는 나타나지 않는다. 일반적으로 〈HEAD〉 태그에는 HTML 문서의 제목을 기술하는 〈TITLE〉 태그가 주로 포함되는데, 〈TITLE〉 태그에 기술된 문서의 제목은 웹 브라우저의 제목 표시줄에만 표시된다. 문서의 제목을 「미리 가보는 테마여행」이라고 하자.

메모장에서 다음과 같이 작성된 파일을 theme1.html이라는 이름으로 c:₩internet₩home page〉에 저장한 다음, 오프라인 상태에서 익스플로러를 실행시킨다. 오프라인 상태에서 도구표시줄의 중지 버튼을 클릭하면 실행중임을 표시하는 마우스 포인터가 입력 가능한 상태로 전환된다. 익스플로러의 파일 메뉴에서 열기를 선택하면 나타나는 창의 주소란에 「c:₩internet₩homepage₩theme.html」이라고 입력하거나 「찾아보기」 버튼을 클릭하면, 다음과 같은 화면이 나타난다. 익스플로러의 제목 표시줄에 「미리 가보는 여행」이라는 HTML 문서의 제목이 표시된 것을 볼 수 있다.

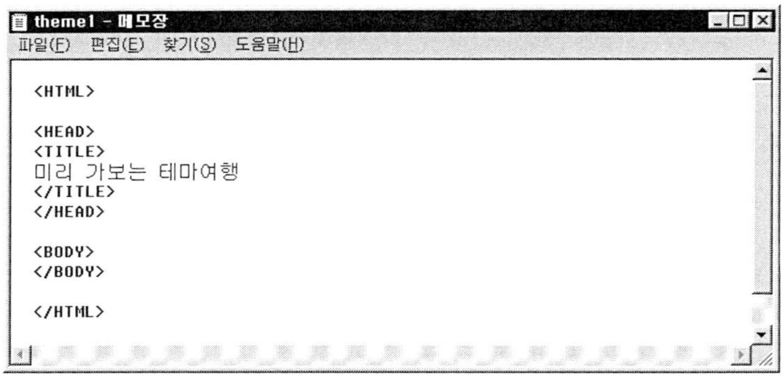

A3.5 HTML 문서 내용

A3.5.1 열거형

웹 브라우저의 화면에 나타나는 모든 내용은 〈BODY〉 태그 내에 기술된다. 일반적으로 HTML 문서를 작성하다 보면 서술식이 아닌 개조식으로 문서 내용을 기술함으로써 메뉴형의 화면을 구성하는 경우가 있다. 개조식의 문서를 만들 때 사용하는 태그를 열거형 태그라고 한다. HTML이 제공하는 열거형 태그는 「순서 없는 열거형」과 「순서 있는 열거형」으로 구분되는데, 열거형 태그의 결과를 알아보기 위해 다음의 예제를 입력해보자. 여기서 〈LI〉는 목록에 있는 각 항목을 지정할 때 사용하는 태그이다.

```
<UL>..................</UL>: 순서 없는 열거형
<OL>.................</OL>: 순서 있는 열거형
```

앞에서 설명한 절차에 따라 이 예제를 웹 브라우저로 확인한 다음에 어떤 태그가 적당한지를 선택하기로 하자. 일련번호가 없는 〈UL〉 태그를 선택하기로 한다. 순서에 관계없이 관심 있는 항목을 선택하도록 하는 것이 좋다고 판단되었기 때문이다.

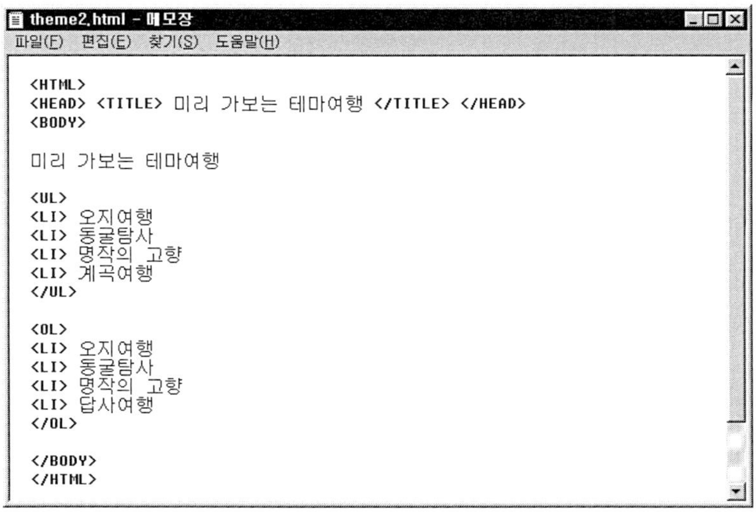
theme2.html - 메모장
파일(F) 편집(E) 찾기(S) 도움말(H)

```
<HTML>
<HEAD> <TITLE> 미리 가보는 테마여행 </TITLE> </HEAD>
<BODY>

미리 가보는 테마여행

<UL>
<LI> 오지여행
<LI> 동굴탐사
<LI> 명작의 고향
<LI> 계곡여행
</UL>

<OL>
<LI> 오지여행
<LI> 동굴탐사
<LI> 명작의 고향
<LI> 답사여행
</OL>

</BODY>
</HTML>
```

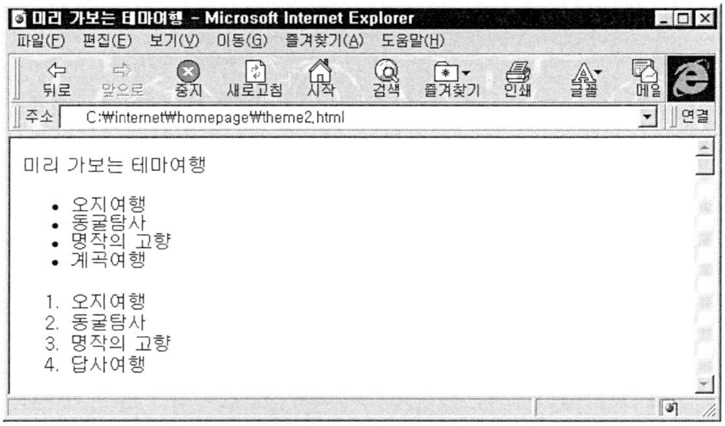

A3.5.2 문자크기 및 문자체

위의 예제에서 아쉬운 것은 문자크기와 문자체가 너무 단순하다는 것이다. 문서 내의 문자크기와 문자체를 바꾸어 보는 것이 좋을 듯하다. 길을 나섰으니 이 기회에 문자체와 문자크기에 관한 태그도 알아보기로 하자. 문자크기를 나타내는 태그는 〈H1〉에서 〈H6〉까지 총 6가지의 종류가 있는데, H 뒤에 나오는 숫자가 작을수록 글자의 크기가 크게 나타난다. 그러나 구체적인 크기는 알 수 없다. 웹 브라우저 스스로가 결정하기 때문이다. 글자체에 관련된 태그는 중첩하여 사용할 수 있다. 볼드이면서 이탤릭인 글자체를 만들어 사용할 수 있다는 것이다. 웹 문서에서 사용되는 문자체를 태그와 함께 다음에 나타냈다.

볼드체: <B>	이탤릭체: <I>
볼드 강조체: <STRONG>	이탤릭 강조체: <EM>
타자기체: <TT>	깜박임문자: <BLINK>
밑줄문자: <U>	아래첨자: <SUB>
윗첨자: <SUP>	작은글자: <SMALL>
큰글자: <BIG>	

이상에서 살펴본 글자크기 및 글자체를 나타내는 태그를 이용하여 작성된 다음의 예제를 입력하고, 웹 브라우저를 통해 확인해보자.

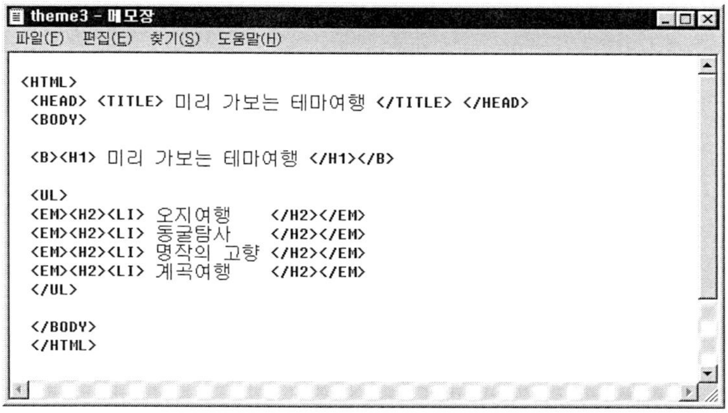

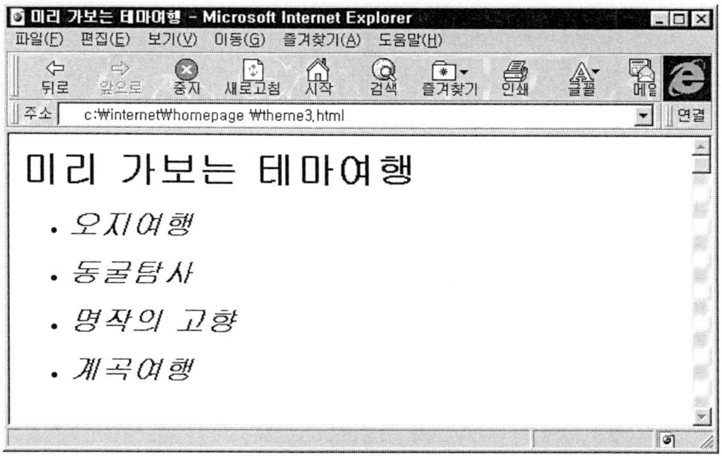

A3.5.3 문단 정렬

아직도 아쉬운 점이 많다. 제목인 「미리 가보는 테마여행」이 화면의 왼쪽으로 너무 치우쳐 있으므로, 화면의 가운데로 정렬시키는 것이 더 좋을 것 같다. 다음과 같이 〈CENTER〉 태그를 이용하여 제목을 가운데로 정렬해보자. 이 기회에 문단을 정렬할 때 사용되는 태그를 알아보기로 하자. 다음에 문단 정렬에 관련된 태그를 나타냈다.

```
<CENTER>...............</CENTER>:   가운데 정렬
<DIV ALIGN=LEFT>...........</DIV>:  왼쪽 정렬
<DIV ALIGN=CENTER>.......</DIV>:    가운데 정렬
<DIV ALIGN=RIGHT>.........</DIV>:   오른쪽 정렬
```

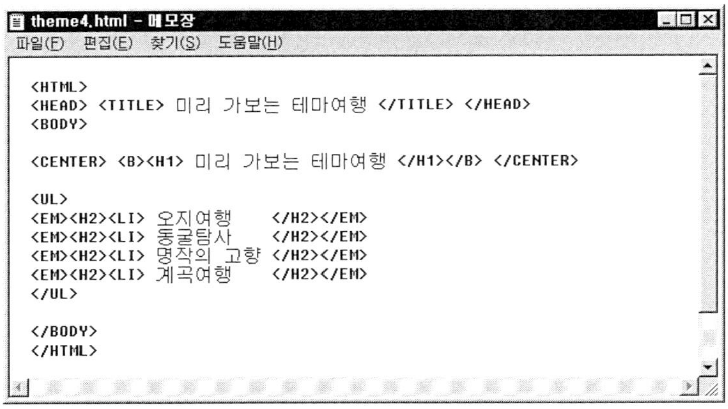

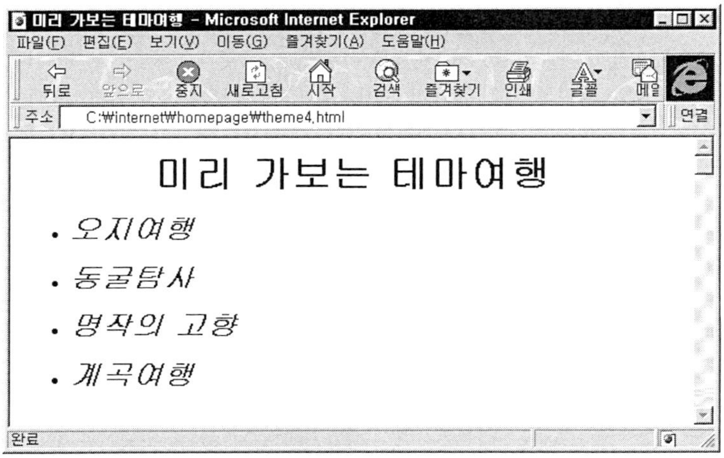

이제 각 항목 즉 오지여행, 동굴탐사, 명작의 고향, 계곡여행에 관련된 HTML 문서를 작성해보자. 여행에 관한 정보는 홈페이지 작성법을 설명하기 위한 예문에 불과하므로 다양한 내용을 충실하게 담지는 않았다.

오지여행, 동굴탐사, 명작의 고향, 계곡여행에 관련된 HTML 문서를 작성하는데 사용된 태그는 〈BR〉, 〈P〉, 〈DL〉, 〈DT〉, 〈DD〉이다.

- 〈BR〉 : 「Line Break」를 의미하는 것으로, HTML 문서를 만들다가 줄을 바꾸고 싶을 때 사용되는 태그이다.
- 〈P〉 : 단락이 시작되는 곳이나 단락이 끝나는 곳에 기술하여 단락을 구분하고자 할 때 사용되는 태그이다. 〈BR〉 태그가 단순히 줄만 바꾸어 주는 태그인데 반해, 〈P〉 태그는 문단과 문단 사이에 빈 줄을 생성한다. 문단 앞에 있는 경우에는 문단 위에 빈 줄이 생기고, 문단 뒤에 있는 경우에는 문단 아래에 빈 줄이 생성된다. 문단과 문단 사이를 1줄 이상 띄울 경우에는 〈P〉 태그를 여러 번 사용하면 된다.

〈DL〉, 〈DT〉, 〈DD〉는 각각 Definition List, Definition Title, Definition Description의 약자로 List, Title, Description으로 기억하면 쉽게 사용할 수 있다. 이러한 태그는 하나의 주제를 여러 개의 항목으로 나누어 기술하고자 할 때 사용하면 매우 편리하다. 일례로 컴퓨터에 관련된 용어 설명집을 HTML 문서로 만드는 경우, 컴퓨터는 List이고 CPU, RAM, 주변 장치 등은 Title이며, 이들 각각에 대한 설명은 Description이다. 이 경우 다음과 같은 형식으로 기술하면 된다.

```
<DL> 컴퓨터
     <DT> CPU
         <DD> CPU는 Central Processing Uint의 약자로.......
     <DT> RAM
         <DD> RAM은 Random Access Memory의 약자로......
     <DT> 주변 장치
         <DD> 주변 장치는 입력 장치와 출력 장치로 나누어지는데,......
  </DL>
```

오지여행, 동굴탐사, 명작의 고향, 계곡여행에 해당하는 HTML 문서에서 오지여행에 해당하는 HTML 문서의 내용과 익스플로러에 표시된 결과를 다음에 나타냈다.

```
strange.html - 메모장
파일(F) 편집(E) 찾기(S) 도움말(H)

<HTML>
<HEAD> <TITLE> 오지여행 </TITLE> </HEAD>

<BODY>
<CENTER>
<B><H1> 오지여행 </H1></B>
</CENTER>

<DL>
  <DT> 삼척 덕풍마을 <BR><BR>
    <DD>
     삼척군 가곡면 풍곡리에 자리잡은 덕풍마을은 인적없는 협곡과 원시계곡으로
     둘러 싸인 골짜기를 끼고 있어 오지마을의 전형적인 모습을 하고 있다.
     <P>

     청량리역에서 태백선을 경유하는 영동선을 타고 태백에 하차하거나 동서울 터
     미널 에서 태백행 직행버스를 이용해도 된다. 태백에서 다시 호산행  버스를
     이용해 풍곡에서 하차한다. 서울이나 영서지방에서 덕풍마을로 가려면 호산쪽
     보다는 태백시를 거치는 방법이 편하다. 태백시에서 풍곡리까지는 하루에 10번
     직행버스가 운행된다. <P>

  <DT> 정선 안도전 마을 <BR><BR>
    <DD>
     정선아리랑의 고향을 찾아가는 길에서도 오지마을을 만날 수 있다. 남한강과
     낙동강을 나누고 있는 피재를 넘어 청옥산과 두타산 자락에 싸여있는 하장을
     지나면 임계가 나타난다. 안도전 마을은 바로 이 임계천과 골지천이 만나 조양
     강으로 흘러드는 곳에 자리잡고 있다. <P>

     동서울 터미널에서 정선행 직행버스를 타고 정선에서 내린후 다시 정선 시외버
     스 터미널에서 강릉행 버스로 갈아타면 임계에 도착할 수 있다. 임계에서 안도
     전 마을이 있는 도전리까지는 교통편이 없으므로 걸어가야 한다. <P>
</DL>
</BODY>
</HTML>
```

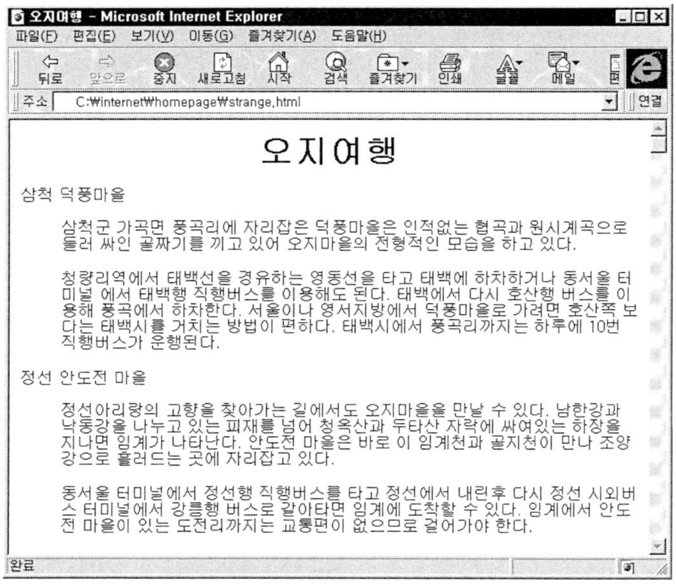

A3.6 하이퍼링크

웹 서비스의 가장 큰 매력은 HTML 문서들을 서로 연결할 수 있다는 것이다. 인터넷에 존재하는 정보들을 서로 연결하면 사용자가 손쉽게 관련된 정보를 찾아갈 수 있도록 할 수 있기 때문이다.

하이퍼링크에 사용되는 태그는 닻을 내리고 다른 곳으로 이동한다는 의미를 갖는 Anchor의 첫머리 글자인 〈A〉...... 〈/A〉 태그라는 것만 알고, 우리가 대상으로 하고 있는 「미리 가보는 테마여행」이라는 HTML 문서를 작성하면서 그 사용법을 익히기로 하자.

우리는 이미 오지여행, 동굴탐사, 명작의 고향, 계곡여행에 관련된 HTML 문서를 만들어 각각 strange.html, cave.html, master.html, valley.html이라는 파일명으로 저장했다. 이러한 HTML 문서들을 초기 화면에 해당하는 theme.html 문서와 연결해보자. 하이퍼링크를 만들기 위한 HTML 문서의 일부분을 다음에 나타냈다.

```
<EM><H2><LI> <A HREF="strange.html"> 오지여행    </A> </H2></EM>
  <EM><H2><LI> <A HREF="cave.html">   동굴탐사    </A> </H2></EM>
  <EM><H2><LI> <A HREF="master.html"> 명작의 고향 </A> </H2></EM>
  <EM><H2><LI> <A HREF="valley.html"> 계곡여행    </A> </H2></EM>
```

앞에서 작성한 HTML 문서에 새로 추가된 내용은 「〈A HREF="strange.html"〉 오지여행 〈/A〉」 부분이다. 여기서 HERF는 Hyper Reference를 의미하는 것으로, 하이퍼링크 방식으로 연결할 HTML 문서나 URL을 지정하는데 사용하는 속성이다. 초기화면에 해당하는 HTML 문서(theme.html)와 오지여행에 해당하는 HTML 문서(theme.html)가 서로 다른 폴더에 저장되어 있는 경우에는 파일명 바로 앞에 다음과 같이 경로를 지정하면 된다. 인터넷은 유닉스를 기반으로 하고 있기 때문에 폴더간 구분을 「/」로 한다.

```
<A HREF="c:/internet/hompage/strange/strange.html">
```

이와 같은 방식으로 HTML 문서를 작성하면 「오지여행」, 「동굴탐사」, 「명작의 고향」, 「계곡여행」 등의 항목이 익스플로러의 「보기—옵션—화면표시」 메뉴에서 지정한 색깔의 밑줄문자로 표시되고, 이 항목에 마우스를 가져가면 마우스 포인터가 손가락 모양으로 바뀐다. 언제든지 이 항목을 마우스로 클릭하여 연결된 HTML 문서로 이동할 수 있다. 초기 화면에 해당하는 HTML 문서의 내용과 익스플로러로 실행한 결과를 다음에 나타냈다.

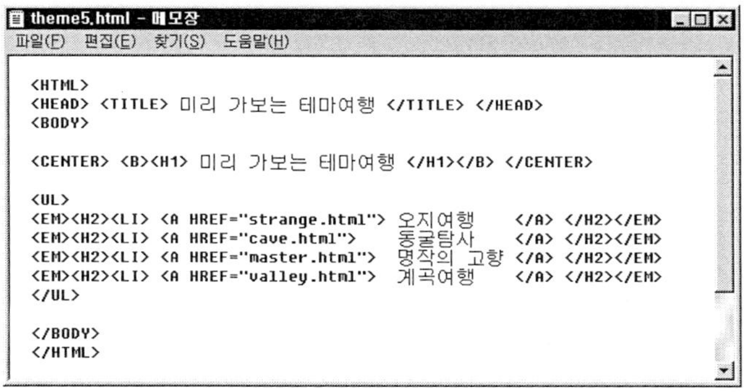


```
<HTML>
<HEAD> <TITLE> 미리 가보는 테마여행 </TITLE> </HEAD>
<BODY>

<CENTER> <B><H1> 미리 가보는 테마여행 </H1></B> </CENTER>

<UL>
<EM><H2><LI> <A HREF="strange.html"> 오지여행    </A> </H2></EM>
<EM><H2><LI> <A HREF="cave.html">    동굴탐사    </A> </H2></EM>
<EM><H2><LI> <A HREF="master.html">  명작의 고향 </A> </H2></EM>
<EM><H2><LI> <A HREF="valley.html">  계곡여행    </A> </H2></EM>
</UL>

</BODY>
</HTML>
```

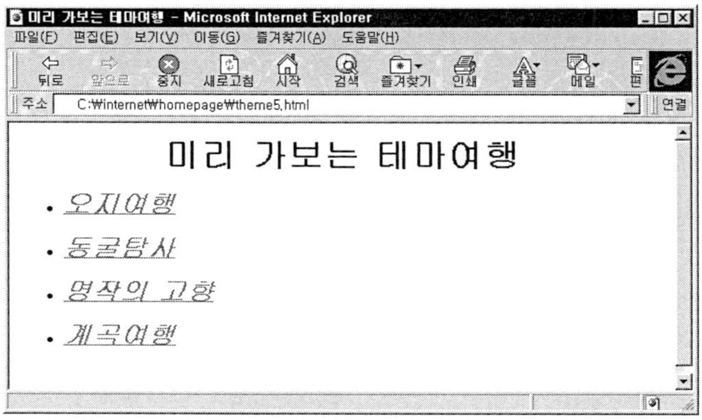

얼핏 보기에는 우리가 원하는 형태로 만들어진 것 같지만 아직도 문제가 있다. 각 항목에 해당하는 HTML 문서로 한번 이동하면 다시 초기 화면으로 되돌아 올 방법이 없다. 〈A〉 태그를 이용하여 구현해보자. 어떻게 해야 할까? 「초기 화면으로 이동」이라는 이름의 메시지를 표시해주고, 하이퍼링크로 연결하면 될 것 같다. 다음과 같은 내용을 각각의 HTML 문서에 첨가해보자.

```
<EM><H4> <A HREF="theme4.html"> 초기 화면으로 이동 </A><H4> </EM>
```

하나의 예로 「명작의 고향」에 해당하는 HTML 문서와 익스플로러로 실행한 결과를 다음에 나타냈다.

```
master.html - 메모장
파일(F)  편집(E)  찾기(S)  도움말(H)
<HTML>
<HEAD> <TITLE> 명작의 고향 </TITLE> </HEAD>
<BODY>
<CENTER>
<B><H1> 명작의 고향 </H1></B>
</CENTER>

<DL>
  <DT> 남해 금산 <BR> <BR>
    <DD>
     꿈결처럼 가늘고 길게 걸쳐 있는 남해대교를 건너 20분을 더 들어가야 하는
     남해 금산은 문인들 사이에선 시인 이성복이 반한산으로도 유명하다. 금산은
     해발 6백81m로 보리암까지는 자동차가  갈 수 있어 다도해를 감상하는 데는
     다리품을 많이 팔지 않아도 되는 것이 금산 여행길의 즐거움이다. <P>

     서울을 기점으로 남해까지는 4백80여km. 6시간 이상 소요되는 장거리 여행길
     이다. 호남고속도로-광주-순천-광양-노량 인터체인지 코스를 선택하거나 경부
     고속도로 금호 분기점-구마고속도로-마산-진교 인터체인지-남해대교 코스를
     선택하면 되고 대중교통은 서울 남부터미널에서 직행버스를 이용할 수 있다.
     <P>

  <DT> 전남 해남 토말 <BR> <BR>
    <DD>
     토말이란 땅끝이란 뜻이다. 그래서 해남에서 태어난 박성룡 시인은 「고향은
     땅끝이었다. 더는 나아갈 수가 없었다.」라고 읊으면서 「어디론가 가고 싶은
     마음 바다 같고 하늘 같았지만 더는 나아갈 수가 없었다.」며 아쉬움을 토로
     했다. <P>

     서울에서 땅끝 마을까지는 약 4백50km. 차로는 6시간이 소요된다. 호남 고속
     도로를 타고 가다가 비아 인터체인지에서 빠져나와 나주, 강진을 거쳐 남행을
     계속한다. 대중교통을 이용할 경우에는 광주, 여수, 목포 등에서 해남행 직행
     버스를 이용하고 해남에서 다시 땅끝행 버스로 갈아탄다. <P>
</DL>

<CENTER>
<EM><H5> <A HREF="theme5.html"> 초기화면으로 이동</A></H5> </EM>
</CENTER>
</BODY>
</HTML>
```

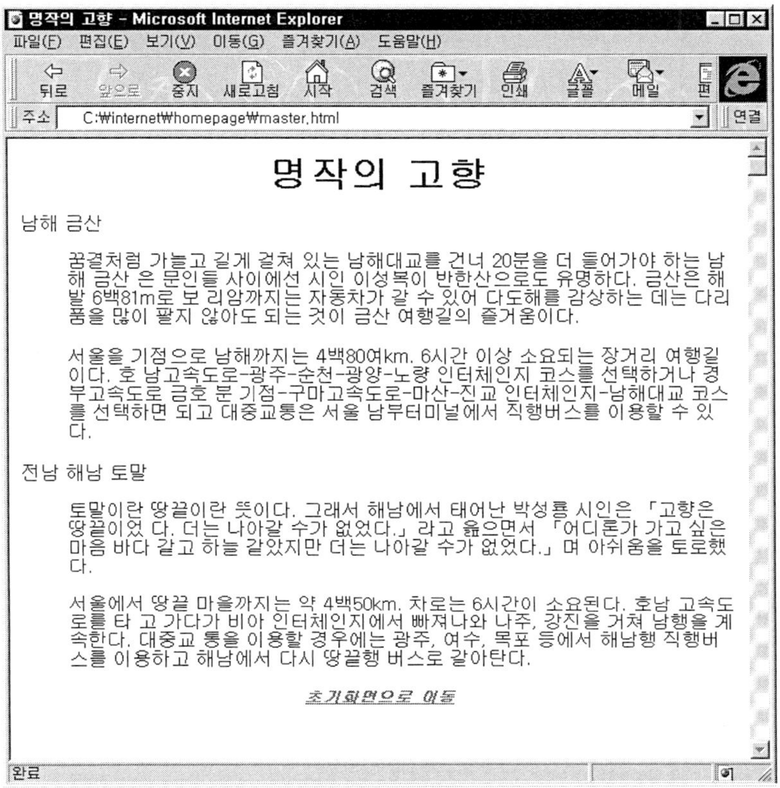

지금까지는 자신의 컴퓨터에서 각종의 HTML 문서를 연결하는 방법에 관해서만 알아보았다. 이제 여행에 관한 좋은 정보가 있는 인터넷의 다른 웹 페이지와 연결시켜 보기로 하자. 각각의 문서에 다음과 같은 내용을 추가하면 이러한 기능 역시 간단히 구현된다. 하나의 예로 초기 화면에 해당하는 HTML 문서와 익스플로러로 실행한 결과를 다음에 나타냈다.

```
<CENTER>
<EM><H5>
<A HREF="http://www.korlink.co.kr"> 한국관광정보 </A>
<H5> </EM>
</CENTER>
```

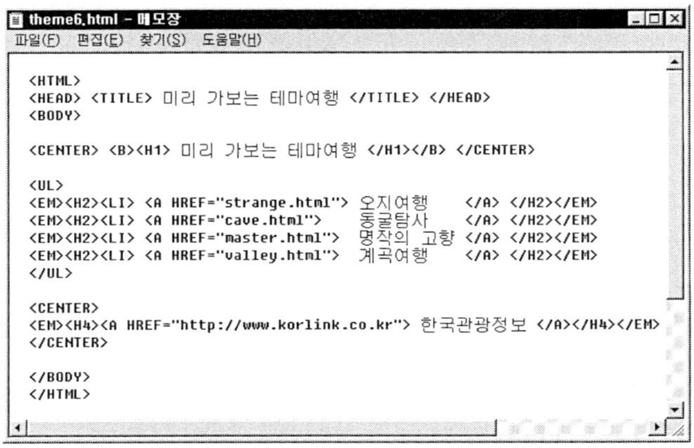

```
<HTML>
<HEAD> <TITLE> 미리 가보는 테마여행 </TITLE> </HEAD>
<BODY>

<CENTER> <B><H1> 미리 가보는 테마여행 </H1></B> </CENTER>

<UL>
<EM><H2><LI> <A HREF="strange.html"> 오지여행    </A> </H2></EM>
<EM><H2><LI> <A HREF="cave.html">    동굴탐사    </A> </H2></EM>
<EM><H2><LI> <A HREF="master.html">  명작의 고향 </A> </H2></EM>
<EM><H2><LI> <A HREF="valley.html">  계곡여행    </A> </H2></EM>
</UL>

<CENTER>
<EM><H4><A HREF="http://www.korlink.co.kr"> 한국관광정보 </A></H4></EM>
</CENTER>

</BODY>
</HTML>
```

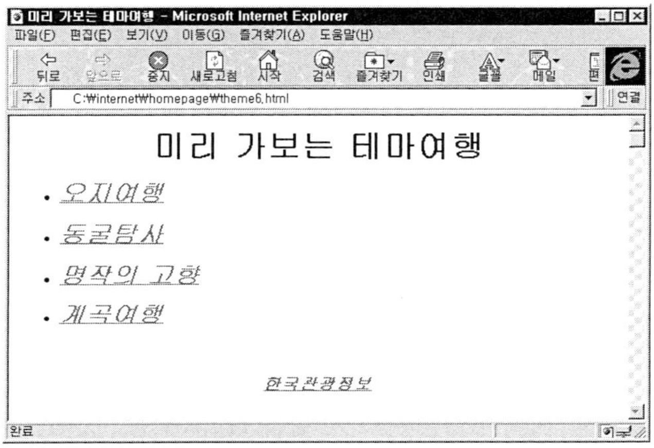

A3.7 영상 삽입하기

지금까지 우리가 대상으로 한 태그들은 주로 글자 및 문단 형태를 다듬기 위한 것이었다. 그러나 웹 서비스가 인기를 끌게 된 이유 중의 하나는 웹 문서는 문자 및 음성은 물론 영상 정보도 함께 제공한다는 것이다. 웹 페이지의 화려한 이미지는 사람들의 시선을 끌기 충분한 것이었다. 대부분의 웹 브라우저에서는 GIF나 JPG 그래픽 파일형식을 기본으로 하고 있지만, 웹 브라우저의 메뉴에서 다양한 그래픽 파일형식을 지정할 수 있다. 익스플로러에서는 「보기-옵션-파일 형식」 메뉴에서 그래픽 파일 형식을 지정할 수 있다.

초기 화면에 몇 개의 그림을 삽입해 보기로 하자. HTML 문서에 영상을 삽입하는데 사용되는 태그는 〈IMG〉이다. 다음과 같은 내용을 HTML 문서에 첨가하면 영상을 삽입할 수 있다.

```
<CENTER> <IMG SRC="c:/internet/image/initial.gif"> </CENTER>
```

여기서 SRC는 영상 파일이 위치한 폴더의 경로 및 파일명에 관한 정보를 갖는 속성이다. 물론 HTML 문서와 같은 폴더에 저장된 영상 파일인 경우에는 생략할 수 있다. 〈IMG〉 태그가 포함된 HTML 문서와 익스플로러로 실행한 결과를 다음에 나타냈다.

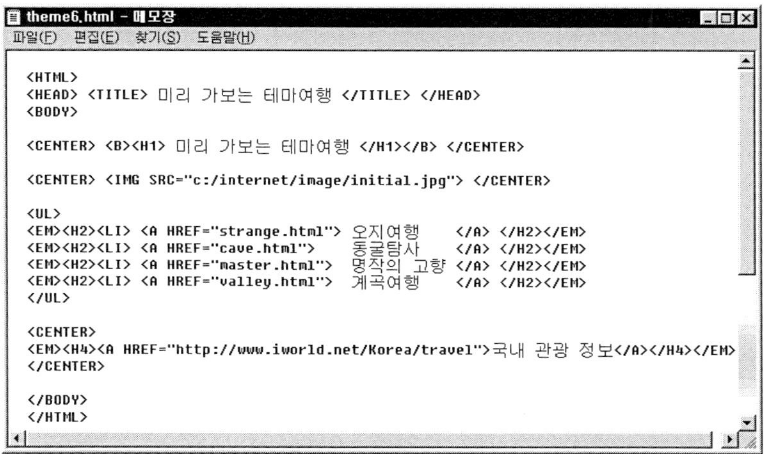


```
<HTML>
<HEAD> <TITLE> 미리 가보는 테마여행 </TITLE> </HEAD>
<BODY>

<CENTER> <B><H1> 미리 가보는 테마여행 </H1></B> </CENTER>

<CENTER> <IMG SRC="c:/internet/image/initial.jpg"> </CENTER>

<UL>
<EM><H2><LI> <A HREF="strange.html"> 오지여행    </A> </H2></EM>
<EM><H2><LI> <A HREF="cave.html">    동굴탐사    </A> </H2></EM>
<EM><H2><LI> <A HREF="master.html">  명작의 고향 </A> </H2></EM>
<EM><H2><LI> <A HREF="valley.html">  계곡여행    </A> </H2></EM>
</UL>

<CENTER>
<EM><H4><A HREF="http://www.iworld.net/Korea/travel">국내 관광 정보</A></H4></EM>
</CENTER>

</BODY>
</HTML>
```

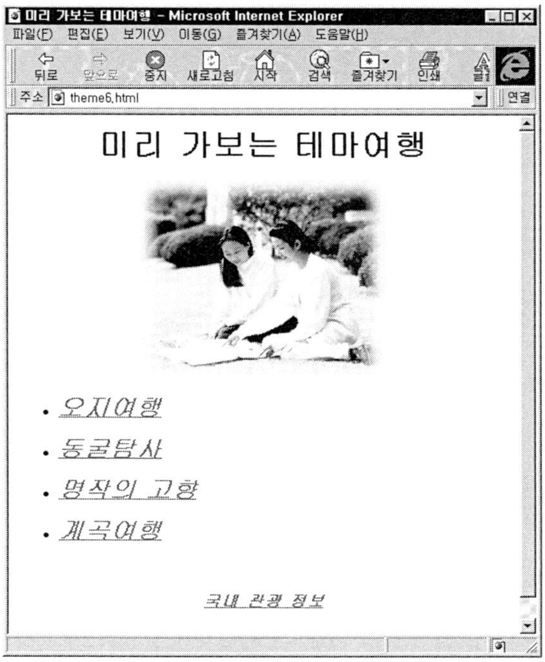

마지막으로 배경 영상을 삽입하는 방법을 알아보기로 하자. HTML 문서의 몸체를 나타내는 〈BODY〉 태그에서 다음과 같이 지정하면 배경 영상을 삽입할 수 있다. 배경 영상을 삽입하기 위하여 작성된 HTML 문서와 익스플로러로 실행한 결과를 다음에 나타냈다.

```
<BODY BACKGROUND="back.gif">
```

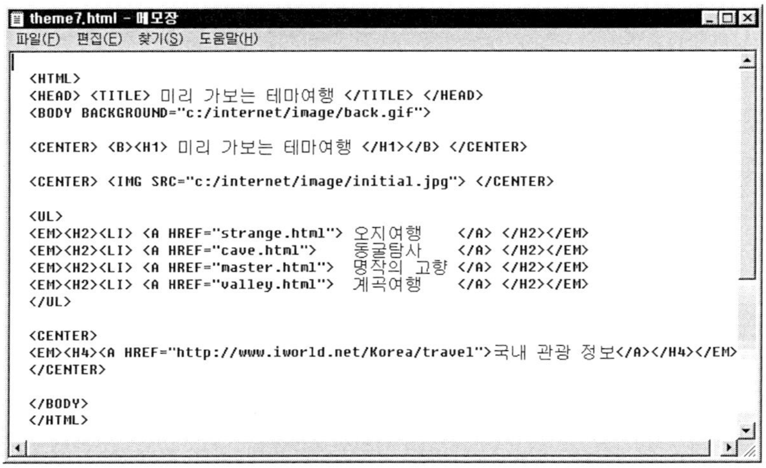

```
<HTML>
<HEAD> <TITLE> 미리 가보는 테마여행 </TITLE> </HEAD>
<BODY BACKGROUND="c:/internet/image/back.gif">

<CENTER> <B><H1> 미리 가보는 테마여행 </H1></B> </CENTER>

<CENTER> <IMG SRC="c:/internet/image/initial.jpg"> </CENTER>

<UL>
<EM><H2><LI> <A HREF="strange.html"> 오지여행    </A> </H2></EM>
<EM><H2><LI> <A HREF="cave.html">    동굴탐사    </A> </H2></EM>
<EM><H2><LI> <A HREF="master.html">  명작의 고향 </A> </H2></EM>
<EM><H2><LI> <A HREF="valley.html">  계곡여행    </A> </H2></EM>
</UL>

<CENTER>
<EM><H4><A HREF="http://www.iworld.net/Korea/travel">국내 관광 정보</A></H4></EM>
</CENTER>

</BODY>
</HTML>
```

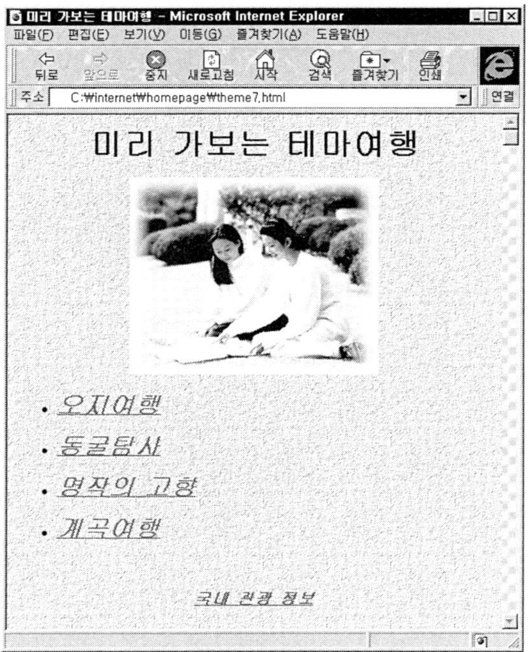

찾아보기

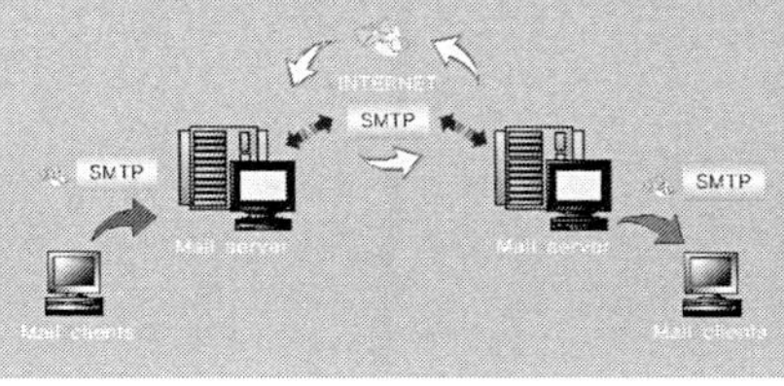

숫자

A

B

C

D

E

F

G

H

I

J

L

M

N

O

P

R

ㄷ

ㄹ

ㅁ

ㅂ

ㅅ

ㅊ

ㅋ

ㅌ

ㅍ

ㅎ

저자약력

최 종 호(崔 鍾 鎬)

1990년 ~ 현재 : 강남대학교 공과대학 전자공학과 교수

강의과목 : 아날로그 통신 시스템, 디지털 통신 시스템, 영상 통신 시스템 등

관심분야 : 영상 콘텐츠, 패턴 인식, 컴퓨터 시각, 유비쿼터스 센서 네트워크 등

정가 15,000원

정보통신 입문

2010년 3월 2일 초판 인쇄
2010년 3월 10일 초판 발행

저 자 : 최 종 호
발행자 : 우 명 찬 · 송 준
발행처 : 홍릉과학출판사
주 소 : ㊄ 142-885 서울시 강북구 인수동 455-60
등 록 : 1976년 10월 21일 제5-66호
전 화 : 999-2274~5, 996-8341, 903-7037
팩 스 : 905-6729
ISBN : 978-89-7283-851-7

hongpub@hongpub.co.kr
www.hongpub.co.kr

저자와의 협의하에 인지생략